Matthias Becher

CHLODWIG I.

Matthias Becher

CHLODWIG I.

Der Aufstieg der Merowinger und das Ende der antiken Welt

C.H.BECK

Mit zehn Abbildungen, sieben Karten und vier Stammtafeln

Satz: Fotosatz Amann, Aichstetten
Druck und Bindung: GGP Media GmbH, Pößneck
Gedruckt auf alterungsbeständigem, säurefreiem Papier
(hergestellt aus chlorfrei gebleichtem Zellstoff)
Printed in Germany
ISBN 978 3 406 61370 8

www.beck.de

INHALTSVERZEICHNIS

EINLEITUNG

König Chlodwig (ca. 465–511) gilt als der Begründer des fränkischen Großreiches, das er ab 481/82 beherrscht hat. Geographisch umfasste es am Ende seines Lebens die Gebiete des heutigen Frankreich, der Benelux-Staaten und des westlichen Deutschland. Vor allem Chlodwigs Entscheidung, zum christlichen Glauben überzutreten, sollte die weitere Geschichte des westlichen Europa nachhaltig beeinflussen. Sie war die Voraussetzung für die enge Verbindung von Staat und Kirche, die die Geschichte des Kontinents bis weit in die Neuzeit hinein bestimmen sollte. In Deutschland ist die Bedeutung des Frankenkönigs Chlodwig kaum noch im allgemeinen Geschichtsbewusstsein lebendig. Ganz anders hingegen in Frankreich, wie die folgenden Ausschnitte aus dem Magazin «Der Spiegel» von 1996 unter der Überschrift «Theologische Seifenoper. Die Trennung von Kirche und Staat beschäftigt die Nation. Anlass: die Taufe des Frankenkönigs Chlodwig I. vor 1500 Jahren» deutlich machen:

«Die rachsüchtige Tat ging in die Geschichte ein. Bei der Verteilung von Kriegsbeute in der Stadt Soissons im Jahre 486 zerbeulte ein missgünstiger Soldat absichtlich einen prächtigen Kelch, den der Herrscher dem Bischof von Reims, Remigius, zurückgeben wollte. Ein Jahr später, bei einer Truppeninspektion, erkannte der König den Missetäter wieder, warf ihm die angeblich schlecht gepflegte Streitaxt vor die Füße und schlug dem Krieger, als der sich nach der Waffe bückte, den Schädel ein. Den königlichen Zornesruf: ‹Desgleichen hast du auch dem Kelch von Soissons angetan›, hörte der Unglückliche nicht mehr. Jedes französische Schulkind kennt diese Sage. Nun ist sie wieder brandaktuell: Ende September begeht die Nation den 1500. Jahrestag der Taufe jenes Königs, der sich so brutal Respekt verschaffte – Chlodwig I. (französisch: Clovis) trat als erster Barbarenherrscher zum Katholizismus über und begründete das Königreich der Franken. Mit der nationalen Lust an historischen

Streitereien raufen schon jetzt konservative Katholiken, linke Republikaner und Historiker um den Rang des Täuflings in Frankreichs Geschichte. Verschärft werden die Spannungen, weil Papst Johannes Paul II. zu den Festivitäten ins Reich der Franken reisen will, zum fünftenmal. Linke wie der Sozialist Jean Poperen sehen in der Visite eine ‹Einmischung› in ‹Staatsgeschäfte› der laut Verfassung laizistischen Republik, deren Bevölkerung allerdings zu 80 Prozent katholisch ist; der rechte Figaro hingegen beklagt ‹antichristliches Fieber›. (...) Seit Chlodwig beansprucht die katholische Kirche Frankreich als ‹älteste Tochter Roms›, und die französischen Könige nannten sich später ‹allerchristlichste und katholische Majestäten›. (...) Die Erben der Revolution dagegen empfinden den ‹Mummenschanz› (die linke Zeitung Libération) als einen weiteren von Rom gesteuerten Versuch, die strenge Trennung von Kirche und Staat aufzulockern. (...) Unter Berufung auf die Laizität erzwangen Freigeister unter dem Motto ‹Avortons la venue du pape› (‹Treiben wir den Papstbesuch ab›) Ende Juni vor einem Gericht die Annullierung eines Ratsbeschlusses der Stadt Reims, den Bau einer Tribüne für die päpstliche Messe mit 1,5 Millionen Francs zu bezuschussen. Der linke Schriftsteller Laurent Dispot wütete gegen die bevorstehende ‹politisch-theologische Seifenoper› um den Frankenkönig. (...) Listig vereinnahmt derweil der Führer der Rechtsradikalen, Jean-Marie Le Pen, Chlodwig für seinen Feldzug gegen die ‹religiöse, kulturelle und moralische Unterwanderung, die unser Land entchristianisiert hat› (...).»[1]

Es ist kaum denkbar, dass ein so lange zurückliegendes Ereignis in Deutschland ähnliche Aufregungen verursachen würde. Selbst die 2000. Wiederkehr der Varus-Schlacht im Jahr 2009 kam gänzlich ohne aktuelle Debatten aus – sieht man von der Debatte unter Althistorikern und Archäologen über den wahren Ort des Geschehens einmal ab. Aber als Befreiungskampf der Germanen oder – ahistorisch – gar der Deutschen gegen die römischen Besatzer, so die lange Zeit vorherrschende Sicht, wurde das Geschehen glücklicherweise nicht mehr interpretiert. Immerhin war allen bewusst, dass dieses so ferne Geschehen auch irgendwie etwas mit uns Heutigen zu tun habe. Das gilt sicherlich auch für die Taufe Chlodwigs, denn seine Entscheidung für den Katholizismus und gegen andere christliche Lehren dürfte die Christianisierung Westeuropas unter diesem Vorzeichen erheblich beschleunigt haben. Schließlich sollte das von ihm gegründete fränkische Großreich auch zur dominierenden Großmacht im sogenannten Abendland aufsteigen, was es rund 300 Jahre nach Chlodwig dessen Nachfolger Karl dem Großen ermöglichen sollte, das weströmische Kaisertum zu erneuern. Das Frankenreich wirkte also vielfältig weiter, und es ist eben nicht nur der Vorläufer Frankreichs, sondern auch Deutschlands. Beide Gemeinwesen können rückblickend ihre staatliche Existenz mit einem gewissen Recht auf die Teilung des Frankenreichs durch den Vertrag von Verdun im Jahr 843 zurückführen,[2] und das Frankenreich selbst verdankt seine Existenz in erster Linie Chlodwig.

Chlodwig – Fragen der historischen Einordnung

Dieser Frankenkönig geht also auch uns Deutsche etwas an, selbst wenn er ganz sicher kein Deutscher gewesen ist und eigentlich auch kein Franzose, sondern ein Franke. Aber selbst in früheren Zeiten, als er noch ohne Weiteres als Deutscher angesehen wurde, liebte die deutsche Geschichtsforschung ihn nicht. So wurde ihm weder im 19. noch im 20. Jahrhundert eine wissenschaftliche Biographie gewidmet. Populärer war da stets sein Zeitgenosse und Schwager, der Ostgotenkönig Theoderich der Große (451–526). Diesen nahm der deutsche Mittelalterhistoriker Karl Hampe 1927 in sein Buch «Herrschergestalten des deutschen (!) Mittelalters» auf, nicht aber Chlodwig, weil dieser ein «klug rechnender Tatmensch» gewesen sei – immerhin eine feinsinnige Umschreibung für dessen Brutalität –, während er an dem Ostgoten dessen «Weltstellung und kulturelle Aufgeschlossenheit einer ehrwürdigen, charaktervollen Persönlichkeit» rühmt,[3] die er Chlodwig also abspricht. Dass auch Theoderich brutale Züge aufwies, tritt bei Hampe vollkommen in den Hintergrund. Sein Urteil über Chlodwig ist aber auch deshalb nicht gerecht, weil wir kaum etwas über die Persönlichkeit des Frankenkönigs wissen. Ist die Charakterisierung anderer frühmittelalterlicher Herrscher wie die Karls des Großen, über den wir vergleichsweise gut informiert sind, wenigstens in Ansätzen möglich, so ist sie in Chlodwigs Fall kaum zu leisten. Die Quellenlage ist derart schlecht, dass wir uns auf die Rekonstruktion seiner Taten beschränken müssen, bei seinen Absichten, Plänen und Zielen aber kaum einmal über plausible Vermutungen hinaus gelangen. Daran hat auch die Intensivierung der Chlodwig- und Merowingerforschung nach dem Zweiten Weltkrieg nichts geändert, die vor allem mit den Namen Eugen Ewig und Ian Wood verbunden ist.

Zu den Unsicherheiten rund um Chlodwig gehört bereits seine Einordnung ins Mittelalter, denn der klassischen Epochengrenze zufolge lebte er am Ende der Antike. Heute würde man seine Lebensspanne allgemein in die Epoche der Völkerwanderung (4.–6. Jahrhundert) einordnen, in der sich die Grenzen der antiken Welt verwischten. Ein wichtiges Datum in diesem Zeitraum ist die Absetzung des letzten weströmischen Kaisers Romulus Augustulus im Jahr 476 n. Chr. Aber es gibt andere historische Daten, die jenem in ihrer Bedeutung nicht nachstehen, wenn man nach einem Fixpunkt für den Epochenwechsel sucht – man denke etwa an die Niederlage des oströmischen Kaisers Herakleios am Jarmuk gegen die Truppen des Kalifen Umar ibn al-Chattab (636) und das Vordringen des Islam. Natürlich ist die Einteilung der Geschichte in die uns geläufigen Epochen Antike, Mittelalter und Neuzeit nicht naturgegeben, sondern von Menschen erdacht. Diese Dreiteilung der Geschichte entwickelte sich erst seit der Zeit des Humanismus. Der Begriff ‹Neuzeit› sollte verdeutlichen, dass ein vollkommen neues Zeitalter begonnen hatte, das sich positiv von der verflossenen Epoche abhob. Entsprechend war mit ‹Mittelalter› ein dunkles Zeitalter gemeint. Noch heute wird ja vom ‹finsteren Mittelalter› gesprochen. Diese Epocheneinteilung wurde von Georg Horn (1620–1670) und Christoph Cellarius (1638–1707) kanonisiert.

Allgemein wird heute die sogenannte Völkerwanderungszeit vom 4. bis zum 6. Jahrhundert als Übergangszeit interpretiert, in der die wichtigsten Grundlagen der mittelalterlichen Welt aufeinandertrafen: die antike Welt, das Christentum und das Germanentum. Aber gerade bei diesen drei Schlagworten handelt es sich um eine idealtypische Verkürzung, denn selbstverständlich entwickelte sich das Christentum, vor allem dessen kirchliche Organisation, in der Antike, es kann also nicht losgelöst von dieser betrachtet werden. Ähnlich steht es um die Germanen, die aus vielen Völkern bestanden und durch den Kontakt mit Rom maßgeblich beeinflusst wurden. Die germanische Welt kann mit Patrick Geary als «vielleicht die großartigste und dauerhafteste Schöpfung des politischen und militärischen Genies der Römer» bezeichnet werden.[4] Aber die Römer selbst sahen verächtlich auf die Germanen herab und bezeichneten sie oft einfach nur als ‹Barbaren›, genauso wie etwa die asiatischen Steppenvölker der Hunnen oder Alanen. Auch die moderne Forschung benutzt den Barbarenbegriff wieder häufiger, weil er keine ethnische Zuordnung suggeriert, man also sämtliche Nicht-Römer damit gut zusammenfassen kann.

Wie aber steht es um den Einfluss der Germanen auf das Ende des weströmischen Reiches? Ihre Rolle wurde von der Forschung lange Zeit als sehr destruktiv gesehen, da man sie für den Untergang einer überragenden Zivilisation verantwortlich machte. Je nach Standpunkt konnte dieser Aspekt aber auch positiv bewertet werden – als Sieg junger, aufstrebender Völker über das absterbende, ja dekadente Imperium. Die aktuelle Forschung hat sich von diesen Deutungsmustern seit langem gelöst und betont unter den Schlagworten der Akkulturation nicht zuletzt die friedlichen Seiten des Prozesses. Die fremden Völker hatten sich seit langem in den römischen Provinzen angesiedelt und unter anderem als Rekrutierungsreservoir für die römische Armee gedient. Waren viele Germanen als Siedler bereits in entvölkerte Gebiete des Imperium gekommen, so hatten sie andernorts im Kontakt mit der alteingesessenen provinzialrömischen Bevölkerung deren Kultur kennen und schätzen gelernt, so dass eine wechselseitige kulturelle Durchdringung in Gang kam. Dennoch hat es selbstverständlich Eroberungen, Mord und Totschlag gegeben. Perhorreszierung wie Idealisierung wäre unangemessen – es gab Phasen extensiver Gewaltanwendung, die jedoch meist auf bestimmte Regionen beschränkt blieben, und es gab Phasen einer eher friedlichen Annäherung.

Die kriegerischen Phasen waren freilich nicht stets dadurch gekennzeichnet, dass fremde Völker gewaltsam die Grenzen des Reiches bedrängten, sondern innerhalb des Reiches kam es zu destabilisierenden Kämpfen und Bürgerkriegen. In gewissem Sinne waren Franken und andere Völker Nutznießer dieser innerrömischen Auseinandersetzungen: Zunächst suchten sie römisches Gebiet zu plündern, was ihnen vor allem deshalb leicht fiel, weil die Römer im Verlauf solcher Kämpfe ihre Grenzen entblößten. Später wurden sie selbst in die Kämpfe zwischen Kaisern und Usurpatoren hineingezogen, da diese stets auf der Suche nach Bündnispartnern und Hilfstruppen waren. Wenn man so will, löste sich das Imperium von innen her auf, und seine auswärtigen Feinde, insbesondere die Germanen, wirkten gewissermaßen als Katalysatoren mit. Angesichts des langen Zeitraums, den dieser Vorgang beanspruchte, und angesichts der Tatsache, dass die Germanen von Rom selbst in das Geschehen hineingezogen wurden, nahmen die Zeitgenossen auch keine Zäsur wahr – selbst der genannte Untergang Westroms spielte dabei kaum eine Rolle – und auch Chlodwig hat diese Herrscherabsetzung schwerlich als Einschnitt wahrgenommen. Schließlich bestand ja das Imperium im Osten fort, und niemand konnte wissen, ob es nicht bald wieder einen Kaiser in Italien geben würde; und die von (West-)Rom geschaffenen Strukturen des Reiches überdauerten ja auch dessen formelles Ende im Jahr 476. Sämtliche Lebensbereiche waren und blieben vorerst von der römischen Zivilisation geprägt – auch das Geschichtsdenken, das freilich schon seit der Spätantike vor allem christlich bestimmt war. Unter dieser Prämisse galt Geschichte als Bestandteil der Heilsgeschichte. Chlodwig hat trotz seines Übertritts zum Christentum keinesfalls in diesen Kategorien gedacht, wohl aber diejenigen, die seine Geschichte aufgezeichnet haben – vor allem sein ‹Biograph› Gregor von Tours.

Der Chlodwig Gregors von Tours – Grundsätzliches zur Quellenkritik

Die Quellenlage für die Herrschaft Chlodwigs ist ausgesprochen einseitig. Der einzige Geschichtsschreiber, der eine zusammenhängende Darstellung seiner Taten verfasst hat, ist Gregor von Tours (538/39–594). Ansonsten gibt es nur wenige, verstreute Nachrichten. Der englische Mittelalterhistoriker John Michael Wallace-Hadrill hat die Quellenlage mit folgenden Worten auf den Punkt gebracht: «Clovis is Gregory's Clovis, whether we like it or not; he is Gregory's ‹magnus et pugnator egregius›, the man who brought the Salians to Catholicism and to a kind of *Romanitas*, the father of his dynasty.»[5] Gregor sah in Chlodwig also einen herausragenden Krieger und Bekehrer seines Volkes, kurz: einen idealen Herrscher, auf den er die politische und religiöse Ordnung seiner Zeit zurückführte. Mehr noch: Den zerstrittenen Königen seiner Zeit, den Enkeln Chlodwigs, hielt er dessen leuchtendes Beispiel vor Augen:

«Denkt an Chlodwig, den Ausgangspunkt Eurer Siege, und an das, was er getan hat: Er tötete die Könige, die seine Gegner waren, schlug die feindlichen Völker, brachte die einheimischen unter seine Gewalt und hinterließ Euch die Herrschaft darüber unversehrt und ungeschwächt. Und da er dies ausführte, hatte er nicht Gold noch Silber, wie es jetzt in Euren Schatzkammern liegt.»[6]

Gregor beschwört in der Vorrede zum fünften Buch seines Werkes das klassische Bild eines Aufsteigers: Völlig mittellos bewältigt Chlodwig alle Probleme, steigt auf in den Zenit und hinterlässt seinen Erben ein blühendes Frankenreich. Gleichwohl war Gregor kein ‹fränkischer› Geschichtsschreiber, der das entstehende Frankenreich zum Gegenstand seiner historischen Betrachtungen machte. Vielmehr entstammte er einem galloromischen Senatorengeschlecht und amtierte als Bischof von Tours. Damit sind die wichtigsten Bezugspunkte seines Denkens genannt. Als Geschichtsschreiber stand er fest in christlicher Tradition. Am Anfang des ersten von insgesamt zehn Büchern steht Gregors persönliches Glaubensbekenntnis. Dann beginnt er sein Werk mit der Erschaffung der Welt; es folgen die Geschichte des jüdischen Volkes im Alten Testament und die Geschichte der christlichen Kirche vom Neuen Testament bis zum Tod des heiligen Martin (397), Gregors Amtsvorgänger als Bischof von Tours. Bereits an dieser Stelle ist eine zunehmende Konzentration der Darstellung auf Gallien sowie auf die Rolle der Bischöfe und Heiligen zu erkennen. Gerade der heilige Martin, der in Tours begraben lag, war für Gregor eine entscheidende Gestalt der Geschichte. Die Römer kommen dagegen bei Gregor nicht allzu gut weg: Sie sind Christenverfolger, und ihr Übertritt zum Glauben ist Gregor keine Erwähnung wert, ganz im Gegensatz zu Chlodwigs Taufe. Aber dennoch hat er als Geschichtsschreiber keine ‹fränkische› Perspektive eingenommen, vielmehr verstand er sich vor allem als katholischer Bischof und als Angehöriger seiner Schicht, der galloromischen Aristokratie. Die Bezeichnung «Frankengeschichte» ist daher für sein Werk unzutreffend, eher handelt es sich um eine Geschichte Galliens. In der (deutschsprachigen) Forschung hat sich der Ausdruck «Zehn Bücher Geschichten», *Libri historiarum decem*, durchgesetzt.

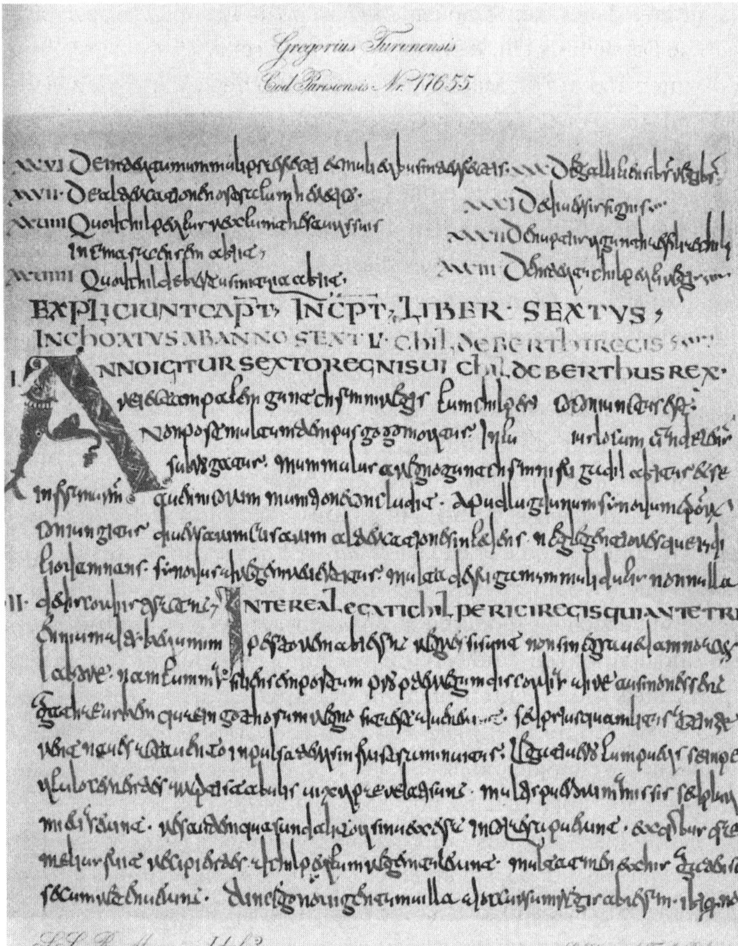

Gregor von Tours, Historiarum libri decem
Codex Parisiensis Nr. 17655 von ca. 700

Gregor stellt Chlodwig in den Kapiteln 27 bis 43 des zweiten Buches vor, die er um 575 verfasst hat, kurz nachdem er 573 zum Bischof von Tours aufgestiegen war. Die zeitliche Distanz zu den Ereignissen ist also bereits recht groß und bot daher genug Gelegenheit für Legendenbildungen. Das zweite Buch endet mit dem Tod des Königs. Gregor ordnet damit den Frankenkönig implizit in eine heilsperspektivische Darstellung ein, denn das erste Buch schließt mit dem schon erwähnten Tod des hl. Martin (397), des gallischen Heiligen schlechthin und Amtsvorgängers von Gregor. Insofern ist der modernen Forschung zuzustimmen, wenn sie dem Geschichtsschreiber die Neigung nachsagt, Chlodwig nicht einfach nur als ersten christlichen Frankenkönig zu schildern, sondern die Darstellung des Königs, der sich Schritt für Schritt dem rechten Glauben zuwendet, in den Mittelpunkt zu stellen. Dem entspricht, dass Gregor den Krieg Chlodwigs gegen die Westgoten zu einer Art Glaubenskrieg stilisiert, da die Westgoten dem Arianismus, einer aus dem Blickwinkel des Katholizismus häretischen Glaubenslehre, anhingen. Gregor zufolge seien die Katholiken, zumindest die katholischen Bischöfe, von den Westgoten unterdrückt worden. Stellt man diese Positionen Gregors in Rechnung, so sind gewisse Vorbehalte gegen seine Darstellung sicherlich gerechtfertigt. Über die Frage, wie weit die Konsequenzen aus diesem Befund reichen sollten, ist sich die Forschung allerdings nicht einig. Teilweise verzichten moderne Historiker ganz auf die Begriffe ‹Arianer› und ‹Katholiken› und benutzen Begriffe, die den entscheidenden Unterschied – die Lehren über die Naturen Christi – ansprechen: Homöer, (von griech. *homoios*, ähnlich) und Homöusianer (griech. *homoousios*, wesensgleich). Im Folgenden wird aber an den eingeführten Begriffen festgehalten, um das Verständnis nicht durch eine ungewohnte Terminologie zu erschweren. Dies gilt auch für Völkernamen wie West- und Ostgoten (besser Terwingen bzw. Visigoten und Greutungen bzw. Ostrogoten).

Die Forschung pflegte lange Zeit ein recht ungebrochenes Verhältnis zu Gregors Werk als historischer Quelle – gerade für eine Darstellung von Chlodwigs Herrschaft. Nur einzelne Details wurden kritisch beleuchtet und vielleicht auch einmal zurückgewiesen, doch hielt man sich an die von Gregor vorgezeichneten Grundlinien. In jüngerer Zeit wurde die Kritik allerdings entschiedener. Gregors Stilisierungen in der Beschreibung der Taufe Chlodwigs sind inzwischen längst erkannt. Auch die Frage des genauen Datums seines Übertritts zum Christentum wird schon lange diskutiert – die Vorschläge reichen von 495 bis 509. Ist die Spätdatierung richtig, so hätte Chlodwig selbst seinen Krieg gegen die Westgoten noch als Heide geführt und sich erst danach dem Christentum zugewandt. Mittlerweile betrifft die Kritik an Gregors Zeitangaben aber nicht mehr nur die Taufe Chlodwigs, sondern alle zentralen Daten seiner Herrschaft, sogar seine Regierungsdaten.[7] Sowohl sein Herrschaftsantritt 481/82 als auch sein Sterbejahr 511 werden angezweifelt. Das ist vor allem deshalb möglich, weil Gregor kein einfaches Datierungssystem zur Verfügung stand: Die unter den römischen Kaisern übliche Datierung nach Konsuln – den römischen Oberbeamten, die bei der Jahreszählung angegeben wurden – war schon lange außer Gebrauch gekommen. Die Zählung nach Christi Geburt hingegen sollte erst rund 150 Jahre später allmählich üblich werden. Bis dahin datierte man nach Herrscher- oder Bischofsjahren, was je nach politischer oder kirchlicher Zugehörigkeit eines Gebietes zu differierenden Zählungen führte. Dies stellte die Zeitgenossen vor große Herausforderungen, denn es war nicht einfach zu ermitteln, dem wievielten Regierungsjahr eines bestimmten Herrschers das fünfte Amtsjahr des eigenen Bischofs entsprach, insbesondere wenn es zwischenzeitlich zu personellen Wechseln gekommen war. So galt es vor allem, die richtige Reihenfolge von Ereignissen zu fixieren und diese dann der christlichen Zeitrechnung – die sich etwa an den Jahren nach Erschaffung der Welt, nach der Kreuzigung Christi oder an anderen heilsgeschichtlichen Fixpunkten orientierte – zuzuordnen.

Gregors Chronologie der Chlodwigs-Vita ist in dieser Hinsicht tatsächlich auffällig: Glaubt man ihm, so starb der König im Alter von 45 Jahren und herrschte 30 Jahre über die Franken; er besiegte Syagrius in seinem 5. Regierungsjahr, unterwarf die Thüringer in seinem 10., schlug die Alemannen und entschied sich für den Übertritt zum Christentum in seinem 15. und besiegte die Westgoten in seinem 25. Jahr. Diese regelmäßigen Abstände von fünf Jahren sind bereits irritierend. Doch die Irritation wächst, weil die Angaben nicht in allen Handschriften der Historien stehen und teilweise auch nicht mit Gregors eigener Darstellung harmonieren. Als Beispiel sei der erste Satz über die Auseinandersetzung mit Syagrius zitiert: «Zu dieser Zeit herrschte nach Childerichs Tode an seiner Stelle sein Sohn Chlodwig. Im fünften Jahre seiner Regierung hatte Syagrius (...) seinen Sitz in der Stadt Soissons (...). Gegen ihn zog Chlodwig (...).»[8] Diese Angabe passt aber inhaltlich nicht: Mit ihr sagt Gregor im

Grunde nur aus, dass Syagrius im fünften Jahr Chlodwigs seinen Sitz in Soissons hatte, aber eigentlich wollte er damit ausdrücken, dass der Frankenkönig in diesem Jahr seinen Feldzug gegen Syagrius unternahm. Erklären kann man diese Ungenauigkeit damit, dass Gregor selbst die Zeitangabe ursprünglich am Rande nachgetragen hat und sie beim Abschreiben versehentlich an der falschen Stelle eingefügt wurde. Da alle Handschriften diese Angabe genauso bieten, gibt es keine andere Erklärung. Der Grund für das Phänomen ‹Fünfjahres-Zyklus› geht vermutlich auf einen Text zurück, dem Gregor diese Datierungsart entnommen hat; in der Spätantike war es nämlich üblich, die Regierungszeit eines Herrschers in Quinquennien (Fünfjahres-Zeiträume) einzuteilen und entsprechende Jubiläen zu feiern. Der Ostgotenkönig Theoderich der Große etwa – Zeitgenosse und sogar Schwager Chlodwigs – beging im Jahr 500 feierlich die 30. Wiederkehr seines Regierungsantritts. Aus einem solchen Anlass wurden sicher auch die Siege und Erfolge eines Herrschers schriftlich festgehalten, zumindest jene der vergangenen fünf Jahre. Gregors Datierungsweise lässt sich also durchaus mit Gepflogenheiten der Epoche Chlodwigs erklären. Gleichwohl bleibt sie in der Forschung umstritten.[9]

Um Gregors chronologische Glaubwürdigkeit zu überprüfen, legt man am besten jene Angabe zugrunde, die anhand anderer Quellen kontrolliert werden kann – die Nachricht von Chlodwigs Tod. Das Sterbejahr des Königs hat Wilhelm Levison unabhängig von Gregor auf 511 festgesetzt, indem er andere Angaben herangezogen hat, vor allem die Datierung von Konzilien, die unter Chlodwigs Söhnen stattgefunden haben.[10] Der Todestag des Königs fällt den Kalendarien von Sainte-Geneviève zufolge – der Kirche, in der er bestattet wurde – auf einen 27. November. Das führt auf den 27. November 511 als Todestag. Gregor datiert das Todesjahr Chlodwigs gleich zweimal: zunächst in das fünfte Jahr nach der Entscheidungsschlacht gegen die Westgoten, von der wir dank anderer Quellen wissen, dass sie im Jahr 507 stattgefunden hat, und zwar vermutlich im Frühjahr oder Sommer.[11] Die Spanne des fünften darauf folgenden Jahres reicht mithin vom Frühjahr oder Sommer 511 bis in die entsprechende Zeit 512 – sie schließt also auch den 27. November 511 mit ein. Gregors erste chronologische Angabe, die Einordnung von Chlodwigs Tod in das fünfte Jahr nach der Schlacht, ist also nicht nur in sich schlüssig, sondern harmoniert auch mit der allgemeinen Chronologie der damaligen Zeit.

Die zweite Angabe Gregors lautet, Chlodwig sei im 30. Jahr seiner Herrschaft gestorben. Soll man sie verwerfen, obwohl die erste Angabe stimmt? Dies ist umso weniger zulässig, als man keinen Grund dafür angeben kann, dass Gregor nicht nur seine allgemeine Darstellung, sondern auch das Zahlengerüst für Chlodwigs Regierungszeit einem willkürlichen System von Fünferschritten untergeordnet und dabei sein ‹System› nicht konsequent angewendet hätte, denn Chlodwigs 20. Regierungsjahr weist bei Gregor kein besonderes Ereignis auf, obwohl der Krieg gegen die Burgunder im Jahr 500 damit sogar ungefähr korrespondiert hätte. So spricht einiges dafür, dass Gregor, nachdem er sein Werk bereits abgeschlossen hatte, noch versuchte, einige Ereignisse mit chronologischen Angaben zu versehen. Dies hat dazu geführt, dass einige Angaben nicht stimmig in den Text eingefügt wurden – aber nichts spricht dagegen, dass er diese Angaben nach bestem Wissen und Gewissen gemacht hat. Wenn ihm dabei Versehen unterlaufen sind, dann weil seine Quellen ihn nicht zuverlässig informierten oder weil er einfach Fehler machte. Bei dieser schwierigen Materie sollte das nicht allzu sehr verwundern, muss doch auch die moderne Wissenschaft viel Mühe darauf verwenden, die Ereignisse der Völkerwanderungszeit und des Frühmittelalters nach unserer Zeitrechnung zu datieren. Dies aber kann sie mit ungleich besseren Hilfsmitteln und einem einfacheren Zahlensystem, dem arabischen, als es Gregor zu Gebote stand, der mit römischen Zahlen rechnen musste. Insgesamt folge ich daher in der vorliegenden Darstellung der Herrschaft Chlodwigs den chronologischen Angaben des Bischofs von Tours.

Dabei lasse ich mich auch von der Überlegung leiten, dass der Geschichtsschreiber zwar einige Datierungen nachträglich eingefügt hat, aber bei der Abfassung seines Werkes von einer relativen Chronologie ausgegangen ist – also bestimmte Ereignisse im zeitlichen Verhältnis zu anderen eingeordnet hat. Natürlich weicht er auch immer wieder von einem konsequenten Vorher-Nachher-Prinzip ab, was sich aber leicht erkennen lässt. So setzt Gregor die Ausschaltung der konkurrierenden Frankenkönige sämtlich nach Chlodwigs triumphalem Einzug in die Stadt Tours im Jahr 508, was faktisch so nicht zutreffen kann. Aber er behandelt dieses Thema eben en bloc und beginnt dabei mit Sigibert von Köln, dessen Sohn Chloderich noch am Krieg gegen die Westgoten teilgenommen hatte. Den Sturz Sigiberts konnte er aber tatsächlich datieren, was Gregors grundsätzliches Bemühen um korrekte Zeitangaben belegt. Doch dann entspricht es seiner Dramaturgie, dass Chlodwig eben am Ende seines Lebens alle Gegner ausgeschaltet hat und selbst König aller Franken ist. Um diese darstellerische Klimax zu erreichen, ordnet er die Chronologie seinem künstlerischen Konzept unter. Wenn also auch gewiss nicht jedes Datum, das Gregor liefert, einer Überprüfung standhalten könnte, so darf man gleichwohl keine über das Übliche hinausgehende Verfälschung bei der Darstellung der Herrschaft Chlodwigs unterstellen – und dies gilt auch für die Angabe der Herrschaftsdauer von 30 Jahren.

Gregor von Tours wurde seinerseits für alle späteren Geschichtsschreiber der Ausgangspunkt ihrer Darstellung Chlodwigs. Aus merowingischer Zeit sind zwei Chroniken zu nennen, die nur ganz wenige eigenständige Informationen über den König bieten. Teilweise sind diese verlässlich, teilweise aber auch spätere Stilisierungen, die keinerlei Glaubwürdigkeit verdienen. Um 660 entstand die Chronik des sogenannten Fredegar. Sie heißt so, weil der Verfasser – allerdings erst in einer Handschrift des 16. Jahrhunderts – mit diesem Namen bezeichnet wird. Das Werk ist derartig disparat und weist zum Teil auch Wiederholungen auf, so dass die ältere Forschung bereits angenommen hat, dass mehrere Autoren den Text geschrieben hätten. Es handelt sich aber wohl doch um das Werk eines Einzelnen auf der Grundlage diverser älterer Schriften – darunter die *Libri historiarum decem* Gregors von Tours. Diese Berichte, auch jene über Chlodwig, hat der Fredegarchronist oft in gestraffter Form übernommen, da und dort aber auch eigene Informationen unbekannter Herkunft und von unterschiedlichem Quellenwert hinzugefügt.

Der *Liber historiae Francorum* entstand 727 oder bald darauf und enthält eine Darstellung der fränkischen Geschichte bis zu diesem Zeitpunkt. Der Verfasser oder die Verfasserin des Werkes sind unbekannt. Man hat lange vermutet, der Text könne in der Gegend von Laon entstanden sein, jüngst wurde aber auch eine Nonne aus dem Kloster Notre-Dame in Soissons als Autorin in Betracht gezogen. Für die fränkische Frühzeit stützten sich die Verfasserin oder der Verfasser auf die ersten sechs Bücher Gregors von Tours, fügten aber auch eigenständig Informationen hinzu. Zwar sind diese Zusätze oft noch weniger verwertbar als jene des Fredegarchronisten, doch spiegeln sie sehr schön den Zeitgeist der Epoche.

Die folgende Darstellung setzt nicht mit dem Herrschaftsantritt Chlodwigs ein, sondern mit der Entstehung des Volkes der Franken am Niederrhein lange Zeit vor ihrem großen König. Sie waren kein altes germanisches Volk, sondern verdankten ihre Existenz einer langwierigen Auseinandersetzung mit dem römischen Reich. Im Einzelnen ist diese Geschichte schwer nachzuvollziehen, weil wir darüber ausschließlich Texte römischer Provenienz besitzen. So viel ist aber zu erkennen, dass sich aus älteren Völkern ein neues herausgebildet hat, dem jedoch aufs Erste eine gleichförmige politische Struktur, näherhin ein einheitliches Königtum, fehlte. Vielmehr gab es lange Zeit eine Vielzahl von Königen, und Chlodwig hat seine Laufbahn als einer von ihnen begonnen. Nur vor diesem Hintergrund ist sein Aufstieg wirklich zu würdigen: seine ersten militärischen Erfolge, das Ehebündnis seiner Schwester mit Theoderich dem Großen, seine eigene Heirat mit einer Angehörigen des burgundischen Königshauses und schließlich seine Entscheidung, zum Christentum in dessen katholischer Ausprägung überzutreten. Damit war freilich nicht nur ein religiöser, sondern auch ein politischer Gegensatz insbesondere zu den arianischen Westgoten angelegt, der schließlich in einen Krieg mündete.

Dank seines Sieges über die Westgoten konnte Chlodwig weite Teile des damaligen Gallien erobern und eine neue bedeutende Macht schaffen, die sogar von der Großmacht der damaligen Zeit, dem oströmischen Reich, als wichtiger Mitspieler auf diplomatischem Parkett anerkannt wurde. Die Eroberungen Chlodwigs führten im Innern des Frankenreiches zum Nebeneinander einer kleinen fränkischen Erobererschicht und einer riesigen gallorömischen Bevölkerungsmehrheit. Beide Gruppen sollten in den folgenden Jahrhunderten zu einem einheitlichen Volk verschmelzen – am Ende dieses Prozesses steht die Geburt der französischen Nation, in deren Vorgeschichte Chlodwig wichtige Weichenstellungen vorgenommen hat.

1. DIE FRANKEN UND DAS RÖMISCHE REICH

Die Franken waren kein altes germanisches Volk. In unserer Hauptquelle für die germanische Frühzeit, der *Germania* des Tacitus (um 55 – um 120), werden sie jedenfalls nicht erwähnt. Auch andere Berichte fehlen völlig. Daher liegt die Vermutung nahe, dass es sich bei den Franken um einen relativ jungen Personenverband handelte. Zum ersten Mal werden sie in Berichten römischer Historiographen über Geschehnisse der zweiten Hälfte des 3. Jahrhunderts erwähnt. Damals durchbrachen zahlreiche germanische Völker vor allem am Rhein die römischen Grenzen und zogen plündernd durch die Provinzen des Reiches. Auch die Berichte über die Aktivitäten der Franken in den folgenden Jahrhunderten stammen sämtlich aus römischen Quellen. Damit ist die wichtigste Bedingung für eine Erforschung der fränkischen Frühgeschichte genannt: Wir besitzen keine schriftlichen Selbstzeugnisse der Franken aus dieser Periode ihrer Geschichte, sondern sind ausschließlich auf römische Zeugnisse angewiesen, in denen die Franken von außen unter einem ganz spezifischen Blickwinkel betrachtet werden. Römische Autoren berichteten über sie wie über andere germanische Völker ausschließlich im Zusammenhang mit kriegerischen Auseinandersetzungen. Die inneren Verhältnisse interessierten die Römer dagegen wenig.

Die Vorläufer der Franken

Die verschiedenen Berichte aus römischer Feder lassen vermuten, dass die Franken zunächst kein Volk im engeren Sinne waren, sondern ein Zusammenschluss älterer, zwischen Rhein und Weser ansässiger Völkerschaften wie etwa der Chamaven, Chattuarier oder Brukterer. Diesen Schluss legt die Erzählung des römischen Geschichtsschreibers Sulpicius Alexander über Kriegshandlungen am Ende des 4. Jahrhunderts nahe. Unser Berichterstatter war vermutlich ein Zeitgenosse, über den aber wenig bekannt ist. Er verfasste eine *Historia*, die wenigstens vier Bücher umfasste und mindestens den Zeitraum bis zum Tod Kaiser Valentinians II. (392) behandelte. Diese *Historia* ist nicht erhalten; Auszüge sind nur aus dem Werk Gregors von Tours bekannt, der auch die folgende Stelle aus dem vierten Buch zitiert:

> «In demselben Jahr (...) griff Arbogast mit dem Hass eines Stammesgenossen Sunno und Marcomer, die Kleinkönige der Franken, an und ging gerade im härtesten Winter auf Köln los, da er wusste, dass man sicher in alle Schlupfwinkel des Frankenlandes eindringen und sie mit Feuer verwüsten könnte, wenn die Wälder, ihres Laubes entkleidet und dürr, den auf der Lauer liegenden Feinden kein Versteck gewährten. Er sammelte daher sein Heer, zog über den Rhein und verheerte das Land der Bricterer, das zunächst am Ufer des Flusses lag. Dann verwüstete er auch den Gau, welchen die Chamaver bewohnten, und nirgends zeigte sich ihm ein Feind, außer dass einige von den Ampsivariern und Chatten auf den entfernteren Bergrücken unter der Anführung des Marcomer sichtbar wurden.»[1]

Der römische Heerführer Arbogast war selbst ein Franke, worauf noch zurückzukommen sein wird. Eindeutig ist von Krieg gegen Arbogasts Landsleute die Rede, der sich im Frankenland rechts des Rheins, jenseits der römischen Grenze abspielte. Die angegriffenen Völker hießen aber nicht ‹Franken›, jedenfalls nicht nur, sondern hatten auch andere Namen. Bei ihnen handelte es sich um die Brukterer (Bricterer), Chamaven, Am(p)sivarier und Chattuarier, so jedenfalls deutet die Forschung den Namen ‹Chatten›, den Sulpicius Alexander hier gebraucht. Bis auf die Amsivarier lagen die Gebiete dieser Völker am Rhein oder in dessen Nähe und damit im unmittelbaren Einflussgebiet Roms.

Die Brukterer siedelten ursprünglich beiderseits der Ems sowie der mittleren und oberen Lippe. Nach diesen Regionen unterschieden antike Autoren die ‹kleineren› und die ‹größeren› Brukterer. Ihr Gebiet war größtenteils sehr sumpfig oder dicht bewaldet und daher dünn besiedelt. Sie gerieten immer wieder mit den Römern in Streit, die damals versuchten, das Land zwischen Rhein und Elbe in eine Pro-

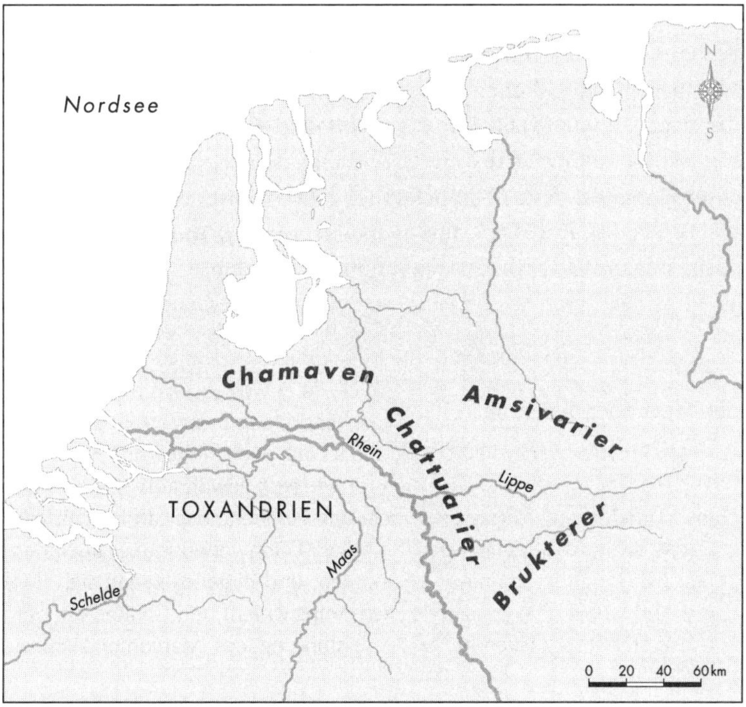

Die fränkischen Stämme rechts des Rheins

vinz zu verwandeln. Die Brukterer wurden 12 v. Chr. von Drusus, dem Stiefsohn des Augustus, in einem Schiffskampf auf der Ems besiegt. Der spätere Kaiser Tiberius besiegte sie in den Jahren 4 und 11 n. Chr. Vermutlich gehörten die Brukterer zu den germanischen Stämmen, die 9 n. Chr. den römischen Feldherrn Varus besiegten. Jedenfalls gewannen die Römer unter Germanicus sechs Jahre später von ihnen das Feldzeichen der 19. Legion zurück, die zusammen mit Varus untergegangen war. Auch am Bataveraufstand 69/70 nahmen sie teil. Im Jahr 98 sahen sich die Brukterer mit einer Koalition ihrer Nachbarvölker konfrontiert und gerieten an den Rand der Vernichtung. Die Reste der ‹größeren› Brukterer flüchteten in das Gebiet gegenüber von Köln zwischen Rhein, Bergischem Land und Westerwald, wo sie von den Römern geduldet wurden.

Die Chamaven übernahmen 98 das Siedlungsgebiet der besiegten

Brukterer. In der Spätantike saßen sie an Ijssel, Vecht und Ijsselmeer in den heutigen Niederlanden. Im Mittelalter wurde das Gebiet zwischen Ijssel und Rhein ‹Hamaland› genannt – eine Reminiszenz an die alten Chamaven. In der sogenannten *Tabula Peutingeriana*, einer römischen Straßenkarte aus der Mitte des 4. Jahrhunderts, die nur in einer Kopie aus dem 12. Jahrhundert erhalten und nach dem Humanisten Konrad Peutinger, ihrem Besitzer zu Beginn des 16. Jahrhunderts, benannt ist, wird das gesamte Gebiet rechts des Niederrheins als *FRANCIA* bezeichnet. Dabei werden auch die Chamaven genannt als *Chamavi, qui et Franci*. In dieser Zeit war bei den Römern die Kenntnis, dass die Chamaven eine Art Doppelidentität besaßen, also durchaus noch lebendig.

Die Chattuarier siedelten nördlich und nordwestlich von den Brukterern an der unteren Ruhr und der unteren Lippe sowie im westlichen Münsterland. Tiberius unterwarf sie und die Brukterer im Jahr 4 n. Chr. In der folgenden Zeit wurden sie von den Chamaven etwas nach Süden abgedrängt, aber viel mehr wissen wir nicht über sie. Alle drei bislang genannten Völker saßen in der Spätantike also im rechtsrheinischen Vorland einer größeren römischen Stadt: Die Brukterer siedelten bei Köln, die Chattuarier bei Xanten und die Chamaven bei Nijmegen.

Über die Amsivarier ist noch weniger bekannt als über die anderen von Sulpicius Alexander erwähnten Völker, weil sie in größerer Entfernung zur römischen Reichsgrenze siedelten und damit seltener in römischen Quellen erwähnt werden. Ihr Name scheint auf die Ems hinzuweisen; vermutlich siedelten sie an diesem Fluss, zunächst wohl am Unterlauf. Nach der Mitte des 1. Jahrhunderts wurden sie von den Chauken nach Süden abgedrängt. Laut Tacitus versuchten sie daraufhin, andere Wohnsitze zu finden, wurden aber überall abgewiesen und teils erschlagen, teils versklavt. Sie überlebten diese Katastrophe und sind noch im 4. Jahrhundert bezeugt, wie bei Sulpicius Alexander bzw. Gregor von Tours, aber auch in anderen Quellen nachzulesen ist. Ihre Wohnsitze scheinen sie aber an den Oberlauf der Ems, in das heutige Münsterland hinein, verlegt zu haben.

Noch weitere, ältere Völker sind zu nennen, die schließlich in den Franken aufgegangen sind: Die Tuihanten, die wohl zwischen Chamaven und Amsivariern siedelten, die Tenkter und Usipeter zwischen

Niederrhein und Lahntal, die allerdings bereits um das Jahr 100 n. Chr. aus den Quellen verschwinden, und die Sugambrer, die 8 v. Chr. nach Aufforderung der Römer ihre Wohnsitze zwischen Lippe und Sieg aufgaben, um sich rund um Xanten anzusiedeln. Die Sugambrer verschwanden dann aus der Geschichte, aber ihr Name wurde «zum Inbegriff wilder, aggressiver und kulturell rückständiger Germanen», nachzulesen etwa in den Gedichten des Horaz.[2] Schließlich sind möglicherweise auch die Chauken zumindest teilweise in den Franken aufgegangen. Dieses Volk siedelte beiderseits der unteren Weser und ist mehrheitlich wohl in den Sachsen aufgegangen, die nach ihnen diese Region bewohnten. Da für die Franken aber auch der Name ‹Hugas› bzw. ‹Hugones› bezeugt ist, möglicherweise eine Variante von ‹Chauken›, haben Teile der Forschung die beiden Völker miteinander in Beziehung gebracht. Allerdings hat der Wortstamm *hug* die Bedeutung ‹die Weisen, Verständigen›, weshalb diese Bezeichnung nicht zwingend auf die Chauken verweisen muss, sondern einer Charakterisierung der Franken gedient haben könnte.

Insgesamt kann man also die diversen Völker, aus denen die Franken hervorgehen sollten, in einem weitgehend zusammenhängenden Gebiet rechts des Niederrheins lokalisieren. Wie aber kam es zum Verschwinden alter und zur Entstehung neuer Völker? Nicht nur die Franken, sondern auch die Alemannen sind im 3. Jahrhundert zum ersten Mal bezeugt. Auch sie gehen auf ältere Völker wie die Sueben zurück. Die Quellenlage macht die Beurteilung dieser Vorgänge nicht einfacher, waren unsere römischen Gewährsleute doch wie Tacitus in seiner *Germania* an der Beschreibung eines als statisch begriffenen Zustandes oder aber vor allem an bewaffneten Auseinandersetzungen interessiert. Zudem neigten viele Römer dazu, sich an älteren, sozusagen klassischen Darstellungen wie Cäsars *De bello Gallico* zu orientieren und aus ihnen vor allem bestimmte Völkernamen zu übernehmen. Letztlich war es für sie auch von geringem Interesse, wie die Völker hießen, die an ihren Grenzen siedelten, Hauptsache, sie blieben ruhig oder wurden besiegt, falls sie auf Krieg oder Beute aus waren.

Die ersten Franken

Die Frage, wann die Franken entstanden sind, lässt sich nur schwer beantworten, da die römischen Quellen oft nur ganz allgemein von ‹Germanen› sprechen. Zudem könnten Autoren, die ihre Werke in einem größeren zeitlichen Abstand zu den Ereignissen verfasst haben, Völker ihrer eigenen Zeit mit Begebenheiten verknüpft haben, welche von den Zeitgenossen noch schlicht den Germanen zugeordnet worden wären. Im Kern steht die Forschung immer wieder vor dem Problem, ob die Wahrnehmung der römischen Quellen zutrifft oder nicht. Als früheste Aktion der Franken gilt ein Einfall nach Gallien 255 oder kurz davor. Die *Historia Augusta*, eine Sammlung von Kaiserviten vermutlich aus dem endenden 4. Jahrhundert, berichtet über den späteren Kaiser Aurelian, damals noch Tribun einer angeblich sechsten gallicanischen Legion in Mainz, er habe die Franken besiegt. Irritierend ist jedoch, dass die Franken hier weit abseits von ihrem Ausgangsgebiet am Niederrhein aktiv geworden sein sollen. Angesichts der späten Abfassungszeit der Quelle und ihrer notorischen Unzuverlässigkeit auch in anderen Dingen ist die Forschung hinsichtlich der Nachricht über die Franken vorsichtig: Der Autor könnte diesen Einfall von vielleicht nicht näher beschriebenen Germanen auf Grund der ihm bekannten späteren Zustände einfach den Franken zugeschrieben haben.

Noch großartiger erscheint die nächste Aktion der Franken, die um 259 zur Zeit des Kaisers Gallienus (260–268, davor Mitkaiser seines Vaters Valerian, 253–260) sogar Gallien verheert und Spanien in Besitz genommen haben sollen. Dabei hätten sie die Stadt Tarragona verwüstet und beinahe völlig zerstört; schließlich seien sie mit erbeuteten Schiffen sogar nach Afrika gefahren. Dies erfahren wir von Aurelius Victor, der seinen *Liber de Caesaribus* rund 100 Jahre nach diesen Ereignissen verfasste. Die Aktion der Franken gehört in ein Katastrophenszenario, das der Geschichtsschreiber von der damaligen Lage des römischen Reiches zeichnete: Damals hätten auch die Goten die Balkanhalbinsel und Kleinasien heimgesucht, die Perser Mesopotamien besetzt, eine Frau (Zenobia von Palmyra) habe den Orient beherrscht und die Alemannen seien in Italien eingefallen. In anderen Quellen (Eutropius, Orosius) werden allerdings statt der Franken nur Germanen genannt, so dass auch dieser Beleg in der Forschung auf Bedenken gestoßen ist.[3] Auf der anderen Seite erwähnt der byzantinische Geschichtsschreiber Zonaras, Kaiser Gallienus habe die Alemannen bei Mailand besiegt (259), einen siegreichen Feldzug gegen die Heruler unternommen und auch die Franken bekriegt. Zonaras verfasste sein Werk erst im 12. Jahrhundert, dennoch gelten seine Nachrichten als glaubwürdig, so dass man mit einiger Vorsicht davon ausgehen kann, dass die Römer die Franken um die Mitte des 3. Jahrhunderts zum ersten Mal als solche wahrgenommen haben. Das hing vielleicht auch mit der besonderen Rolle Kölns zusammen, denn von dort aus leitete Gallienus in den Jahren von 257 bis 259 den Abwehrkampf gegen die barbarischen Nachbarvölker. In Köln dürfte man über die Verhältnisse am gegenüberliegenden Rheinufer bestens Bescheid gewusst haben.

Dieses erste Auftauchen der Franken fällt mit einer schweren Krise des römischen Reiches zusammen. Militärisch geriet das Reich sowohl im Westen an der Rheingrenze (besonders gegen die Alemannen) als auch im Osten in große Schwierigkeiten. Dort war die Lage fast noch schlimmer, da dem Imperium im Jahr 224 in den persischen Sassaniden ein starker Widersacher entstanden war. Ihr Reich war den Römern kulturell und organisatorisch durchaus ebenbürtig. Damit war es ein gefährlicherer Gegner als die Germanenvölker im Westen, die keine langfristigen, imperialen Ziele verfolgten, sondern vor allem auf Plünderung und Beute aus waren. Die Sassaniden hingegen wollten das persische Großreich der Antike unter Einschluss Syriens, Ägyptens und Kleinasiens wiederherstellen. Kaiser Valerian hatte gegen sie 260 eine entscheidende Niederlage erlitten und war sogar in Gefangenschaft geraten, eine ungeheure und bis dahin unbekannte Schmach für einen römischen Kaiser. Die Perser konnten nun weit in den römischen Machtbereich vorstoßen. Die Lage dort wurde durch den Machthaber von Palmyra in Syrien gerettet, dessen Witwe Zenobia dann ab 267 ein von Rom unabhängiges Reich errichten und ihre Macht bis nach Ägypten ausdehnen sollte.

Im Westen sah sich Gallienus nach der Gefangennahme seines Vaters zunächst mit zwei Usurpatoren in Pannonien konfrontiert. Er unternahm einen Feldzug dorthin und ließ seinen jungen Sohn Saloninus als Stellvertreter zurück, der wie sein Vater in Köln residierte.

Die Barbaren jenseits des Rheins – wohl Alemannen und Franken – nutzten noch im Jahr 260 die römische Niederlage im Osten und die Abwesenheit des Kaisers und griffen erneut an. Vor allem der Statthalter Niedergermaniens namens Postumus konnte militärische Erfolge gegen sie erringen, doch kam es wegen der Beuteverteilung zum Streit zwischen ihm und Saloninus. Postumus wurde daraufhin von seinen Truppen zum Kaiser ausgerufen, eroberte Köln und ließ Saloninus hinrichten. Allerdings dachte er nicht daran, das gesamte Imperium zu erobern, sondern begnügte sich mit der Herrschaft über den Westen, über Gallien, Hispanien und Britannien. Die Hauptstadt seines Reiches mit einem eigenem Senat war Köln. Postumus konnte auch weiterhin einige Erfolge gegen die barbarischen Völker erzielen und sogar einen Angriff des Gallienus abwehren, wobei er auch Franken in sein Heer aufgenommen haben soll.[4] Aber ab 269 begann der Niedergang des sogenannten gallischen Sonderreiches: Innere Unruhen auf dessen Territorien erlaubten dem neuen römischen Kaiser Aurelian 273/74 die Rückeroberung. In den Jahren zuvor hatte Aurelian bereits der Herrschaft der Zenobia in Palmyra ein Ende bereitet. Trotz seiner Erfolge wurde Aurelian 275 ermordet; er hatte die Krise des römischen Reiches damit nur scheinbar beenden können.

Die veränderte Lage rief nun auch wieder die germanischen Völker entlang des Rheins auf den Plan. Sie überschritten den Strom und plünderten die Provinzen. Mehrere Römerlager und Kastelle wurden zerstört, und sogar Trier wurde geplündert. Aus dieser Zeit haben sich auffällig viele Münzdepots erhalten, die von den Bemühungen der Provinzialrömer zeugen, wenigstens einen Teil ihrer Habe dadurch zu retten, dass sie ihr Geld vergruben und vermutlich hofften, es nach Abzug des Feindes wieder bergen zu können. Sie kamen aber anscheinend nicht mehr dazu, was Rückschlüsse auf die Intensität dieser Angriffe zulässt. Diese Angriffe werden den Franken zugeschrieben, auch wenn es keine direkten Zeugnisse dafür gibt. Eine Zeitlang schien das Imperium wie gelähmt, mussten doch auch andere Grenzen verteidigt werden. Zudem war Rom durch eine rasche Abfolge von Kaisern geschwächt. Erst Probus (276–282) konnte die Lage stabilisieren. Der Geschichtsschreiber Zosimos, der sein Werk wohl zu Beginn des 6. Jahrhunderts verfasste, berichtet von einem Sieg der römischen Truppen über die Franken.[5] Möglicherweise überließ

Probus den Franken damals schon Land rechts des Rheins zur Ansiedlung und Kultivierung. Dennoch konnte er die Lage nicht dauerhaft beruhigen.

Einige Franken wurden damals anscheinend am Schwarzen Meer gefangen gehalten. Sie konnten entkommen, und ihren Taten zollte sogar ein anonymer römischer Panegyriker – wenn auch widerwillig – Respekt:

> «Hier kehrte freilich jene unglaubliche Kühnheit und jenes unwürdige Glück einiger weniger von den unter dem göttlichen Probus gefangenen Franken in die Erinnerung zurück, die auf zusammengerafften Schiffen vom Schwarzen Meer bis nach Griechenland und Asien geplündert und nicht ohne Gefahr viele Strände Libyens angegriffen und schließlich sogar Syrakus – einst edel durch seine Siege zur See – eingenommen hatten; und nachdem sie auf unermeßlichem Weg den Ozean durchfahren hatten, waren sie dort eingedrungen, wo er ins Festland hineinbricht, und hatten so durch den Ausgang ihres wagemutigen Unterfangens gezeigt, daß nichts, zu dem für Schiffe ein Zugang offensteht, sicher ist vor piratischer Tollkühnheit.»[6]

Diese Unternehmung dürfte freilich nicht mehr als eine aufsehenerregende Episode in jenen unruhigen Zeiten gewesen sein.

Erst unter Kaiser Maximianus (286–305) konnte Rom die Situation am Niederrhein wieder beruhigen. Die Voraussetzung dafür war eine Reichsteilung. 285 war Diokletian (285–305) Kaiser geworden, der aus den Zentrifugaltendenzen der vergangenen Jahre die richtige Konsequenz zog: Er versuchte nicht mehr, das gesamte Reich zu regieren, sondern beschränkte sich auf den Osten, während er seinen alten Kampfgefährten Maximianus zu seinem Mitregenten machte, der für die Westhälfte des Reiches zuständig war. Beide Kaiser konnten damit länger und intensiver an den bedrohten Grenzen ihres jeweiligen Reichsteils präsent sein. Das verbesserte die römischen Abwehrbemühungen erheblich, was auch notwendig war, denn Maximianus sah sich zunächst gefährlichen Angriffen ausgesetzt, die am Niederrhein von den Franken ausgingen. Sogar die Feier seines Konsulats am 1. Januar 287 in Trier musste er unterbrechen, um die Feinde zu vertreiben. Zudem hatten sich die sogenannten Bagauden, Angehörige der ländlichen Unterschichten, vor allem in Gallien und

Spanien gegen die Großgrundbesitzer und den römischen Staat erhoben. Maximianus war an allen Fronten erfolgreich und überschritt sogar mehrfach den Rhein. Angesichts dieses Drucks unterwarf sich 288 auch der fränkische König Gennobaudes; ein Ereignis, das in einem *Panegyricus* («Lobgedicht») auf den Kaiser gebührend gefeiert wurde:

> «Denn jener – doch große – Alexander scheint mir schon dadurch niedrig, dass er dem indischen König seine Reiche zurückgab, während derart viele Könige, Imperator, Eure Klienten sind, und während Gennobaudes durch Dich sein Reich zurückerhielt, es von Dir als Geschenk empfing.»[7]

Der römische Kaiser war also wieder in der Lage, auch jenseits der Reichsgrenzen aktiv zu werden. Das geschah auch auf diplomatischem Wege, denn bei der Quellengruppe der *Panegyrici* muss man stets mit großen Übertreibungen rechnen. Ob also Gennobaudes wirklich vernichtend geschlagen wurde, kann durchaus bezweifelt werden. Aber auf jeden Fall griff der römische Kaiser in die innere Ordnung der Barbarenvölker jenseits des Rheins ein, indem er dort ganz ausdrücklich einen König anerkannte. Damit folgte Maximianus einem Muster der römischen Germanenpolitik seit Cäsar: Mit militärischen und finanziellen Mitteln stärkte er romfreundliche Kräfte bei den einzelnen Völkern und sorgte nach Möglichkeit dafür, dass römisch orientierte Personen als Könige an die Macht kamen. Durch seine Übereinkunft mit Maximianus wurde auch Gennobaudes einer von diesen Klientelkönigen. Das ist vor allem deshalb von Belang, weil er der erste bezeugte König der Franken ist, was aus einem anderen, einige Jahre später verfassten *Panegyricus* über das gleiche Ereignis hervorgeht:

> «(…) ich übergehe sogar diejenigen Dinge, die durch den Schrecken vor Euren Waffen so vollbracht worden sind, als wären sie durch Waffen selbst geschehen: die Franken, die mit ihrem König erschienen, um Frieden zu erbitten, und den Parther, der Euch mit Wundern von Geschenken schmeichelte.»[8]

Dieser Beleg für den Namen der Franken ist der älteste überhaupt, da der *Panegyricus* streng zeitgenössisch entstanden ist, während alle bislang besprochenen Zeugnisse von späteren Geschichtsschreibern stammen. Man sollte diesen Umstand zwar nicht überbewerten, aber interessant ist es dennoch, dass der kaiserliche Lobredner einen König der Franken nennt. Rund zwei Generationen, nachdem die Römer die Franken zum ersten Mal als solche wahrgenommen hatten, waren sie für ihn keine amorphe Masse mehr, sondern er hielt eine Hierarchie und damit eine zumindest rudimentäre innere Ordnung dieses Volkes für erwähnenswert. Vielleicht kann man daher die Bemerkung des Lobredners mit aller gebotenen Vorsicht als Indiz dafür werten, dass der Entstehungsprozess der Franken zu einem gewissen Abschluss gekommen war. Was können wir überhaupt über ihre innere Organisation sagen?

Die innere Ordnung der Völker Germaniens

Das Leben der meisten Germanen in den ersten nachchristlichen Jahrhunderten spielte sich in kleinen Gebieten ab. Ihre vergleichsweise einfache landwirtschaftliche Produktionsweise in Ackerbau und Viehzucht erlaubte ihnen nur ein sehr bescheidenes Auskommen, während die römische Welt von Städten und weitgespannten Handelsbeziehungen von Britannien bis nach Syrien und Ägypten geprägt war. Es gab zwar soziale Unterschiede – neben der Mehrheit der sogenannten Freien sind Adlige, aber auch Sklaven bezeugt –, doch insgesamt waren diese wohl nicht allzu groß. Bestimmend für das Leben und die Produktionsweise der Germanen war zunächst der Familienverband, die sogenannte Sippe, in der gewalttätige Auseinandersetzungen streng untersagt waren. Nach außen hielten die Mitglieder zusammen und waren zu gegenseitiger Hilfeleistung verpflichtet. Die Familienverbände waren allerdings nicht klar gegeneinander abgegrenzt, da nicht allein die männliche, sondern auch die weibliche Linie für ihre Zusammensetzung bestimmend war. Auch unterlassene Hilfeleistung oder der Bruch des Friedens innerhalb einer Sippe konnte zur Bildung neuer Familienverbände führen.

Die germanischen Völker bestanden ihrerseits aus solchen Familienverbänden. Wie bei diesen konnte sich ihre Zusammensetzung leicht ändern. Verbindende Elemente waren gemeinsame Auffassungen, Traditionen und rudimentär entwickelte Institutionen. Verschwanden diese Gemeinsamkeiten, etwa durch eine schwere militärische Niederlage, dann lösten sich größere Gruppen aus einem Volk, das sogar ganz verschwinden konnte. Völker konnten aber auch wachsen, indem sie andere Stämme erfolgreich bekriegten und im Zuge dessen die Unterworfenen in sich aufnahmen. Das heißt, dass sich die germanischen Völker in einem dauernden Prozess der Neu- und Umbildung befanden, was von der Forschung als Ethnogenese bezeichnet wird. Dieser Begriff ist nicht ganz glücklich, weil er auf einen Endpunkt zu zielen scheint, also gleichsam auf ein ‹fertiges› Volk. Das ist aber nicht die Grundaussage der mit diesem Wort beschriebenen Theorie: Vielmehr besagt sie, dass Völker sich ständig verändern, dass sie also keine statischen Größen sind, auch wenn dies in der Rückschau oft so scheinen mag.

Dennoch gab es natürlich Faktoren, die den Zusammenhalt der germanischen Völker stärkten. Das Zusammengehörigkeitsgefühl manifestierte sich am stärksten im Glauben an eine gemeinsame Abstammung. Dazu kommt die gemeinsame Sprache, die aber nicht immer die Bedeutung für den Zusammenhalt dieser Völker besaß, welche wir ihr heute zumessen. Wichtiger waren Kleidung, Haartracht, Waffen, Religion und die gemeinsame, mündlich überlieferte Geschichte. Ein germanisches Volk war wie die Sippe eine Friedens- und Rechtsgemeinschaft, die jedoch weniger dem Ziel diente, Blutrache und Fehden zu verhindern, als vielmehr für die Einhaltung bestimmter Regeln bei inneren Auseinandersetzungen zu sorgen. So sollten Gewalttaten an Festtagen sowie während Versammlungen oder Kriegszügen gegen äußere Feinde unterbleiben. Im Rahmen von Versammlungen, die auch kultischen Zwecken dienten, fand das politische Leben eines Volkes statt. Die Versammlung aller Freien – das Thing – war die höchste Instanz in Rechtsangelegenheiten und fand oft vor militärischen Unternehmungen statt.

Bei den germanischen Völkern hat es zunächst kein etabliertes Königtum gegeben. Adlige, von Tacitus *principes* («Fürsten») genannt, trachteten immer wieder danach, über ihr Volk zu herrschen. Bisweilen konnten sie sich mit diesem Anspruch durchsetzen und eine königliche Stellung erringen. Damit sich ein König indes dauerhaft etablieren und seine Position vielleicht sogar vererben konnte, bedurfte es eines Anstoßes von außen. Seit den Zeiten Cäsars und Augustus' kamen solche Impulse aus Rom. Das Imperium unterstützte einzelne Fürsten bei ihren Ambitionen auf die Alleinherrschaft über ihr Volk mit militärischer und finanzieller Hilfe. Dafür erwartete es Ruhe an seinen Grenzen und oft auch die Stellung von Hilfstruppen. Das Geld aus Rom erlaubte es den Königen, weitere Anhänger zu finden und insgesamt ihre Position auszubauen. Nicht die wirtschaftlichen Möglichkeiten des eigenen Landes ermöglichten mithin die Entstehung eines germanischen Königtums, sondern materielle Unterstützung – Subsidien –, die von außen kam. Dies trifft selbst dann zu, wenn es zu Kämpfen zwischen Rom und germanischen Königen bzw. Fürsten kam, in deren Verlauf diese vielleicht militärisch erfolgreich waren und römische Gebiete plündern konnten. Insgesamt muss man jedoch bei der Entstehung der Institution ‹Königtum› auch bewaffnete Auseinandersetzungen beachten, für deren Durchführung es notwendig war, eine Person als Anführer anzuerkennen. Dieser besaß im Erfolgsfall beste Aussichten, König zu werden. Das Königtum war dennoch nicht zwangsläufig ein integrierender Faktor: Die politischen Auseinandersetzungen, die der Anspruch eines Fürsten auf die Alleinherrschaft bei anderen Fürsten oder Teilen des Volkes provozierte, konnten ebenso integrierend wie desintegrierend wirken.

Ein weiterer destabilisierender Faktor innerhalb der germanischen Völker war das Gefolgschaftswesen (*comitatus*). Junge Männer schlossen sich einem bekannten Kriegshelden oder Fürsten für einige Zeit an, um der Beschäftigung nachzugehen, die ihnen am meisten Ruhm und Ehre, aber auch materiellen Gewinn einbringen konnte: dem Krieg. Sie traten also in sein Gefolge ein und erhielten dafür Verpflegung und Ausrüstung. Da hierfür die materiellen Ressourcen eines Fürsten auf Dauer sicher nicht ausreichten, war er mehr oder minder gezwungen, ständig Beutezüge zu unternehmen. Deren Opfer waren Nachbarvölker oder das römische Reich, das dank seines relativen Wohlstandes ein äußerst lohnendes Ziel bot. Menschen waren dabei eine durchaus willkommene Beute, da sie entweder in die Sklaverei verkauft werden konnten oder von ihren Angehörigen ausgelöst wurden. Diese kriegerischen Aktionen konnten sich negativ auf den Zusammenhalt der ohnehin instabilen germanischen Völker auswirken, die in der Regel als ganze von einem möglichen Gegenschlag der Römer betroffen waren. Zudem strebten besonders erfolgreiche

Gefolgschaftsführer bisweilen nach der Königsherrschaft und vertrieben ihre Konkurrenten, oder sie verließen ihr Volk und formierten mit ihren Anhängern ein neues.

Der Kontakt mit Rom veränderte die Welt der Germanen langsam, aber stetig. Zunächst einmal schuf die Nähe zu den römischen Grenzen eine ca. 100 km breite Kontaktzone mit intensiveren Beziehungen zum Imperium, sowohl politisch als auch ökonomisch. Archäologische Forschungen haben insbesondere intensive Handelskontakte nachgewiesen. Hier wurden vor allem Waren des täglichen Gebrauchs aus den (angrenzenden) römischen Provinzen gefunden. Dagegen waren römische Luxuswaren wie Waffen oder Schmuck überall zwischen Rhein und Oder beliebt. Römische Güter und damit wohl auch römischer ‹Lebensstil› waren für die germanischen Eliten attraktiv, zumal sie miteinander im engen Kontakt standen. Es muss offenbleiben, ob diese Luxuswaren als Handelsgüter nach Norden gelangten oder als Geschenke und damit als Zeichen gezielter politischer Einflussnahme von Seiten Roms. Die Berichte von Germanen in römischen Diensten vergrößerten die Anziehungskraft des Imperium auf diese Eliten. Insgesamt müssen die militärische Potenz und der Reichtum Roms großen Eindruck auf die germanische Führungsschicht gemacht haben, deren Angehörige sich nicht zuletzt als Krieger und Gefolgschaftsführer verstanden.

Tatsächlich trieben Römer und Germanen nicht nur Handel miteinander, sondern Germanen dienten auch in beträchtlicher Zahl in der römischen Armee. Das berühmteste Beispiel dafür bietet die Varusschlacht 9 n. Chr. Hier zeigten sich die Germanen den Römern einmal strategisch und taktisch überlegen, was aber nicht der Regelfall war. Ein Grund für den Sieg der verschiedenen germanischen Völker war, dass ihr Anführer Arminius seit langem in römischen Diensten stand und die römische Kampfesweise intensiv kennengelernt hatte. Tatsächlich warben die Römer immer wieder Germanen an, etwa für die Leibwache der Cäsaren und vor allem auch für die kämpfende Truppe. Viele dieser Germanen kehrten nach dem Ende ihrer Dienstzeit in ihre Heimat zurück und erzählten ihren Landsleuten von dem mächtigen und reichen Staatswesen im Süden. Zugleich teilten sie ihnen aber auch ihr militärisches Wissen mit. Rom warb besonders seit der Zeit der severischen Dynastie (193–235) germanische Kriegergruppen an – im Osten bevorzugt Goten, im Westen Alemannen. Es lässt sich zwar nicht beweisen, aber es ist durchaus wahrscheinlich, «dass die in römischen Diensten gewonnene Erfahrung bei räuberischen Unternehmungen hilfreich war, etwa beim großen Goteneinfall des Jahres 250–251».[9] Hinzu kam eine politische und militärische Schwäche Roms, das praktisch an allen Fronten in die Defensive geriet, zunächst im Osten, dann aber auch im Westen.

Sowohl am Oberrhein als auch am Niederrhein überschritten Germanen in wachsender Zahl die Grenze, um zu plündern. Die Züge wurden vermutlich nicht von den Völkern als solchen unternommen, die den Römern schon bekannt waren, sondern von einzelnen Gefolgschaftsführern. Je erfolgreicher sie dabei waren, desto mehr Anhänger, also junge, kriegerische Männer konnten sie an sich binden – auch über das eigene Volk hinaus. Das hatte es auch früher schon gegeben, aber ab der Mitte des 3. Jahrhunderts befand sich die Rheinregion in einem permanenten Kriegszustand, der die Gefolgschaften immer mehr anwachsen ließ und verhinderte, dass die einzelnen Krieger rasch wieder zu ihren Familien zurückkehrten. Falls sie dies doch taten, dann verkehrten sich die gewohnten sozialen Hierarchien in ihr Gegenteil: Nicht mehr die Väter mit ihrem Grundbesitz und ihren Viehherden waren wohlhabender, sondern die zurückgekehrten Söhne mit ihrer Beute. Streit und die Auflösung von überkommenen Strukturen konnten die Folgen sein.

Es scheint, als ob die älteren Völker dieser Dynamik nicht lange standgehalten hätten. Teilweise wurden sie von neuen Völkern wie Franken und Alemannen abgelöst, die ihrerseits zunächst ebenfalls nur locker organisiert waren und vor allem keinem gemeinsamen König unterstanden, sondern mehreren Anführern, die in den römischen Quellen oft als *subreguli* («Unterkönige»), aber auch als *duces* («Anführer», nicht «Herzöge» im Sinne einer erblichen Position) bezeichnet und öfters sogar nur mit ihren Namen genannt werden, also ganz ohne Titel bleiben. Diese neuen Völker fanden vor allem für den Krieg zusammen, worauf auch der Name der Franken hinweist. Er bedeutet soviel wie «mutig, kühn, ungestüm, frech». Der Krieg war daher vermutlich ihre wichtigste Beschäftigung. Die Attraktivität einer friedlichen Lebensweise, die mit den alten Völkern und ihren Namen verbunden war, sank.

Vor diesem Hintergrund war Gennobaudes vermutlich ein erfolgreicher Gefolgschaftsführer, um den sich viele Anhänger geschart hatten, die sich auf Grund ihrer kriegerischen Lebensweise einfach ‹Franken› nannten, ganz gleich, ob sie oder ihre Eltern eigentlich Brukterer, Chamaven oder Chattuarier waren. Gennobaudes dürfte ein ‹Heerkönig› gewesen sein, so die nach wie vor treffende Bezeichnung der Forschung: ein erfolgreicher Anführer einer Gefolgschaft und Gewaltgemeinschaft, dem sich eine wachsende Zahl von Anhängern unterordnete, weil sie Vertrauen in sein militärisches Geschick hatte. Sie hofften auf Ruhm, Beute und Reichtum. Solange Gennobaudes diese Erwartungen erfüllte, sicherte das seine Stellung innerhalb des Volkes genauso wie seine neue Position als Klientelkönig des römischen Reiches, was wohl kein reiner Ehrentitel war, sondern ebenfalls eine Einnahmequelle darstellte. Kaiser Maximianus, der Gennobaudes von künftigen Kriegszügen abhalten wollte, machte diesem vielleicht sogar Geschenke – für Rom wohl eine billigere Lösung als der Zermürbungskrieg, in dem man sich seit Jahrzehnten befand.

Die Franken und Rom in der Zeit der Tetrarchie und der konstantinischen Dynastie

Falls sich Gennobaudes in den folgenden Jahren ruhig verhalten haben mochte – andere fränkische Könige bzw. Gefolgschaftsführer taten es nicht. Einige von ihnen bedrohten damals die Küsten Nordgalliens und Südostenglands. Maximianus gab Carausius, einem romanisierten Bewohner Niedergermaniens, im Jahr 285 den Auftrag, mit der Flotte der Provinz Britannien gegen die Piraten vorzugehen. Er war erfolgreich, doch als bekannt wurde, er habe Beute veruntreut und sogar Kontakte zu den Franken geknüpft, sollte er verhaftet werden. Carausius trat wie so viele andere vor ihm die Flucht nach vorn an und ließ sich von seinen Truppen 286/87 zum Kaiser ausrufen. Rasch unterwarf er Britannien seiner Kontrolle, einige Zeit später auch die Nordwestküste Galliens. Hier konnte er vor allem auf die Unterstützung der Franken zählen. Maximianus reagierte und wollte im Jahr 288 Britannien angreifen, aber sein Unternehmen scheiterte kläglich. Vermutlich hing sein Abkommen mit Gennobaudes mit dieser Aktion zusammen. Carausius strebte schließlich sogar an, von den beiden anderen Kaisern als *Augustus* anerkannt zu werden und damit eine Dreiteilung des Reiches durchzusetzen.

Diokletian und Maximianus reagierten schließlich, indem sie jeweils einen Mitregenten bestimmten. Diese führten den Titel eines Cäsars, während die beiden Hauptkaiser jeweils als *Augustus* firmierten. Damit war eine Tetrarchie («Viererherrschaft») entstanden. Maximianus machte seinen Schwiegersohn Constantius 293 zum Cäsar und designierten Nachfolger; außerdem sollte dieser Hispanien, Gallien und Britannien regieren, was eine direkte Kampfansage an Carausius und damit auch an die Franken war. Die Herrschaft des Carausius fand darauf ein überraschend schnelles Ende, denn dieser wurde noch im gleichen Jahr von einem seiner Leute namens Allectus ermordet. Constantius benötigte aber noch weitere drei Jahre, um in Britannien eingreifen zu können. In dieser Zeit baute er eine schlagkräftige Flotte auf und vertrieb die mit Allectus verbündeten Franken 294/95 aus dem Bataverland am Niederrhein rund um Nijmegen und dem südwestlich angrenzenden Gebiet bis zur Schelde. 296 nahm Constantius Allectus dessen festländische Stützpunkte ab und ging erfolgreich im Ärmelkanal gegen die dort agierenden Franken vor. Nach der Landung in Britannien besiegten die Truppen des Constantius den Usurpator, der dabei den Tod fand. Die fränkischen Soldaten des Allectus flohen nach London. Dort begannen sie, die Stadt zu plündern, wurden aber sehr schnell unschädlich gemacht.

Zahlreiche fränkische Gefangene aus den Kämpfen auf dem Festland wurden damals in den Gebieten von Amiens, Beauvais, Troyes und Langres angesiedelt:

> «Aber weder diese Tücke der Gegend noch die dort zahlreichen Zufluchtsorte in den Wäldern konnten die Barbaren davor schützen, gezwungen zu werden, sich allesamt der Gewalt Deiner Göttlichkeit zu unterwerfen und mitsamt ihren Frauen und Kindern und der übrigen Menge der Familienangehörigen und Besitztümer an einst aufgegebene Orte überzusiedeln, um das, was sie vielleicht selbst dereinst verwüstet hatten, nun durch ihren Dienst wieder in Kulturland zu verwandeln.»[10]

Mit dem Wort *laeti* bezeichneten die Römer einzelne Barbaren oder auch Gruppen von ihnen, die sich auf römischem Territorium niederlassen durften. Die Voraussetzung dafür war, dass sie das Land bebauten und Soldaten für die römische Armee zur Verfügung stellten. Die Herkunft des Begriffs *laetus* ist ungewiss, er leitet sich aber vermutlich von einem germanischen Wort mit der Bedeutung «Sklave, Leibeigener» oder «halbfreier Siedler» ab. Rom zog also eine bemerkenswerte Konsequenz aus der langen Zeit von Attacken auf sein Territorium: Große Teile der einheimischen Bevölkerung waren getötet worden oder doch zumindest geflohen. Die besiegten Angreifer erhielten nun das verödete Land, um es wieder fruchtbar zu machen. Außerdem sollten sie dem Imperium militärisch dienen. So hofften Constantius und vor ihm schon Maximianus, der mit dieser Ansiedlungspolitik im Gebiet der Nervier und der Treverer begonnen hatte, die Grenzen wieder stabilisieren zu können. Für die Neusiedler war dieses Arrangement wohl ebenfalls von Vorteil, erhielten sie doch ein festes Auskommen, statt nach ihrer Freilassung wieder in die vom Krieg in Mitleidenschaft gezogenen rechtsrheinischen Gebiete zurückkehren zu müssen.

Im Jahr 305 dankten Diokletian und Maximianus ab. Neuer *Augustus* des Westens wurde Constantius, im Osten folgte Galerius nach. Constantius starb aber bereits ein Jahr später, und seine Truppen riefen dessen Sohn Konstantin zum Kaiser aus. Bald darauf überschritten Franken und Alemannen erneut den Rhein, wurden aber schnell besiegt und drakonisch bestraft, wie Eutropius mehr als sechzig Jahre später feststellte:

> (...) (Konstantin) herrschte in Gallien bereits mit der ungeheuren Gunst der Soldaten wie der Provinzbewohner, nachdem er Franken und Alemannen geschlagen und ihre Könige gefangengenommen hatte, die er sogar wilden Tieren vorwarf, als er großartige öffentliche Spiele veranstaltete.»[11]

In einem *Panegyricus* auf den Kaiser werden die Namen der unglücklichen Könige der Franken genannt, Ascaricus und Merogaisus.[12] Um 310 führte Konstantin einen Feldzug gegen die Brukterer durch. Nach schnellem und erfolgreichem Rheinübergang, der den Feind am Rückzug in unzugängliches Wald- und Sumpfgebiet hinderte, wurden angeblich zahllose Feinde getötet, viele gefangen genommen, das Vieh geraubt oder getötet, die Dörfer angezündet, die erwachsenen

Gefangenen später den Tieren in der Arena vorgeworfen. Gegenüber von Köln in Deutz wurde ein Kastell neu angelegt und durch eine gewaltige Brücke mit der Rheinmetropole verbunden. Damit konnten die Römer den Fluss jederzeit überqueren, um schnell ein- und angreifen zu können. Außerdem ließ der Kaiser die Rheinflotte und die Grenzgarnisonen bis zur Küste verstärken. Auch im Landesinneren ergriff er Maßnahmen. Da die Franken bei ihren Einfällen häufig die Straßen von Köln über Tongern nach Bavay und von Köln nach Trier benutzt hatten, wurden diese gesichert. Bereits die gallischen Sonderkaiser hatten in regelmäßigen Abständen Wachposten (*burgi*) errichtet, die Konstantin nun erneuern und um weitere Stützpunkte ergänzen ließ.

Konstantin zog 312 mit seinen Truppen nach Italien, um seinen Konkurrenten Maxentius zu bekriegen. Im folgenden Jahr traf er in Mailand Licinius, den Ostkaiser, mit dem er sich auf das sogenannte Toleranzedikt von Mailand verständigte. Demnach sollten alle Menschen, insbesondere die Christen, das Recht freier Religionsausübung haben, was schon Kaiser Galerius 311 verfügt hatte. Damit konnte das Christentum sich frei entfalten und rasch zur wichtigsten Religion im Reich aufsteigen. Am Rhein nutzten die Chamaven die Gunst der Stunde, um den Fluss zu überschreiten. Konstantin eilte von Mailand aus nach Norden, täuschte den Gegner durch ein geschicktes Manöver und errang erneut einen großen Sieg, der mit Zirkusspielen gefeiert wurde. Fortan blieb es an der Rheingrenze ruhig, und der Kaiser konnte sich um die anderen Gebiete seines Reiches kümmern. Er überließ seinem Sohn Crispus, der damals gerade zwölf Jahre alt war, im Jahr 317 als Cäsar die Herrschaft über Gallien. Unter dessen nomineller Führung wurde etwa ein Jahr später noch einmal ein Zug gegen die Franken unternommen, so dass der Kaisersohn 321 einen Triumph feiern konnte. Spätestens damit hatten die Frankenkriege Konstantins des Großen aus römischer Sicht ein glückliches Ende gefunden.

Die Erfolge Konstantins über die Franken und andere Germanenvölker zeigen, dass das römische Reich seine Krise überwunden hatte. Bereits Diokletian hatte damit begonnen, das Reich zu reformieren, damit es besser auf die inneren und äußeren Herausforderungen reagieren konnte. Bei vielen Maßnahmen lässt sich aber nicht genau bestimmen, ob er oder einer seiner Nachfolger, insbesondere Konstantin, für sie verantwortlich war. Diokletian führte ein neues Steuersystem ein, das zum einen auf die Arbeitskräfte und den Viehbestand, zum anderen auf das bebaute Land abzielte. Dann wollte der Kaiser die Inflation eindämmen und für stabile Preise sorgen, was ihm aber nicht gelang. Um den inneren Zusammenhalt des Reiches zu stärken, förderte er den Kaiserkult. Dem entzogen sich jedoch die Christen, weshalb der Kaiser 303 eine große Christenverfolgung einleitete. Auch die Verwaltung sollte besser organisiert werden. Daher wurden die Provinzen verkleinert und ihre Zahl zugleich von 46 auf 85 erhöht. Mehrere Provinzen bildeten seit Konstantin jeweils eine von zunächst zwölf Diözesen. Die höchsten Verwaltungsebenen waren die Prätorianerpräfekturen, von denen es anfänglich drei gab: eine für Illyrien (d.h. sämtliche Balkanprovinzen), Italien und Afrika, eine für den Orient, also für Thrakien, Kleinasien, Syrien und Ägypten, sowie eine für Gallien, bestehend aus Britannien, Hispanien und dem eigentlichen Gallien, das wiederum aus zwei Diözesen bestand: der *dioecesis Galliarum* im Norden und der *dioecesis Viennensis* oder *septem provinciarum* («der sieben Provinzen») im Süden mit der Loire als ungefährer Grenze. Die Prätorianerpräfekten, einst Kommandeure der kaiserlichen Leibgarde, verloren sämtliche militärischen Zuständigkeiten und waren allein für die zivile Verwaltung zuständig.

Damit ist eine grundsätzliche Reform der Verwaltung angesprochen, die auch Auswirkungen auf die Germanen haben sollte: die konsequente Trennung von ziviler und militärischer Administration. Die Provinzstatthalter verloren ihre Zuständigkeit für das Militär, was vor allem für die Grenzprovinzen von großer Bedeutung war. Auch die Grenzverteidigung wurde neu organisiert. Fortan gab es ein Grenzheer (*limitanei*) und ein Bewegungsheer (*comitatenses*). Die *limitanei* sollten vor allem die Grenzen überwachen und kleinere feindliche Angriffe abwehren. Daneben nahmen sie auch Polizeiaufgaben wahr und unterstützten Steuereintreiber oder andere Beamte bei der Ausübung ihrer Amtspflichten. Allerdings waren sie keine Wehrbauern, wie man lange geglaubt hat, sondern reguläre Einheiten. Die *limitanei* einer Provinz unterstanden einem Offizier mit dem Titel *dux*. Entsprechend gab es auch in den Diözesen einen *dux* mit überge-

Verwaltung des römischen Gallien in der Spätantike

ordneter Befehlsgewalt. Das Bewegungsheer wurde im Hinterland gefährdeter Grenzen oder an strategisch bedeutsamen Orten stationiert. Durchbrachen größere feindliche Einheiten die Grenze, denen die *limitanei* nicht gewachsen waren, sollten die *comitatenses* diese stellen, um sie zurückzudrängen oder zu vernichten. Ihr Befehlshaber trug den Titel *comes* und stand im Rang über den *duces* der Provinzen.

Das Wort *comes*, eigentlich «Begleiter (des Kaisers)», begegnet auch bei anderen Amtsträgern. So war der *comes domesticorum* der Befehlshaber der kaiserlichen Leibgarde, der *comes rerum privatarum* verwaltete das kaiserliche Privatvermögen und der *comes sacrarum largitionum* war für die staatlichen Finanzen zuständig.

Die Spitzenfunktion in der Armee hatten seit Konstantin die Heermeister (*magistri militum*) inne, die nur dem Kaiser unterstellt waren. Auch dieses Amt geht auf die Trennung von Militär- und Zivilverwaltung zurück. Ursprünglich gab es je einen *magister militum* für das Fußvolk und die Reiterei, aber im Laufe der Zeit wurden beide Funktionen miteinander vereint. Um aber den Aufgaben gerecht werden zu können, wurde die Zahl der Heermeister seit Kaiser Constantius II. (337–361) vergrößert und dafür ihre regionale Zuständigkeit entsprechend den Prätorianerpräfekturen verkleinert. So gab es einen *magister militum per Gallias*, der nicht nur für Gallien, sondern auch für Britannien und Hispanien zuständig war. Schließlich sind noch weitere grundlegende Neuerungen zu nennen, die nicht nur die höheren Offiziere, sondern das gesamte Militär betrafen: Die Anzahl der Legionen wurde stark erhöht, dafür aber ihre Stärke auf rund 1000 Mann reduziert. Damit konnte das Heer flexibler auf die Herausforderungen an den Grenzen reagieren. Auch die Bewaffnung hatte sich seit klassischer Zeit verändert. Der Schuppenpanzer und der schwere viereckige Schild waren schon zu Beginn des 3. Jahrhunderts zugunsten von Kettenhemden und ovalen Schilden aufgegeben worden. Im 4. Jahrhundert wurde der eiserne Helm durch einen ledernen und das römische Kurzschwert durch das möglicherweise von den Germanen übernommene Langschwert (Spatha) ersetzt.

Die Angleichung von barbarischen und römischen Heeren ging aber deutlich über das äußere Erscheinungsbild hinaus. Denn die Trennung von ziviler und militärischer Verwaltung hatte eine sicher nicht beabsichtigte Folge: Weil in der Zivilverwaltung gute juristische Kenntnisse notwendig waren, entschieden sich entsprechend ausgebildete Römer eher für eine Laufbahn in diesem Bereich. Nach Vegetius, einem Militärschriftsteller vom Ende des 4. Jahrhunderts, kam eine weit verbreitete Unlust am Militärdienst hinzu: «Aber die Sorglosigkeit eines langen Friedens hat die Menschen teils zum Genuß der Muße, teils zu zivilen Berufen hinübergeleitet.»[13] Der Kriegsdienst wurde daher zu einer Angelegenheit der Barbaren, die teils jenseits der Grenzen angeworben wurden, teils bereits im Reich lebten und entsprechend romanisiert waren. Konstantin förderte diese Entwicklung, indem er verstärkt Germanen für die römische Armee rekrutierte. Die wichtigste Quelle für die Zusammensetzung des römischen Heeres in der Spätantike ist die *Notitia dignitatum*, welche zeigt, dass sehr viele Truppenteile zumindest damals von Franken gestellt wurden. Es gab etliche fränkische Alen und Kohorten, daneben erscheinen auch Amsivarier, Brukterer, Chamaven, Chattuarier sowie weitere Stämme, die den Franken zugeordnet werden.

Konstantin ermöglichte Germanen, insbesondere Franken, sogar den Aufstieg in hohe Positionen der römischen Armee. Nicht alle Römer waren mit dieser Entwicklung einverstanden. Insbesondere übte später sein Neffe Julian (360–363) Kritik an ihm, wie der Zeitgenosse Ammianus Marcellinus bezeugt:

> «Damals versuchte er (Julian) auch dem Andenken des Konstantin als eines Neuerers und Zerstörers alter Gesetze und lange schon übernommener Sitte einen Makel anzukleben, indem er ihm in aller Öffentlichkeit den Vorwurf machte, er habe als erster von sämtlichen Herrschern Barbaren bis zu den Rutenbündeln und Prunkgewändern des Konsulats erhoben (...).»[14]

Julian lehnte als überzeugter Anhänger der alten römischen Religion die Begünstigung der Christen durch Konstantin und auch dessen Germanenpolitik ab. Sachlich lag er wohl nicht ganz falsch, auch wenn er sich selbst dann ebenfalls auf Barbaren stützte. Jedenfalls lassen sich etliche Beispiele für Karrieren von Barbaren im römischen Heer zur Zeit der konstantinischen Dynastie finden. So hatte sich der gebürtige Franke Bonitus in den Kämpfen Konstantins mit seinen innerrömischen Gegnern für den Kaiser eingesetzt. Sein Sohn Silvanus sollte dann sogar – wenn auch vergeblich – nach dem Purpur greifen. Ein anderes Beispiel ist Magnentius (Flavius Magnus Magnentius). Er wurde um 303 wohl in *Ambianum* (heute Amiens) geboren. Sein Vater scheint Brite, seine Mutter Fränkin gewesen zu sein. Unter Konstantin dem Großen stieg er im Heer auf und wurde – vielleicht bereits unter Konstantins Söhnen – zunächst *protector* und dann *comes rei militaris*, womit er einen recht hohen Rang zwischen *dux* und *magister peditum* bzw. *equitum* erreichte. Diese Beispiele zeigen, dass die Integrationskraft des römischen Reiches noch ungebrochen war, denn sowohl Bonitus als auch Magnentius besaßen das römische Bürgerrecht. Angesichts dieser guten Rahmenbedingungen geht die Forschung davon aus, dass in der Zeit Konstantins viele weitere Franken ohne großes Aufsehen über den Rhein kamen und sich im Reich ansiedelten.

Die Franken im Kampf mit Julian Apostata

Die Lage an der Grenze zu den Franken blieb während Konstantins Regierungszeit ruhig. Erst 341 hören wir wieder von Angriffen der Franken auf das Reich, die vielleicht die Kämpfe zwischen Konstantins Söhnen Constantius II. und Constans ausnutzen wollten. Die Franken drängten vor allem in das Bataverland am Unterlauf des Rheins. Constans besiegte zunächst seinen Bruder, kämpfte anschließend mit zunehmendem Erfolg gegen die Franken und «machte sie zu Bundesgenossen der Römer».[15] Im Frieden von 342 gestand er ihnen die Batavia genannte Flussinsel zwischen Rhein und Waal als Siedlungsgebiet zu. Constans agierte allerdings in der Innenpolitik äußerst unglücklich. Als entschiedener Anhänger der christlichen Orthodoxie machte er sich viele Feinde, und auch sein Umgang mit der Armee war ungeschickt. Schließlich kam es zu einem Putsch hoher Offiziere, die 350 einen der ihren, den erwähnten Halbfranken Magnentius, zum Kaiser erhoben. Constans verlor rasch an Unterstützung und wurde kurz darauf ermordet. Magnentius herrschte nun unangefochten über den Westen des Reiches – aber wie reagierte der Ostkaiser Constantius II. auf den Sturz seines Bruders?

Constantius waren vorerst die Hände gebunden, da er mit Persien im Krieg lag. Um aber Magnentius wenigstens Schwierigkeiten zu bereiten, scheint er Verbindungen zu Alemannen und Franken aufgenommen zu haben, um diese zu einem Angriff auf die Rheingrenze zu bewegen und damit Magnentius von einem Angriff auf ihn selbst abzuhalten. Auf der anderen Seite konnte sich aber auch Magnentius auf Franken stützen, wie der spätere Kaiser Julian in einer seiner Reden betonte: «Als eifrigste Bundesgenossen folgten ihm (Magnentius) schon aufgrund ihrer Stammesverwandtschaft Franken und Sachsen, die streitbarsten Völker jenseits des Rheines und am westlichen Meer.»[16] Als die Perser noch im Jahr 350 ihrerseits von Nachbarn aus dem Osten angegriffen wurden, bekam Constantius freie Hand, um gegen Magnentius vorzugehen, der zur Sicherung der Rheingrenze einen fränkischen Verwandten – vielleicht seinen Bruder – namens Magnus Decentius zum Cäsar erhob. Er selbst zog nach Osten Constantius entgegen. Bei Mursa am Fluss Drau (Osijek in Kroatien) kam es im Jahr 351 zur Schlacht. Magnentius führte seine Truppen selbst in den Kampf, während die Streitmacht des Constantius mehr als doppelt so stark war. Den Ausschlag aber gab Silvanus, der bereits erwähnte Kommandeur fränkischer Herkunft. Er lief zusammen mit einer größeren Abteilung von Fußsoldaten zu Constantius über. Die Schlacht war eine der blutigsten und verlustreichsten in der Geschichte des römischen Reiches. Laut Zonaras verlor Magnentius zwei Drittel seiner Männer, während Constantius II. die Hälfte seiner Armee einbüßte – insgesamt 54 000 Soldaten.[17] Beim Anblick des Schlachtfelds soll Constantius, der während der Schlacht in einer nahegelegenen Kirche gebetet hatte, in Tränen ausgebrochen sein. Magnentius konnte sich zwar noch nach Gallien zurückziehen, wurde aber 353 in den Westalpen, wohl bei der Stadt Gap, erneut geschlagen und beging im August dieses Jahres Selbstmord.

Der Verlust so vieler Soldaten in einem Bürgerkrieg hatte Rom nachhaltig geschwächt. Dies lud Alemannen und Franken – Parteigänger des legitimen Kaisers oder Gruppen, die eine gute Gelegenheit zum Plündern sahen – dazu ein, die Rheingrenze zu überschreiten. Constantius ging selbst gegen die Alemannen vor, während Silvanus als *magister peditum* die Franken zurückdrängen sollte. Wieder wurde die römische Position durch innere Zwistigkeiten geschwächt. Höflinge lieferten Constantius II. Hinweise, dass Silvanus eine Usurpation plane. Der Kaiser beorderte ihn daher zurück, doch der eigentlich zu Unrecht verdächtigte Silvanus trat die Flucht nach vorn an und ließ sich im August 355 in Köln zum Kaiser ausrufen. Nur 28 Tage später wurde er von bestochenen Soldaten erschlagen. Silvanus hatte vergeblich versucht, sich in die christliche Kultstätte zu flüchten, die möglicherweise im *praetorium*, dem Sitz des römischen Statthalters, lag – der älteste Beleg für einen christlichen Versammlungsraum in Köln.[18] Constantius hatte damit einen potentiellen Gegner aus dem

Weg geräumt, aber der Preis war eine weitere Schwächung der römischen Grenzverteidigung an der Rheinlinie.

Nun brach nämlich die römische Verteidigung vollends in sich zusammen. Die Franken schlossen Köln ein und eroberten schließlich die Stadt; sie wurde schwer geplündert. Zahlreiche Münzdepots aus dieser Zeit illustrieren das Ausmaß der Bedrohung, der sich die provinzialrömische Bevölkerung ausgesetzt sah. Constantius entsandte daraufhin Ende 355 seinen Vetter, den Cäsar Julian, nach Gallien. Dieser stellt in der Rückschau die Lage folgendermaßen dar:

> «(...) denn sehr viele Germanen siedelten ohne Furcht in der Nähe der von ihnen geplünderten gallischen Städte. Die Zahl der Städte, deren Mauern niedergelegt waren, beträgt etwa 45, abgesehen von den Türmen und kleineren Befestigungsanlagen. Das gesamte Land diesseits des Rheines, das die Barbaren beherrschten, erstreckte sich von den Quellen bis zum Ozean; 300 Stadien (etwa 58 km) vom Rhein entfernt siedelten diejenigen, die uns am nächsten waren; dreimal so breit aber war der Raum, der infolge der Plünderungszüge völlig verlassen war, da es den Galliern dort nicht einmal mehr möglich war, ihre Herden zu weiden, und auch einige Städte waren von den Bewohnern aufgegeben, doch siedelten in deren Nähe keine Barbaren.»[19]

Andere Quellen bestätigen dieses Bild. Die Katastrophe war nicht zuletzt deshalb so groß, weil nicht nur Franken, sondern auch Alemannen die Rheingrenze angegriffen hatten. Auf breiter Front hatten sie den Strom überschritten und die gesamte, aus Kastellen und Städten bestehende römische Verteidigungslinie überrannt. Außer Remagen konnte wohl nur Koblenz gehalten werden. Einen solchen Einbruch an seinen Grenzen hatte Rom noch nicht erlebt. 356 erreichte Julian Gallien und erzielte auch gleich erste Erfolge gegen die Alemannen. Dann wandte er sich gegen die Franken, um sie zunächst aus Köln zu verdrängen. Der Geschichtsschreiber Ammianus Marcellinus schildert das Vorgehen Julians folgendermaßen: «Also marschierte er in Köln ein und zog von dort nicht eher wieder ab, bis er (mit) den eingeschüchterten Frankenkönigen, deren Kampfeifer nachließ, einen Frieden schloß, der dem Staat einstweilen förderlich sein würde, und die stark befestigte Stadt zurückgewann.»[20] Wahrscheinlich waren die Frankenkönige nach ihren Anfangserfolgen, die ihnen und natürlich auch ihren Anhängern reiche Beute eingebracht

Fränkischer Krieger

hatten, nicht mehr in der Lage, diese für weitere verlustreiche Kämpfe zu motivieren.

Julians Hauptaugenmerk lag allerdings vorerst auf den Alemannen, die er im Sommer 357 bei Straßburg vernichtend schlagen konnte. Sogar der Alemannenkönig Chnodomar wurde gefangen genommen. Bei Mainz setzte Julian über den Rhein und erzwang von den anderen Alemannenkönigen einen zehnmonatigen Waffenstillstand. Julian zog im Herbst nach Köln weiter, aber allem Anschein nach war die Lage am Niederrhein einigermaßen unter Kontrolle. Nur eine Gruppe von rund 600 leichtbewaffneten Franken war tiefer nach Gallien vorgestoßen, um zu plündern. Als Julian, der ins Winterlager nach Reims und Paris marschieren wollte, wohl eher zufällig auf den Stoßtrupp traf, zog dieser sich in zwei verlassene Kastelle in der Nähe der Maas zurück. 54 Tage dauerte die Belagerung, «da die Barbaren mit hartnäckigem Mut und unglaublicher Beharrlichkeit Widerstand leisteten».[21] Offenbar war es ein kalter Winter, in dem der Fluss zuzufrieren drohte. Das hätte den Franken die Gelegenheit zur Flucht gegeben, weshalb Julian Boote hin und her fahren ließ, damit die Maas hier offen blieb. Schließlich gaben die Franken auf und wurden zu Constantius geschickt – vermutlich, um als Soldaten in der römischen Armee zu dienen. Julian hatte den Kampf gerade noch rechtzeitig für sich entschieden, denn mittlerweile eilten schon weitere Franken zur Rettung heran, die sich aber auf die Nachricht von der Übergabe hin wieder zurückzogen. Insgesamt ist es erstaunlich, dass Julians regelrechte Armee von einer vergleichsweise kleinen fränkischen Gruppe so lange aufgehalten werden konnte. Anscheinend waren die (nur leicht bewaffneten) Franken den regulären römischen Truppen mittlerweile an Kampfkraft ebenbürtig.

Beunruhigender als dieser Plünderungszug war die Tatsache, dass sich zwei fränkische Gruppen ohne römische Erlaubnis diesseits der Grenze angesiedelt hatten. Hier musste Julian auf jeden Fall eingreifen, wenn es nicht zu einem Dammbruch kommen sollte. Außerdem stand eine weitere Auseinandersetzung mit den Alemannen an. Die Römer mussten aber erst das Ende des Winters und vor allem die Getreidelieferungen aus Aquitanien abwarten. Dann wandte sich Julian im Mai oder Juni 358 «zuallererst gegen die Franken, und zwar gegen diejenigen, die man gewöhnlich Salier nannte und die es einst frech gewagt hatten, sich ihre Wohnsitze auf römischem Boden in der Gegend Toxandrien einzurichten».[22] Mit Toxandrien ist die Gegend des heutigen Antwerpen in Nordbrabant zwischen den Flüssen Maas und Schelde gemeint. Dorthin waren die fränkischen Salier von der Bataverinsel zwischen Rhein und Waal gekommen, auf der Kaiser Constans im Jahr 342 Franken die Ansiedlung gestattet hatte. Laut Zosimos hatten die Chamaven sie von dort vertrieben.[23] Die Salier mussten sich also notgedrungen auf die Suche nach einer neuen Heimat machen. Da die Gebiete in Grenznähe durch die vorangegangenen Einfälle vermutlich entvölkert waren, mussten die Salier wohl nicht lange suchen, bis sie in Toxandrien fündig wurden.

Den Wunsch nach Siedlungsland machten die Franken auch gegenüber dem anrückenden Julian deutlich: «Als er nach Tongern gekommen war, reiste ihm eine Gesandtschaft der eben Genannten entgegen, die meinten, den Feldherrn zu dieser Zeit noch im Winterlager anzutreffen; sie täuschten unter der Bedingung Frieden vor, daß niemand sie, die gleichsam in ihren Gebieten Ruhe hielten, provozieren oder heimsuchen sollte.»[24] Julian stellte jedoch seinerseits Bedingungen und beschenkte die fränkischen Unterhändler, die in dem Glauben zu den Ihren zurückkehrten, er werde sich bis zu ihrer Rückkehr nicht rühren. Die Salier versuchten also zunächst, mit der normativen Kraft des Faktischen zu argumentieren: Da sie nun einmal ihre Wohnsitze auf römischem Boden hätten, sollten ihnen diese weiterhin verbleiben. Julian dürfte dagegen eher die widerrechtliche Entfremdung von römischem Staatsgebiet vor Augen gehabt haben und musste daher die Argumentation der Salier als Provokation empfinden: Sie wollten letztlich die Bedingungen diktieren, und er sollte die von ihnen geschaffenen Tatsachen einfach akzeptieren. Julian reagierte entsprechend harsch und wohl auch etwas hinterhältig, denn er folgte den gegnerischen Gesandten auf dem Fuß und attackierte die Salier massiv. Diese gaben ihren Widerstand anscheinend sofort auf:

> «(...) und da sie sich bereits mehr aufs Bitten verlegten, als daß sie Widerstand leisteten, ließ er sich durch den errungenen Sieg zu einem gehörigen Anteil Milde umstimmen und nahm sie, die sich mit ihrem Vermögen und ihren Kindern ergaben, auf.»[25]

Entscheidend ist hier das lateinische Wort für ‹sich ergeben›: Es lautet *se dedere*. Dabei handelt es sich vermutlich um einen rechtlichen Ausdruck, der die Stellung der Salier genau beschreiben sollte, die mit ihrer Unterwerfung (*deditio*) zu *dediticii* wurden. Eine *deditio* bedeutete «die Selbstaufgabe eines Staatswesens einschließlich der Vernichtung seiner politischen, kultlichen und staatlichen Existenz. Für den einzelnen, der in sie verwickelt ist, gilt Entsprechendes, mit der des Staates ist die juristisch faßbare Existenz auch des einzelnen zu Ende.»[26] Auch wenn die *dediticii* also eigentlich der absoluten Verfügungsgewalt Roms unterstellt waren, geht die Forschung doch davon aus, dass zumindest Leben und Freiheit dieser Personen weitgehend unangetastet blieben. Durch den einseitigen Staatsrechtsakt der *restitutio* konnte die Souveränität des unterworfenen Gemeinwesens unter Rückerstattung aller weggenommenen Güter wiederhergestellt werden. Die moderne Forschung hat gelernt, «zwischen prinzipiellen staatsrechtlichen Ansprüchen und panegyrischer oder historiographischer Rhetorik auf der einen Seite, sowie einer flexiblen politischen Handhabung von Verhandlungen und Verträgen auf der anderen Seite zu unterscheiden».[27] Dies bedeutet auf die Salier angewandt: So streng, wie es der Status als *dediticii* vorsah, wurden sie wohl nicht behandelt, sondern Julian zeigte sich milde. Ja, er soll seinen Soldaten sogar befohlen haben, keinem Salier zu nahe zu treten und das Land derjenigen, die sich ergeben hatten, so gut wie ihr eigenes zu behandeln.[28] Zosimos ergänzt, Julian habe Salier, aber auch Quaden und einige Bewohner von Batavia in seine Truppen eingereiht.[29] Daher geht die Forschung davon aus, dass die Salier in Toxandrien bleiben durften und als Gegenleistung Soldaten stellen mussten. Wohl zum ersten Mal geschah dies in einer Art provinzialrömischer ‹Guerillatruppe›, die als Reaktion auf die ständigen Überfälle der Franken entstanden war.

Charietto, laut Zosimos ein «Barbar» von ungewöhnlicher Körpergröße und Mut, gehörte einst selbst zu den Plünderern. Er gab dies aber auf und siedelte sich friedlich in Trier an. Angesichts der ständigen Überfälle in der Zeit vor Julians Erhebung zum Cäsar entschloss er sich zur Selbsthilfe: «So versteckte er sich anfangs im dichtesten Gebüsch der Wälder, wartete die Invasionen der Barbaren ab und machte sich dann nachts auf, um sie zu überfallen, wenn sie vom Alkohol und vom Schlaf überwältigt waren. Er schlug dann möglichst vielen den Kopf ab, nahm diese Trophäen mit und zeigte sie in den Städten.»[30] Sein Vorgehen verunsicherte zum einen die Eindringlinge und ließ zum anderen seinen Trupp durch Zulauf ähnlich Gesinnter immer größer werden. Charietto wurde nun bei Julian vorstellig und bot ihm seine Hilfe an – wohl gegen entsprechende Entlohnung und einen ‹offiziellen› Auftrag. Da Julian anscheinend nicht wusste, wie er der aus dem Hinterhalt agierenden Feinde Herr werden sollte, willigte er ein: «Er nahm also Charietto und dessen Leute auf, verstärkte sie noch durch zahlreiche Salier und schickte den erfahrenen Räuber gegen die plündernden Kouadoi (die Chamaven, wie die Forschung überwiegend meint), während er tagsüber seine Streitmacht auf offenem Gelände aufstellte und alle töten ließ, die der Räuberbande (um Charietto) entkommen waren.»[31] Unter anderem konnte Charietto den Sohn ihres Königs gefangen nehmen.

Diese von Zosimos überlieferte Geschichte mutet ein wenig anekdotenhaft an. Falls sie sich tatsächlich so zugetragen hat, näherten sich nicht nur die Germanen in ihrer Kampfesweise den Römern an, sondern auch umgekehrt – und das nicht ohne Erfolg. Aber natürlich setzte Julian nach seinem Sieg über die Salier die Kämpfe gegen andere fränkische Gruppen auch mit regulären Truppen fort, insbesondere gegen die Chamaven, die gleichfalls den Rhein überschritten hatten. Er konnte sie zunächst zurückschlagen und seinerseits über den Strom gehen. Daraufhin baten die Chamaven um Frieden. In den Verhandlungen, die Julian von der Mitte eines Flusses, vermutlich der Waal, von einem Boot aus führte, forderte er die Stellung von Geiseln. Dabei griff er erneut zu einer List: Er forderte den Sohn des Königs, der sich in Wahrheit bereits in seiner Hand befand. Da die Chamaven dies nicht wussten und ihn tot glaubten, baten sie Julian, nichts Unmögliches von ihnen zu verlangen. Sie gaben in anderen Punkten nach und mussten ‹nur› die Mutter des Nebisgastes – so hieß entweder der König oder sein Sohn – als Geisel stellen. Vor allem erreichte Julian, dass eine gewaltige Versorgungsflotte mit angeblich 600 Schiffen aus Britannien ungehindert den Rhein hinabfahren konnte, um Nachschub in die römischen Städte und Kastelle zu bringen. Dank seiner Erfolge konnte er damals auch sieben Kastelle wiederherstellen: *Castra Herculis* (vielleicht Druten an der Waal), *Quadriburgium* (Qualburg bei Kleve), *Tricensima* (bei Xanten), Neuss, Bonn, Andernach und Bingen. Julian erwarb sich aber nicht nur große Verdienste um die Wiederherstellung der nördlichen Rheingrenze, sondern zog anschließend nach Süden weiter, um die Alemannen erneut zu stellen.

Danach kehrte Julian in sein Winterlager in Paris zurück. Dort erreichte ihn die Aufforderung des Kaisers Constantius, Truppen für dessen Krieg gegen die Perser zu stellen, die 359 erneut in die östlichen Provinzen eingefallen waren. Julian weigerte sich und wurde im Frühjahr 360 von seinen Soldaten zum *Augustus* ausgerufen, indem diese ihn in germanischer Tradition auf einen Schild hoben. Auch hier zeigt sich die Annäherung von römischen und germanischen Gepflogenheiten infolge der sogenannten Barbarisierung des Heeres. Mit Julians Erhebung zum Kaiser war eine Auseinandersetzung mit Constantius unvermeidlich geworden, auch wenn er sich zunächst um eine diplomatische Lösung bemühte. Um sich zu rechtfertigen, schickte er ausführliche Briefe nach Rom, Konstantinopel, Athen, Sparta und Korinth. Dem «Brief an Senat und Volk der Athener» verdanken wir etliche Nachrichten über die Situation an der Rheingrenze. Ungeachtet der Verschlechterung seiner Beziehungen zu seinem Vetter kümmerte sich Julian zunächst erneut um die Grenze am Niederrhein.

> «Von dort setzte er über den Rhein und drang plötzlich in das Gebiet der Franken vor, die Attuarier heißen, ruheloser Menschen, die damals noch allzu ungehindert die äußersten Teile Galliens durchstreiften. Sie, die nichts Feindliches fürchteten und sich allzu sicher (fühlten), weil sie sich nicht entsinnen konnten, daß je ein Kaiser, durch die schwer zugänglichen Wege gehindert, in ihre Gaue eingedrungen sei, griff er plötzlich an, und er besiegte sie mit Leichtigkeit; sehr viele wurden gefangengenommen und getötet, anderen, die überlebten und darum baten, gewährte er nach eigenem Ermessen Frieden, da er glaubte, damit den benachbarten Grundbesitzern zu nützen.»[32]

Völlig berechtigt nahm Julian nun den Siegertitel *Francicus* (bezeugt für 361/62) an. Er hatte die Franken nicht nur aus dem Reich gedrängt, sondern sie auch in ihren Ursprungsgebieten besiegt. Damit hatte er die nordöstliche Reichsgrenze stabilisiert. Mindestens ebenso wichtig wie seine militärischen Siege waren seine Maßnahmen zur Wiederherstellung der stark in Mitleidenschaft gezogenen römischen Infrastruktur in Nordostgallien. Wegen der unsicheren Lage hatten vor allem die Großgrundbesitzer ihr Land aufgegeben, was zum Verfall des römischen Wirtschaftssystems beitrug. Die Gebiete an Rhein und Mosel waren insgesamt stärker betroffen als die Gegenden weiter westlich. Viele der für die Versorgung der urbanen Zentren wichtigen Landgüter waren verlassen. Zur Verbesserung der Versorgungslage siedelte Julian Franken an. Die provinzialrömische Landbevölkerung zog es dagegen in die vergleichsweise sicheren Städte, weil es auf dem Land keinen Schutz vor fränkischen Plünderern zu geben schien. So konnten nur die größeren Städte Köln, Mainz und besonders Trier den Standard in der Bevölkerungszahl sowie in Handel und Gewerbe halten.

Julian setzte aber seine Konsolidierungspolitik nicht fort, sondern suchte nun die Entscheidung in der Auseinandersetzung mit seinem Vetter. Im Spätsommer 361 unternahm er nach dem Scheitern der Verhandlungen einen Feldzug gegen Constantius und bekannte sich offen zu den alten Göttern. Aber es kam nicht zum Bürgerkrieg, weil Constantius Anfang November – noch vor Ausbruch der Kampfhandlungen – überraschend starb. Julian war nun Alleinherrscher und blieb im Osten. Er ging als *Apostata* (griech. «der Abtrünnige») in die Geschichte ein, da er den christlichen Einfluss wieder zurückdrängen und die altrömische Religion stärken wollte. Dies blieb allerdings Episode, da er nach etwa dreijähriger Herrschaft Ende Juni 363 auf einem Feldzug gegen die Perser tödlich verwundet wurde. Mit Julian endete die Dynastie Konstantins des Großen.

Die Salier. Teilvolk, Gesellen oder etwas anderes?

Die von Julian besiegten Salier gelten als bedeutendstes Teilvolk der Franken, das nicht nur seine Wohnsitze in Toxandrien behalten durfte, sondern angeblich immer größeren Einfluss gewann. Der Gipfelpunkt dieser Entwicklung sei, so die gängige Forschungsmeinung, die Herrschaft des Königs Chlodwig gewesen, der das gesamte Frankenvolk unter sich vereinen konnte. Als Salfranke habe er auch das Recht seines Stammes für alle Franken verbindlich gemacht, denn es trägt den Namen *Lex salica,* was zu übersetzen wäre mit: «salisches» bzw. «salfränkisches Recht». Die Lehre von den Saliern als Teilvolk oder Stamm der Franken wirkt so gut fundiert, dass sich eine weitere Diskussion zu erübrigen scheint. Doch hat die Forschung zugunsten dieser Auffassung etliche irritierende Punkte nicht beachtet bzw. einfach angepasst. Vor wenigen Jahren hat Matthias Springer eine Neuinterpretation der Belege vorgelegt: Demnach waren die Salier gar kein festgefügtes Teilvolk der Franken und die *Lex salica* nicht das Recht dieser Salfranken, sondern das «allgemeine Recht» aller Franken. Eine endgültige Entscheidung fällt nicht leicht, wie sich im Folgenden zeigen wird.

Zunächst einmal liegt die Herkunft der Salier im Dunkeln. Zwar sollen sie wie die Sachsen aus den bis ins 3. Jahrhundert im heutigen Niedersachsen bezeugten und dann aus der Überlieferung verschwundenen Chauken hervorgegangen sein, aber eindeutige Belege gibt es dafür nicht. Sicher belegt sind sie vielmehr zum ersten Mal für die Mitte des 4. Jahrhunderts, also im Zusammenhang mit ihrer Niederlage gegen Julian. Wir haben das Glück, dass dieser in seinem Brief an die Athener selbst über «die Unterwerfung eines Teils des Volkes der Salier» berichtet.[33] Julian verfasste dieses Schriftstück kurz nach seiner Erhebung zum Kaiser 360, um seine Revolte gegen Constantius II. zu rechtfertigen. Er schildert die desolate Lage an der Rheingrenze zum Zeitpunkt seines Eintreffens und vor allem sein erfolgreiches Vorgehen gegen die Feinde. Es wäre daher nicht verwunderlich, wenn er seine Leistungen besonders betont hätte. Vielleicht ist es so zu erklären, dass er die Salier zu einem Volk stilisiert, von dem er einen Teil besiegt habe. Da die Salier aber ihrerseits nur ein Teilstamm der Franken gewesen sein sollen, wird man sich unter diesem Teil vielleicht nicht allzu viele Personen vorzustellen haben. Wie wir bereits gesehen haben, hatte dem Kaiser schon eine aus 600 Kriegern bestehende Frankengruppe erhebliche Schwierigkeiten bereitet.

Ammianus Marcellinus, ebenfalls ein Zeitgenosse, bezeichnet die Salier als Teil der Franken, nämlich als «diejenigen, die man gewöhnlich Salier nannte».[34] Zweifelhaft ist allerdings sein Hinweis auf den angeblich gängigen Namen, denn er erwähnt die Salier nur an dieser Stelle. Sollten sie sich ansonsten völlig ruhig verhalten haben, so dass er keine Veranlassung gehabt hätte, über sie zu berichten? Das ist doch eher unwahrscheinlich. Vielleicht wollte Ammianus auch nur überspielen, dass er die Salier als scheinbare Untereinheit der Franken nicht recht einzuordnen wusste. Der nächste Autor, der über die Salier berichtet, ist der Heide Eunapios, der sein Geschichtswerk um 500 auf Griechisch verfasste. Es ist nur in Auszügen erhalten. Einer von ihnen gibt Weisungen Julians an die Römer wieder, «keinem von den Saliern ein Leid anzutun» und deren Land wie ihr eigenes zu behandeln, weil sie sich ergeben hätten.[35] Schließlich ist noch Zosimos zu nennen, der sich bei der Abfassung seines Werkes auf Eunapios stützte. Wie Ammianus Marcellinus nennt er die Salier ein fränkisches Teilvolk.[36] Mehr Nachrichten über die Salier um die Mitte des 4. Jahrhunderts besitzen wir nicht, die beiden anderen Zeugnisse stammen aus späterer Zeit: Der Dichter Claudian, der am weströmischen Kaiserhof wirkte, behauptete im Jahr 400 in einem Preisgedicht auf den

Feldherrn Stilicho – einen Germanen in römischen Diensten –, dieser habe in 14 Tagen einen Feldzug entlang des Rheins unternommen und dabei auch die Salier geschlagen.[37] Das Gedicht könnte durch Julians Brief an die Athener inspiriert worden sein. In der Tradition Claudians verfasste wiederum 456 der gallische Senator Sidonius Apollinaris ein Lobgedicht auf seinen Schwiegervater, den Kaiser Avitus (455/56). Dieser habe in seiner Zeit als Offizier unter dem Heermeister Aëtius die Salier im Fußkampf besiegt.[38] Schließlich werden in der *Notitia dignitatum* drei Einheiten der römischen Armee genannt, die nach den Saliern benannt worden sind: Die *Salii* und die *Salii Galliciani* im Westen des Reiches sowie im Osten wiederum die *Salii*. Man könnte also meinen, dass die Existenz der Salier als fränkisches Teilvolk mit diesen Belegen eindeutig nachgewiesen sei.

Springer hat jedoch an dieser Stelle mehr Vorsicht angemahnt. Für ihn sind folgende Überlegungen von zentraler Bedeutung: Zunächst stammen sämtliche Nachrichten über die Salier in der Mitte des 4. Jahrhunderts von Julian selbst oder von Autoren, die sich mittelbar oder unmittelbar auf dessen Schriften stützten. Im Grunde genommen sei man also an diesem Punkt vollständig auf den Kaiser und dessen Wahrnehmung angewiesen. Dies gelte auch für die Namen der römischen Truppen, weil diejenigen, die ihre Namen von den Saliern hatten, von Julian aufgestellt worden seien. Im Übrigen wurden solche Einheiten im Laufe der Zeit nicht durch Angehörige der namengebenden Gruppe ergänzt; dass es also auch im 5. Jahrhundert noch ‹salische› Truppen in der römischen Armee gab, sage über die Existenz eines salischen Volkes zu dieser Zeit wenig aus. Die beiden späteren Dichter seien schließlich wenig glaubwürdig: Sie brächten vieles durcheinander, vor allem würden sie damals existierende mit längst untergegangenen Völkern vermischen. Ihre Nachrichten könne man daher nicht als sicheren Beleg dafür nehmen, dass die Salier zu ihrer Zeit noch existierten. Bei Sidonius käme außerdem noch hinzu, dass er in der einschlägigen Passage auch die Franken nenne, ohne eine Beziehung zwischen ihnen und den Saliern herzustellen, beide also als eigenständige Völker behandele. Man wird Springer hier Recht geben dürfen: Die beiden Lobredner sind viel zu sehr bemüht, ihren Helden entsprechende Taten und Siege zu unterstellen, als dass man sie als Quellen ersten Ranges benutzen könnte. Sidonius etwa nennt derart viele Völker und die für sie typischen Kampfesweisen wie die Salier und den Fußkampf oder die Hunnen und das Bogenschießen, dass für die Franken nur das Schwimmen übrig bleibt, also keine gängige Form der bewaffneten Auseinandersetzung. In allem sei Avitus, so der Lobredner, ihnen natürlich überlegen gewesen. Man kann es daher drehen und wenden wie man will: Die Salier sind tatsächlich nur unter Julian bezeugt. Allenfalls ließe sich gegen das Argument der Abhängigkeit von Eunapios, Ammianus Marcellinus und Zosimos von Julians Schriften einwenden, dass die einzelnen Berichte sicher nicht ausschließlich auf der Darstellung des Kaisers beruhen. Gleichwohl ist der Schluss zwingend: Die Salier begegnen uns kurz nach der Mitte des 4. Jahrhunderts als Gegner Julians, und unsere Deutung hängt von der des Kaisers und seiner Umgebung ab.

Ein anderes Argument Springers zielt auf die *Lex salica.* Wenn damit wirklich das salfränkische Recht bzw. das Gesetz der salischen Franken gemeint wäre, würde sich jede weitere Diskussion erübrigen. Wenn es aber ein salfränkisches Recht gab, erfordert die Logik mindestens ein weiteres fränkisches Recht. Tatsächlich hat schon Einhard, der Biograph Karls des Großen, die *Lex ribuaria* zum Pendant der *Lex salica* erklärt,[39] jedoch handelt es sich bei ihr nur um eine mindestens 100 Jahre später entstandene Textstufe dieses Rechtsbuches.[40] Damit entfällt die Zweiteilung des fränkischen Rechts. Wenn es aber nur ein fränkisches Recht gab, so fragt Springer, warum hieß es dann nicht so, sondern ‹salisch›? Dies hat ihn veranlasst, intensiver nach der Bedeutung von *salicus* zu forschen. Das Wort hat schon in der Karolingerzeit eine andere Bedeutung. So meint der Ausdruck *terra salica* das «Herrenland», also das Land, das ein mittelalterlicher Großgrundbesitzer nicht an seine abhängigen Bauern vergab, sondern selbst bewirtschaftete. Um 500 aber, als die *Lex salica* unter Chlodwig zum ersten Mal aufgezeichnet wurde, habe *salicus* noch eher die Bedeutung «allgemein» gehabt und erst später die herrschaftliche Bedeutung erhalten. Die *Lex salica* ist demzufolge das allgemeine Recht (der Franken) und kann nicht als Beleg für die Existenz der Salier als fränkisches Teilvolk genommen werden.

Diese Beobachtung führt nun zu der Frage, was ‹Salier› dann bedeutet. Früher wurde es unter anderem abgeleitet von der germanischen Wurzel **sal-* («salzig»). Daher glaubte man, die Salier kämen von der

Zuidersee, bis sich herausstellte, dass deren Vorläufer ein Süßwassersee war. Norbert Wagner ordnet den Begriff stattdessen der Wortfamilie von **sali* («Saal») zu, von dem er **Saljan-* ableitet, was seiner Meinung nach ursprünglich die Bedeutung «Saal-, Hausgenosse» hatte, die sich dann zu «Gefährte, Freund» entwickelt habe.[41] Springer hat dies aufgegriffen und die Bezeichnung als eine bei den Franken untereinander gebräuchliche Anrede, mithin als Synonym von *Franci*, interpretiert.[42] Immerhin erwähnt Julian in seinem «Brief an Senat und Volk der Athener» nur die Salier, nicht die Franken, und postuliert damit anders als Ammianus die einen nicht als Untereinheit der anderen. Auf der Grundlage der Wortbedeutung tun sich daher auch andere Interpretationsmöglichkeiten auf: Julian könnte auch eine Anrede, die die Franken untereinander gebrauchten, als Volksnamen missverstanden und diesen Irrtum dann mit seinen Schriften und der Einrichtung von entsprechend getauften Militäreinheiten sozusagen kanonisiert haben. Auch wenn der Kaiser hochgebildet war, so ist ihm, der im griechisch geprägten Osten aufgewachsen war, ein solcher Fehler durchaus zuzutrauen. Selbst heute ist der Sprachgebrauch mitunter noch ähnlich ungenau: ‹Eidgenossen› wird im Deutschen synonym für ‹Schweizer› gebraucht, meinte aber ursprünglich die Mitglieder einer Schwureinung, die sich im Übrigen untereinander auch so anreden konnten.

Tatsächlich eignet sich eine solche Bezeichnung sehr gut für eine Gemeinschaft, einen Stamm oder ein Volk. Daher fällt die Entscheidung schwer, ob Springer mit seiner These Recht hat, die er an die Stelle einer naheliegenden Interpretation der Quellenaussagen setzt. Was aber sehr schwer wiegt, ist die Beobachtung, dass die Salier nur selten und mit stark abnehmender Tendenz belegt sind. Dies ist natürlich auch der älteren Forschung nicht verborgen geblieben. Eugen Ewig stellte angesichts der raren Quellenzeugnisse erstaunt fest: «Von einem Vorrang der Salier im fränkischen Verband ist im 4. Jahrhundert jedoch nichts mehr zu spüren. Der Stamm blieb nach der Ansiedlung in Toxandrien erstaunlich lange ruhig. (…) Erst nach 440 marschierten sie aus Toxandrien in die *Belgica II* ein, und zwar über Cambrai und Arras bis zur Somme.»[43] So energisch er aber die zweite Aussage formuliert hat, so sehr zeigt sie die Probleme historischer Erkenntnis auf. Ewig schrieb diese Sätze lange bevor Springer seine Thesen formulierte. Er ging also noch ganz selbstverständlich von der Existenz der Salier aus und stützte sich auf Gregor von Tours und eine weitere Stelle bei Sidonius Apollinaris, allerdings eine andere als die eben diskutierte. Bei beiden ist jedoch gar nicht von den Saliern die Rede, sondern von einem Frankenkönig bzw. einem Franken Chlodio, der den genannten Vorstoß unternahm.[44] Dies ist nur ein kleines Beispiel für die Wirkmächtigkeit festgefügter Geschichtsbilder, die selbst den führenden Merowingerexperten des 20. Jahrhunderts in die Irre führen konnten.[45]

Insgesamt wird man also festhalten müssen, dass es die Salier als Teilvolk der Franken entweder gar nicht gegeben hat oder dass sie bald nach der Mitte des 4. Jahrhunderts wieder verschwunden sind. Entweder gingen sie vollständig in den Franken auf, ohne dass ihr Name fortgelebt hätte, oder ihre Unterwerfung unter die Römer beendete ihre Existenz als Gruppe oder Stamm. Der Status der *dediticii* hatte oft genug die Aufgabe der Identität der Unterworfenen zur Folge. So sind auch die Namen anderer Völker verschwunden, die sich dem Imperium im Laufe der Zeit auf diese Art unterworfen hatten, um auf römischem Boden siedeln zu dürfen.[46] Daher blieb der Name der Salier nach Julian eine bloße Reminiszenz zweier spätantiker Dichter, mit der diese die – längst nicht mehr vorhandene – Größe Roms illustrieren wollten.

Zwischen Integration und Konfrontation: Die Franken in der Zeit der valentinianischen Dynastie

Julians Siege beeindruckten die Franken anscheinend auch über seinen Tod hinaus, denn sie blieben relativ ruhig und nutzten den Krieg Roms gegen die Perser nicht für eigene Aktionen, während die Alemannen im Frühjahr 364 die Grenze attackierten. Erst im Jahr darauf erschien mit Valentinian I. (364–375) wieder ein Kaiser am Rhein und ging gegen die Eindringlinge vor. Zwar besiegte er sie mehrfach, aber die Alemannen konnten Mainz erobern. Die Franken wurden erst 367/68 wieder aktiv und plünderten zusammen mit sächsischen Gruppen Nordostgallien sowohl vom Lande als auch von See her. Gegenmaßnahmen des Kaisers sind nicht bekannt, aber das ist vielleicht eine Lücke in der Überlieferung, da er 368 den Siegertitel *Francicus* annahm, der auf einen militärischen Erfolg über die Franken schließen läßt. Valentinians Hauptgegner blieben aber vorerst die Alemannen. Um die Grenze noch sicherer zu machen, begann der Kaiser, «den ganzen Rhein von seiner Quelle in Rätien bis hin zum Ärmelkanal (…) mit starken Dämmen» zu befestigen; «auf den Höhen errichtete er Militärlager und Kastelle und an günstig gelegenen Orten auf der ganzen Linie Türme, soweit sich Gallien erstreckte».[47] Die relative Ruhe an der Nordostgrenze hielt auch unter Valentinians Sohn und Nachfolger Gratian (375–383) an. Die Alemannen blieben dagegen weiterhin ein Unruhefaktor.

Anfang des Jahres 378 rüstete Gratian seine Truppen, um dem Ostkaiser, seinem Onkel Valens (364–378), gegen die Westgoten (eigentlich Terwingen) zu Hilfe zu eilen. Diese hatten zwei Jahre zuvor die Donaugrenze überschritten, um im römischen Reich Zuflucht vor den Hunnen zu finden. Die Hunnen hatten 375 das Reich der Ostgoten (eigentlich Greutungen) in der heutigen Ukraine vernichtet und bedrohten nun alle anderen Völker weiter westlich – den Schulbüchern zufolge der Beginn der sogenannten Völkerwanderung. Die Westgoten, die damals im heutigen Rumänien saßen, sahen sich als nächste bedroht und wollten jenseits der Donau im römischen Reich Zuflucht suchen. Nach einigem Hin und Her gestattete Kaiser Valens ihnen den Grenzübertritt, und sie durften in Teilen Thrakiens, dem heutigen Bulgarien, bleiben. Aber es kamen mehr Menschen als erwartet, auch Ostgoten und Angehörige anderer Völker. Angesichts dieses Andrangs waren die römischen Behörden mit der Versorgung der Flüchtlinge überfordert. Zudem hatten sie es versäumt, die Flüchtlinge zu entwaffnen. Als es wegen der Versorgungslage zu ersten Kämpfen kam, wurden die römischen Grenztruppen besiegt. Nun liefen auch befreite Sklaven und bereits romanisierte Goten zu den Eindringlingen über.

Die Lage war derart bedrohlich geworden, dass Valens den Krieg gegen die Perser abbrach und mit seiner Armee auf den Balkan zog. Zugleich bat er seinen Neffen Gratian um Hilfe: Er sollte die Westgoten von Nordwesten her attackieren. Noch bevor Gratian eingetroffen war, entschloss sich Valens zum Angriff. Bei Adrianopel kam es zur Schlacht. Valens hatte die gegnerische Truppenstärke stark unterschätzt. Nun standen ihm 20000 Feinde gegenüber, die in einer gewaltigen Wagenburg verschanzt waren, während er selbst über immerhin 30000 Mann verfügte. Erneut eingeleitete Verhandlungen scheiterten, weil zwei römische Abteilungen die Kampfhandlungen ohne Befehl eröffneten. Als Valens die Wagenburg angriff, kehrte die Reiterei des Gotenheeres von der Proviantbeschaffung zurück. Von zwei Seiten in die Zange genommen, wurde das römische Heer zerrieben und löste sich schließlich auf. Zwei Drittel der Armee fielen, der Kaiser blieb verschollen, und fast alle höheren Offiziere wurden getötet. Es schien, dass nichts und niemand die Westgoten würde aufhalten können. Die Schlacht von Adrianopel gilt als einer der Wendepunkte in der römischen Geschichte. Zwar hatte es zuvor schon römische Niederlagen gegeben, auch gegen ‹Barbaren› wie etwa in der Varusschlacht, aber noch nie war ein Kaiser in einem solchen Kampf gefallen und praktisch seine ganze Armee vernichtet worden.

Kaiser Gratian reagierte, indem er einen fähigen General namens Theodosius zunächst zum Heermeister für Illyrien und 379 zum Kaiser für den Osten (379–395) ernannte. Dieser reorganisierte zunächst die römische Armee, die mit noch mehr Barbaren als zuvor verstärkt wurde. Seit 380 ging er erfolgreich gegen die Westgoten vor. Als er dann doch eine Niederlage erlitt, bat er Gratian um Hilfe, welcher daraufhin seine erfahrensten Generäle Bauto und Arbogast auf den Balkan abordnete. Schließlich kam es im Oktober 382 zu einer vertraglichen Einigung, die gemeinhin etwas ungenau als *foedus*, im strengen Sinne ein völkerrechtlicher Vertrag unter gleichberechtigten Partnern, bezeichnet wird.[48] Aber der Kaiser bestand auf seiner Überlegenheit. Ansonsten kann der Inhalt nur in Umrissen erschlossen werden: Die Westgoten «erhielten Land zugeteilt, wo sie, vermutlich nach dem System der *hospitalitas*, der römischen Truppeneinquartierung, leben konnten, und aus dessen Steueraufkommen sie wohl versorgt wurden. Zudem waren sie zu Kriegsdienst verpflichtet, der unter eigenen Anführern, aber unter dem Oberkommando eines römischen Generals zu leisten war; schließlich erhielten sie noch Jahrgelder in unbekannter Höhe.»[49] Erst in den Jahrzehnten danach wandelte sich der Status der Föderaten hin zu einer faktischen Autonomie. Den ins Reich eingedrungenen Völkern wurden Provinzen ganz oder teilweise in einer Mischung aus *foedus*, Truppenstationierung und Einzelfallregelung überlassen. Diese Föderatenvölker unterstanden ihren eigenen Königen, blieben aber im Kriegsfall zur Hilfe für Rom verpflichtet. Im Gegenzug erhielten sie materielle Gegenleistungen und kämpften zunehmend unter ihren eigenen Truppenführern. Gerade hier sind die Übergänge fließend, da ein Barbarenkönig oft genug auch einen hohen römischen Offiziersrang innehatte und damit die oben genannte Bedingung über die Einbindung der Barbarentruppen in das römische Heer wenigstens formal erfüllt war. Mit der Vereinbarung von 382 hatte Theodosius dem Reich eine Atempause verschafft. Zunächst einmal war das Westgotenproblem gelöst, und er verfügte nun sogar über kampfkräftige gotische Truppen. Langfristig gesehen aber profitierten vielleicht die Westgoten mehr davon, da sie trotz ihrer Ansiedlung auf römischem Boden ihre Identität als Volk wahren konnten.

Die Niederlage in der Schlacht von Adrianopel im Jahr 378 ist – abgesehen von taktischen Fehlern der Römer – letztlich darauf zurückzuführen, dass die Kräfte des römischen Reiches nicht mehr ausreichten, um seine vielen Feinde abzuwehren. Bis dahin hatte das Reich hauptsächlich gegen die Perser im Osten sowie gegen Alemannen und Franken am Rhein kämpfen müssen und diese Doppelbelastung gerade noch bewältigen können. Nun erwuchs auf dem Balkan eine dritte Front, die noch dazu in der Nähe der neuen Hauptstadt Konstantinopel verlief. Valens hatte darauf eigentlich richtig reagiert, indem er den Perserkrieg abgebrochen und den Westkaiser Gratian um Hilfe gebeten hatte. Im Januar 378 machte dieser sich tatsächlich zum Abmarsch bereit. Davon erfuhren die Lentienser, ein alemannischer Stamm, und wollten die Abwesenheit des Kaisers ausnutzen. Im Februar überschritten sie angeblich mit 40 000 Kriegern den Rhein. Gratian musste Teile seiner nach Illyrien aufgebrochenen Armee wieder zurückbeordern und mit der zurückgehaltenen Reserve vereinigen. Bei *Argentovaria* (Oedenburg bei Biesheim) im Elsass schlugen die Römer die Eindringlinge. Aber dieser Sieg war teuer erkauft, weil Gratian zu spät auf den Balkan kam und seinen Onkel Valens nicht vor der Vernichtung bei Adrianopel bewahren konnte.

Ein anderer Aspekt des römischen Sieges über die Alemannen ist fast genauso zukunftsweisend wie die Einigung von Römern und Goten vier Jahre später. Befehlshaber der römischen Truppen in der Schlacht bei *Argentovaria* waren der *comes* Nannienus und der *comes domesticorum* Mallobaudes, der von Ammianus Marcellinus zugleich als *rex Francorum* bezeichnet wird.[50] Es ist zwar umstritten, ob Mallobaudes beide Funktionen tatsächlich gleichzeitig ausübte, aber die Überlieferung zeigt auf jeden Fall, dass die sogenannte Barbarisierung des römischen Heeres nicht nur bereits weit fortgeschritten war, sondern dass diese auch zu einer Symbiose der militärischen Eliten beiderseits des Rheins geführt hatte. Die römische Armee bestand nun nicht nur zu einem sehr großen Teil aus Barbaren, sondern wurde mitunter sogar von diesen befehligt. Diese Entwicklung hatte sich schon unter Konstantin dem Großen angekündigt, wie bereits am Beispiel von Magnentius und Silvanus deutlich geworden ist. Waren zunächst vor allem Alemannen in führende Positionen im römischen Heer aufgestiegen, wurden sie während der zweiten Hälfte des 4. Jahrhunderts allem Anschein nach durch Franken abgelöst.

Mallobaudes war nur einer von ihnen. Bereits 354 hatte ein anderer Mallobaudes am Kaiserhof die wichtige Funktion eines *tribunus armaturarum* inne. Neben anderen leitete er das Verhör des Cäsars Gallus. Diesem Vetter des Kaisers Constantius II. und Bruder Julians wurde eine Verschwörung vorgeworfen. Ein Jahr später setzte Mallobaudes sich für Silvanus ein – allerdings vergebens. Vielleicht war dieser Mallobaudes mit dem General von 378 identisch, aber das ist angesichts des zeitlichen Abstands eher unwahrscheinlich. In der Schlacht bei *Argentovaria* war der römische Sieg laut Ammianus Marcellinus jedenfalls vor allem seiner Entschlossenheit und seinem Mut zu verdanken. Möglicherweise kehrte Mallobaudes danach bald zu den Seinen zurück und herrschte als König. Sein Reich ist am ehesten am Mittelrhein zu suchen, denn zwei Jahre später kam es zu einer Auseinandersetzung zwischen ihm und den nordalemannischen Bukinobanten unter ihrem König Macrianus, der laut Ammianus Marcellinus ein treuer Verbündeter der Römer war. Vielleicht im Vertrauen auf diese Rückendeckung fiel er in das Land der Franken ein, aber der kriegerische Mallobaudes blieb siegreich, während Macrianus im Kampf fiel.[51] Man nimmt an, dass Mallobaudes sich von Rom abgewandt hatte, aber genauso gut könnte es sich um Kämpfe zwischen römischen Vasallenkönigen gehandelt haben, deren Rivalität dem Imperium vielleicht gar nicht unrecht war, denn so blieben die eigenen Grenzen unbehelligt. Sein Aktionsgebiet deutet darauf hin, dass

Mallobaudes einen Frankenverband beherrschte, der am Rhein ansässig war.

Ein anderer führender Militär fränkischer Herkunft war Merobaudes. Im Jahr 363 hatte er am Persienfeldzug Julians teilgenommen und gehörte nach dessen Tod zu den Offizieren, die den Leichnam des Kaisers nach Tarsos brachten. 375 vertraute ihm Kaiser Valentinian I. den Oberbefehl gegen die Quaden an, die in Pannonien eingefallen waren. Spätestens damals dürfte er zum Heermeister aufgestiegen sein. Nach dem plötzlichen Tod des Kaisers im gleichen Jahr ließ er ohne Rücksprache mit dessen ältestem Sohn, Kaiser Gratian, dessen erst vierjährigen Halbbruder Valentinian II. zum Kaiser erheben. Laut Ammianus Marcellinus wollte er der Erhebung eines anderen Herrschers durch die Truppen zuvorkommen.[52] Gratian stimmte nachträglich zu und überließ Valentinian Italien, Illyrien und Afrika. 377 wurde Merobaudes die Ehre zuteil, zusammen mit Gratian den Konsulat zu bekleiden, was noch immer den Gipfelpunkt einer Karriere im römischen Reich darstellte. Wie mächtig Merobaudes war, zeigte sich in diesem Jahr aber vor allem an seinem Auftreten gegenüber dem Kaiser. Als Gratian im Vorfeld der Schlachten von Adrianopel und *Argentovaria* Truppen zur Unterstützung seines Onkels Valens gegen die Westgoten auf den Balkan sandte, hielt der Heermeister einige Einheiten eigenmächtig im Westen zurück. Als dann die Lentensier den Rhein überschritten, erwies sich diese Entscheidung wegen des Sieges bei *Argentovaria* allerdings als Glücksfall. 383 war er erneut Konsul, lief aber noch im gleichen Jahr zum Usurpator Magnus Maximus über. In der Armee war man zunehmend unzufrieden mit Gratian, weil dieser sich vermehrt auf die Alanen, ein Reitervolk aus der eurasischen Steppe, stützte. Vielleicht war es sogar die Parteinahme des einflussreichen Merobaudes, die es dem Usurpator ermöglichte, sich gegen Gratian durchzusetzen, der 383 ermordet wurde. Der weitere Lebensweg des Merobaudes ist nicht sicher zu rekonstruieren. Anscheinend war er bei Maximus hochangesehen und bekleidete 388 zum dritten Male den Konsulat, wurde dann aber von diesem aus unbekannten Gründen zum Selbstmord gezwungen.

Vermutlich ein weiterer führender Franke in römischen Diensten war Richomer, auch wenn seine Abstammung nicht ganz gesichert ist. 377 fungierte er als *comes domesticorum*, als Kommandant der

Leibwache Kaiser Gratians, der ihn dann zum Kampf gegen die Westgoten auf den Balkan entsandte. Er überlebte die Niederlage von Adrianopel 378, blieb danach im Osten und gewann das Vertrauen des neuen Kaisers Theodosius I., obwohl er Heide war. Vermutlich wegen seiner Verdienste im Kampf gegen die Perser ernannte ihn dieser 383 zum Heermeister und ein Jahr später zum Konsul. 388 nahm Richomer am erfolgreichen Feldzug gegen den Usurpator Maximus teil und blieb zusammen mit dem Kaiser einige Zeit im Westen. Fünf Jahre später rüstete Theodosius zu einem weiteren Krieg gegen einen anderen Usurpator namens Eugenius. Dieser war jedoch lediglich ein ‹Marionettenkaiser›. Eigentlicher Machthaber im Westen war der Heermeister Arbogast, ebenfalls ein Franke und zudem ein Neffe Richomers. Die inneren Auseinandersetzungen in Rom spalteten damals also nicht nur die Römer, sondern auch die Franken und sogar fränkische Familien. Richomer sollte beim Feldzug gegen Eugenius und Arbogast die Reiterei befehligen, aber er verstarb 393 noch vor Beginn des Unternehmens.

Nicht weniger bedeutend war Bauto, der sich den Beinamen ‹Flavius› zulegte. Er wurde 380 von Kaiser Gratian zum Heermeister ernannt und zur Unterstützung des Theodosius in den Osten gesandt. Ab 383 war Bauto einer der wichtigsten Berater des jungen Kaisers Valentinian II., der nach der Ermordung seines Bruders Gratian im gleichen Jahr zwar eigentlich der legitime Kaiser im Westen war, aber in dem Usurpator Maximus einen mächtigen Konkurrenten hatte, dem sogar der Ostkaiser Theodosius wohlwollend gegenüberstand. Valentinians Lage war also prekär, zumal er auf Grund seines jugendlichen Alters treue Helfer benötigte. Als ein solcher erwies sich Bauto, der 383 die nach Rätien eingefallenen Alemannen mit Hilfe eines aus Hunnen und Alanen zusammengesetzten Heeres zurückschlug. Außerdem soll er mehrere Barbarenstämme gegen Maximus mobilisiert haben, die dieser aber schlagen konnte. Valentinians Stärke hing also ganz entscheidend von Bautos militärischen Fähigkeiten ab, und entsprechend groß war dessen Einfluss, übertroffen nur von dem der Kaiserinmutter Justina. Dank seiner Stellung soll Bauto ein riesiges Vermögen erworben haben. Ob er Heide oder Christ war, lässt sich nicht mehr klären. 385 bekleidete er zusammen mit dem ältesten Sohn des Theodosius, dem späteren oströmischen Kaiser Arcadius, den Konsulat. Bauto starb vor 388 und erlebte daher nicht mehr, wie seine Familie durch die Hochzeit seiner Tochter Aelia Eudoxia mit Kaiser Arcadius im Jahr 395 in die höchsten Kreise des Reiches aufstieg.

Arbogast, der von seinen ‹Landsleuten› ins Exil getrieben worden war, begann seine Karriere im Umfeld Bautos. Auch Arbogast wurde 380 als Untergebener Bautos von Kaiser Gratian in den Osten gesandt und kehrte mit diesem 383 in den Westen zurück. Nachdem sein Vorgesetzter verstorben war, nutzte Arbogast seine Beliebtheit in der Armee, um dessen Stellung zu erlangen. Er war damit der erste Heermeister, der nicht vom Kaiser ernannt, sondern von den Soldaten gewählt wurde. Der jugendliche Valentinian II. hatte also Bautos Tod nicht nutzen können, um seine Stellung zu festigen. Eine unglückliche Religionspolitik schwächte seine Position weiter. Als die Sarmaten in Pannonien einfielen, bat er seinen Konkurrenten Maximus um Hilfe. Dieser hatte seine Gebiete, insbesondere auch Gallien, sehr gut regiert und wollte nun Valentinian stürzen. Er ließ seinen Sohn Victor in Gallien zurück und erschien 387 in Italien. Valentinian konnte nur noch nach Osten zu seinem Kollegen Theodosius fliehen. Theodosius heiratete Valentinians Schwester Galla und nahm mit gotisch-hunnischen Truppen den Kampf gegen Maximus auf. Da gleichzeitig auch Franken und Sachsen Nordostgallien bedrohten, konnte dieser nicht alle seine Truppen für den Bürgerkrieg mobilisieren. In zwei Schlachten wurde Maximus 388 von Theodosius besiegt. Arbogast nahm in führender Position an dessen Feldzug teil und wurde dann nach Gallien entsandt, wo er Victor besiegte und tötete.

Arbogast blieb in Gallien, das während des Bürgerkriegs unter dem schon erwähnten Einfall der Sachsen und besonders der Franken gelitten hatte. Diese hatten unter der Führung von Gennobaudes, Marcomer und Sunno die Gelegenheit genutzt und den Rhein vermutlich bei Xanten überschritten. Nach erfolgreichen Plünderungen zogen sie sich zwar wieder zurück, aber viele Krieger blieben für weitere Beutezüge auf römischem Gebiet. Diese wurden von den Römern im Kohlenwald (*silva Carbonaria*) besiegt, einer breiten Waldzone im heutigen Nordfrankreich und Belgien, die sich ungefähr von Bavay bis Löwen erstreckte. Bei diesem Kampf wurde Gennobaudes vermutlich getötet, denn fortan wird er nicht mehr erwähnt. Danach überschritten die Römer den Rhein, um die Franken in ihren Ausgangsgebieten anzugreifen, aber sie gerieten in einen Hinterhalt. Davon berichtet Sulpicius Alexander in seinen heute verlorenen Historien:

> «Als sie endlich alles von gewaltigen Hecken ringsum dicht umschlossen fanden, wollten sie sich in sumpfige Ebenen, die unmittelbar an die Wälder stießen, hinabziehen. Da zeigten sich ihnen hier und da Feinde, die zusammen hinter Baumstämmen oder Verhauen standen und von dort gleichwie von Turmzinnen Pfeile wie aus Wurfmaschinen ausschütteten; die Pfeile aber waren in den Saft giftiger Kräuter getaucht, so dass auf Wunden, wenn sie auch nur die Haut ritzten und nur ungefährliche Stellen verletzten, doch unausbleiblich der Tod folgte. Darauf umringte eine größere Anzahl der Feinde das Heer. Mit Hast stürzte es sich nun in die offenen Ebenen, welche die Franken noch freigelassen hatten. Hier versanken zuerst die Reiter im Morast, und da sich die Körper von Mensch und Tier nicht lösen konnten, erstickten sie sich gegenseitig bei ihrem Untergang. Aber auch die Fußsoldaten, welche nicht die Last der Pferde niederdrückte, gerieten in den Schlamm und zogen nur schwer die Füße wieder heraus; sie verbargen sich daher bald zitternd wieder in den Wäldern, aus denen sie sich kurz vorher mit Mühe herausgerettet hatten. So lösten sich die Reihen und die Legionen wurden niedergehauen.»[53]

Arbogast fand also keine einfache Situation vor, als er die Zuständigkeit für den gallischen Grenzschutz übernahm, zumal es weitere Niederlagen gegen die Franken gab – auch rechts des Rheins. Arbogast wollte Valentinian II. wohl 391 zu einem Rachefeldzug anstacheln, dieser ließ sich aber auf Verhandlungen ein und stellte Geiseln, bevor er nach Trier zurückkehrte, um zu überwintern. Arbogast kümmerte sich jedoch nicht darum, sondern unternahm einen äußerst erfolgreichen Winterfeldzug gegen die Franken, der bereits weiter oben zur Sprache gekommen ist.[54] Er kannte die Kampfesweise seiner Landsleute und hatte ein wirksames Gegenmittel gegen deren Hinterhalte gefunden, die nur im Schutze des sommerlichen Laubes möglich waren. Laut Paulinus von Mailand (gest. nach 417) «zersprengte er im Kampf eine nicht geringe Menge; mit den übrigen aber schloß er Frieden».[55]

Wichtiger als sein militärisches Wirken gegen die Franken war allerdings Arbogasts Stellung am Kaiserhof, weil Valentinian II. noch zu jung zum Herrschen war. Dieser verdankte sein politisches Überleben im Ringen mit Maximus nur der Hilfe seines Kollegen im Kaiseramt,

Theodosius. Dagegen war Arbogast ein starker Heermeister, weil er seine Stellung der Wahl durch die Soldaten und nicht der Ernennung durch den Kaiser verdankte. Wie schon bei seinem Feldzug gegen die Franken nahm er wenig Rücksicht auf Valentinian II.; Sulpicius Alexander schildert dessen missliche Lage:

> «Der Kaiser Valentinian war zu Vienne in den Mauern seines Palastes eingesperrt und fast unter den Stand eines Privatmannes herabgedrückt, das Kriegswesen war ganz in den Händen fränkischer *satellites,* und auch die bürgerlichen Ämter waren auf die Anhänger des Arbogast übergegangen; unter allen, die den Soldateneid geleistet hatten, war keiner zu finden, der einem persönlichen Wort oder Gebot des Kaisers Folge zu leisten gewagt hätte.»[56]

Valentinian war also nur noch ein ‹Schattenkaiser›, und Arbogast hatte ihn unter Kontrolle. Die Grundlage seiner Macht waren die fränkischen *satellites,* was man mit «Söldlinge» übersetzt hat. Dies trifft aber nicht ganz den Sinn, denn es handelte sich dabei um ein anderes Wort für *buccellarii,* den Terminus technicus für die Gefolgsleute, die jeder hohe römische Offizier sozusagen halbprivat als Leibwache in Dienst nehmen durfte.[57] Dieses Wort kommt von *bucca* («Bissen») bzw. *buccella* («Brötchen»). Die *buccellarii* wurden nach ihrer Lieblingsspeise benannt, so lautet eine bereits zeitgenössische Erklärung. Die ältere Forschung leitete diese Einrichtung allein aus dem germanischen Gefolgschaftswesen ab,[58] doch war dieses eben kein spezifisch germanisches Phänomen.[59] Ähnliches gab es auch im spätantiken Imperium. Wahrscheinlich gehen die *buccellarii* sowohl auf germanische als auch auf römische Wurzeln zurück. Hohen römischen Offizieren war es seit langem gestattet, Sklaven und Verwandte bei sich im Feldlager zu haben. Valentinian I. hatte ihnen darüber hinaus erlaubt, Personen, die zum einen nicht mit ihnen verwandt und zum anderen frei geboren waren, in ihre Dienste zu nehmen, falls sie tauglich waren und vor allem angemeldet wurden.[60] Parallel dazu scharten germanische Heerführer Verwandte und weitere Angehörige ihrer *gens* um sich. Angesichts der zunehmenden Germanisierung des römischen Heeres rekrutierten sich diese Leibgarden schon bald hauptsächlich aus Angehörigen barbarischer Völker – allerdings nicht nur diese, sondern auch die meisten Soldaten im regulären Dienst. Bezeichnenderweise leisteten die *buccellarii* sowohl ihrem jeweiligen Herrn als auch dem Kaiser einen Treueid, aber im Zweifelsfall waren sogar bei den regulären Soldaten die Bindungen an den eigenen Feldherrn stärker als an den Kaiser, wie das Beispiel Arbogasts zeigt. Der bei Sulpicius Alexander erwähnte Soldateneid spielte beim Übergang der faktischen Regierungsgewalt auf den Franken Arbogast ebenfalls eine entscheidende Rolle, da es diesem gelungen war, die Verpflichtung auf den Kaiser in ihr Gegenteil zu verkehren und sie allein für seine Zwecke einzusetzen. Arbogast nutzte also die römischen Militärstrukturen, um seine Stellung immer weiter auszubauen.

Valentinian versuchte einen Befreiungsschlag und entließ seinen mächtigen Heermeister. In großem zeitlichen Abstand überliefert Zosimos, dass dieser ungerührt geantwortet haben soll: «Du hast mir das Amt nicht gegeben und wirst es mir auch nicht nehmen können!»[61] Am 15. Mai 392 wurde Valentinian erhängt im Palast von Vienne aufgefunden. Die Todesumstände des jungen Kaisers sind nicht völlig klar. Einerseits wird Arbogast in den Quellen als Mörder genannt, andererseits könnte Valentinian aus Verzweiflung über seine Lage auch Selbstmord begangen haben. Arbogast ergriff jedenfalls zunächst keine Initiative: Weder strebte er selbst nach dem Kaiserthron, noch erhob er einen neuen Herrscher. Vielmehr wartete er ab, ob der Ostkaiser Theodosius einen seiner Söhne in den Westen entsandte. Erst als dies nicht geschah, erhob Arbogast Ende August 392 den Rhetoriklehrer und Kanzleibeamten Eugenius zum Kaiser. Dieser erschien 393 am Rhein, um sich der Loyalität der Alemannen- und Frankenkönige zu versichern:

> «Darauf rüstete der Tyrann Eugenius einen Heereszug und ging an die Rheingrenze, um mit den Königen der Alemannen und Franken die alten Bündnisse zu erneuern und jenen unbändigen Volksstämmen ein für jene Zeit unermesslich großes Heer zu zeigen.»[62]

Weniger glücklich agierte Eugenius in der Innenpolitik. Er nahm gegenüber der alten heidnischen Religion eine weniger ablehnende Haltung als seine Vorgänger und nicht zuletzt als Theodosius ein, der sich als Vorkämpfer des Christentums verstand. Vor allem aber sah sich Theodosius in seiner Rolle als ältester und damit ranghöchster Kaiser herausgefordert, dem das Recht zukam, einen ‹jüngeren› Kollegen zu ernennen. Dennoch ließ er sich zwei Jahre Zeit, bis er im Sommer 394 mit einem starken Heer, zu dem auch ein großes Kontingent Westgoten gehörte, nach Westen zog. Anfang September 394 trafen die Kontrahenten in den Julischen Alpen aufeinander. Theodosius siegte in einer der blutigsten Schlachten der Antike, die am Frigidus, einem Nebenfluss des Isonzo, stattfand. Eugenius wurde hingerichtet, Arbogast beging kurz darauf Selbstmord.

Mit Arbogast endet die Phase der hohen fränkischen Militärs in römischen Diensten. Aber viele Franken dienten auf allen Ebenen auch weiterhin in der römischen Armee, weil das Imperium sie und andere Barbaren dringend als Soldaten brauchte. Die Franken waren also einerseits fest in der römischen Welt verankert und zu einem Teil von ihr geworden. Auf der anderen Seite wechselten sie aber auch ohne größere Probleme die Fronten. Man muss davon ausgehen, dass der Schritt vom gebürtigen Franken zum römischen Soldaten und zurück zum fränkischen Krieger nicht sehr groß war. Mallobaudes war gleichzeitig oder nacheinander römischer General und fränkischer König, andere eben römische Soldaten und fränkische Krieger. Je nach ihrer Rolle fielen sie in das Reich ein, um zu plündern, oder sie verteidigten es, um ihren Sold zu verdienen. Beides diente letztlich dem gleichen Zweck: der Sicherung des Lebensunterhalts für sich und die eigene Familie und im günstigsten Fall der Anhäufung von Reichtümern.

2. GALLIEN UND DAS ENDE DES WESTRÖMISCHEN REICHES

Zu den beliebtesten Erklärungsmustern für den Untergang Roms zählt die militärische Bedrohung durch auswärtige Völker, die insbesondere der germanischen Sprachfamilie angehörten – Alemannen, Burgunder, Goten, Vandalen und eben auch Franken. Das Verhältnis all dieser Völker zu Rom aber war ambivalent – es reichte von intensiver militärischer Konfrontation bis hin zur Integration ganzer Völker und insbesondere ihrer kriegerischen Eliten in das römische Staatswesen. Man kann daher kaum behaupten, dass sie Rom zerstört hätten. Vielmehr war für den Untergang Roms sicherlich ein Bündel von Gründen verantwortlich: kulturelle, wirtschaftliche, aber eben auch politisch-militärische. Wenn allerdings die Nachbarvölker Rom nicht zerstört haben, stellt sich die Frage nach dem eigenen Anteil Roms an seinem Untergang. Bislang war bereits die Rede von zahlreichen Bürgerkriegen und Usurpationen, die das Reich im 4. Jahrhundert immer wieder schwächten und auch angrenzenden Völkern wie den Franken die Gelegenheit gaben, plündernd in das Reich einzufallen. Regelrechte Eroberungen gelangen ihnen allerdings nicht, dafür war das Imperium letztlich zu stark. Entscheidend für den Untergang Roms aus politisch-militärischer Sicht war, dass sich diese Entwicklung im 5. Jahrhundert fortsetzte: Rom fand nicht zu innerer Stabilität zurück, sondern die Spannungen zwischen den Kaisern in Ost und West blieben bestehen und intensivierten sich zeitweise sogar noch. Hinzu kamen vor allem in der Westhälfte einige Usurpatoren, die insbesondere in Gallien agierten, so dass die Verteidigung der Rheingrenze an Stellenwert verlor und zeitweise praktisch aufgegeben wurde. Stattdessen zogen die verschiedenen römischen Parteiungen die föderierten Völker mit in ihre Kämpfe hinein und überließen ihnen als Belohnung nicht nur Geldmittel, sondern auch Land.

Ihre Eroberungen geschahen daher nicht nur aus eigenem Antrieb, sondern waren auch die Folge innerrömischer Auseinandersetzungen.

Der Zusammenbruch der römischen Grenzverteidigung im Jahr 406

Nach dem Sturz Eugenius' und Arbogasts begann sich der Schwerpunkt der römischen Verteidigungspolitik auf den Balkan zu verlagern, während das Interesse an der Verteidigung der Rheingrenze nachließ. Begünstigt wurde diese Entwicklung auch durch den frühen Tod des Kaisers Theodosius, der bereits Mitte Januar 395 nur wenige Monate nach seinem entscheidenden Sieg über Eugenius starb. Einmal mehr folgte eine Reichsteilung. Doch diese sollte bis zum Untergang Westroms nicht wieder rückgängig gemacht werden. Formal blieb die Reichseinheit allerdings gewahrt. Arcadius, der ältere Sohn des verstorbenen Theodosius, erhielt den Osten mit Konstantinopel als Hauptstadt, der jüngere, Honorius, damals zehn Jahre alt, den Westen; er residierte zunächst in Mailand. Für ihn regierte der Heermeister Stilicho das Reich, Sohn eines vandalischen Vaters und einer römischen Mutter, über lange Jahre aufgestiegen in römischen Diensten und außerdem verheiratet mit Serena, der Nichte des Theodosius. Stilicho war also trotz seiner väterlichen Herkunft ein Römer durch und durch. Er war zudem ein fähiger Politiker, konnte allerdings dennoch nicht verhindern, dass immer mehr fremde Völker auf dem Boden des Imperium operierten.

Stilichos Aufmerksamkeit galt zunächst der Rheingrenze, an der er wohl im Jahr 396 in rund zwei Wochen wahre Wunderdinge vollbracht haben soll, zumindest wenn man dem Dichter Claudian glauben darf:

«(...) und den bedrohlichen Rhein zwingst Du, nachdem seine Hörner gebrochen sind, so sehr dazu, mild zu werden, daß der Salier jetzt Felder bestellt und der Sicambrer seine gebogenen Klingen zu Sensen krümmt, und ein Reisender, wenn er die beiden Ufer sieht, fragt, welches denn das römische sei; daß der Belgier nun, da der Chauke das nicht für empörend hält, sein Vieh jenseits des Flusses weidet und die gallischen

Großviehherden, nachdem sie mitten durch die Elbe den Weg dahin eingeschlagen haben, die Berge der Franken durchschweifen.»[1]

Claudian hatte anscheinend etwas eigentümliche Vorstellungen von der Geographie jenseits des Rheins, da er die gallischen Rinder durch die Elbe zu den Bergen der Franken gelangen lässt. Im Kern jedoch dürfte seine Darstellung zutreffen: Germanenkönige eilten Stilicho entgegen und stellten Geiseln. Wer sich aber als unzuverlässig erwies, gegen den ging Stilicho entschieden vor. So setzte er den Frankenkönig Marcomer ab, der des Verrats an Rom verdächtigt wurde, und verbannte ihn nach Etrurien. Als ihn Sunno, ein anderer König der Franken, rächen wollte, wurde er von einem seiner eigenen Leute ermordet. Claudian bezeichnet die beiden als «Brüder in ihrer natürlichen Veranlagung und ihrer Leidenschaft für Verbrechen».[2] Daraus wird man aber nicht schließen können, dass Marcomer und Sunno tatsächlich leibliche Brüder gewesen sind.

In der Folgezeit herrschte weitgehend Ruhe am Rhein, sei es, weil die Franken mit eigenen Problemen beschäftigt waren, sei es, weil Stilichos Machtdemonstration eine nachhaltige Wirkung ausgeübt hatte. Irgendwann zwischen den Jahren 396 und 402, vielleicht im Jahr 402, ordnete der Heermeister eine Verlegung der *praefectura Galliarum*, der gallischen Präfektur, von Trier nach Arles an. Falls das Datum richtig ist, geschah dies mitten während der Auseinandersetzungen mit den Westgoten unter Alarich (ca. 393–410), der 394 an der Schlacht gegen Eugenius teilgenommen hatte. Die hohen Verluste, die die Westgoten damals erlitten, verschlechterten ihr Verhältnis zum Kaiser, der auch noch Alarichs Hoffnungen auf ein höheres Kommando enttäuschte. Die Unzufriedenheit der Westgoten steigerte sich noch, weil das ihnen zugewiesene Gebiet im heutigen Bulgarien von den Hunnen geplündert wurde. Nach dem Thronwechsel Anfang 395 kehrten sie daher umgehend an die untere Donau zurück und begannen, die umliegenden Provinzen zu plündern. Stilicho griff zweimal ein, aber letztlich konnte Alarich den Ostkaiser Arcadius dazu zwingen, seinem Volk Makedonien als Siedlungsgebiet zu überlassen und ihn selbst zum illyrischen Heermeister zu ernennen. Aber die Lage blieb für die Westgoten gefährlich, zumal Ostrom ein Bündnis mit den Hunnen schloss. Die Alternative für Alarich und die Seinen lag im Westen. Bereits 401 erschienen sie in Oberitalien und hätten vermutlich Mailand eingenommen, wenn Stilicho nicht rechtzeitig von der Donaugrenze zurückgekommen wäre und sie 402 bei Pollentia und dann entscheidend bei Verona geschlagen hätte. Immerhin gestattete der Heermeister den Westgoten, nach Illyrien zurückzukehren.

Die Kämpfe mit den Westgoten wirkten sich auf das gesamte Reich aus. Von der Verlegung der gallischen Präfektur war schon die Rede. Außerdem musste Stilicho für den Kampf gegen Alarich Truppen aus Gallien und Britannien abziehen. Und schließlich wurde der Kaiserhof von Mailand nach Ravenna verlegt. Diese an der nördlichen Adria gelegene Stadt galt wegen ihrer Lage im Mündungsgebiet des Po und anderer Flüsse als nahezu uneinnehmbar. Das war auch notwendig, denn bereits 405 wurde das Kernland des Imperium erneut attackiert. Der Ostgote Radagaisus fiel mit einem großen Heer in Italien ein und konnte nur mit Hilfe hunnischer Truppen in der heutigen Toskana besiegt werden. Im Übrigen bemühte sich Stilicho um eine Verhandlungslösung mit Alarich, auch weil er die Westgoten für einen im Jahr 407 geplanten Feldzug gegen Ostrom auf seiner Seite wissen wollte. Doch die von Alarich, aber auch vom konkurrierenden Kaiserhof in Konstantinopel erzwungene Konzentration auf Italien und den Balkan rächte sich nun und die Grenze am Rhein brach zumindest vorübergehend vollständig zusammen. Aber nicht etwa die alteingesessenen Nachbarn des Imperium wie Alemannen und Franken durchbrachen die römischen Verteidigungslinien, sondern Vandalen, Sueben und Alanen. Sie alle hatten wegen des stärker werdenden Drucks der Hunnen ihre Wohnsitze an der mittleren Donau verlassen und waren nach Westen gezogen. In der Silvesternacht des Jahres 406 überquerten sie bei Mainz siegreich den Rhein. Auch ein Teil der Burgunder, die damals am Main siedelten, folgte ihnen. Die Verteidigung der Grenze erfolgte weniger durch reguläre römische Einheiten als durch die am Mittelrhein beheimateten Franken, die aber laut Orosius (um 380/85 – um 418) große Verluste hinnehmen mussten.[3] Die Verteidiger waren auch nicht in der Lage, das weitere Eindringen der Invasoren ins Innere Galliens zu verhindern. Eindrücklich und wohl etwas übertreibend, schildert Hieronymus (347/48–420) in einem Brief an einen Freund die Katastrophe, die über Gallien hereinbrach:

«Unzählige, sehr wilde Völker besetzten ganz Gallien. Was zwischen den Alpen und den Pyrenäen liegt, was vom Ozean und vom Rhein eingeschlossen wird, das verwüsteten der Quade, der Vandale, der Sarmate, die Alanen, Gepiden, Heruler, Sachsen, Burgunder und Alemannen sowie – was für ein Trauerspiel für den römischen Staat – die pannonischen Feinde. Mainz, einst eine berühmte Stadt, wurde eingenommen und vernichtet, und viele tausend Menschen wurden in der Kirche hingemetzelt; Worms erlosch durch lange Belagerung; Reims, die so mächtige Stadt, Amiens, Arras und die am äußersten Ende (wohnenden) Menschen, die Moriner, Tournai, Speyer, Straßburg wurden nach Germanien versetzt, die Provinzen Aquitanien und die Gascogne, die Lugdunensis (Lyon) und die Narbonensis (Narbonne) wurden bis auf wenige Städte sämtlich verwüstet, wobei von außen das Schwert (und) innen der Hunger wüteten. Nicht ohne Tränen kann ich Toulouse erwähnen (...).»[4]

Man muss bedenken, dass das Landesinnere Galliens bis dahin weitgehend unbehelligt von feindlichen Einfällen geblieben war – von gelegentlichen Plünderungszügen einmal abgesehen, die aber zumeist nur ausgewählte Landstriche in Mitleidenschaft gezogen hatten. Nun aber bewegten sich mehrere bewaffnete Barbarenvölker ungehindert im Land umher und griffen sogar gut befestigte Städte an. 409 sollte ihnen sogar der Durchbruch nach Hispanien gelingen, das bislang von Grenzproblemen oder gar plündernden Feinden gänzlich verschont geblieben war. Die Folgen für das römische Reich waren gravierend, denn sein wichtigstes Machtmittel – seine auf der Steuerkraft seiner Provinzen beruhenden finanziellen Ressourcen – wurde damit auf Dauer in Mitleidenschaft gezogen. Ohne Geld ließen sich weder eigene noch fremde Soldaten bezahlen, und ohne schlagkräftige Armee war das Reich den Plünderungen umso schutzloser preisgegeben.

Die Usurpation Konstantins (III.) und ihre Folgen

Diese Katastrophe provozierte zu allem Überfluss auch neue innerrömische Auflösungstendenzen. Vor allem in Britannien wuchs die Unzufriedenheit mit der Politik des Kaiserhofes. Nach zwei vergeblichen Anläufen wurde dort 407 ein Gegenkaiser namens Konstantin (III.) erhoben. Anschließend überquerte er den Ärmelkanal und setzte sich in Gallien fest. Dort sicherte er zunächst die Rheingrenze durch

Verträge mit Alemannen und Franken, die ihm auch Truppen zur Verfügung stellten. Derart gestärkt konnte er seine Residenz sogar in Arles aufschlagen. Von hier aus wollte sich Konstantin gegen die Reaktion der legitimen Reichsregierung wehren, die sowohl von Italien als auch von Hispanien aus gegen ihn vorzugehen plante. Er kam dem zuvor und entsandte seinen Sohn Constans zusammen mit dem Heermeister Gerontius nach Hispanien, wo dieser sich militärisch gegen Verwandte des Kaisers Honorius durchsetzen konnte. Konstantin stützte seine Herrschaft auf viele Franken: Als Heermeister diente ihm Neviogastes, dessen Name an den chamavischen König oder Königssohn Nebisgastes erinnert. Ein *magister equitum* trug den Namen Allobichus, ihm folgte Edobichus, wobei die Namensähnlichkeit vielleicht auf ein Verwandtschaftsverhältnis schließen lässt.

Im Jahr 408 änderte sich die Lage zunächst grundlegend zu Konstantins Gunsten: Stilicho wurde auf Grund einer Intrige im Auftrag des Honorius hingerichtet. Dessen Lage war verzweifelt, war doch schon zuvor Alarich mit seinen Westgoten nach Italien eingedrungen, um seinen Lohn für eine Aktion gegen Ostrom zu fordern. Stilichos Truppen liefen nun zu Alarich über, während der Kaiser selbst kaum noch über Militär verfügte. Daher musste er auch die Eroberung und Plünderung Roms durch die Westgoten 410 ohnmächtig hinnehmen. Um Ruhe in Gallien zu haben, erkannte Honorius Konstantin Anfang 409 als Mitkaiser an. Damit war dieser am Ziel seiner Wünsche, geriet aber nun seinerseits zunehmend in Schwierigkeiten. Die Vandalen und Sueben waren inzwischen im Süden Galliens angelangt und bedrohten Hispanien. Konstantin entsandte fränkische Föderaten gegen sie, die zunächst die Vandalen besiegten, dann aber ihrerseits von den Alanen geschlagen wurden.[5] Nun überschritten die Vandalen und Sueben die Pyrenäen, was Konstantins Stellung in Hispanien erschütterte, zumal sich nun sein dortiger Heermeister Gerontius gegen ihn erhob und einen eigenen Kaiser einsetzte. Nachdem Konstantin vergebens eine Invasion Italiens versucht hatte, wurde er von den Truppen des Honorius zurückgedrängt und in Arles eingeschlossen. Seine letzte Hoffnung ruhte, abgesehen von den Alemannen, vor allem auf den Franken, obwohl diese oder zumindest Teile von ihnen wohl 410 Trier plünderten. Dennoch gelang es Konstantins fränkischem *magister equitum* Edobichus, die erbetene Hilfe zu erlangen und ein Heer aufzustellen. Beim Versuch, Arles zu befreien, wurde er allerdings von Constantius, dem Heerführer des Honorius, besiegt. Daraufhin kapitulierte Konstantin und wurde kurz darauf hingerichtet, während Edobichus auf der Flucht ermordet wurde.

Die Niederlage Konstantins änderte aber in Gallien und Britannien nichts an der Unzufriedenheit mit der Herrschaft des Honorius. Laut Zosimos hatten sich mittlerweile auch die Völker jenseits des Rheins erhoben, was die Bewohner mancher römischer Provinzen zur Eigeninitiative veranlasste:

> «Zudem griffen die Barbaren jenseits des Rheines nach Belieben alles an und zwangen die Bewohner Britanniens und einige Völker in Gallien, vom römischen Reich abzufallen, nicht mehr den römischen Gesetzen zu gehorchen und ein Eigenleben zu führen. So wappneten sich die Leute in Britannien, setzten sich selbst den Gefahren aus und befreiten die Städte von den sie bedrohenden Barbaren; und die gesamte Armorica und andere gallische Provinzen machten es den Britanniern nach, befreiten sich auf die gleiche Weise, verjagten die römischen Beamten und konstituierten nach Gutdünken eine eigene staatliche Ordnung.»[6]

Tatsächlich verlor das Imperium damals die Kontrolle über Britannien, da 410 die letzten regulären Truppen abgezogen wurden. Zwar blieben die Strukturen der römischen Zivilverwaltung vorerst erhalten, aber die romanisierten Briten mussten nun die Verteidigung ihres Landes gegen die Sachsen, aber auch gegen Pikten und Iren selbst organisieren. Ähnliches geschah in Aremorica, so hieß Nordwestgallien zwischen Seine und Loire, in heutiger Terminologie etwa die Bretagne und die Normandie. Die Bewohner dieser Region – wohl eher die örtlichen Eliten – schlossen ein Bündnis miteinander und erkannten keinen römischen Kaiser mehr an. Auch sie sorgten nun selbst für die Verteidigung ihres Landes.

Noch während Konstantin (III.) 411 in Arles ums Überleben kämpfte, war in *Mundiacium* – eventuell *Mogontiacum*, also Mainz – ein weiterer Gegenkaiser namens Jovinus erhoben worden. Maßgeblich daran beteiligt waren der Alane Goar und der Burgunderkönig Gundahar. Jovinus wurde zudem von etlichen gallorömischen Aristokraten unterstützt, die mit Honorius unzufrieden waren. Auch Alemannen und Franken schlossen sich dem neuen Kaiser an, vorübergehend sogar die Westgoten, die im Frühjahr 412 Italien verlassen hatten und nach Südgallien gezogen waren. 413 wechselten diese jedoch erneut die Seiten und besiegten im Auftrag des Honorius Jovinus. Rund eineinhalb Jahrhunderte später bemerkte Jordanes zum Erscheinen der Westgoten in Gallien, dies habe Franken und Burgunder derart erschreckt, dass sie von dem Land abließen und in ihren eigenen Gebieten blieben.[7] Die Burgunder erlangten damals, vielleicht auch schon früher, den Status von Föderaten: Sie wurden am Rhein in der heutigen Pfalz angesiedelt, um an die Stelle des nicht mehr vorhandenen römischen Bewegungsheeres zu treten. Ihre Präsenz dort gilt als der historische Kern des Wormser Burgunderreichs der Nibelungensage.

Bei all diesen Auseinandersetzungen standen die Franken nicht im Mittelpunkt. Sie werden in unseren Quellen eher am Rande erwähnt – eine Folge des Perspektivenwechsels, den Westrom unter Stilicho gezwungenermaßen vorgenommen hatte. Nicht am Rhein wurde das Imperium vornehmlich verteidigt, sondern auf dem Balkan und dann sogar in Italien selbst. Für Rom war es eine neue Erfahrung, dass das Kernland des Reiches im Innern verteidigt werden musste, eine Erfahrung, die in der Eroberung und Plünderung Roms durch Alarich im August 410 gipfelte. Vor allem dieses Ereignis beeindruckte die Zeitgenossen sehr. Rom galt als Sinnbild des römischen Reiches und dieses wiederum als Vollendung der Weltgeschichte – darin waren sich Christen und Heiden bei allen Unterschieden einig. Der Fall der ewigen Stadt galt daher als Katastrophe, die nur das Anbrechen der Endzeit bedeuten konnte. Über die Ursachen dieses Niedergangs bestanden hingegen unterschiedliche Auffassungen. War die neue Religion, war das Christentum für die Katastrophe verantwortlich? So argumentierten jedenfalls die Anhänger der alten römischen Religion. Der Kirchenvater Augustinus antwortete mit seiner berühmten Schrift *De civitate Dei*, in der er zwischen irdischem Staat und Gottesstaat (*civitas terrena* und *civitas Dei*) unterschied und auch der Auffassung widersprach, der Fall Roms stelle den göttlichen Heilsplan in Frage. Aus Sicht Alarichs und der Westgoten war die Eroberung Roms allerdings kein echter Erfolg, sondern sogar der Ausdruck einer politischen Niederlage, weil sie zuvor Kaiser Honorius nicht hatten zwingen können, ihre Bedingungen zu erfüllen. Da es keine Aussicht auf Einigung mit dem Kaiser gab, zog Alarich weiter nach Süden, um nach Afrika überzusetzen, in die Kornkammer des Reiches. Aber ein Sturm zerstörte seine Schiffe, und er selbst starb noch im Jahr 410. Die Nachfolge trat sein Schwager Athaulf an, der sein Volk an der Küste des Tyrrhenischen Meeres entlang nach Norden und im Frühjahr 412 über die Alpen nach Gallien führte. Dort profitierte er von der Usurpation Konstantins (III.), dem er sich zunächst anschloss. Dann aber einigte er sich mit Honorius und besiegte 413 den nächsten Gegenkaiser Jovinus. Ansonsten hielten weder der Kaiser noch die Westgoten ihre Abmachungen ein, weshalb es erneut zum Krieg kam. Der kaiserliche Heermeister Constantius schnitt die Westgoten von jeglicher Lebensmittelzufuhr ab, weshalb sie Anfang 415 nach Hispanien auswichen. Im gleichen Jahr fiel Athaulf einer Blutrache zum Opfer. Sein Nachfolger Vallia griff die Idee, Afrika zu erobern, wieder auf und durchzog Hispanien in südlicher Richtung, aber erneut ließ die raue See eine Überfahrt nicht zu. Nun gab Vallia auf; er akzeptierte für sein Volk den Föderatenstatus und wurde dafür mit Getreide versorgt. Zwei Jahre lang bekämpften die Westgoten im Auftrag Westroms in Hispanien die Vandalen und Alanen. 418 forderte der Heermeister Constantius sie dann auf, nach Gallien zurückzukehren; sie erhielten von ihm «Wohnsitze in Aquitanien von Toulouse bis zum Ozean».[8] Damit war das sogenannte Tolosanische Westgotenreich im Süden Galliens entstanden, zunächst als römischer Föderatenstaat, der aber durchaus auch eigene Politik betrieb und sein Gebiet mit Waffengewalt vergrößerte.

Die Lage im Nordosten Galliens gestaltete sich weitaus unübersichtlicher. Die Franken beteiligten sich an den Usurpationen Konstantins (III.) und Jovinus', was sie allerdings nicht von gelegentlichen Plünderungszügen vor allem gegen die ehemalige Kaiserresidenz Trier abhielt. Nach dem schon erwähnten Überfall von 410 wurde Trier drei Jahre später wohl im Zusammenhang mit dem Niedergang des Jovinus erneut von den Franken heimgesucht. Ihre feindselige Haltung Rom bzw. Kaiser Honorius gegenüber lag vielleicht auch an ihrem ungeklärten rechtlichen Status. Wie die Burgunder hatten sie die beiden Usurpatoren unterstützt, aber anders als jene kein Gebiet zur Ansiedlung erhalten. So übten sie weiterhin Druck auf die Grenzgebiete aus. 419/20 eroberten und plünderten die Franken zum dritten Mal die Stadt Trier. Vielleicht als Reaktion darauf entsandte Kaiser Honorius 420/21 den *comes domesticorum* Castinus gegen die Franken. Nur schlaglichtartig beleuchten die Quellen das Geschehen im Nordosten Galliens. Das gilt auch für den Untergang des Frankenkönigs Theudomer, über den Gregor von Tours berichtet: «Wir finden ferner in den Konsullisten, dass der Frankenkönig Theudomer, der Sohn Ricimers, und seine Mutter Ascyla mit dem Schwerte getötet worden seien.»[9] Die zeitliche Einordnung des Geschehens ist wegen der ungenauen Angabe Gregors nicht leicht: Möglicherweise gehört es noch zur Usurpation Konstantins (III.) oder zum Vorgehen des Castinus gegen die Franken, vielleicht ist es aber auch erst auf 428 zu datieren, worauf noch einzugehen sein wird. Beim Vater des Königs handelte es sich vermutlich um den Heermeister Ricomer, der ja 384 sogar den Konsulat bekleidet hatte. Trifft dies zu, wäre das ein weiteres Beispiel dafür, dass die militärische Elite Roms fränkischer Abstammung war, dass die Führungsschicht der Franken zu den gleichen Familien zählte und dass es vergleichsweise leicht war, über die Grenzen zu wechseln.

Aëtius, der ‹letzte Römer›

Eine Stabilisierung der Lage aus römischer Sicht trat erst mit Aëtius ein, der als der ‹letzte Römer› gilt. Er hatte seine Jugend als Geisel sowohl bei den Westgoten als auch bei den Hunnen verbracht und nutzte seine Kontakte gerade zu diesem Steppenvolk offenbar geschickt, um bei ihnen Krieger anzuwerben. Wegen seiner Erfolge wurde er 429 zum gallischen Heermeister ernannt. Eine Zeitlang konkurrierte er mit dem Heermeister Flavius Felix um Einfluss auf den jungen Kaiser Valentinian III. (425–455) und dessen Mutter Galla Placidia. Als Felix 430 ermordet wurde, bestimmte Aëtius fortan nahezu allein die Politik Westroms. Er wurde 432 kurzfristig politisch kaltgestellt, da der Kaiser bzw. dessen Mutter sich aus der Bevormundung durch den Heermeister befreien wollten. Aber Aëtius konnte bereits im Jahr darauf mit Hilfe seiner hunnischen Truppen an die Macht zurückkehren und war von nun an gänzlich unumstritten. Er erhielt den Titel *patricius,* der den höchsten Würdenträgern vorbehalten war, und wurde so zum wahren Herrscher Westroms. Die Stellung des Reiches war allerdings seit 429 schwächer als jemals zuvor. Nicht nur Britannien war verloren, auch Gallien und Hispanien waren zu ständigen Kriegsschauplätzen und Gebieten sozialer Unruhen verkommen. Vor allem aber hatten in diesem Jahr die Vandalen die Straße von Gibraltar überquert und waren in die bis dahin ungefährdete Provinz Afrika eingedrungen. Die Römer besaßen dort nicht genügend Truppen, um sie in offener Feldschlacht besiegen zu können. So eroberten die Vandalen Stadt um Stadt. Als 439 Karthago in die Hände der Vandalen gelangte, war die Entscheidung gefallen: 442 erkannte Kaiser Valentinian das Vandalenreich als ersten unabhängigen ‹barbarischen› Staat auf (ehemals) römischem Boden an.

Aëtius hatte seine Abwehrbemühungen auf Gallien konzentriert, wo er dank seiner hunnischen Truppen etliche Erfolge erzielte. Die Westgoten unter ihrem neuen König Theoderid I. (418–451) wollten Arles, den Sitz der gallischen Präfektur, erobern und damit einen Zugang zum Mittelmeer gewinnen. 425 und 430 konnte Aëtius dies verhindern. 437 unterband sein Heermeister Litorius die Eroberung Narbonnes durch die Westgoten und brachte diesen im Folgejahr mehrere Niederlagen bei. Litorius begann daraufhin, Toulouse zu belagern, verlor aber 439 die Entscheidungsschlacht. Danach schlossen Aëtius und Theoderid vermutlich auf Basis des Status quo Frieden. Kurz vor Ausbruch dieser Auseinandersetzungen mit den Westgoten hatten 436/37 die Burgunder versucht, ihren Machtbereich in Richtung Belgien auszudehnen. Aëtius schlug sie vernichtend und beseitigte ihr Reich am Rhein in der Gegend von Worms. Die restlichen Burgunder siedelte er 443 im Rhônetal an.

Daneben sah er sich 435 auch mit einem Aufstand der Bagauden in Nordgallien konfrontiert. Es dauerte zwei Jahre, bis Litorius sie im Auftrag des Aëtius besiegt hatte. Mit den Bagauden eng verbunden waren allem Anschein nach die Bewohner von Aremorica, die schon seit rund zwei Jahrzehnten faktisch selbständig waren. Auch gegen sie ging Aëtius vor, indem er 442 den Alanen Wohnsitze bei Orléans zuwies, die dann ihrerseits die Landbesitzer zwangen, mit ihnen zu teilen. Wohl aus diesem Grund kam es um 448 zu Auseinandersetzungen zwischen dem Alanenkönig Goar und den Bewohnern von Aremorica, die nur auf Grund der Vermittlung des Bischofs Germanus von Auxerre nicht weiter eskalierten. Einer der Anführer der Bagauden, der Arzt Eudoxius, flüchtete sich 448 zu Attila, dem König der Hunnen. Dieser hatte Aëtius lange Zeit mit Kriegern versorgt, änderte nun aber seine Politik, weil es mittlerweile zu viele Interessengegensätze gab. Dies hing auch mit den Franken zusammen.

Gegen sie ging Aëtius ebenfalls vor, wann immer sie in Gallien einfielen. Das war, soweit wir wissen, 428 zum ersten Mal der Fall: Aëtius besiegte die Franken und drängte sie über den Rhein zurück, wie man einer knappen Bemerkung des zeitgenössischen Chronisten Prosper Tiro von Aquitanien entnehmen kann: «Der dem Rhein am nächsten gelegene Teil Galliens, den die Franken sich zum Besitz angeeignet hatten, wurde durch die Waffen des *comes* Aëtius zurückgewonnen.»[10] Dieser Sieg war allerdings nicht so nachhaltig, wie Prosper behauptet. Bereits 432 kam es erneut zu Auseinandersetzungen. Damals bat der Bischof und Chronist Hydatius von Chaves (heute Nordportugal) den Heermeister um Hilfe gegen die Sueben. Aëtius konnte dem aber erst entsprechen, als er die Franken geschlagen hatte.[11] Trotz seines Sieges überließ Aëtius den Franken nun möglicherweise auch die Grenzgebiete – offiziell zur Verteidigung, tatsächlich aber zur dauerhaften Ansiedlung. Ihre Präsenz in Grenzregionen bezeugt jedenfalls Salvians (gest. nach 470) Schrift *De gubernatione Dei* («Von der Herrschaft Gottes»). Mit ihr machte der Kirchenvater die Unmoral der Römer für ihren Niedergang verantwortlich. An einem Punkt bezieht er Stellung gegen die Zirkusspiele und fährt dann fort:

> «Doch man kann mir natürlich entgegenhalten, daß dies (d. h. öffentliche Spiele) nicht in allen Städten der Römer vor sich geht. – Das stimmt schon, und ich füge noch hinzu: Nicht einmal dort geht es heute vor sich, wo es früher stets geschah. Nicht mehr geschieht es in der Stadt der Mogontiacenser (Mainz), aber nur, weil sie zerstört und vernichtet ist; nicht mehr geschieht es in Agrippina (Köln), aber nur, weil die Stadt voll von Feinden ist; nicht mehr geschieht es in der prächtigen Stadt der Treverer (Trier), aber nur, weil sie durch viermalige Zerstörung niedergelegt ist; nicht mehr geschieht es schließlich in den meisten Städten Galliens und Spaniens. Und deshalb, weh uns und unserer Ungerechtigkeit! Weh uns und unserer Unmoral! Welche Hoffnung hat das Christenvolk vor Gott, wenn es diese Übel erst seit jenem Zeitpunkt in den römischen

Städten nicht mehr gibt, da sie unter die Herrschaft der Barbaren gekommen sind?»[12]

Trier war also zum vierten Mal von den Franken in Mitleidenschaft gezogen worden. Eine vollständige Zerstörung wird man allerdings kaum annehmen können. Auch Mainz hatte gelitten, während Köln offenbar unter die Kontrolle der Franken geraten war. Man nimmt an, dass die Stadt nicht offiziell den Besitzer gewechselt hatte, sondern dass die Franken als Föderaten ähnlich den Burgundern an die Stelle der römischen Grenztruppen getreten waren. Das war aber keine bloße Umstrukturierung der Grenzverteidigung, sondern ein grundlegender Wandel. Die alte römische Ordnung ging langsam verloren und die romanisierten Bewohner der Stadt fanden sich in einer untergeordneten Stellung wieder, wie das Schicksal einer ehemals gut situierten Kölner Familie zeigt, für die Salvian sich brieflich eingesetzt hat: Der Sohn war in Gefangenschaft geraten, während die Mutter völlig mittellos war und den Frauen der Barbaren als Magd dienen musste.

Tatsächlich operierten die Franken in den 440er Jahren nicht nur am Rhein, sondern auch viel weiter westlich. Davon erfahren wir aus einem Gedicht, das Sidonius Apollinaris dem späteren Kaiser Maiorianus widmete, der als Offizier unter Aëtius gedient hatte. Nach der Fiktion des Dichters wurde Aëtius von seiner Gemahlin gegen seinen Untergebenen Maiorianus aufgehetzt, indem sie ihn auf dessen Verdienste und Siege hinwies:

> «(...) kurz darauf kämpftet Ihr (Aëtius und Maiorianus) gemeinsam, als der Franke Chlodio die offenen Ländereien der Atrebaten verwüstend durchzogen hatte. Ein schmaler Durchlaß engte hier zusammenlaufende Straßen ein; zu Füßen eines Viadukts unter dem langen Fahrweg lag das Dorf Helena, zugleich ein Fluß, und unten führte ein schmaler, auf Balken gelegter Fahrweg hindurch. Dort hattest Du Position bezogen, und Maiorianus kämpfte zu Pferd unter der Brücke selbst. Da erscholl plötzlich von einem Hügel nahe beim Ufer barbarischer Hochzeitslärm: Unter skythischen Gesängen und Tänzen wurde ihrem blonden Bräutigam eine ebenso blonde Braut zur Frau gegeben. Diese (Hochzeitsgesellschaft) erschlug er, wie man sagt. Laut erklang unter den Schlägen sein Helm, und sein Panzer reckte den Stößen der Lanzen die Eisenschuppen entgegen und wehrte sie ab, bis der Feind den Rücken wandte

und floh. Auf den Wagen konnte man da den verstreuten Schmuck des Barbarenbettes schimmern sehen, und man erblickte überall hingeworfenes Tafelgeschirr und erbeutete Stücke des Mahls, man sah, wie Männer, das Kraushaar feucht (von Pomade), Kessel trugen, bekränzt mit duftenden Blumengewinden. (...) Der Sieger (d.h. Maiorianus) erbeutete die Wagen und die jungverheiratete Frau.»[13]

Trotz der dichterischen Ausschmückung hat die Forschung das geschilderte Ereignis stets als Beleg für das fränkische Vordringen in Gallien genommen. Schließlich sind die genannten Personen historisch belegt, neben Aëtius und Maiorianus auch der Franke. Bei ihm handelt es sich eindeutig um den Frankenkönig Chlodio, der auch aus anderen Quellen unter diesem Namen oder unter Clogio bekannt ist. Die Stadt Arras – das Gebiet der Atrebaten – liegt im heutigen Nordfrankreich. Das Dorf Helena konnte dagegen bis heute nicht sicher lokalisiert werden. Am ehesten handelt es sich um Hélesmes (Dép. Nord) ungefähr 40 km von Arras entfernt. Leider ist es nicht möglich, das Geschehen genauer als in die 440er Jahre zu datieren. Insgesamt zeigt das Gedicht, dass Chlodio sehr weit entfernt von der Rheingrenze operierte. Dabei ist natürlich nicht sicher, ob seine Unternehmung ein bloßer Plünderungszug war oder der Inbesitznahme der Region von Arras diente. Dafür spricht immerhin die fränkische Hochzeitsgesellschaft, die Maiorianus so ‹tapfer› überfiel. Wie auch immer die Römer ihren Sieg errungen hatten, kurzzeitig konnten sie die Franken vermutlich wieder unter ihre Oberhoheit zwingen. Dafür spricht auch eine Nachricht des Dichters Flavius Merobaudes, der vermutlich von dem gleichnamigen fränkischen König abstammte, aber gänzlich romanisiert war. In einem Lobgedicht auf Aëtius von 446 lobt er den *patricius*, weil dieser die Rheingrenze mit Bündnissen neu befestigt und den römischen Einfluss beiderseits des Stroms gesichert habe.[14] Das ist eine euphemistische Umschreibung dafür, dass Rom diese Gebiete faktisch längst aufgegeben und den Franken überlassen hatte. Offiziell waren diese als Föderaten für den Grenzschutz zuständig, faktisch waren sie mittlerweile die wahren Herren, wie etwa Salvian deutlich zu erkennen gibt.

Kurze Zeit später starb ein Frankenkönig, der in der Überlieferung leider ohne Namen bleibt. Er hinterließ zwei Söhne, die sich gegenseitig den Thron streitig machten. Über diesen Zwist berichtet der

Zeitgenosse Priskos, ein griechisch schreibender Historiker des 5. Jahrhunderts:

> «Attilas Vorwand für den Krieg gegen die Franken war der Tod ihres Königs und der Streit zwischen dessen beiden Söhnen um die Nachfolge in der Herrschaft; der ältere entschloß sich, Attila als Bundesgenossen heranzuführen, der jüngere aber Aëtius. Den jüngeren sah ich in Rom, als er dort als Gesandter fungierte und der erste Bart ihm noch nicht gewachsen war; sein blondes Haar wallte ihm lang um die Schultern. Aëtius hatte ihn als Sohn adoptiert und ihm zusammen mit dem Kaiser sehr viele Geschenke gegeben und ihn als Freund und Bundesgenossen entlassen.»[15]

Laut Priskos benutzte der Hunnenkönig Attila also diese Thronstreitigkeiten, um seinen Angriff auf Gallien im Jahr 451 zu rechtfertigen. Wer von fränkischer Seite daran beteiligt war, wird noch zu klären sein. Dass sich sowohl Aëtius als auch Attila derart in einem fränkischen Thronstreit engagierten, war weniger der Grund für den folgenden Krieg als vielmehr ein Indiz für die gewandelten Beziehungen beider Reiche.

Das hunnisch-römische Verhältnis war über lange Jahre von einem relativ guten Einvernehmen geprägt gewesen, das von römischer Seite allerdings nur durch reiche Tributzahlungen sichergestellt werden konnte.[16] Mit Hilfe dieses Reichtums konnten Attila und sein Bruder Bleda den hunnischen Machtbereich von dessen Zentrum in der ungarischen Tiefebene immer weiter ausdehnen und zahlreiche germanische Völker unter ihre Botmäßigkeit bringen. Im Jahr 444 fühlte sich der oströmische Kaiser Theodosius II. (408–450) jedoch stark genug, um die Tributzahlungen an die Hunnen einzustellen, mit denen er sich Ruhe an der Donaugrenze verschafft hatte. Damit drohte ein Angriff der Hunnen auf Ostrom, und auch im Westen ging man von einer akuten Kriegsgefahr aus. Die Hunnen griffen aber nicht sofort an, wohl weil ihr Reich in eine innere Krise geraten war. Jedenfalls ließ Attila ungefähr zu dieser Zeit seinen Bruder und Mitregenten Bleda ermorden. Möglicherweise führte er dann im Winter 444/45 persönlich Verhandlungen mit Westrom und erreichte dabei seine Ernennung zum Heermeister sowie die Abtretung eines Teils von Pannonien. Danach zwang er Ostrom durch eine eindrucksvolle Machtdemonstration – er rückte 447 mit seinem Heer bis an die Mauern von Konstantinopel vor – zur Wiederaufnahme der Tributzahlungen.

Nach diesem Erfolg scheint Attila sich stärker auf den Westen konzentriert zu haben.[17] Dafür sprechen die Aufnahme des geflohenen Bagaudenführers Eudoxius und die Einmischung in den fränkischen Nachfolgekonflikt. Ein weiteres Indiz ist das Interesse des Hunnenkönigs an Honoria, der unverheirateten Schwester Kaiser Valentinians. Diese hatte sich verbotenerweise auf eine Affäre eingelassen, was nicht nur ein moralisches, sondern vor allem auch ein politisches Problem war, denn dahinter steckte wohl der Versuch eines Umsturzes, was sich am Ende auch gegen Aëtius gerichtet haben könnte. Honoria wurde daher mit einem älteren Senator verheiratet und ansonsten ausgeschaltet. Daraufhin bat sie Attila insgeheim um Hilfe. Er setzte sich bereitwillig für sie ein, um Westrom politisch unter Druck zu setzen. Schließlich interpretierte er ihre Bitte, die sie mit der Übersendung eines Rings unterstrichen hatte, sogar als Eheangebot und forderte von Valentinian das halbe Westreich als Mitgift. Eine Zeitlang wurde sogar über die Auslieferung der Prinzessin verhandelt, aber Attilas maßlose Forderungen nach weiteren Gebietsabtretungen ließen keine Einigung zu: Am Ende erteilte ihm Valentinian III. eine deutliche Absage.

Im Jahr 450 änderte Ostrom seine Politik gegenüber den Hunnen: Unmittelbar nach seiner Thronbesteigung stellte der neue Kaiser Markian die Zahlungen an Attila ein. Dennoch nahm dieser weiterhin das weströmische Reich in den Blick. Das hing wohl auch mit dem fränkischen Thronstreit zusammen, denn in dieser Frage war eine klare Frontstellung zu Aëtius gegeben, der den jüngeren Königssohn adoptiert hatte. Dem älteren Königssohn ist vermutlich eine vergleichbare Ehre von Seiten Attilas widerfahren. Die Vermutung liegt nahe, dass er sich an den hunnischen Hof geflüchtet hat, weil sein Vater seinen jüngeren Bruder favorisierte.[18] Das fränkische Bündnis ist jedenfalls sehr gut bezeugt, denn Priskos war nicht nur ein Zeitgenosse Attilas, sondern stand auch als Diplomat in den Diensten des oströmischen Reiches. Er hatte keinen Grund, den fränkischen Thronstreit unnötig zu dramatisieren. Das gilt auch für einen weiteren Kriegsgrund, den Wunsch Attilas, gegen die (West-)Goten zu kämpfen, «um Geiserich Dank abzustatten».[19] Für Priskos ist dies vielleicht das unwichtigste Motiv, aber der Geschichtsschreiber gotischer Herkunft, Jordanes, machte daraus rund 100 Jahre später den Hauptgrund für Attilas Angriff: Für ihn ging es nicht einfach um eine Dankesschuld, sondern er sprach von einer Bestechung Attilas durch den Vandalenkönig Geiserich (428–477), der dringend einen Bundesgenossen gegen den Westgotenkönig Theoderid benötigt habe.[20] Laut Jordanes hatten beide Herrscher unlängst noch eine Allianz geschlossen, indem einer der Söhne Geiserichs eine Tochter Theoderids geheiratet hatte. Als der Verdacht aufkam, diese habe den Vandalenkönig vergiften wollen, ließ Geiserich seine Schwiegertochter grausam verstümmeln und schickte sie zu ihrem Vater zurück. Seither habe er die Rache des Westgotenkönigs gefürchtet.

Attila rüstete jedenfalls zum Krieg gegen das weströmische Reich. Mit seinen Forderungen verfolgte er jenseits territorialer Gewinne das Ziel, Westrom zu dominieren und damit an die Stelle des Aëtius als *patricius* zu treten, wenn sein Ehrgeiz nicht noch weiter reichte. Das Ziel seines Feldzuges war daher zunächst Gallien, die Machtbasis des Aëtius und militärisch stärker als Italien. Ein Sieg hätte ihm also auch den Weg in das Kernland des Imperium geöffnet. Daneben konnte er auch Franken und Westgoten treffen. Der Hunnenkönig bot eine gewaltige Streitmacht auf – Schätzungen zufolge rund 50 000 Krieger. Sie bestand aber nur etwa zur Hälfte aus Hunnen, die andere Hälfte wurde von unterworfenen Völkern gestellt. Sidonius Apollinaris hat sie in dichterischer Form festgehalten:

> «Dem kampflustigen Rugier, den der Gelone begleitet, folgt der grimmige Gepide; den Skiren treibt der Burgunder; der Hunne, der Bellonoter, Neurer, Bastarne, Thüringer, Brukterer und Franke bricht hervor, den die schilfreiche Welle des Neckar umspült.»[21]

Wie genau die Angaben des Sidonius sind, sei dahingestellt: Auf jeden Fall fehlen die Ostgoten, die wohl das größte Kontingent an Hilfstruppen gestellt haben. Dagegen sind die Bastarnen, Gelonen und Neuri schon lange vor der Mitte des 5. Jahrhunderts verschwunden, während die Bellonoter ansonsten überhaupt nicht bezeugt sind. So kann man auch nicht sicher sein, ob die Nennung der Brukterer tatsächlich zutrifft, auch wenn die Forschung mehrheitlich davon aus-

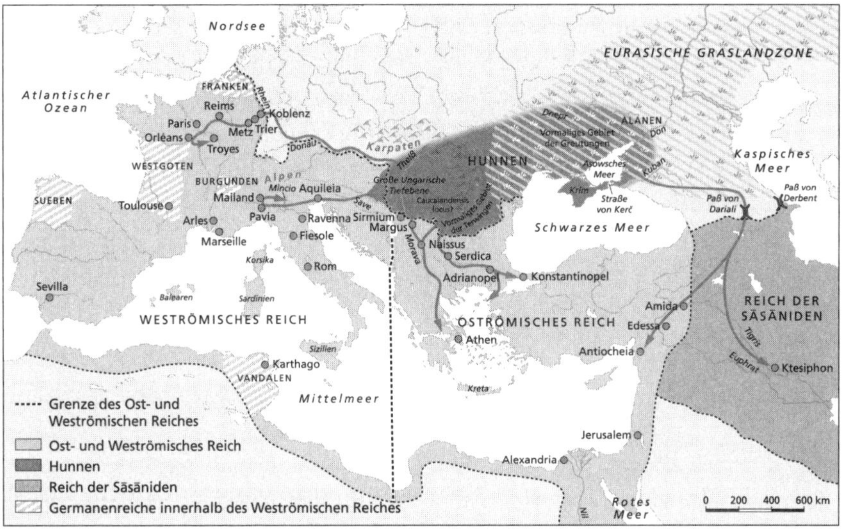

Die Mittelmeerwelt zur Zeit Attilas

geht, dass sich die rechtsrheinischen Franken oder die Anhänger des älteren fränkischen Königssohnes an Attilas Zug gegen Gallien beteiligten. Im Frühjahr des Jahres 451 überquerte der Hunnenkönig den Rhein möglicherweise bei Neuwied und fiel plündernd in Gallien ein. Erst sehr viel spätere Autoren gaben Attila den Beinamen *flagellum Dei* («Geißel Gottes»), den Augustinus ursprünglich auf Alarich gemünzt hatte. Ob die Zerstörungen durch die Hunnen tatsächlich schlimmer als in anderen Kriegen waren, muss offen bleiben. Jedenfalls zog Attila von Trier über Metz, das er am 7. April, dem Vorabend des Osterfestes, überfiel, dann über Reims und Troyes nach Orléans. Die Belagerung dieser Stadt, die sich bis weit in den Juni hineinzog, hielt Attilas Streitmacht vorerst auf. Ihre Verteidigung wurde durch ihren Bischof Anianus organisiert. Den in der Gegend von Orléans angesiedelten Alanen unter ihrem König Sangibanus, dem Nachfolger Goars, unterstellt der gotische Geschichtsschreiber Jordanes dagegen die Bereitschaft, die Stadt den Hunnen auszuliefern.

Aëtius bemühte sich derweil, die Verteidigung Galliens zu organisieren. Entscheidend war die Haltung der Westgoten, die vermutlich eine Zahl von 20 000 Kriegern aufbieten konnten. Doch der westgotische König Theoderid wollte sich Aëtius nicht anschließen, vielleicht weil ihr Verhältnis nach den Auseinandersetzungen der Vergangenheit nicht ohne Spannungen war. Aëtius entsandte daraufhin Avitus, den ehemaligen Prätorianerpräfekten Galliens, der bereits den Frieden von 439 vermittelt hatte, zu Theoderid. Ihm gelang es, den König umzustimmen, der sich nun mit einem großen Heer und seinen beiden ältesten Söhnen Thorismund und Theoderich den Römern anschloss. Unabhängig davon bemühte sich Aëtius auch selbst darum, ein großes Heer aufzustellen, wie sogar Jordanes, der als Gote den Anteil seines Volkes vermutlich etwas überbetonte, hervorhob:

> «Von der Seite der Römer aber war die Voraussicht des Patricius Aëtius, auf den sich damals das Westreich stützte, so groß, daß er der schrecklichen und grenzenlosen Menge nicht unähnlich begegnete, indem er von überall her Krieger versammelt hatte. Dies nämlich waren seine Hilfstruppen: die Franken, die Sarmaten, die Armoricianer, die Liticianer, die Burgunder, die Sachsen, die Riparier, die Olibrier, einst römische Soldaten, damals aber schon unter der Zahl der Hilfstruppen aufgeboten, sowie einige andere keltische oder germanische Völker.»[22]

Die meisten Völker dieser Aufzählung sind leicht einzuordnen. Mit den Franken sind vermutlich die Untergebenen des Chlodio gemeint, die von Aëtius besiegt und der römischen Botmäßigkeit wieder unterstellt worden waren. Vielleicht waren sie auch identisch mit der Frankengruppe, deren Thronstreit Attila als Vorwand zum Angriff auf Gallien gedient hatte, jedenfalls soweit sie sich dem jüngeren Königssohn und Schützling des Aëtius angeschlossen hatten. Die Burgunder waren ebenfalls von Aëtius besiegt und später an der Rhône angesiedelt worden. Die Aremoricer waren die Bewohner des Gebiets westlich der Seine und nördlich der Loire, die sich schon seit rund 40 Jahren selbst verwalteten und erst wenige Jahre zuvor von den Alanen im Auftrag des Aëtius angegriffen worden waren. Bei den Sachsen handelte es sich um römische Förderaten, die in verschiedenen Gegenden Galliens stationiert waren. Die Sarmaten dienten seit langem vor allem als gepanzerte Lanzenreiter im römischen Heer. Mit den *Liticiani* waren vermutlich Laeten gemeint, also Germanen, die seit dem 3. Jahrhundert unter Aufgabe ihrer Stammeszugehörigkeit in Gallien angesiedelt worden waren.

Schwierigkeiten bereitet allein die Frage, wer mit den *Ripari* und den *Olibriones* gemeint war. Die *Ripari* wurden früher mit den ribuarischen Franken gleichgesetzt, doch ist die Annahme, dass diese einen Teilstamm der Franken bildeten, schon längst als unhistorisch erwiesen. Die *Olibriones* werden schließlich als ehemalige römische Militäreinheit bezeichnet, die sich allerdings anderweitig nicht nachweisen lässt. Der handschriftliche Befund legt indes die Verfälschung des Wortlauts durch Abschreibefehler nahe, so dass ursprünglich vermutlich von *ripariolus* («am Fluss gelegen») und *Briones* die Rede war. Das Adjektiv *riparioli* wäre dann zu *Saxones* zu ziehen, beides zusammen hieße dann «die am Flussufer angesiedelten Sachsen». *Briones* könnte eine Verschreibung von *Britones* sein und «die Gesamtheit der Truppen des ehemals römischen Britannien» bezeichnen.[23] Wie auch immer, jedenfalls hatte Aëtius ein großes Heer gesammelt, mit dem er vor allem nach der Hilfezusage der Westgoten der Streitmacht Attilas zahlenmäßig annähernd gewachsen war.

Aëtius erreichte am 14. Juni 451 Orléans, gerade als die Stadt übergeben werden sollte. Einige hunnische Große hatten sie bereits betreten, um die Übergabe zu organisieren. Aëtius gelang es in dieser Situation, die Hunnen aus der Stadt zu vertreiben. Attila zog sich daher zunächst einmal in Richtung Troyes (Champagne) zurück. Die letztlich erfolgreiche Verteidigung von Orléans gilt als Wendepunkt des Krieges. Wäre die Stadt schneller gefallen, hätte Attila die Westgoten und Aëtius getrennt bekämpfen können. Nun sah er sich ihrer vereinten Streitmacht gegenüber und musste sich weit von seinem Ausgangsgebiet entfernt auf einen offenen Kampf mit einem annähernd gleich starken Gegner einlassen. Den Ort der Schlacht nennt Jordanes *campi Catalaunici* («Katalaunische Felder»), Gregor von Tours dagegen das «Mauricianische Feld». Eine genauere Lokalisierung ist nicht mehr möglich – erstaunlich für einen Ort, an dem die angebliche «Geißel Gottes» besiegt wurde. Man vermutet ihn heute zwischen Châlons-en-Champagne und Troyes.

Am ausführlichsten berichtet Jordanes über die Schlacht, doch ist sein Bericht derart verworren, dass man ihren Verlauf nicht gut rekonstruieren kann. Immerhin schildert der Geschichtsschreiber die Aufstellung der beiden Heere: «Den rechten Flügel also hielt Theoderid mit den Westgoten, den linken Aëtius mit den Römern, während sie Sangibanus – der (...) den Alanen vorstand – in der Mitte aufstellten, wobei sie militärische Vorsicht walten ließen, so daß sie ihn, auf dessen Mut sie weniger zählten, mit der Schar der Getreuen umgaben.»[24] Attila selbst stand mit seinen Hunnen im Zentrum seiner Truppen, rechts hatte er die Gepiden und andere kleine Völker aufgestellt, links die Ostgoten unter ihrem König Valamir, die sich also mit den Westgoten auseinanderzusetzen hatten. Während des Kampfes wurde König Theoderid von einem Ostgoten getötet. Die Westgoten ließen sich dadurch aber nicht beirren, und sein Sohn Thorismund nahm seine Stelle ein. Am Abend mussten die Hunnen und ihre Verbündeten sich in ihre Wagenburg zurückziehen. Angeblich soll Attila seine Lage als derart schlecht eingeschätzt haben, dass er schon den Tod vor Augen hatte und sich einen Scheiterhaufen aus hölzernen Pferdesätteln errichten ließ.

Aber auch Aëtius und seine Verbündeten, insbesondere die Westgoten, hatten schwere Verluste hinnehmen müssen. Anders als von Attila erwartet, waren sie nicht in der Lage, seine Wagenburg anzugreifen. Laut Jordanes wollte Aëtius seinen Sieg gar nicht ausnutzen, sondern vor allem verhindern, dass die Westgoten einen Vorteil daraus zogen. Daher habe der *patricius* dem neuen Westgotenkönig Thorismund geraten, nach Hause zurückzukehren und seine Herrschaft zunächst einmal zu sichern. Gregor von Tours bestätigt diese Geschichte und fügt hinzu: «Durch eine ähnliche List entfernte Aëtius auch den Frankenkönig.»[25] Die Franken hatten sich immerhin in der Nacht vor der Schlacht ein blutiges Gefecht mit den Gepiden geliefert, das zwar unentschieden ausging, aber die Gepiden genügend schwächte, so dass sie trotz der Treue ihres Königs zu Attila diesem nicht zum Sieg verhelfen konnten. Aëtius hätte also gerade die beiden Völker um die Früchte des Sieges gebracht, die diesen eigentlich erfochten hatten. Allerdings ist dies die Interpretation zweier Autoren, die das Geschehen mehr als 100 Jahre später beurteilten. Die zeitgenössischen Quellen wissen davon nichts. Vielmehr zeigt das Schicksal Thorismunds, wie gefährdet seine Lage nach dem Tod des Vaters tatsächlich war. Noch im Jahr 453 wurde er von seinen Brüdern Theoderich II. und Frederich beseitigt, die gemeinsam den Thron bestiegen. Unabhängig von der Situation bei den Westgoten ist es aber auch kaum vorstellbar, dass Aëtius in der ziemlich unübersichtlichen Lage nach der Schlacht ein solch riskantes Spiel gewagt haben soll. Im Übrigen hätte ihm eine Vernichtung Attilas auch einen großen Vorteil gebracht – die Möglichkeit, die geschlagenen Krieger für seine Armee anzuwerben. Aber Attila konnte mit einem durchaus noch schlagkräftigen Heer in sein Herrschaftsgebiet zurückkehren, was kein Gewinn für Aëtius war.

Bereits im Jahr darauf fiel Attila in Italien ein, erstürmte zunächst Aquileia, drang dann weit nach Oberitalien ein und eroberte Mailand und Pavia, während die römischen Truppen ihm anscheinend keinen nennenswerten Widerstand entgegensetzten. Manche Quellen geben Aëtius dafür die Schuld, weil er die Alpenübergänge nicht gesperrt habe, aber andererseits könnte die große Hungersnot von 450 die Aufstellung größerer Truppenverbände verhindert haben. Unter diesen Gegebenheiten hatten auch die Hunnen und ihre Helfer zu leiden, die von Hunger und Seuchen heimgesucht wurden. Außerdem engagierte sich der oströmische Kaiser Markian massiv gegen die Hunnen: Er entsandte Hilfstruppen in den Westen und ließ ein Heer gegen das Kerngebiet Attilas in der ungarischen Tiefebene vorrücken.[26] Vor diesem Hintergrund war Attilas Rückzug militärisch geboten. Es kam zwar noch zu Verhandlungen, an denen auch Papst Leo der Große (440–461) beteiligt war, die aber ergebnislos verliefen. Schließlich kehrte Attila nach Hause zurück.

Wiederum ein Jahr später starb der Hunnenkönig in der Nacht seiner Hochzeit mit einer gotischen Fürstentochter. Seine Söhne zeigten sich dem Erbe nicht gewachsen, und sein Reich brach rasch auseinander. Die bisherigen Vasallenvölker gewannen ihre Eigenständigkeit zurück und besiegten ihre früheren Herren. Attilas Reich war nicht sehr festgefügt gewesen und beruhte wohl insbesondere auf seiner Persönlichkeit und der seiner Vorgänger, vor allem aber auf militärischem Erfolg und den daraus resultierenden Tributzahlungen der Unterworfenen, besonders der Römer. Das Reich war nicht in der Lage, schwere Rückschläge und den Tod des Herrschers zu überstehen. So galt die Schlacht auf den Katalaunischen Feldern der Geschichtsschreibung lange Zeit als eine der wichtigsten Entscheidungen der Weltgeschichte. Davon ist man heute weitgehend abgekommen. Es gilt als wenig wahrscheinlich, dass Attila selbst im Falle eines Sieges ganz Westrom oder wenigstens Gallien hätte erobern können, weil ihm dazu die nötigen Ressourcen fehlten. Andererseits spricht das rasche Auseinanderfallen seines Reiches nach seinem Tod doch für eine größere, wenn auch keine welthistorische Bedeutung der Schlacht: Ein Sieg hätte die brüchig gewordene hunnische Macht vermutlich wieder stabilisiert – auch über den Tod einer zentralen Herrscherpersönlichkeit hinaus.

Aber auch auf Rom hatte die Schlacht zumindest mittelbare Auswirkungen: Da die Bedrohung durch die Hunnen entfallen war, glaubte Kaiser Valentinian, nicht mehr bedingungslos auf Aëtius angewiesen zu sein. Dieser schätzte die Lage ganz anders ein, zumal er Attila besiegt hatte. Mehr oder minder offen zwang er den Kaiser, eine von dessen Töchtern mit seinem Sohn Gaudentius zu verloben. Da Valentinian keine Söhne besaß, eröffneten sich Aëtius und Gaudentius damit ungeahnte Möglichkeiten, was wiederum Valentinian misstrauisch machte. Zudem intrigierte der angesehene Senator Petronius Maximus gegen den *patricius*. Im September 454 war es so weit: Valentinian brachte Aëtius während einer Audienz eigenhändig um. Schon Mitte März 455, also nur ein halbes Jahr später, fiel der Kaiser selbst der Blutrache eines Gefolgsmannes des Aëtius zum Opfer. Damit endete die theodosianische Dynastie, die dem weströmischen Reich immerhin für mehr als ein halbes Jahrhundert eine gewisse Kontinuität gebracht hatte – sieht man von den Usurpationen und dem Gerangel mächtiger Generäle um die Kontrolle über die wenig fähigen Throninhaber einmal ab.

Der endgültige Zusammenbruch Westroms

Mit der Ermordung Valentinians III. verlor Westrom jede Stabilität und war vorerst vor allem mit sich selbst beschäftigt. Von einer Kontrolle der Provinzen konnte zunächst keine Rede mehr sein. Man kann rätseln, ob die Mordtaten der Jahre 454 und 455 das Ende des Reiches bereits unaufhaltsam eingeleitet hatten, zumal es durchaus noch fähige Kaiser gab. Rom kontrollierte jedoch nur noch Zonen seines nominellen Herrschaftsgebietes: Italien, Teile Pannoniens, Galliens und Hispaniens. Ansonsten war es bereits auf eine Kooperation mit einigen mächtigen Barbarenreichen angewiesen, die auf seinem Territorium entstanden und nur noch mehr oder minder der Form halber von ihm abhängig waren: dem Westgoten-, dem Burgunder- und dem Frankenreich. Die Schlacht auf den Katalaunischen Feldern hatte dies zur Genüge bewiesen. Aber für die Zeitgenossen stand die Auflösung Westroms wohl außerhalb ihrer Denkmöglichkeiten, zu alt und ehrwürdig dürfte den meisten von ihnen das Imperium erschienen sein. Eine geschickte Diplomatie hätte sein Fortbestehen unter veränderten Bedingungen vielleicht tatsächlich zuwege gebracht. Die Jahre nach 455 entschieden daher über das Fortbestehen des Reiches.

Laut Sidonius Apollinaris spitzte sich die Lage in Gallien gefährlich zu. Sächsische Seeräuber bedrohten die Küsten Aremoricas, und die Alemannen überschritten den Rhein. Aber auch weiter nördlich brach die Grenzverteidigung zusammen: «Der Franke warf zuerst (*primum*) Germanien und als zweites (*secundum*) Belgien nieder.»[27] Die Frage ist, was genau mit diesen Angaben gemeint war. Mit unserer Übersetzung haben wir uns gegen die Auffassung entschieden, es seien lediglich die römischen Provinzen *Germania prima* und *Belgica prima* gemeint gewesen, also das Mittelrheingebiet und die sich westlich anschließenden Regionen mit dem Zentrum Trier. Vielmehr waren vermutlich auch die *Germania II*, also der Niederrhein, und die *Belgica II*, ungefähr das heutige Belgien und Teile der südlichen Niederlande, angesprochen. Der Unterlauf des Rheins befand sich faktisch wohl schon längst in den Händen der Franken, und bereits Chlodio hatte in der Region von Arras, also sogar im westlichen Teil der *Belgica II*, operiert. Über konkrete Aktionen erfahren wir so gut wie nichts, abgesehen von der Nachricht des sogenannten Fredegar, die Franken hätten damals Trier erneut erobert, und zwar auf Anstiftung eines Senators, der sich für die Vergewaltigung seiner Frau durch den späteren Kaiser Avitus rächen wollte. Da dieser nur ein gutes Jahr regierte, vom Sommer 455 bis in den Herbst 456, lässt sich das Geschehen recht genau datieren. Auf jeden Fall machte der Zusammenbruch der römischen Verteidigungslinien am Rhein ein rasches Handeln eines neuen Kaisers notwendig, wozu die ersten Nachfolger Valentinians III. aber nicht in der Lage waren.

Mitte März des Jahres 455 bestieg zunächst der überaus reiche Senator Petronius Maximus den Thron, dem allerdings jeder Rückhalt in der Armee fehlte. Der neue Kaiser suchte seine Stellung wenigstens dynastisch zu legitimieren und ehelichte daher nicht nur die Witwe seines Vorgängers Valentinian, sondern verheiratete auch seinen Sohn Palladius mit einer von dessen Töchtern, die allerdings mit einem Sohn des Vandalenkönigs Geiserich verlobt war. Die Kaiserin bat diesen um Hilfe, woraufhin Geiserich noch im gleichen Jahr mit einer starken Flotte das Mittelmeer überquerte und vor Rom erschien. Der neue Kaiser wollte aus der Stadt fliehen, wurde aber von der aufgebrachten Bevölkerung Ende Mai 455 getötet und sein Leichnam in den Tiber geworfen. Die Entscheidung über die Nachfolge fiel nun in Gallien bezeichnenderweise durch den neuen Westgotenkönig Theoderich II., der den ehemaligen gallischen Präfekten Avitus zur Annahme der Kaiserwürde drängte. Avitus zog nach Italien, wurde aber von der dortigen Senatsaristokratie nicht akzeptiert. Zudem dauerte die Bedrohung von Seiten der Vandalen an, deren Bekämpfung der neue Kaiser dem Feldherrn Ricimer anvertraute, Sohn eines vornehmen Sueben und einer Tochter des ehemaligen Westgotenkönigs Vallia und vielleicht auch Nachfahre des gleichnamigen fränkischen Heermeisters. Der jüngere Ricimer kämpfte äußerst erfolgreich gegen die Vandalen und wurde daher zum Heermeister und später auch zum *patricius* ernannt. Er sollte die nächsten 20 Jahre die bestimmende Figur des weströmischen Reiches sein, mit der die dortigen Kaiser früher oder später in Konflikt gerieten. Ihr Ziel war es in aller Regel, wenigstens einige der verlorenen Provinzen zurückzuerobern, während Ricimer darin anscheinend keinen Sinn sah und das Reich auf Italien konzentrieren wollte.

Avitus wurde der Schwierigkeiten, mit denen er sich konfrontiert sah, nicht Herr. Er musste hinnehmen, dass die Vandalen Rom von See her von jeder Versorgung abschnitten und damit eine Hungersnot auslösten. Als er dann auch noch seine gotischen Truppen entließ, stürzte Ricimer im Oktober 456 den unbeliebten Monarchen und setzte im Verlauf des Jahres 457 einen neuen Kaiser ein. Es handelte sich um Maiorianus, der schon unter Aëtius als Offizier gedient hatte. Er bemühte sich durchaus erfolgreich, das Reich zu stabilisieren. Gegen die Vandalen gelangen ihm einige Erfolge, und auch in Gallien brachte er die römische Herrschaft noch einmal zur Geltung. 458 ernannte er seinen alten Kriegskameraden Aegidius zum gallischen

Heermeister. Dieser ging vermutlich noch im gleichen Jahr gegen die Franken am Rhein vor, musste aber Köln räumen.[28] Ebenfalls 458 befreite der Kaiser persönlich das von den Westgoten belagerte Arles und zwang diese zur Erneuerung des alten Föderatenvertrags. Danach eroberte Maiorianus mit westgotischer Hilfe das von den Burgundern besetzte Lyon zurück, so dass der Kaiser auch mit ihnen ein *foedus* schließen konnte: Sie durften zwar ihre Erwerbungen bis auf die Stadt Lyon selbst behalten, mussten dafür aber wie die Westgoten Truppen stellen. Selbst im Norden Galliens soll der Kaiser seine Autorität wiedererlangt und die Franken an der Waal besiegt haben, jedenfalls behauptet dies Sidonius Apollinaris in einem an den Kaiser gerichteten Gedicht: «So möge der Sugambrer (d. h. Franke), nachdem sein Hochmut an beiden Ufern gebrochen ist, mit geschorenem Haupt aus der Waal trinken.»[29] Nachdem Maiorianus die Verhältnisse in Gallien in seinem Sinn geordnet hatte, drang er im Jahr 460 nach Hispanien vor und wollte sogar nach Afrika übersetzen, um die Vandalen, die mittlerweile zu einer überragenden Seemacht aufgestiegen waren, zu Lande anzugreifen. Aber das Unternehmen scheiterte, was entscheidend zum Sturz des Kaisers durch Ricimer im August 461 beitrug.

Der nun allmächtige *patricius* ernannte Libius Severus zum neuen Kaiser, der aber neben ihm völlig blass blieb. Für Gallien hatte dieser Thronwechsel jedoch entscheidende Bedeutung, denn Aegidius als treuer Helfer des getöteten Kaisers erkannte dessen Nachfolger nicht an und plante sogar, in Italien einzumarschieren. Andersherum gaben auch Libius Severus bzw. Ricimer Gallien nicht verloren. 462 überließ der Kaiser den Westgoten die Stadt Narbonne, damit sie gegen Aegidius vorgingen. Tatsächlich attackierten sie daraufhin den abtrünnigen Heermeister, wurden aber ein Jahr später bei Orléans zurückgeschlagen – dabei fiel unter anderem Frederich, der Bruder und Mitkönig Theoderichs II. Auch der Frankenkönig Childerich war in diese Kämpfe verwickelt. Nach diesem Erfolg suchte Aegidius 464 sogar den Kontakt mit den Vandalen, die mit den Westgoten verfeindet waren, aber bereits ein Jahr später wurde er laut Hydatius entweder vergiftet oder in einem Hinterhalt getötet – da ist sich der Chronist nicht ganz sicher.[30] Auch den oder die Verantwortlichen nennt er nicht. Danach hätten die Westgoten, so Hydatius weiter, die Gebiete angegriffen, die er im Namen Roms beschützt habe. Das wirft noch einmal die Frage nach seinem Status auf. Da Aegidius den weströmischen Kaiser nicht anerkannt und selbst anscheinend die Kaiserwürde nicht angenommen hatte, bleibt eigentlich nur, dass er sich auf den oströmischen Kaiser berufen hat.

Der Verlauf dieser Auseinandersetzungen zeigt, dass in Gallien mehr und mehr die Barbaren, insbesondere die Westgoten den Lauf der Ereignisse bestimmten. Der Kaiser konnte seine Autorität nur noch mit Hilfe barbarischer Verbündeter vor Ort zur Geltung bringen, und auch das nur begrenzt. Immerhin standen ihm hierfür zwei bewährte Mittel der römischen Diplomatie zur Verfügung: territoriale Zugeständnisse, wie im Fall der Westgoten, und die Vergabe hoher Ämter. Damit suchte die Zentralregierung auch die Burgunder enger an sich zu binden. Ihr König Gundioc, der mit Ricimers Schwester verheiratet war, wurde 463 zum gallischen Heermeister ernannt. Damit war er zumindest theoretisch die höchste römische Autorität in militärischen Dingen diesseits der Alpen. Nach rund vierjähriger Herrschaft starb Libius Severus im September 465.

Ricimer ließ den Thron nun erst einmal unbesetzt. Der Senat schickte schließlich mit seiner Zustimmung eine Gesandtschaft an den oströmischen Kaiser Leon I. und bat um einen neuen Kaiser. Leon ernannte 467 mit Anthemius einen erfahrenen Militär und gab diesem auch Truppen mit, als dieser bald darauf nach Rom aufbrach. Um sich der Loyalität Ricimers zu versichern, gab er ihm seine Tochter zur Frau. Anthemius war durchaus ein fähiger Herrscher und verfolgte mit seinem oströmischen Kollegen einen an sich vernünftigen Plan. Sie wollten dem Westreich Nordafrika zurückgewinnen, seit der Gründung des Vandalenreiches ein ständiger Unruheherd für die Küstengebiete des westlichen und seit kurzem sogar des östlichen Mittelmeeres. Eine gewaltige Invasionsarmee konnte 468 tatsächlich in Afrika landen, aber taktische Fehler führten zu einer vollständigen Katastrophe. Ein Erfolg hätte, so meinen zumindest Teile der Forschung, dem weströmischen Reich eine territoriale und materielle Basis geben können, die sein Überleben womöglich gesichert hätte. So aber blieb es auf Italien und einige Außenposten an der Donau, in Hispanien und Gallien beschränkt, und noch dazu litt das Ansehen des neuen Kaisers unter diesem Fehlschlag.

Auch in Gallien bemühte sich der Kaiser um eine Stabilisierung der Lage. Die Hauptgegner waren die Westgoten unter ihrem neuen König Eurich (466–484), der sich nicht mehr an den Föderatenstatus seines Volkes hielt – ob er ihn offiziell gekündigt hat, ist umstritten – und die Grenzen seines Machtbereiches auf Kosten Roms ausweitete.[31] Dabei scheint er die politische Schwäche des Reiches gezielt ausgenutzt zu haben, jedenfalls war der Geschichtsschreiber Jordanes rückblickend dieser Meinung: «Als nun der Westgotenkönig Eurich die häufigen Regierungswechsel in Rom sah, suchte er Gallien in seinen unabhängigen Besitz zu bringen.»[32] Aber es war vielleicht nicht allein diese Schwäche, sondern gerade der Versuch eines neuen Kaisers, diese zu überwinden, die Eurich zu seiner Politik veranlasste. Dabei kam ihm zustatten, dass Anthemius bei der römischen Führungsschicht Galliens nicht sehr beliebt war. So forderte der gallische Prätorianerpräfekt Arvandus den Westgotenkönig brieflich auf, mit dem «griechischen» Kaiser keinen Frieden zu schließen, sondern besser die Bretonen an der Loire anzugreifen und Gallien mit den Burgundern zu teilen.[33] Auch Ricimer billigte keineswegs die offensive Westgotenpolitik des Kaisers.

Gleichwohl nahm Anthemius Kontakt zu den Briten auf, die mittlerweile in Aremorica gelandet waren. Ob sie vor den Angelsachsen aus Britannien geflüchtet oder einfach nur eine Art Söldnertruppe waren, lässt sich nicht mehr entscheiden. Ihr König, (der) Riotimus bzw. Riothamus (eigentlich «höchster Anführer»), attackierte die Westgoten im Auftrag des Kaisers, wurde aber 469 zunächst aus der Stadt Bourges gedrängt und bei Déols geschlagen und musste sich dann in das Gebiet der benachbarten Burgunder zurückziehen. Anschließend wollte der Westgotenkönig Eurich die Loire bei Angers überschreiten, traf aber auf den Widerstand des *comes* Paulus und des Frankenkönigs Childerich, die vielleicht ebenfalls im Auftrag des Kaisers agierten. Eurich zog sich zurück, belagerte dann allerdings Clermont, das von Ecdicius, dem Sohn des Kaisers Avitus, verteidigt wurde. Sein Schwager, der Dichter Sidonius Apollinaris, war seit kurzem Bischof der Stadt und dürfte seine Landsleute in ihrem Widerstandswillen bestärkt haben. Aber Hilfe von außen war dennoch dringend notwendig. So stieß der Kaisersohn Anthemiolus 471 von Italien aus an der Mittelmeerküste entlang in die Provence vor. Noch bevor er Arles erreicht hatte, waren auch die Westgoten in die Provence geeilt und stellten ihn zum Kampf. Das römische Heer wurde vollständig vernichtet.[34] Wenigstens griffen nun die Burgunder auf Seiten der Geschlagenen in die Kämpfe ein und drängten die Westgoten über die Rhône zurück.

Mit dieser Niederlage war das Schicksal des Kaisers Anthemius besiegelt. Ricimer ging nun entschieden gegen ihn vor und belagerte ihn in Rom. Im Juli 472 eroberte er die Stadt, die abermals schwer geplündert wurde, und nahm Anthemius gefangen, der von seinem Neffen, dem burgundischen Königssohn Gundobad, getötet wurde. Schon im April hatte Ricimer den Senator Anicius Olybrius zum Kaiser erhoben, der mit einer Tochter Valentinians III. verheiratet war. Im August 472 starb der *patricius* Ricimer, der trotz seiner oft illoyalen Haltung so etwas wie ein Hort der Stabilität für das weströmische Reich gewesen war. Die Nachfolge trat sein Neffe Gundobad an. Dieser herrschte zunächst ohne Kaiser, nachdem Anfang November 472 auch Anicius Olybrius gestorben war. Erst Anfang März 473 erhob er mit Glycerius einen neuen Kaiser, der aber vom oströmischen Kaiser Leon nicht anerkannt wurde. Dieser unterstützte vielmehr Julius Nepos, der im Juni 474 in Rom zum Kaiser erhoben wurde, während Glycerius floh. Auch Gundobad räumte das Feld und ging zurück zu den Burgundern, deren König er in der Nachfolge seines Vaters wurde (480–516).

In Gallien kämpfte die Stadt Clermont unter dem Befehl des Ecdicius weiter gegen die Westgoten und wurde dabei von burgundischen Truppen unterstützt, aber die Westgoten waren militärisch einfach zu stark. 473 waren sie sogar in Italien eingefallen. Obwohl sie sich wieder zurückziehen mussten, hatten sie damit ihre militärische Überlegenheit zur Genüge demonstriert. Aber erst Julius Nepos war zu einem Friedensabkommen bereit: Er trat die Auvergne mit Clermont 475 im Austausch gegen die Provence an Eurich ab.[35] Als Vermittler hatte sich der Bischof Epiphanius von Pavia betätigt, nachdem die Verhandlungen schon zweimal gescheitert waren. Neben den territorialen Fragen ging es auch um das staatsrechtliche Problem der römisch-gotischen Beziehungen. Trotz seiner schwierigen Lage beharrte der Kaiser auf seinem Rechtsanspruch auf die gallische Präfektur und erkannte auch die Selbständigkeit der Goten formal nicht an. Immerhin gab sich der Kaiser damit zufrieden, vom

Westgotenkönig *amicus* (Freund) und nicht *dominus* (Herr) genannt zu werden.[36]

Julius Nepos überstand diese Niederlage nicht lange und musste sich nach Dalmatien zurückziehen, wo er erst 480 starb. Der neue starke Mann war der *patricius* Orestes, der einst als Sekretär in den Diensten Attilas gestanden hatte und danach im Dienst mehrerer weströmischer Kaiser Karriere gemacht hatte. Er vertrieb Julius Nepos 475 nach Dalmatien und erhob seinen eigenen Sohn, den erst fünfzehnjährigen Romulus, zum Kaiser. Dessen Gegner verspotteten ihn, indem sie den offiziellen Kaisertitel *Augustus* zu *Augustulus* verballhornten. Nicht er war der wahre Herrscher, sondern sein Vater Orestes. Ihr politisches Ende war gekommen, als ihre germanischen Hilfstruppen Siedlungsland in Italien verlangten. Orestes widersetzte sich und löste damit einen Aufstand der Soldaten unter Führung des Offiziers Odoaker aus, der im August 476 von seinen Truppen zum König ausgerufen wurde. Er tötete Orestes und setzte Romulus ab, ließ ihn aber immerhin am Leben und gewährte ihm eine Leibrente. Den kaiserlichen Ornat sandte er nach Konstantinopel und erkannte damit den damaligen oströmischen Kaiser Zenon (474–491) als einzig verbliebenen Kaiser an. Er selbst wollte zum *patricius* und Heermeister ernannt werden, um auch seine Herrschaft über die Römer auf der Grundlage eines legitimen Rechtstitels ausüben zu können. Zenon entsprach dem Wunsch Odoakers jedoch nicht, sondern verwies auf Julius Nepos als seiner Meinung nach legitimen Kaiser Westroms. Als dieser 480 ermordet wurde, war Odoakers Stellung gegenüber seinen römischen Untertanen in Italien daher ungeklärt, jedenfalls ernannte ihn Zenon auch in der Folgezeit nicht zum *patricius*. Staatsrechtlich gesehen gab es seit der Absetzung des Romulus bzw. dem Tod des Julius Nepos wieder nur noch ein römisches Reich, aber diese Betrachtungsweise ist zu einseitig: Faktisch hatte das weströmische Reich aufgehört zu existieren.

Der politisch-militärische Untergang Roms war also tatsächlich vor allem die Folge eines Mangels an politischer Einheit, der letztlich bereits im 3. Jahrhundert mit dem gallischen Sonderreich begonnen hatte. Es fiel dem Imperium immer schwerer, seine auseinanderstrebenden Teile zu integrieren. Diokletian hatte mit der Tetrarchie eine Lösung für diese Probleme gefunden, die in Kombination mit der von

Konstantin dem Großen bewirkten Bindung der Kaiserherrschaft an Dynastien und der Förderung des Christentums das Reich wenigstens im 4. Jahrhundert weitgehend stabilisiert hatte. Die Reformen dieser beiden Herrscher in den Bereichen ‹Militär› und ‹Verwaltung› hatten dafür die Voraussetzung geschaffen. In dieser Zeit gelang es auch noch, ganze Völker und insbesondere deren Eliten in das römische Reich zu integrieren. Aber auch die Ausbildung von Dynastien verminderte die inneren Spannungen nicht, wie das Gerangel zwischen Ost- und Westrom nach der Teilung von 395 zeigt. Die Grenzverteidigung trat in den Hintergrund, was zu der Katastrophe von 406 führte. Dazu kamen weitere Usurpationen im Westen, dank derer sich die barbarischen Völker nicht nur in Gallien, sondern auch in Hispanien und schließlich sogar in Afrika festsetzen konnten. Damit wurden aber auch die wirtschaftlichen und finanziellen Ressourcen Westroms immer knapper. Die Überlassung von Land an föderierte Völker war die logische Konsequenz. So konnte Aëtius die Lage letztlich nur beruhigen, aber keine wirkliche Wende mehr herbeiführen. Nach seiner und Valentinians III. Ermordung konnte kein Kaiser mehr lange genug regieren, um die Entwicklung nachhaltig aufzuhalten. Von den barbarischen Völkern bereiteten Rom wohl die Westgoten und Vandalen die größten Probleme. Über die Rolle der Franken im nordöstlichen Gallien wissen wir wenig, da die Bedeutung dieser Region für das Imperium stetig zurückging. In ihren wechselnden Rollen als Angreifer und Föderaten profitierten die Franken sicher von den Problemen Roms und drangen allmählich immer tiefer in das Reich ein. Ihre Könige traten so allmählich das Erbe der römischen Machtstrukturen an.

3. DIE FRÜHEN FRANKENKÖNIGE IM DUNKEL DER ÜBERLIEFERUNG

Was es bedeutet, dass alle römischen Autoren als Außenstehende über die Franken berichten, hat der Überblick über die römisch-fränkischen Beziehungen deutlich veranschaulicht. Dies gilt vor allem für die Gewährsmänner des 5. Jahrhunderts, denn diese sind einsilbiger als Ammianus Marcellinus, dem wir eine informationsreiche und anschauliche Schilderung der Kämpfe zwischen Römern und Franken im 4. Jahrhundert verdanken. Bei ihm und auch in anderen Texten werden immer wieder Frankenkönige genannt, ohne dass wir etwas Genaueres über ihre Funktionen erführen. Außerdem entsteht der Eindruck, dass es mehrere von ihnen gleichzeitig gegeben hat. Freilich wirft gerade das die Frage auf, ob sie mit Fug und Recht als ‹Könige› bezeichnet wurden. Sowohl in der Antike als auch in der Moderne ist man den Regelfall ‹ein Reich – ein König› gewohnt, allenfalls mehrere Könige aus einer Familie kommen vor. Da man aber weiß, dass die Franken aus mehreren alten Völkern zusammengewachsen sind, nimmt man an, dass die Könige diesen zugeordnet und damit auch völlig unabhängig voneinander waren. Zu einem ähnlichen Ergebnis gelangt man, wenn man an die Rolle der Gefolgschaftsführer denkt, die mit ihren Aktionen die Strukturen der alten Stämme ausgehöhlt und zum Entstehen des Frankenvolkes beigetragen haben. Einen solchen Anführer kann man zwar ‹König› nennen, aber seine Stellung entspricht nicht den gängigen Idealvorstellungen eines Königs, sondern eher jenen eines Fürsten im Rahmen einer aristokratischen Verfassung. Folgerichtig spielen die Könige in Darstellungen über die fränkische Frühgeschichte nur eine untergeordnete Rolle.

Die Suche Gregors von Tours nach den ersten Frankenkönigen

Der geringe Stellenwert, den die moderne Forschung den frühen fränkischen Königen zubilligt, geht letztlich auf den wichtigsten frühmittelalterlichen Geschichtsschreiber zurück, der sich mit diesem Problem auseinandergesetzt hat: Gregor von Tours. Für ihn war das fränkische Königtum seiner Zeit das Normale: Die Franken waren im Prinzip ein Volk mit einem König, auch wenn die Zufälligkeiten der Thronfolge schon zweimal zu Reichsteilungen geführt hatten. Die Franken waren aber nicht immer von Königen beherrscht worden, wie Gregor im Laufe seiner Recherchen feststellte. Dabei war er auf viele Bezeichnungen gestoßen, mit denen die Anführer der Franken belegt worden waren, wobei seine Gewährsleute ausgerechnet den Terminus *rex* («König») vermieden. Das veranlasste Gregor gleich am Beginn des entsprechenden Kapitels zu folgender Feststellung: «Wer aber von den Frankenkönigen der erste gewesen ist, ist vielen unbekannt.»[1] Zur Untermauerung dieser These führt Gregor als Ersten den römischen Historiker Sulpicius Alexander an, aus dessen (heute verlorenem) Werk er ganze Passagen wörtlich zitiert:

> «Denn obwohl das Geschichtswerk des Sulpicius Alexander vieles von den Franken berichtet, nennt er doch den ersten König derselben nicht, sondern spricht davon, dass sie Herzöge (*duces*) hatten. Was er aber von diesen berichtet, will ich mitteilen. Da, wo er erzählt, dass (Magnus) Maximus alle Hoffnung auf sein Reich aufgegeben hatte und sich ganz kopflos in Aquileia aufhielt, fährt er so fort: ‹Damals brachen die Franken unter ihren Herzögen (*ducibus*) Gennobaudes, Marcomer und Sunno in die Provinz *Germania* ein. Sie durchbrachen den Grenzwall, töteten viele Menschen, verheerten die fruchtbarsten Gegenden und verbreiteten auch in Köln Furcht und Schrecken.›»[2]

Gregor konnte oder wollte nicht durchschauen, dass Sulpicius Alexander den Ablativ *ducibus* hier nicht im Sinne eines Titels, sondern als grammatikalische Konstruktion (zu übersetzen mit «unter Führung von») gebrauchte. Der römische Geschichtsschreiber wollte an dieser Stelle also vermutlich gar keine Aussage über die Verfassung der Franken treffen, sondern lediglich zum Ausdruck bringen, welche Personen den fränkischen Einfall in die Provinz Germania am Niederrhein angeführt hatten. Daher war Gregor auch darüber irritiert, dass Sulpicius Alexander die genannten Personen im nächsten Satz mit einem anderen Wort bezeichnete:

> «Dies alles, erzählt er, sei geschehen, als (bei den Franken) Herzöge (*duces*) herrschten; dann aber sagt er: ‹Nach wenigen Tagen – Marcomer aber und Sunno waren damals die Königlichen (*regales*) der Franken – wurde eiligst eine Verhandlung geführt und wie gewöhnlich Geiseln gestellt. Darauf kehrte er nach Trier zurück, um zu überwintern.› Wenn der Geschichtsschreiber aber jene hier ‹Königliche› nennt, so wissen wir nicht, ob sie Könige waren oder nur die Stelle von Königen vertraten.»[3]

Da das Werk des Sulpicius Alexander nur in den von Gregor herangezogenen Auszügen erhalten ist, können wir leider nicht feststellen, in welchem Zusammenhang er das Wort *regales* gebrauchte. In anderen Quellen werden Marcomer und Sunno aber als Könige bezeichnet, so dass die Sachlage eigentlich klar ist. Gregor fühlte sich dennoch unsicher, entweder weil er nur Sulpicius Alexander kannte oder weil er ausschließlich ihn zur Kenntnis nehmen wollte. In jedem Fall bietet Sulpicius Alexander eine recht große Bandbreite in der Terminologie, da er die selben Personen auch noch als *subreguli* bezeichnet.[4] Schließlich fand der Bischof von Tours bei ihm tatsächlich auch noch einen Frankenkönig, der allerdings anonym bleibt.[5]

Während Sulpicius Alexander den fränkischen Führungspersönlichkeiten wenigstens Titel gibt, sind die beiden anderen Gewährsleute Gregors in dieser Frage – die römischen Geschichtsschreiber Renatus Profoturus Frigeridus und Orosius aus dem 5. Jahrhundert – noch weniger auskunftsfreudig, da sie nur ganz allgemeine Informationen über die Franken geben. Im Zusammenhang mit dem nur in Gregors Werk erhaltenen Bericht des Frigeridus über die Kämpfe der Franken mit Vandalen und Alanen während der Usurpation Konstantins (III.) zieht Gregor folgendes Zwischenfazit: «Es bewegt uns die Frage, warum er (Frigeridus), der hier Könige der anderen Völker nennt, bei den Franken keinen König erwähnt.»[6] Es folgen weitere Zitate aus den beiden Geschichtswerken, die für die Frage nach den Frankenkönigen ebenfalls unergiebig sind. Damit bestätigen auch diese beiden Autoren Gregors These: Der älteste Frankenkönig ist unbekannt.

Man könnte Gregors Ergebnis leicht akzeptieren, wenn es nicht andere römische Geschichtsschreiber gäbe, die immer wieder von Frankenkönigen berichten. Hat der Bischof von Tours bei seiner Quellenrecherche einfach nur Pech gehabt, weil ihm diese Zeugnisse nicht zur Verfügung standen, oder war sein Erkenntnisinteresse nur vorgetäuscht und er wollte zu einem derartigen Ergebnis gelangen? Im Grunde genommen legt Gregor gleich mit seinen nächsten Sätzen offen, warum er sich auch bewusst dafür entschieden haben könnte, nur Quellen zu zitieren, die nicht von Frankenkönigen sprechen:

> «Solche Nachrichten haben uns die gedachten Geschichtsschreiber von den Franken hinterlassen, ohne dabei Könige namhaft zu machen. Viele erzählen aber, die Franken seien aus Pannonien gekommen und hätten sich zuerst an den Ufern des Rheins niedergelassen, dann seien sie über den Rhein gegangen und durch Thoringien gezogen. Dort hätten sie nach Gauen und Stadtbezirken gelockte Könige über sich gesetzt, welche ihrem ersten und sozusagen adligsten Geschlecht entstammten. Dies haben auch die Siege Chlodwigs aufgezeigt und bewiesen, wir reden daher im Folgenden weiter davon. Wir finden ferner in den Konsullisten, dass der Frankenkönig Theudomer, der Sohn Ricimers, und seine Mutter Ascyla mit dem Schwerte getötet worden seien. Damals soll Chlodio, ein tüchtiger und sehr vornehmer Mann unter seinem Volke, König der Franken gewesen sein, der in der Festung *Dispargum* im Gebiet der Thoringier wohnte (...). Aus seinem Stamm, behaupten einige, sei der König Merowech entsprossen, dessen Sohn Childerich war.»[7]

Gregor wechselt unvermittelt seine Quellengrundlage. Er beruft sich nicht mehr auf römische Geschichtsschreiber, sondern auf die mündliche Überlieferung, genauer auf eine Herkunftserzählung der Franken.[8] In aller Regel führt eine solche Herkunftserzählung (*origo gentis*) die Ursprünge eines Volkes bis in die graue Vorzeit zurück, also bis in heidnische Zeit. Eine solche Quelle war einem christlichen Bischof wie Gregor von Tours natürlich suspekt, obwohl ihre Aussage genau in sein Konzept passte: Sie erklärte die Herkunft der Frankenkönige seiner eigenen Zeit. Um zu rechtfertigen, dass er sich auf eine solch obskure Quelle stützte, wies er zunächst die Untauglichkeit der römischen Geschichtsschreiber für seine Frage nach. Erst danach fühlte er sich berechtigt, auf die mündliche Überlieferung zurückzugreifen. Dabei sind Gregors Vorbehalte gegen diese ‹Quelle› mit Händen zu greifen: Er verzichtet auf sämtliche Ausschmückungen, die eine Sage doch wohl gehabt haben dürfte, und beschränkt sich auf das Wesentliche: dass die Franken in Thoringien «gelockte Könige» (*reges criniti*) aus ihrer vornehmsten Familie über sich gesetzt hätten, und dass alle späteren Könige – Theudomer, Chlodio, Merowech und Childerich – aus dieser Familie entstammten. Mit Childerich ist er nun schon mittelbar bei dessen Sohn Chlodwig angelangt, von dem alle späteren Frankenkönige abstammten.

Es war also Gregors Ziel, die Ursprünge der Merowinger zu ergründen und sie als das einzige Königsgeschlecht der Franken zu präsentieren. Berichte über andere Könige hätten dieses Konzept gestört, und das scheint das Hauptmotiv dafür zu sein, dass Gregor nur jene römischen Geschichtsschreiber für seine Recherchen auswählte, die nichts über Könige bei den Franken aussagen. So konnte er die mündliche Überlieferung heranziehen und beweisen, dass die Merowinger das einzige Königsgeschlecht der Franken gewesen sind. Sein Unbehagen über derartige Informationen merkt man nicht nur bei der knappen Inhaltsangabe. Er weicht auch bei erster Gelegenheit von ihr ab und beruft sich für König Theudomer bezeichnenderweise gleich wieder auf Konsullisten (*consulares*), also eine schriftliche Quelle, an deren Rand gerne wichtige Ereignisse notiert wurden. Die Vielzahl der Könige und ihre Herrschaft über «Gaue und Stadtbezirke» untermauert er mit einem Hinweis auf Chlodwig, der tatsächlich mehrere andere Frankenkönige beseitigen sollte, die in Städten saßen und über deren Umland herrschten. Davon berichtet Gregor selbst an anderer Stelle seines Werkes in aller Ausführlichkeit. Und auch den Ausdruck *reges criniti* benutzt er mehrfach selbst, um damit auf die langen Haare der Merowinger als Zeichen ihrer königlichen Würde anzuspielen. Er stützt also die mündliche Erzählung durch Verweise auf schriftliche Zeugnisse oder allseits bekannte Tatsachen ab. Seine Reserve gegenüber der mündlichen Tradition ist spürbar.

Tatsächlich ist die Herkunftserzählung eine problematische Quelle, nicht nur für Gregor, sondern auch für die moderne Forschung. Die *origo* (der Ursprung) der Franken ist zunächst einmal geprägt von einem Wandermotiv, das sich auch in vielen anderen Herkunftserzählungen findet. Den Zeitgenossen galt es durchaus als Zeichen von Vornehmheit, wenn ein Volk ursprünglich aus einer anderen

Weltgegend stammte und von dort in die spätere Heimat eingewandert war. Bei anderen Völkern treffen solche Berichte zumindest in Teilen durchaus zu, bei den Franken aber ganz sicher nicht, da sie während ihrer frühen Geschichte vergleichsweise ortsgebunden gewesen sind. Aber nicht nur das Motiv der Wanderung ist für die Franken unzutreffend, überhaupt fast jedes Detail der bei Gregor überlieferten *origo* ist mit Vorsicht zu genießen. Es beginnt mit der Herkunft aus Pannonien. Die moderne Forschung hat viele Erklärungen für diese Zuschreibung gefunden, aber wirklich befriedigend ist keine. Die noch am meisten akzeptierte lautet: Ein weiterer Name für die Franken sei *Hugi* gewesen, was wegen des langen ‹u› leicht mit *Hunni* verwechselt werden konnte. Pannonien habe als die Heimat der Hunnen schlechthin gegolten, was wiederum erklärt, warum eine Herkunft der Franken aus diesem Gebiet angenommen werden konnte.[9] Wie auch immer, zutreffend war diese Überlieferung jedenfalls nicht.

Richtig ist immerhin, dass die Franken am Rhein saßen und den Strom auch überschritten haben. Wie aber steht es um die Durchquerung Thoringiens, also Thüringens? Diese Landschaftsbezeichnung stellt ebenso wie die im Gebiet der Thoringier gelegene Festung *Dispargum* ein Problem dar. Nach der von Gregor nahegelegten Geographie liegt Thoringien links des Rheins. Das heutige Thüringen kann also nicht gemeint sein, obwohl die Thoringier schon damals dort siedelten. Um diesen Widerspruch aufzulösen, hat die Forschung angenommen, es habe auf der linken Rheinseite ein weiteres Thüringen gegeben. Alternativ wurde auch die Möglichkeit diskutiert, Gregor habe hier die *Thoringi* mit den *Tungri* verwechselt, den Bewohnern von *Tungrus*, Tongern südwestlich von Maastricht. Dem wurde jüngst widersprochen: Ein solches Versehen könne Gregor von Tours nicht unterstellt werden, da er eine thüringische Königstochter persönlich gekannt habe.[10] Aber auch ein linksrheinisches Thüringen lässt sich nicht nachweisen, zumal Gregor an keiner Stelle zwischen zwei verschiedenen Reichen dieses Namens unterscheidet. Das führt zu dem Schluss, dass es nur ein Thüringen gegeben hat – rechts des Rheins. Das Thüringerreich war laut Heike Grahn-Hoek größer als das heutige und könnte von der Donau über das heutige Thüringen bis an den Rhein gereicht haben.[11] Aber selbst dann können die Franken auf ihrer angeblichen Wanderung nicht durch Thüringen gekommen sein, nachdem sie den Rhein überschritten hatten.

Auch das letzte Motiv der Herkunftserzählung trifft nicht zu. Die Franken haben nicht erst links des Rheins Könige über sich gesetzt, sondern schon vorher sind – angefangen mit Gennobaudes – Könige bei ihnen bezeugt. Wie wir gesehen haben, kam es Gregor auf dieses Motiv besonders an; damit wird es aber nicht zum historischen Faktum. Man wird die Herkunftserzählung also für die Geschichte der Franken und ihrer Könige besser beiseite lassen. In der bei Gregor überlieferten Form hatte sie nur den einen Zweck: Sie sollte beweisen, dass die gelockten Könige, die Merowinger, das einzige Königsgeschlecht der Franken überhaupt gewesen sind.

Der erste König in der Erzählung Gregors, der uns auch schon in anderen Quellen begegnete, ist Chlodio. Das führt zu der Frage, wo das *Dispargum castrum* lag, in dem er seinen Sitz hatte. Aus *Dispargum* ist der Ortsnamenforschung zufolge Duisburg geworden, wofür zwei Orte in Frage kommen, die ernsthaft diskutiert werden: Duysburg bei Brüssel oder Duisburg am Rhein. Duysburg würde hervorragend zur Gleichsetzung von Thüringen und Tongern passen, während Duisburg nach den Forschungen Grahn-Hoeks über die Ausdehnung der Thüringer bis zum Rhein ebenfalls mit diesem Volk in Zusammenhang gebracht werden kann. Gregor lokalisiert *Dispargum* folgendermaßen: *quod est in terminum Thoringorum.* Dies ist nicht nur mit «im Gebiet der Thüringer» zu übersetzen, sondern wahrscheinlicher mit «an der Grenze zu den Thüringern». Auch die Annahme, dass ein Frankenkönig ‹in Thüringen› residierte, liegt nicht unbedingt nahe. Erst der rund 150 Jahre nach Gregor verfasste *Liber historiae Francorum* lokalisiert den Ort *in finibus Toringorum.* Die Verfasserin oder der Verfasser haben also Gregors Wendung tatsächlich im Sinne eines thüringischen Gebiets verstanden.[12] Allerdings fügt er erläuternd *regionem Germaniae* hinzu und liefert damit ein Argument für die Duisburg-These. Dazu kommt, dass Tongern vor allem deshalb in Betracht gezogen wurde, weil man Chlodio für einen König der angeblichen Salfranken oder Salier gehalten hat, die von Julian in Toxandrien angesiedelt worden waren. Da es die Salier gar nicht gegeben hat und Chlodio von keiner Quelle mit ihnen in Verbindung gebracht wird, entfällt auch dieses Argument für Duysburg.

Wenn man also von nur einem Thüringerreich ausgeht, das selbstverständlich rechts des Rheins lag und möglicherweise um 500 sogar an diesen Fluss und damit an die ehemalige römische Grenze heranreichte, dann spricht die Ortsangabe Gregors von Tours eher für eine Gleichsetzung von *Dispargum* mit dem heutigen Duisburg. Chlodio hätte also seinen Sitz in einem römischen Grenzkastell jenseits des großen Grenzflusses gehabt und von dort aus seine Plünderungs- und Eroberungszüge in das römische Reich unternommen.

Die Franken und Troja

Bei Gregors Erzählung über die fränkische Frühzeit hat immer wieder Erstaunen erregt, dass er zwar die Franken aus Pannonien kommen lässt, nicht aber auf ihre angebliche trojanische Herkunft eingeht, die erstmals um 660 und dann an gleich zwei Stellen der sogenannten Fredegarchronik erwähnt wird. Im Zusammenhang mit dem Trojanischen Krieg heißt es dort über die Herkunft der Franken, Priamus sei ihr erster König gewesen, auf den Friga gefolgt sei. Ein Teil des Volkes sei nach Makedonien ausgewandert und habe unter Philipp und Alexander dauerhaften Ruhm erlangt. Der andere Teil sei mit Frauen und Kindern durch viele Länder gezogen und habe schließlich einen Mann namens Francio zum König gewählt, nach dem diese Leute dann Franken geheißen hätten. Unter seiner Herrschaft hätten sie sich in Europa zwischen Rhein, Donau und Meer niedergelassen. Nach Francios Tod hätten sie *duces* über sich gesetzt. Pompeius habe sie dann der römischen Herrschaft unterworfen, aber die Franken hätten zusammen mit den Sachsen gegen ihn rebelliert und von da an habe kein Volk sie mehr besiegen können. Ein dritter Teil der Trojaner schließlich seien die *Torci*, benannt nach ihrem Herrscher Torquotus.[13]

Die zweite Version ist etwas kürzer und prägnanter als die erste. Demnach seien Vorfahren der Franken wie die der Römer ursprünglich aus Troja gekommen und Priamus sei ihr erster König gewesen.[14] Nach dem Fall Trojas habe Friga geherrscht, nach dem die *Frigii* benannt worden seien. Auch hier wird beschrieben, dass ein Teil des Volkes nach Makedonien ausgewandert sei, wo es den Namen des

Landes angenommen und unter Philipp und Alexander ewigen Ruhm errungen habe. Dieses Herkunftsbewusstsein unterstreicht den Anspruch der Franken auf Gleichberechtigung mit den Römern, damals das Maß aller Dinge. Als ein anderer Teil der Vorfahren Troja verlassen habe, sei eine lange Wanderzeit gefolgt. Schließlich hätten die Trojaner sich in zwei Gruppen geteilt, die Franken und die Türken. Beide Völker seien nach ihren Königen benannt worden, nach Francio und Torquotus. Während die Franken unter Francio ihre Wanderung nach Europa fortgesetzt und sich zwischen Rhein, Donau und Meer niedergelassen hätten, seien die Türken am Ufer der Donau zurückgeblieben. Fredegar sucht dann auch den Anschluss an die Nachrichten Gregors von Tours über die frühen Könige der Franken: Marcomer, Sunno und Gennobaudes seien *duces* gewesen. Später hätten die Franken ihre *duces* getötet und Könige aus dem alten Königsgeschlecht gewählt, aus dem dann auch Theudomer und sein Sohn Chlodio gestammt hätten.

Der Einfluss antiker Bildung ist hier mit Händen zu greifen. Mit diesen Erzählungen wollte man die Herkunft der Franken an jene der Römer angleichen. Sogar Alexander der Große und dessen Vater Philipp wurden in die fränkische Vorzeit integriert. Die Ableitung des Frankennamens von einer (sagenhaften) Person entsprach einem antiken Denkmuster. Der Verweis auf die damals noch in Zentralasien beheimateten Türken mag damit zusammenhängen, dass sie mit dem oströmischen Reich in Kontakt kamen und der sogenannte Fredegar davon erfahren hatte.[15] Insgesamt wird hier zwar ein großartiges Bild von der Entstehung der Franken und ihrer vornehmen Herkunft entworfen, aber es ist eher unwahrscheinlich, dass die Franken, die um das Jahr 300 am Rhein siedelten, sich bereits auf Troja als ihre ursprüngliche Heimat berufen haben. Die Nachrichten Gregors von Tours über die frühen fränkischen Könige hat der sogenannte Fredegar schließlich weiterentwickelt, ohne dass seinen Nachrichten ein eigenständiger Quellenwert zukäme.

Noch jünger als die sogenannte Fredegarchronik ist das dritte Geschichtswerk, das eine weitere Herkunftserzählung der Franken enthält, der *Liber historiae Francorum,* das Buch von der Geschichte der Franken, welches kurz vor 730 entstanden ist. Auch hier stammen die Franken aus Troja. Die Ahnherren der Franken sind dieser Version zufolge Priamus und Antenor, die einen Teil der Trojaner an den Don, dann durch die Asowschen Sümpfe bis nach Pannonien führten, wo die Trojaner eine Stadt erbaut hätten, die sie in Erinnerung an ihre Vorfahren *Sicambria* nannten.[16] Später bekämpften sie im Auftrag des Kaisers Valentinian erfolgreich die Alanen. Nach ihrem Sieg «gab ihnen Kaiser Valentinian aufgrund ihrer unbeugsamen Verwegenheit den Namen Franken, was in der attischen Sprache soviel wie ‹die Wilden› heißt».[17] Diese Erklärung begegnet schon bei Isidor von Sevilla (um 560–636), der dem Mittelalter in geballter Form das Wissen der Antike vermittelt hat. Im *Liber historiae Francorum* steht also erneut die Abkunft von den Trojanern im Mittelpunkt, angereichert um manche Fabel, aber möglicherweise auch um Ereignisse aus der Geschichte der Franken, denn tatsächlich engagierten sich die Franken oder zumindest Teile von ihnen in römischen Diensten. Abgesehen davon adelte die Namengebung durch einen Kaiser das so geehrte Volk umso mehr. Der Name der Stadt *Sicambria* rekurriert auf das alte Volk der Sugambrer, das immer wieder mit den Franken in Zusammenhang gebracht wird. Die Könige gruppiert dieser Autor schließlich etwas anders als Fredegar: Marcomer und Sunno seien Söhne des Priamus und des Antenor gewesen. Auf Anraten Marcomers sei dann dessen Sohn Faramund zum König gewählt worden.[18] Chlodio sei wiederum der Sohn Faramunds gewesen.

Der Glaube an eine Herkunft aus Troja mag für die Franken seit dem 7. und 8. Jahrhundert ein wichtiges Element ihrer Identität gewesen sein, denn er brachte ihren Anspruch auf Gleichberechtigung mit den Römern deutlich zum Ausdruck. Doch für die Franken zur Zeit Gregors von Tours und zuvor scheint dieses Gedankengut noch keine entscheidende Rolle gespielt zu haben. Allein die von Gregor bezeugte Herkunft aus Pannonien im Sinne eines Wandermotivs mag für das Selbstverständnis der Franken von Bedeutung gewesen sein, weil solche ‹Eroberungen› von Ländern als vollgültige Herrschaftslegitimierung galten und daher wichtiger als generationenlange Siedlungstraditionen waren. Auch das erfolgreiche Überschreiten des Rheins und damit der römischen Reichsgrenze dürfte nicht erst den Franken der Zeit Gregors von Tours, sondern bereits früheren Generationen Anlass zu Stolz auf das eigene Volk und seine Leistungen gegeben haben. So zeigen die späteren und phantasievollen Herkunftserzählungen, wie formbar der Glaube an die gemeinsame Herkunft unter dem Eindruck antiken Bildungsgutes gewesen ist, aber sie sagen recht wenig über die wirkliche Geschichte des fränkischen Volkes aus.

Die Namen der Frankenkönige

Gregor von Tours deutet an, dass die Frankenkönige von alters her aus einem Geschlecht gestammt hätten, das er *reges criniti*, die «gelockten Könige», nennt. Für ihn entstammten die von ihm namhaft gemachten Theudomer, Chlodio, Merowech und dessen Sohn Childerich diesem Geschlecht. Wie aber steht es um die Könige, die uns aus anderen, für die fränkische Frühzeit weitaus zuverlässigeren Quellen bekannt sind? Waren sie möglicherweise tatsächlich mit den späteren Königen verwandt? Da keine Angaben über Verwandtschaftsverhältnisse erhalten sind, stehen allein die Namen und natürlich die hervorragende politisch-soziale Stellung als Indizien für eine mögliche Verwandtschaft zur Verfügung. Als Frankenkönige sind in der Reihenfolge ihres Auftretens ganz sicher bezeugt:

- Gennobaudes (um 289),
- Ascaricus und Merogaisus (Anfang 4. Jh.),
- Nebisgastes (König oder Königssohn der Chamaven um die Mitte des 4. Jh.s),
- Mallobaudes (ca. 380),
- Gennobaudes (ca. 388),
- Marcomer und Sunno (beide ca. 388 bis 396).

Zudem standen viele vornehme Franken, unter ihnen sogar Könige und vermutlich auch deren Verwandte, in den Diensten Roms. Daher sei auch an ihre Namen erinnert, sofern diese nicht ausschließlich lateinisch überliefert sind:

- Mallobaudes (354, vielleicht identisch mit dem König),
- Merobaudes (ca. 363–388),
- Richomer (377–393),
- Bauto (ca. 380–388),
- Arbogast (ca. 380–394),
- Neviogastes (ca. 410).

Anders als die Römer trugen die Germanen nur einen Namen, der in aller Regel aus zwei Gliedern zusammengesetzt war, die man Stamm- und Endglied oder Grund- und Bestimmungswort nennt. Diese dithematischen Namen ergaben einen Sinn: Theoderich hieß so viel wie «Volkskönig», Merowech «berühmter Kämpfer» und Chlodwig (eigentlich Chlodowech) «lauter (daher ebenfalls berühmter) Kämpfer». Die Bedeutung dieser Namen kreiste also oft um den Kampf, hinzu kamen Tierbezeichnungen. Bei der Namengebung wünschten die Eltern und Verwandten ihrem Sohn oder ihrer Tochter also vermutlich die mit den beiden Namensgliedern angesprochenen Eigenschaften. In der Spätantike und im Frühmittelalter war die direkte Nachbenennung nach dem Vater oder einem anderen Vorfahren eher selten, vielmehr herrschte die Namensvariation vor: Grund- und Bestimmungswort wurden also nach bestimmten Regeln kombiniert. Erst seit dem 8. und 9. Jahrhundert setzte sich die Nachbenennung nach Vater, Großvater oder Onkel durch. Betrachtet man nun die oben zusammengestellten Namen, so fällt auf, dass etliche Namensglieder immer wieder aufscheinen: Der Name des ersten Frankenkönigs Gennobaudes begegnet nicht nur einmal genauso wieder, sondern auch noch zweimal in Variation, bei Mallobaudes und Merobaudes. Auch der Name des Chamavenkönigs Nebisgastes begegnet bei dem Heermeister Neviogastes wieder, außerdem das Bestimmungswort ‹-gastes› bei Arbogast. Am häufigsten wurde aber das Namensglied ‹Mero-› verwendet, und zwar gleichermaßen als Grund- und Bestimmungswort: bei Merogaisus, Merobaudes, Richomer, Theudomer und schließlich auch bei Merowech. Das ist zwar kein zwingender Beweis für eine Verwandtschaft, aber doch ein deutliches Indiz, selbst wenn man in Rechnung stellt, dass Namen mit der Endung ‹-mer› natürlich nicht nur bei den Franken vorkommen, sondern auch bei anderen germanischen Völkern. Bekannte Beispiele sind der *patricius* Ricimer oder die Ostgotenkönige Valamir, Vidimir und Thiudimir, die beiden Onkel und der Vater Theoderichs des Großen. Umso bemerkenswerter ist, dass die Sammelbezeichnung ‹Merowinger› für die Dynastie der Frankenkönige gerade auf diesem Namensbestandteil beruht.

Trotz des häufigen Auftretens des Namensgliedes ‹Mero-› in der fränkischen Frühzeit ist der Name ‹Merowinger› für die betreffende Dynastie erst vergleichsweise spät belegt. Gregor von Tours nennt sie an keiner Stelle seines Werkes so. Erst Jonas von Bobbio († nach 659) berichtet in seiner Vita des heiligen Columban, dieser sei bei Theudebert II. (596–612) erschienen und habe den König wegen seiner drohenden Niederlage gegen seinen Bruder Theuderich II. (596–613) aufgefordert, von sich aus der Herrschaft zu entsagen und in ein Kloster einzutreten, damit er nicht sowohl die irdische Krone als auch das Ewige Leben verlöre. Theudebert verspottete ihn und meinte, er habe noch nie von einem zum König erhobenen *Mervengus* gehört, der freiwillig abgedankt habe und Mönch geworden sei.[19] Es kam, wie es kommen musste: Schon bald traf die Prophezeiung ein, und Theudebert verlor Reich und Leben, als sein Bruder Theuderich II. in sein Reich einfiel und ihn besiegte. Die Bezeichnung *Mervengus* in dieser späten Zeit ist nicht zuletzt deshalb bemerkenswert, weil es nach Merowech nur noch zwei Angehörige der Dynastie gegeben hat, die diesen Namen getragen haben, jeweils einen Sohn Chilperichs I. (561–584) und Theudeberts II. Auch das Namensglied ‹Mero-› dominierte keineswegs den Namenbestand von Merowechs Nachfahren: Zwei Söhne Chlodwigs hießen Ingomer und Chlodomer, ein Urenkel ebenfalls Chlodomer. Da also nicht der überwiegende Gebrauch des Namens oder wenigstens des Namensgliedes in den Generationen zuvor Theudebert bzw. den Vitenschreiber Jonas zur Bezeichnung von *Mervengus* für die gesamte Dynastie veranlasst hat, kann es sich dabei eigentlich nur um eine alte Benennung gehandelt haben, die auch Theudebert dazu brachte, einem seiner Söhne den Namen ‹Merowech› zu geben.

Die angebliche sakrale Stellung der Frankenkönige

Eine andere Quelle geht noch weiter als Jonas von Bobbio und behauptet, dass die Frankenkönige seit Merowech ‹Merowinger› genannt worden seien: der bereits erwähnte sogenannte Fredegar, der seine Chronik kurz vor dem Jahr 660 verfasst hat. Er übernimmt die Berichte Gregors von Tours über die Frankenkönige und kommt auch auf Chlodio zu sprechen. Dann fügt er folgende Geschichte hinzu:

> «Man erzählt, Chlodio habe sich einmal im Sommer mit seiner Gattin an den Meeresstrand begeben; als seine Gemahlin mittags zum Baden ins

Meer hinauswatete, habe sie ein Meerungeheuer mit Stierkopf (*bistea Neptuni Quinotauri similis*) angefallen. Ob sie nun daraufhin von dem Untier oder von ihrem Manne empfing – sie gebar jedenfalls einen Sohn mit dem Namen Meroveus (Merowech), nach dem später die Könige der Franken Merowinger genannt wurden.»[20]

Diese Geschichte scheint einen schönen Einblick in die Glaubensvorstellungen der frühen Franken zu geben, und so wurde sie auch stets interpretiert. Nur ein Detail hielt die Forschung für unmöglich: Es sei schwer vorstellbar, dass ein so unbedeutender Kleinkönig wie Merowech der namengebende Spitzenahn der fränkischen Dynastie gewesen sei. Angesichts des häufigen Auftretens des Namensgliedes ‹Mero-› dachte man daher an einen mythischen König namens Mero als ersten Merowinger.[21] Am einflussreichsten hat Karl Hauck die Erzählung im Sinne einer sakralen Königsidee interpretiert.[22] Seiner Meinung nach sei Merowech nicht entweder von dem Ungeheuer oder von Chlodio gezeugt worden, sondern von beiden zugleich. Das Ungeheuer sei niemand anderes als Chlodio selbst gewesen, der zeitweilig die Gestalt des Stiergottes angenommen habe, um seine göttliche Natur zu unterstreichen. Durch den Zeugungsakt, so die angebliche Vorstellung der Franken des 5. Jahrhunderts, sollte der Stammvater der Dynastie wiedergeboren werden. In diesem Zusammenhang verweist Hauck auf die besondere Bedeutung des Stiers für die Merowinger; so wurde im Grab von Merowechs Sohn und Nachfolger Childerich I. ein kleiner goldener Stierkopf gefunden. Dem Mythos habe auch ein ansatzweise rekonstruierbarer Kult entsprochen, der schon lange vor dem 5. Jahrhundert bestanden und auch den späteren Angehörigen des vergöttlichten Königsgeschlechts gegolten habe.

Folgt man dieser Interpretationslinie, findet man selbst noch nach der Christianisierung der Franken Spuren dieses Kultes. So schreibt Einhard, der in karolingischer Zeit eine Biographie Karls des Großen verfasste, die letzten Merowinger hätten sich auf einem von Ochsen gezogenen Karren (*carpentum*) herumfahren lassen. Klar ist, dass Einhard die Merowinger damit lächerlich machen wollte, aber eine Spur Wahrheit – die Bedeutung von Rindern bzw. Stieren für die Herrscherfamilie – scheint doch deutlich zum Ausdruck zu kommen. Daher ist der Ochsenkarren der Merowinger in der Forschung oft auf einen heidnischen Kultwagen zurückgeführt und als zusätzliches Indiz für den vermuteten sakralen Charakter des merowingischen Königtums genannt worden. Aber man kann diese Zeugnisse auch ganz anders deuten, denn das Reisen im Ochsenkarren entsprach der spätrömischen Reisepraxis hoher Provinzialbeamter, dem *cursus clabularis*. Demnach haben die Merowinger also nur eine römische Tradition fortgeführt, als sie mit dem Ochsengefährt reisten.[23] Dies ist zwar nur ein Detail der Lehre von der stiergöttlichen Abstammung der Merowinger, aber seine mögliche Untauglichkeit gibt doch Anlass zu mehr Vorsicht bei der Rekonstruktion des merowingischen Königsmythos.

So wurde die gesamte Geschichte von den mythischen Ursprüngen der Merowinger jüngst radikal in Zweifel gezogen. Alexander C. Murray hat jedes Detail der oben vorgestellten Rekonstruktion ganz allgemein beleuchtet – angefangen mit Stierdarstellungen, die in der spätantiken Kunst verbreitet gewesen seien und nicht notwendigerweise eine religiöse Bedeutung gehabt hätten. Das gelte auch für den Stierkopf im Grab Childerichs, der am Zaumzeug angebracht gewesen sei, also keinen persönlichen Bezug zum verstorbenen König besaß. Natürlich weist Murray auch darauf hin, dass der mutmaßliche Spitzenahn Mero nur erschlossen sei und dass man die von Fredegar überlieferte Geschichte nicht ohne Weiteres verändern dürfe. Bei diesem geht der Name ‹Merowinger› eben auf Merowech zurück. Dies habe Fredegar als «Meer-Vieh» gedeutet und sei so darauf gekommen, einen Zusammenhang mit dem Neptun-Ungeheuer, dem Minotaurus, herzustellen – das Wort *Quinotaurus* sei der Fehler eines frühen Abschreibers der Chronik. Der antiken Sage zufolge war Minotaurus der Sohn eines Stiers, den der Gott Poseidon (Neptun) aus dem Meer emporsteigen ließ. Diese Sage habe der gebildete Fredegar gekannt, da sie von populären Autoren wie Vergil, Ovid und Apuleius erwähnt wurde und noch in der Spätantike bekannt war. Daher sei Fredegar auf die Idee gekommen, den Namen Merowech mit Hilfe der Minotaurus-Sage zu erklären. Tatsächlich neigte der Chronist auch sonst zu vergleichbaren Etymologien.

Man wird diese Streitfrage wohl niemals abschließend klären können. Auf jeden Fall sollte man vorsichtig sein, aus wenigen, über mehrere Jahrhunderte verteilten Belegen, die zudem ganz unterschiedlichen Überlieferungszusammenhängen angehören, einen geistesgeschichtlichen Hintergrund wie frühe Sakralvorstellungen zu rekonstruieren. Dies hat Murray gezeigt und zudem ein geschlossenes Gegenbild entworfen. Auch er muss da und dort weit ausgreifen, um den antiken bildungsgeschichtlichen Hintergrund zu erweisen. Aber für ihn spricht seine sehr auf den Autor Fredegar konzentrierte Interpretation, während die ältere Forschung die Beweggründe des Chronisten kaum in Betracht gezogen hat. So wurde so gut wie gar nicht berücksichtigt, dass der sogenannte Fredegar die Merowinger eher negativ gesehen hat und einige Vertreter der Dynastie kritisiert. Für ihn waren die Hausmeier – darunter damals schon die Vorfahren Karls des Großen – die Hoffnungsträger für die Zukunft. Ihm ist es also durchaus zuzutrauen, die Merowinger mit einer solchen Geschichte über ihre Anfänge etwas der Lächerlichkeit preiszugeben, denn ein Stier (*bistea*) als Vorfahr kann laut Alheydis Plassmann durchaus sehr abwertend gemeint sein – und Fredegar war bei aller Verankerung in der spätantiken Bildung ein Christ, dem die Abstammung von heidnischen Göttern sicherlich eher suspekt war.

Selbst vor den langen Haaren der Frankenkönige, die Gregor von Tours mehrfach als *reges criniti* bezeichnet, hat die Forschung nicht Halt gemacht. Im Sinne eines heidnischen Kultes galten die vom König getragenen langen Haare als Fruchtbarkeitssymbol und zugleich als Zeichen seiner königlichen Würde. Tatsächlich berichtet Gregor, dass das Abschneiden der Haare eines Königs gleichbedeutend mit seiner Absetzung war, einem Machtverlust vor aller Augen. Daher waren die langen Haare bei den ansonsten im Nacken geschorenen Franken sicher ein Zeichen der königlichen Familie,[24] aber die weitergehende, eine sakrale Bedeutung annehmende Interpretation ist keineswegs zwingend. Maximilian Diesenberger konnte etliche Beispiele für ungeschnittenes Haar aus Spätantike und Frühmittelalter zusammenstellen und es als vieldeutiges Zeichen von gesellschaftlicher Exklusivität ohne sakralen Hintergrund interpretieren.[25] Régine Le Jan hat jüngst sogar die alttestamentarischen Bezüge der merowingischen Haartracht betont.[26] Allerdings ist schon Childerich auf seinem Siegelring mit langen Haaren abgebildet, und Childerich war ganz sicher noch Heide. Also: Nicht nur bei der tierisch-göttlichen Abstammung, sondern auch bei den langen Haaren ist Vorsicht geboten, wenn sie als sichere Indizien für germanisch-heidnisch-sakrale Vorstellungen herangezogen werden.

Die Frankenkönige um die Mitte des 5. Jahrhunderts

Theudomer, Chlodio, Merowech und Childerich sind die einzigen Frankenkönige, die Gregor von Tours für das zweite und dritte Viertel des 5. Jahrhunderts nennt. Der Chronist wollte damit wohl nicht andeuten, dass die vier unmittelbar aufeinander gefolgt sind – abgesehen von den letzten beiden, die er als Vater und Sohn bezeichnet. Weiter ordnet er Theudomer und Chlodio mit der unpräzisen zeitlichen Angabe *tunc* (damals) einander zu, was wohl sogar für eine Gleichzeitigkeit der beiden spricht. Nacheinander sind Chlodio und Merowech anzuordnen, wobei Gregors Angabe, Merowech sei Chlodios Stamm entsprungen, mehrdeutig ist. Damit kann sowohl ein Vater-Sohn-Verhältnis als auch eine weitere Verwandtschaft gemeint sein. Immerhin rückt der Geschichtsschreiber die beiden über die bloße Zugehörigkeit zu den *reges criniti* hinaus in ein Nahverhältnis.

Chlodio unternahm von *Dispargum* aus Kriegszüge in das nordöstliche Gallien, wie Gregor von Tours bei seinen Ausführungen über den König und seine Residenz bezeugt:

> «In diesen Gegenden aber, d. h. im südlichen Landstrich, wohnten die Römer bis zur Loire. Jenseits der Loire dagegen herrschten die Goten. Weiter wohnten die Burgunder, welche der Irrlehre des Arius folgten, jenseits der Rhône, in der Gegend der Stadt Lyon. Chlodio aber schickte Kundschafter aus nach der Stadt Cambrai, und als sie alles erforscht, folgte er ihnen nach, überwand die Römer und nahm die Stadt ein; hier hielt er sich kurze Zeit auf und eroberte dann das Land bis zur Somme.»[27]

Gregor skizziert hier also zunächst die politische Situation im nördlichen Gallien, wobei er offenbar die Perspektive von *Dispargum* im Norden einnimmt und daher vom südlichen Landstrich sprechen kann. Außerdem ist interessant, dass er keinen Unterschied zwischen den Römern und den übrigen Völkern macht. Für Gregor sind Erstere ein Volk wie andere auch, ohne besonderen Vorrang. Zur Zeit Chlodios aber war das noch anders, denn Aëtius hielt den Anspruch des römischen Reiches auf diese Gebiete kraftvoll aufrecht. Dies bekamen die Franken in den Kriegen der Jahre 428 und 432 zu spüren. Ob Chlodio an diesen beteiligt war, lässt sich leider nicht mehr klären. Der Kriegszug, auf den Gregor anspielt, gehört wohl eher zu der für die Franken unglücklichen Auseinandersetzung beim Ort Helena, wo Chlodio von Maiorianus überrascht und geschlagen wurde.[28] Es könnte aber sein, dass Chlodio seine Eroberungen in der Provinz *Belgica II* bis zur Somme behalten durfte. Dies würde den damaligen Gepflogenheiten der Römer entsprechen, besiegten Feinden zumindest Teile ihrer Eroberungen zu belassen – natürlich nur unter Anerkennung der römischen Souveränität und der Verpflichtung zur Waffenhilfe.

Schwer zu beantworten ist auch die Frage, ob Chlodio mit dem bei Priskos erwähnten Frankenkönig zu identifizieren ist,[29] dessen ebenfalls namenlos bleibende Söhne sich 450 um die Nachfolge stritten und damit Attila einen Grund für seinen Einfall in Gallien gaben. Gemeinhin ordnet die Forschung diesen Thronstreit den rheinischen Frankenkönigen zu, weil Attila bei seinem Vormarsch 451 zunächst in Richtung Köln marschierte, bevor er bei Neuwied über den Rhein setzte, aber sichere Belege gibt es dafür nicht. Vielleicht könnte die Erwähnung der Brukterer unter den damaligen Hilfsvölkern Attilas durch Sidonius Apollinaris ein Indiz dafür sein, aber zum einen ist dieser Beleg nicht sehr belastbar, und zum anderen lässt sich mit ihm noch keine Verbindung zu dem Bruderzwist herleiten. Eine eher am Rande stehende Mitteilung des sogenannten Fredegar kann hier weiterhelfen: Childerich wurde zusammen mit seiner Mutter von den Hunnen weggeschleppt und später von seinem treuen Gefolgsmann Wiomad befreit.[30] Gerade die Beiläufigkeit dieser Bemerkung spricht für ihre Glaubwürdigkeit. Sie kann sich eigentlich nur auf das Jahr 451 beziehen. Demnach herrschte damals Merowech über die Franken, dessen Vater kurz zuvor gestorben war. Auch der *Liber historiae Francorum* setzt den Einfall der Hunnen in die Zeit des Königs Merowech und ergänzt, dieser sei aus dem Geschlecht (*genus*) Chlodios hervorgegangen.[31] In einem aus dem 11. Jahrhundert stammenden Zusatz heißt es sogar, Merowech sei vor den Hunnen geflohen, die daraufhin bis Orléans vorgestoßen seien.[32] Gerade diese letzte Aussage sollte nicht auf die Goldwaage gelegt werden, aber es ist doch gut vorstellbar, dass Attila gegen den ihm feindlich gesonnenen Frankenkönig vorging und bei dieser Gelegenheit dessen Gemahlin und Sohn gefangen nahm.

Leider besitzen wir keine Nachrichten über das Schicksal von Attilas Thronkandidaten, also dem älteren Bruder Merowechs. Die gerade erwähnte Stoßrichtung des hunnischen Vormarsches 451 ließe sich auch damit erklären, dass Attila zu seiner Rückendeckung zunächst seinen fränkischen Thronkandidaten als König am Rhein etabliert hat, der sich dann trotz des hunnischen Rückzugs halten konnte. Dies ist natürlich nur eine Hypothese, aber auf jeden Fall hat es eine fränkische Königsfamilie gegeben, deren Herrschaftsschwerpunkt mutmaßlich am Rhein lag und die mit Chlodwig verwandt gewesen ist. Zu ihr gehörten der bei Gregor von Tours erwähnte König Sigibert und sein Sohn Chloderich sowie vermutlich der 469 bezeugte Königssohn Sigismer. Die Forschung hat sich immer wieder die Frage gestellt, ob die Angabe Gregors von Tours über ihre Verwandtschaft mit Chlodwig zutrifft und wie sie zu verstehen ist. Als man noch von einer deutlichen Trennung zwischen den Saliern und den am Rhein verbliebenen Franken ausging, tendierte man mehrheitlich dazu, allenfalls eine weitläufige Verwandtschaft anzunehmen. Da aber diese Prämisse nicht zutrifft, die Salier also kein fränkischer Teilstamm mit eigenen Traditionen und einer eigenen Königsfamilie gewesen sind, drängt sich die oben gestellte Frage umso nachdrücklicher auf. Damit entfällt auch der Zwang, mindestens zwei Dynastien zu unterscheiden. Bedenkt man dann noch, dass König Chlodios Residenz *Dispargum* tatsächlich am Rhein im heutigen Duisburg und nicht bei Brüssel gelegen haben könnte, rücken beide Familienzweige auch räumlich enger zusammen. Hinzu kommt das Argument der Namen: Sigismer wird vor allem aus diesem Grund den rheinischen Frankenkönigen zugeordnet, deren bekanntester Vertreter Sigibert hieß. Mit einem Hinweis auf das Bestimmungswort seines Namens – ‹-mer› – könnte Sigismer aber genauso gut in einen verwandtschaftlichen Kontext mit Merowech gestellt werden, zumal beides sich nicht ausschließt. Zu bedenken ist auch, dass die Namen ‹Chlodwig› und ‹Chloderich› mit dem gleichen Grundwort beginnen. Auch wenn dies kein Beweis ist, spricht es eher für als gegen eine Verwandtschaft. Zieht man schließlich noch das Zeugnis Gregors von Tours hinzu, der

Chlodwig und Sigibert als Verwandte anspricht, die sich wegen des Thronstreits im Jahr 450 und des Engagements von Hunnen und Römern getrennt und je ein eigenes Reich errichtet hätten, verdichten sich die Hinweise, dass beide zu einer Familie gehört haben dürften.

Die am Rhein residierenden Frankenkönige bemühten sich allem Anschein nach 469 um eine Allianz mit den Burgundern. Damals heiratete der Königssohn Sigismer eine burgundische Prinzessin, wie aus einem Brief des Sidonius Apollinaris hervorgeht.[33] Viel mehr ist dem Schreiben leider nicht zu entnehmen. Weder erfahren wir den Namen von Sigismers Vater noch den seiner Braut. Zudem stellt sich die Frage, gegen wen sich Sigismers Bündnis mit den Burgundern gerichtet hat. Da sind zunächst einmal die Alemannen, die damals ihr Gebiet weit nach Gallien hinein ausdehnen wollten. Immerhin drangen sie unter ihrem König Gebavult bis nach Troyes vor. Außerdem scheint sich der Machtbereich der rheinischen Frankenkönige einstens bis nach Mainz erstreckt zu haben. Vor allem aber gelang es ihnen, Trier zu erobern, das damals von dem *comes* Arbogast kontrolliert wurde. Dieser entstammte einer romanisierten fränkischen Familie, die vermutlich auf den älteren Arbogast, den am Ende des 4. Jahrhunderts amtierenden römischen Heermeister, zurückgeht. Der Vater des jüngeren Arbogast hieß Arigius und stammte möglicherweise aus Trier. Arbogast selbst korrespondierte mit Bischof Auspicius von Toul und mit Sidonius Apollinaris, der folgende Worte an ihn richtete:

> «(…) der Du aus der Mosel trinkst und (die Sprache des) Tibers von Dir gibst, der Du Umgang mit Barbaren pflegst, dennoch barbarische Ausdrucksweise meidest (…). So hat die Pracht der römischen Rede, wenn es sie noch irgendwo gibt, in den belgischen oder rheinischen Landen längst erloschen, in Dir ihre Zuflucht gefunden, und solange Du lebst und die Rede pflegst, kommen, obwohl an der Grenze die lateinische Herrschaft gefallen ist, die (lateinischen) Worte nicht ins Wanken.»[34]

Dieser Brief sowie ein Briefgedicht entsprechenden Inhalts aus der Feder des Auspicius von Toul zeigen Arbogast in einer Stellung zwischen römischem Amtsträger und autonomem Machthaber: Sidonius Apollinaris sprach das Ende der römischen Herrschaft rund um Trier offen an. Arbogast dürfte daher faktisch keinen Herrn über sich anerkannt haben, allenfalls der Form halber die letzten weströmischen

Kaiser. Daher führte er auch den römischen Titel eines *comes*, mit dem er sich in die römische Hierarchie einordnete. Auch sonst fühlte er sich dem Imperium zugehörig, jedenfalls war er sehr gebildet, wie seine Briefpartner betonten. Arbogast war zudem katholischer Christ und wurde nach 480 Bischof von Chartres. Möglicherweise verließ er Trier, weil er das Gebiet nicht mehr gegen die Franken halten konnte, und entschied sich für eine geistliche Laufbahn.

Außerdem gab es zumindest noch ein weiteres fränkisches Reich. Gregor von Tours erwähnt unter den Eroberungen Chlodios ausdrücklich Cambrai, den Hauptort der *civitas Camaracensium*.[35] In dieser Stadt residierte gegen Ende des 5. Jahrhunderts der Frankenkönig Ragnachar, der Chlodwig zunächst unterstützte, zu einem späteren Zeitpunkt aber von diesem gestürzt und zusammen mit seinen Brüdern Richar und Rignomer getötet wurde. Da Gregor von Tours auch bei Ragnachar die Verwandtschaft mit Chlodwig betont, liegt der Gedanke nahe, dass er ein Nachfahre Chlodios gewesen ist und daher in Cambrai residierte. Vielleicht war er ein Enkel Merowechs und ein Neffe Childerichs. Auch der König Chararich gehört hierher, allerdings ist bei ihm nicht einmal sein Herrschaftsgebiet bekannt. Diskutiert werden Arras, Boulogne oder auch Thérouanne in der Nähe von Calais.

König Childerich

Nach der Ermordung des Aëtius 454 und des Kaisers Valentinian 455 bedrängten die Franken wieder das nordöstliche Gallien. Wie bereits erwähnt, musste der römische Heermeister Aegidius Köln räumen, während Kaiser Maiorianus die römische Autorität noch einmal erfolgreich bis zur Waal zur Geltung bringen konnte. Da aber gerade dieser Kaiser nach Siegen über die Westgoten und die Burgunder als Gegenleistung für die Zusage militärischer Hilfe zu territorialen Zugeständnissen bereit war, dürfte er auch den Franken gegenüber konziliant gewesen sein, solange sie wenigstens formell die grundsätzliche Zugehörigkeit der ihnen überlassenen Gebiete zum *imperium Romanum* anerkannten. Soweit die Franken in der *Germania II* und der *Belgica II* davon betroffen waren, war sein Vertragspartner vermutlich bereits Childerich, dessen Herrschaftsantritt in das Jahr 457 oder 458 datiert werden kann.[36]

Für eine solche Abmachung spricht auch die Tatsache, dass Childerich und seine Franken wenige Jahre später in römischen Diensten standen und sogar im Innern Galliens aktiv wurden. Allerdings waren die Fronten nicht mehr so klar, nachdem der *patricius* Ricimer Kaiser Maiorianus gestürzt hatte. Dessen Heermeister Aegidius revoltierte daraufhin gegen Ricimer und besiegte 463 bei Orléans die Westgoten, die der neue Kaiser gegen ihn in Marsch gesetzt hatte. Laut Gregor von Tours war auch der Frankenkönig Childerich an den Kämpfen beteiligt. Die Quellenlage für diese römisch-fränkische Kooperation ist allerdings kompliziert, denn Hydatius und Gregors Zeitgenosse Marius von Avenches erwähnen nur Aegidius als Gegner der Westgoten. Die «Gallische Chronik» von 511 nennt vielleicht schon unter dem Eindruck späterer Erfolge lediglich die Franken und lässt den aus späterer Perspektive unwichtigen Aegidius einfach weg. Gregor verstärkt diesen Aspekt, indem er allein Childerich, den Vater Chlodwigs, erwähnt: «Childerich nun kämpfte bei Orléans (...).»[37]

Daneben aber hatte Gregor noch einen weiteren Grund, die Zusammenarbeit von Aegidius und Childerich zu verschleiern, denn eigentlich stilisierte er sie zu ausgemachten Feinden:

> «Childerich aber, der damals über das Volk der Franken herrschte, ergab sich fesselloser Unzucht und fing an, ihre Töchter zu missbrauchen. Darüber ergrimmten die Franken gegen ihn und nahmen ihm die Herrschaft. Und als er in Erfahrung brachte, dass sie ihn sogar töten wollten, machte er sich davon und ging nach Thüringen. Er ließ aber einen Vertrauten daheim zurück, der sollte sehen, ob er die aufgebrachten Gemüter nicht mit Schmeichelworten wieder versöhnen könnte; und er verabredete mit ihm ein Zeichen, wann er ohne Gefahr in seine Heimat zurückkehren könnte. Sie teilten nämlich ein Goldstück; die eine Hälfte nahm Childerich mit sich, die andere aber behielt sein Vertrauter und sprach: ‹Wenn ich Dir diese Hälfte schicke, und sie mit Deiner Hälfte verbunden *ein* Goldstück ausmacht, dann kehre ohne Furcht zurück in Deine Heimat.› In Thüringen nun hielt sich Childerich bei König Bisin und seiner Gemahlin Basina verborgen. Die Franken aber, nachdem sie ihn vertrieben hatten, nahmen einmütig Aegidius als ihren König an, der, wie oben erzählt, vom Reich als Heermeister nach Gallien gesandt worden war. Und als er im achten Jahre über sie herrschte, da schickte jener vertraute

Freund, der die Franken heimlich gewonnen hatte, Boten zu Childerich mit der Hälfte des geteilten Goldstücks, die er behalten hatte. Als nun Childerich das sichere Zeichen erkannte, dass die Franken wieder nach ihm verlangten und ihn selbst zur Rückkehr aufforderten, kehrte er von Thüringen heim und wurde wieder in sein Königreich eingesetzt. Zur Zeit dieser Herrscher verließ auch jene Basina, die wir oben erwähnten, ihren Gemahl und kam zu Childerich. Und als er sie besorgt fragte, weshalb sie aus so weiter Ferne zu ihm käme, soll sie ihm zur Antwort gegeben haben: ‹Ich kenne Deine Tüchtigkeit und weiß, dass Du sehr tapfer bist, deshalb bin ich gekommen, um bei Dir zu wohnen. Denn wisse, hätte ich jenseits des Meeres einen Mann gekannt, der tüchtiger wäre als Du, ich hätte gewiss danach getrachtet, mit ihm zusammen zu wohnen.› Da freute er sich über ihre Rede und nahm sie zur Frau. Und sie empfing und gebar einen Sohn und nannte ihn Chlodwig. Dieser war gewaltig und ein hervorragender Krieger.»[38]

Diese Erzählung Gregors geht wohl auf mündliche Überlieferung zurück. So gilt die geteilte Münze als ein unverkennbares Sagenmotiv. Daher lässt die Forschung sie gerne beiseite, zumal die Geschichte vom sogenannten Fredegar und von dem *Liber historiae Francorum* noch phantastischer ausgeschmückt wurde. Mit dieser Ablehnung macht man es sich aber wohl zu einfach, denn zunächst einmal sind die beteiligten Personen über Childerich und Aegidius hinaus durchaus historisch bezeugt. Chlodwigs Mutter hieß tatsächlich Basina, und auch einen thüringischen König namens Bisin hat es gegeben, der allerdings später lebte und um 510 gestorben ist. Vermutlich war der verlassene Ehemann sein Vater oder eher sein Großvater. Weiter ist die Strafe der Verbannung für sexuelle Verfehlungen sozusagen das Leitmotiv, dem Gregor im 2. Buch seiner «Zehn Bücher Geschichten» folgt. Insofern mag die Erzählung über einen wegen Zügellosigkeit vertriebenen König durchaus in sein Konzept gepasst haben – oder er passte die Erzählung über den Herrscher im Exil seinem Konzept an.

Aber warum behauptet er, die Franken hätten Aegidius als König akzeptiert, obwohl das eigentlich recht unwahrscheinlich ist? Eine Möglichkeit ist, dass Childerich und seine Franken tatsächlich Differenzen – politische oder persönliche – gehabt hatten.[39] Aber in diesem Fall hätten sie doch wohl einen der ihren zum neuen König bestimmt, was ihr Verhältnis zum Imperium und zu Aegidius als dessen Repräsentanten nicht weiter tangiert hätte. Auch für Aegidius wäre eine solche Lösung eigentlich das Normale gewesen, denn daran, dass die barbarischen Völker auf römischem Reichsboden von ihren eigenen Königen beherrscht wurden, hatten die Römer sich mittlerweile gewöhnt. So mag es sein, dass schlicht und ergreifend die Tatsache, dass die Franken bei Orléans für den Heermeister kämpften, der Kern für die von Gregor überlieferte Erzählung ist.[40] Vielleicht gab es auch Franken, die in der regulären römischen Armee unter Aegidius dienten und sich nach dessen Tod Childerich anschlossen – ebenfalls ein denkbarer historischer Kern.

Diese Erklärungsansätze könnten mit der schon erwähnten Gefangenschaft Childerichs bei den Hunnen kombiniert werden.[41] Eine Möglichkeit wäre also, dass er dort einen längeren Zeitraum zugebracht hat, in welchem sein Vater starb und der römische Heermeister daher einen stärkeren Einfluss als üblich auf die fränkischen Föderaten gewann. In der Sage wurde dies dann zur Königsherrschaft des Aegidius über die Franken, weil spätere Generationen sich die starke Stellung des Heermeisters nicht mehr anders erklären konnten. Dazu trat dann noch das Motiv der sexuellen Verfehlungen. Das Exil in Thüringen könnte immerhin zu dieser Interpretation passen, denn die Thüringer waren Untertanen der Hunnen gewesen. Vielleicht wurde die prominente Geisel daher an den thüringischen Königshof gebracht, um dort gefangen gehalten zu werden. Hier ließe sich dann auch die Geschichte von Childerichs thüringischer Ehefrau Basina anschließen, die in der von Gregor stilisierten Fassung vor allem die Funktion hatte, Chlodwig, den Spross dieser Verbindung, als außergewöhnliche Persönlichkeit zu kennzeichnen, deren Geburt bereits von besonderen Umständen geprägt gewesen war. Immerhin würden die bekannten chronologischen Angaben über Childerich einigermaßen zu diesem Rekonstruktionsversuch passen: Dieser kehrte laut Gregor im achten Jahr seiner Abwesenheit zu den Franken zurück, was von der Basis 451 zum Jahr 458 oder spätestens 459 führen würde, während sich sein Herrschaftsantritt auf 457 oder 458 datieren lässt.

Wie auch immer die Geschichte über Childerichs Exil und seine Rückkehr mit historischen Ereignissen verknüpft werden kann, jedenfalls musste Gregor von Tours annehmen, zwischen dem Heermeister und dem Frankenkönig hätte ein feindseliges Verhältnis bestanden, während sie in Wahrheit eng miteinander kooperierten. Da er von falschen Voraussetzungen ausging, schrieb Gregor den Sieg von Orléans allein Childerich zu und verschwieg Aegidius ganz. Es fällt jedenfalls auf, wie knapp er diesen Erfolg abhandelt und nicht einmal die Besiegten des Jahres 463 nennt, die Westgoten und ihren gefallenen König Frederich, obwohl er ansonsten kaum eine Gelegenheit auslässt, um dieses Volk schlechtzumachen, weil es der arianischen Lehre anhing.

Zwei Todesfälle veränderten die Situation in Gallien grundlegend: Wie schon erwähnt, wurde Aegidius 465 getötet; von wem, ist unbekannt. Laut Gregor von Tours hinterließ er mit Syagrius einen Sohn, der aber zunächst keine Rolle spielte, also vermutlich nicht gleich die Nachfolge seines Vaters antrat. Im Jahr 466 wurde der Westgotenkönig Theoderich II. von seinem jüngeren Bruder Eurich ermordet, der als König offensiv gegen sämtliche Positionen vorging, die Rom in Gallien noch besaß. Vor allem wollte er sein Gebiet nach Norden bis zur Loire und darüber hinaus ausdehnen. Diese Auseinandersetzungen fanden im Jahr 469 ihren Höhepunkt. Wie im Zeitraffer fasst Gregor von Tours die Ereignisse von 463 bis 469 zusammen:

> «Childerich nun kämpfte bei Orléans, Adovacer aber mit seinen Sachsen kam gegen Angers. Es herrschte damals eine große Seuche unter dem Volk. Es starb auch Aegidius und hinterließ einen Sohn, Syagrius mit Namen. Da jener aber gestorben war, empfing Adovacer von Angers und anderen Orten Geiseln. Die Bretonen wurden von den Goten aus Bourges vertrieben und viele von ihnen kamen bei dem Dorf Déols um. Danach griff Paulus, der römische Befehlshaber, mit den Römern und Franken die Goten an und machte reiche Beute. Als aber Adovacer nach Angers kam, erschien am Tage darauf auch König Childerich und gewann, nachdem Paulus getötet war, die Stadt. An jenem Tag ging das Kirchenhaus in Flammen auf.»[42]

Da diese Stelle sich von ihrem ganzen Zuschnitt her vom sonstigen Werk Gregors unterscheidet, geht die Forschung davon aus, dass er sich auf die sogenannten «Annalen von Angers» stützte, eine andere, jahrweise abgefasste Quelle, welche einen deutlichen regionalen Bezug zur namengebenden Stadt aufweist. Die Interpretation der Stelle wird dadurch erschwert, dass die außer Childerich genannten Personen nicht eindeutig zugeordnet werden können. So könnte Adovacer ein sächsischer Anführer gewesen sein, der sich mit seinen Leuten auf den Inseln im Mündungsgebiet der Loire festgesetzt hatte, von dort aus auf eigene Rechnung Plünderungszüge unternahm und sich vielleicht ein eigenes Herrschaftsgebiet aufbauen wollte. Dazu nutzte er zunächst den Tod des Aegidius für sich aus. Weil aber der Tod des von Rom abgefallenen Heermeisters so ausdrücklich betont wird, agierte Adovacer möglicherweise auch im Auftrag des Kaiserhofes. Weiterhin fällt die Nähe der Namen Adovacer (*Adovacrius*) und Odoaker auf. Es könnte sich also um ein- und dieselbe Person handeln, und dann hätte Odoaker, der sieben Jahre später den letzten römischen Kaiser absetzen sollte, 469 tatsächlich als Vertreter Roms agiert.

Nicht einfacher ist es um den *comes* Paulus bestellt: War er der Nachfolger des Aegidius als Beherrscher des nördlichen Gallien? Oder war er schlicht der örtliche Befehlshaber von Angers? Handelte er im Auftrag Roms und sollte er die Verteidigung der Loire-Linie gegen die Westgoten organisieren? Der Quelle zufolge hing sein Eingreifen in die Kämpfe ursächlich mit der Niederlage der Briten unter (dem) Riothamus zusammen, die im Bund mit Kaiser Anthemius standen. Die Aktion des Paulus erscheint aber nur dann sinnvoll, wenn auch er mit den Briten verbündet war, was ihn am ehesten als Sachwalter des Kaisers in diesen Auseinandersetzungen erscheinen lässt. Das ist auch mit der Annahme vereinbar, er sei der Nachfolger des Aegidius gewesen. Denn dieser hatte den Westkaiser Libius Severus abgelehnt und sich, wie oben angedeutet, vermutlich auf den oströmischen Kaiser berufen. Paulus dürfte diese Rechtsposition übernommen haben. Nach dem Herrschaftsantritt des Anthemius hatte sich die Lage aber grundlegend verändert: Der neue Kaiser kam aus dem Osten und war von seinem oströmischen Kollegen eingesetzt worden. Gegen ihn konnte Paulus das Argument mangelnder Legitimität nicht vorbringen und dürfte ihn daher anerkannt haben.

Adovacer aber stand in diesen Auseinandersetzungen auf der anderen Seite: Er kämpfte zunächst gegen Paulus um Angers, wobei der römische *comes* ums Leben kam. Adovacer verfolgte also seine eigenen Interessen bzw. stand vielleicht sogar mit den Westgoten im Bunde. Die mit Paulus verbündeten Franken unter Childerich erschienen einen Tag später und drängten Adovacer wieder aus der Stadt hinaus.

Diese Deutung wird von weiteren Einträgen der sogenannten «Annalen von Angers» bestätigt, die Gregor folgendermaßen wiedergibt:

> «Hierauf wurde zwischen den Sachsen und den Römern Krieg geführt; die Sachsen aber wandten sich zur Flucht und wurden von den Römern verfolgt, wobei viele von ihnen dem Schwert zum Opfer fielen; ihre Inseln wurden von den Franken unter großem Blutvergießen eingenommen und verheert. Im neunten Monat dieses Jahres war ein Erdbeben. Adovacer schloss mit Childerich einen Bund, und sie unterwarfen die Alemannen, die einen Teil Italiens durchzogen hatten.»[43]

Erneut geht der Autor ganz selbstverständlich von einem Bündnis zwischen Römern und Franken aus. Ob es noch einen römischen Befehlshaber gab, wird nicht deutlich – vielleicht führte Childerich nach dem Tod des Paulus die verbündeten Truppen an. Er war es jedenfalls, der schließlich mit Adovacer einen Vertrag (*foedus*) schloss, so dass sie gemeinsam die Alemannen besiegen konnten. Dieser Kampf wirft eine weitere Frage auf: Wer oder was hatte die Alemannen veranlasst, zuerst in Italien und dann in Gallien einzufallen? Man muss bedenken, dass Kaiser Anthemius damals gerade heftig bemüht war, gegen die Westgoten vorzugehen und damit die Kontrolle über Gallien wiederzuerlangen. Ferner hatte er eine Koalition aus Briten, Burgundern und Franken zustande gebracht, dazu kamen der *comes* Paulus sowie die römische Aristokratie, vor allem in der Auvergne. Diese Allianz war auch notwendig, denn die Westgoten waren die stärkste Militärmacht in Gallien. Wenn nun die Alemannen in dieser Situation zuerst in Italien und dann in Gallien einfielen, waren sie sich vermutlich der Tragweite ihrer Handlungen bewusst. Mehr noch: Ein Bündnis der Alemannen mit den Westgoten ist vor dem skizzierten Hintergrund mehr als wahrscheinlich. Der zusammen mit Adovacer erfochtene Sieg Childerichs über diesen Gegner hat seine Position nördlich der Loire gestärkt: Den «Annalen von Angers» zufolge agierte der Frankenkönig nun völlig unabhängig von einem römischen Machthaber.

Für eine starke Stellung Childerichs im nördlichen Gallien spricht auch eine Episode der um 520 entstandenen Vita der heiligen Genovefa. Demnach ließ der König während seiner Abwesenheit die Stadttore von Paris schließen, um eine Befreiung seiner zum Tode verurteilten Gefangenen durch die ob ihrer Heiligkeit berühmte Genovefa zu verhindern. Als diese davon erfuhr, eilte sie zu einem Stadttor und öffnete es ohne Schlüssel nur durch die Kraft ihrer Hände. Sie folgte dem König und konnte eine Hinrichtung der Gefangenen vereiteln, auch weil dieser, obwohl Heide, sie in «unsagbarer Liebe verehrte».[44] Das gute Verhältnis der beiden könnte auch mit Genovefas Herkunft zusammenhängen. Ihr germanischer Name und ihre römische Sozialisation verweisen auf eine gemischte Abstammung. Sie wurde um 420 in Nanterre westlich von Paris geboren und war vermutlich die Tochter eines römischen Offiziers germanisch-fränkischer Abstammung. Schon früh weihte sie Gott ihr Leben und trat in eine religiöse Frauengemeinschaft ein. Nach dem Tod ihrer Eltern zog sie zu ihrer Patentante nach Paris, war aber nicht in allen Bevölkerungskreisen beliebt. Als der Angriff Attilas auf Gallien bekannt wurde, suchten reiche Bewohner der Stadt ihren Besitz in Sicherheit zu bringen. Dies verhinderte Genovefa, was ihr sogar Morddrohungen einbrachte, aber der Sieg des Aëtius über Attila bestätigte ihre Vorhersagen. Seither genoss sie große Verehrung und soll sogar Wunder gewirkt haben. Da die Vita um 520 verfasst wurde, kommt ihr ein hoher Quellenwert zu, sieht man einmal von den Wundergeschichten ab, die genrebedingt zu einem Heiligenleben gehören. Childerichs Engagement in Paris ist also historisch verbürgt, allerdings wird seine Stellung in der Stadt nicht ganz deutlich. Früher dachte man, er habe dort sogar seine Residenz aufgeschlagen; wahrscheinlicher ist, dass er zumindest offiziell noch im Auftrag Roms agierte. Daher wird diese Episode auch in die Lebenszeit des Aegidius datiert.[45] Dazu besteht aber kein zwingender Anlass. Einige Zeit später scheint Childerich Paris wieder verloren zu haben, jedenfalls belagerten die Franken angeblich zehn Jahre lang die Stadt. Wahrscheinlich machten sie nur ihr Umland unsicher. Genovefa durchbrach diese Blockade mit einigen Schiffen und konnte die Eingeschlossenen mit Lebensmitteln versorgen.[46] Vielleicht gehört auch diese Episode noch in die Zeit Childerichs, oder sie begab sich erst unter seinem Sohn Chlodwig.

Erfolgreicher als Childerich war zweifellos der Westgotenkönig Eurich. 475 hatte er Rom besiegt und die Auvergne gewonnen. Auch Bischof Sidonius Apollinaris von Clermont, der zahlreiche Gedichte und Briefe verfasst hat und damit einen lebendigen Eindruck der damaligen Verhältnisse vermittelt, musste zur Strafe für seinen Widerstand ins Exil gehen. Schon bald wurde er begnadigt und durfte 476 ein Lobgedicht auf König Eurich halten. Brieflich unterrichtete er einen Freund:

«Auch bleibt sogar dem Herrscher (d. h. Eurich) selbst wenig freie Zeit, während der unterworfene Erdkreis ihn um Entscheide angeht. Hier sehen wir, wie der blauäugige Sachse, zuvor an das Meer gewöhnt, das Festland fürchtet; die Schere begnügt sich nicht damit, ihre Schnitte auf die obersten Spitzen des Scheitels zu begrenzen, sondern erhöht den Ansatz der Haare. So werden die Haare bis auf die Haut abgeschnitten; der haarbedeckte Schädel wird verkürzt und das Gesicht verlängert. Hier erwartest Du, greiser Sugambrer, daß von Deinem nach Deiner Niederlage geschorenen Hinterkopf wiederum neue Haare auf Deinen alten Nacken herabfallen. Hier geht der blauäugige Heruler umher, der die äußersten Winkel des Ozeans bewohnt und beinahe die gleiche Farbe hat wie die algenreiche Meerflut. Der sieben Fuß große Burgunder bittet hier häufig mit gebeugtem Knie demütig um Frieden.»[47]

Eurich wird als Sieger über seine Feinde gefeiert: über die Sachsen, die am Unterlauf der Loire saßen, die Burgunder und die Sugambrer, also die Franken. Mehr noch: Aus der Anrede «Sugambrer» und der Beschreibung der langen, exklusiven Haartracht geht hervor, dass ein Merowinger sich als Gefangener an seinem Hof aufhielt. Eurich muss in der Zwischenzeit also die Franken geschlagen haben, worauf ein weiterer Brief des Sidonius hinweist. Einem anderen Freund schrieb er: «Lege für ein kleines Weilchen die vielbewunderten Reden beiseite, die Du als Sprecher des Königs (d. h. Eurich) verfertigst, mit denen der hochberühmte König selbst bald die Herzen der Stämme jenseits des Meeres in Schrecken setzt, bald von der Rednerbühne herab mit den Barbaren, die an der Waal zittern, als Sieger ein Bündnis knüpft (...).»[48] Der König wird ganz in der Art eines römischen Kaisers gezeichnet, der seine Feinde mit der Macht des Wortes besiegt. Dies gilt gerade auch für die Barbaren an der Waal, also die Franken, die Eurich zu einem Bündnis gezwungen hatte. Das Engagement des Westgotenkönigs in Nordgallien ist außerdem durch einen Brief Theoderichs des Großen an die Könige der Heruler, Warnen und Thüringer bezeugt: «Erinnert Euch an das Wohlwollen Eurichs des Älteren und mit welchen Geschenken er Euch oft, wenn von den benachbarten Völkern

Krieg drohte, geholfen hat.»[49] Zwischen den genannten Völkern und den Westgoten bzw. zwischen der Loire und der Waal lag das Herrschaftsgebiet Childerichs, der also unter den Angriffen der Westgoten zu leiden hatte, wenn er nicht sogar selbst in Eurichs Gefangenschaft geraten war. Zum Zeitpunkt der mutmaßlichen Gefangennahme hatte er die Herrschaft schon ungefähr zwanzig Jahre inne, so dass die Anspielung auf sein Alter gerechtfertigt sein könnte.

Wie geschlossen die Franken den Westgoten gegenübertraten, muss im Übrigen offenbleiben, denn möglicherweise hatte Eurich schon vorher Bündnispartner unter ihnen: Seine Gemahlin, von der nur bekannt ist, dass sie die Tochter eines benachbarten Königs war, hieß Ragnachild.[50] Ihr Name erinnert sehr an den Frankenkönig Ragnachar, der zur Zeit Chlodwigs über Cambrai herrschte. Es gibt keine Anzeichen dafür, dass Eurich während der ihm verbleibenden Regierungszeit bis zu seinem Tod 484 im nördlichen Gallien noch einmal militärisch aktiv werden musste. So könnte es sein, dass Childerich am Ende seines Lebens mit leeren Händen dastand. Es sieht zwar nicht danach aus, dass es den Westgoten gelungen wäre, ihre Herrschaft über die Loire nach Norden auszudehnen, aber die Franken mussten wohl unter ihren Angriffen leiden und zogen sich in die nördliche *Belgica II* zurück. Hier, in der Stadt *Tornacum* (Tournai) und bezeichnenderweise nicht in seinem Hauptaktionsgebiet an der Loire und rund um Paris, wurde Childerich nach seinem Tod 481/82 begraben. Die Forschung geht mehrheitlich davon aus, dass das seit dem römischen Kaiser Maximianus (286–305) befestigte Tournai Childerich als Residenz gedient hat, obwohl er zumeist weiter südlich, vor allem an der Loire und bei Paris, aktiv war. So könnte Tournai, damals ein Ort von allenfalls mittlerer Bedeutung, dem alternden König als eine Art Rückzugsgebiet gedient haben,[51] nachdem er gegen die Westgoten unter Eurich in die Defensive geraten war.

Das Grab des Königs Childerich

Die Herrschaft eines Königs beginnt im Regelfall mit dem Ableben des Vorgängers und endet mit seinem Tod. Das Begräbnis des Vorgängers muss sowohl dem Anlass als auch der Bedeutung der Person gerecht werden. Königsgräber enthalten daher oft wichtige Informationen über den Herrscher selbst, aber auch – und das trifft natürlich ebenfalls für andere erhaltene Grabstätten zu – über die Lebensbedingungen der betreffenden Zeit. Im günstigsten Fall erfahren wir sogar etwas über die politischen und gesellschaftlichen Verhältnisse. Die Grabstätte des Frankenkönigs Childerich beweist wie kaum ein anderes archäologisches Zeugnis, dass unsere Kenntnisse über die Vergangenheit oftmals von glücklichen Zufällen bestimmt werden:

Im Jahr 1653, fast zwölf Jahrhunderte nach seinem Tod, sollte in Tournai, dessen spätantiker Kern auf dem westlichen Ufer der Schelde lag, östlich des Flusses ein Armenhaus neu errichtet werden. Bei den Ausschachtungsarbeiten nördlich der Pfarrkirche Saint-Brice stieß der taubstumme Arbeiter Adrien Quinquin zufällig auf Gold- und Silbermünzen sowie weitere kostbare Stücke. Wie sich herausstellte, gehörten sie zu einer alten Grabstätte, die mehr als zwei Meter in den felsigen Boden eingetieft war. In ihr war ein knapp 1,80 Meter großer Mann mit Waffen und weiteren Beigaben bestattet.[52] Schon in der Mitte des 17. Jahrhunderts war ein solcher Fund eine Sensation, und so eilte der Bischof von Tournai mit den Kanonikern seiner Kathedrale herbei, um ihn zu besichtigen. Einer von ihnen, Jean Chiflet, benachrichtigte auch seinen Vater Jean-Jacques, den Leibarzt Erzherzog Leopold Wilhelms von Österreich, des Statthalters der spanischen Niederlande, zu denen Tournai damals gehörte. Die Funde gingen in den Besitz des Erzherzogs über, der seinem Leibarzt den Auftrag gab, die Beigaben zu untersuchen und zu publizieren. Jean-Jacques Chiflet, der sich bereits mit politisch-historischen Traktaten einen Namen gemacht hatte,[53] führte den Auftrag akribisch aus und fertigte auch zahlreiche unkolorierte Zeichnungen an. Nach zwei Jahren war das Werk vollendet, das unser Wissen über dieses Grab bis heute bestimmt. Denn die meisten Funde stehen der Forschung nicht mehr zur Verfügung – und auch hier hatte der Zufall seine Hände im Spiel. Nach dem Ende seiner Statthalterschaft 1656 kehrte Leopold Wilhelm nach Wien zurück und nahm die Schätze von Tournai mit sich, die nach seinem Tod 1662 zunächst in die kaiserliche Schatzkammer gelangten. Drei Jahre später übergab Kaiser Leopold I. große Teile des Fundes an Ludwig XIV. zum Dank für dessen Hilfe gegen die Osmanen in der Schlacht bei St. Gotthard 1664.[54] Ludwig erhob als König von Frankreich den Anspruch, der legitime Nachfolger Chlodwigs und damit auch Childerichs zu sein. Mehr als anderthalb Jahrhunderte wurden die Funde dann in Paris verwahrt, aber in der Nacht vom 5. auf den 6. November 1831 wurden die meisten von ihnen aus der königlichen Bibliothek entwendet und sind seither verschollen. Die wenigen Reste liegen heute im Cabinet des Médailles der Bibliothèque Nationale. Umso wertvoller sind Chiflets Bericht und seine Zeichnungen. Das Römisch-Germanische Zentralmuseum Mainz hat einige von ihnen nachträglich kolorieren lassen. In den 80er Jahren des 20. Jahrhunderts wurde das Areal des Childerichgrabes noch einmal archäologisch untersucht, was unser Wissen über dessen Umgebung deutlich erweitert hat.

Was sagen die Funde über Childerich aus? Zunächst einmal weisen sie ihn deutlich als Heiden oder besser: als Gläubigen einer nichtchristlichen Religion aus. Anders als die Christen glaubten deren Anhänger an ein Weiterleben nach dem Tod, das ein Abbild des irdischen Daseins sein sollte. Die Angehörigen gaben daher ihren Verstorbenen Gegenstände mit ins Grab, die deren Stellung im Diesseits repräsentierten. Oft genug waren dies Dinge des täglichen Gebrauchs aus dem Besitz der Verstorbenen. Ein Krieger oder gar ein Gefolgschaftsführer benötigte etwa eine militärische Ausrüstung. So ist das 1653 in Tournai gefundene Grab eine regelrechte Fundgrube nicht nur für die Glaubenswelt des Bestatteten, sondern auch für seine Lebensumstände und vor allem für seine soziale Stellung: Die gefundenen Beigaben waren überaus prunkvoll und setzten sich aus Waffen, Schmuck und einem Münzschatz aus 100 Goldmünzen in einem Lederbeutel sowie 200 Silbermünzen zusammen. Bei den Waffen handelte es sich um ein zweischneidiges Langschwert (Spatha), ein einschneidiges Kurzschwert (Scramasax), eine Lanze, eine Wurfaxt (Franciska) und schließlich einen Schildbuckel. Der Spathagriff, Teile des Saxfutterals sowie zahlreiche Schnallen und Applikationen waren aus Gold und zusätzlich mit aufwendigen Verzierungen versehen. Daneben wurden etwa 300 goldene Anhänger in Bienenform – die Zahl gilt als übertrieben – und ein Stierkopfanhänger gefunden, die wohl zum Zaumzeug des königlichen Pferdes gehört hatten.[55] Weiter sind ein goldener Handgelenkring und eine goldene Zwiebelknopffibel zu nennen sowie eine kostbare Bergkristallkugel, die jüngst

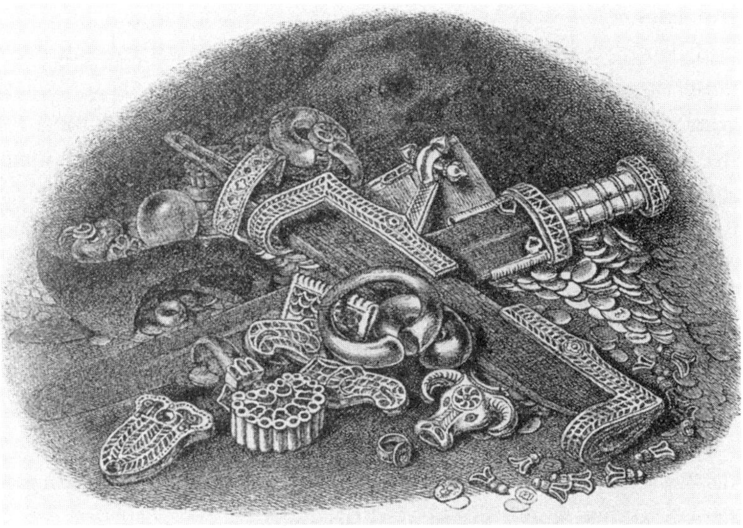

Der Hort des Childerich

als Rest eine Szepters angesprochen wurde.[56] Dass wir den Bestatteten mit Namen kennen, liegt an dem Siegelring aus massivem Gold, der sich ebenfalls in dem Grab befand. Er trägt die Aufschrift: *CHILDERICI REGIS* – der Ring gehörte also dem König Childerich, der uns aus schriftlichen Quellen, insbesondere durch Gregor von Tours, als Vater Chlodwigs bekannt ist.

Auf dem Siegelring befindet sich auch ein grobes Porträt des Königs. Seine Haare sind schulterlang und in der Kopfmitte gescheitelt. Das gibt ihm ein aus römischer Sicht barbarisches Aussehen, auch wenn die Römer selbst ihre Haare in der Spätantike viel länger trugen als in klassischer Zeit. Weiter trägt der König einen Halsring sowie einen Brustpanzer und hält in seiner rechten Hand eine Lanze. Der Halsring dürfte ein germanisches bzw. fränkisches Würdezeichen gewesen sein, die Lanze betonte die Eigenschaft Childerichs als Heerführer. All dies – am wenigsten vielleicht noch die Lanze – zeigt ihn als barbarischen König, aber die Verwendung eines Siegelrings verweist auf eine andere Sphäre. Sie zeigt, dass Childerich im weitesten Sinne mit Schriftstücken in Kontakt gekommen sein muss. Die Schrift aber war ein römisches Erbe. Vermutlich standen dem König römische Schreiber zu Diensten, die jene Dokumente verfassten, die Childerich dann besiegelte. Eine Parallele ist der Alemannenkönig Gibuldus, der über schriftkundiges Personal verfügte.[57] Childerichs Fibel verweist ebenfalls auf einen römischen Kontext. Sie schloss auf der rechten Schulter das *paludamentum*, den umhangförmigen Mantel eines hohen römischen Würdenträgers oder mit Rom verbündeten Barbarenkönigs. Die Goldmünzen schließlich waren ebenfalls römischer Herkunft. Bei ihnen handelt es sich um mehr als 100 Solidi, die mehrheitlich unter den oströmischen Kaisern Leon I. (457–474) und Zenon (474–491) geprägt wurden, also unter Zeitgenossen Childerichs. Sie waren vermutlich der Lohn für Föderatendienste. Der Zahler – Aegidius, ein weströmischer oder gar der oströmische Kaiser – ist allerdings kaum noch mit Sicherheit zu identifizieren, denn oströmische Münzen liefen bis zu einem gewissen Grad auch im Westen um.[58]

In erster Linie wurde Childerich aber als König bestattet, in dessen Beigaben sich seine Macht, sein Reichtum und seine weitgespannten Beziehungen spiegelten. Die Franciska als typisch fränkische Wurfaxt wies ihn als Franken aus. Die Beschläge des Zaumzeugs, sowohl die stilisierten Bienen als auch der Stierkopf, verweisen auf mediterrane Bezüge. Da sich auch ein Pferdeschädel im Grab befunden haben soll, wird vermutet, dass Childerichs Pferd nach einem damaligen thüringischen Brauch über seiner Grabkammer beigesetzt worden war. Als die Decke einbrach, fielen demnach diese Gegenstände in das Grab des Königs. Im Abstand von 15 bis 20 Metern zu der Stelle, an der man heute das königliche Grab vermutet, wurden bei Ausgrabungen in den 1980er Jahren drei Gruben gefunden, die die Reste von mindestens 21 Pferden ohne Zaumzeug bargen. Sie gehören ebenfalls in das späte 5. Jahrhundert und werden daher dem Grabmal Childerichs zugerechnet. Über der Grabstätte war vermutlich ein mächtiger Hügel von 20 bis 40 Metern Durchmesser errichtet worden, der weithin sichtbar gewesen sein muss und allen Betrachtern die Bedeutung des Bestatteten vor Augen führte. Wir kennen nur wenige vergleichbare Gräber dieser Zeit, nicht aus West-, sondern aus Mittel- und Osteuropa. Reitervölker wie Hunnen und Alanen pflegten ihre vornehmen Toten auf diese Weise zu bestatten. Das Grabmal war also ausgesprochen exklusiv und kennzeichnete damit die Position, die Childerich

Der Siegelring König Childerichs

vor allem in den Augen seines Sohnes und Erben zu Lebzeiten innegehabt hatte.

Der Aufwand, der getrieben wurde, muss für die damalige Zeit gewaltig gewesen sein. Die Entscheidung über dieses Begräbnis aber hatte letztlich der Erbe des Königs zu treffen, also Chlodwig. Als Sohn eines Königs und Spross einer Königsfamilie musste er seinen Vater auf diese Weise bestatten, wenn er ein würdiger Nachfolger sein wollte. Was in unseren Augen fast wie Verschwendung anmutet, war in damaliger Zeit durchaus rational, auch abgesehen von religiösen Motiven. Mobiler Reichtum allgemein ermöglichte es einem Herrscher, die Loyalität seiner Gefolgsleute sicherzustellen, indem er diese großzügig beschenkte. Freigiebigkeit war also eine Tugend, eigentlich sogar eine Notwendigkeit, und genau diese Freigiebigkeit bewies Chlodwig auch bei den Beigaben für seinen verstorbenen Vater: Wer zusammen mit einem Toten einen derartigen Schatz vergraben konnte, machte deutlich, wie reich und mächtig er war und dass er die Herrschaft mehr als verdiente. Denn zur Absicherung benötigte der Nachfolger die Zustimmung und Unterstützung der Gefolgsleute des

Verstorbenen. Man wird daher davon ausgehen können, dass Chlodwig seinem Vater keinesfalls sämtliche Schätze mit auf den Weg gegeben, sondern vielleicht sogar den größeren Teil für sich behalten hat. Eine solch prunkvolle Bestattung war daher ein deutliches Signal an die Gefolgsleute Childerichs: Auch unter dessen Sohn und Nachfolger würden sie durch reiche Geschenke für ihre Loyalität belohnt werden. Gerade wenn Childerich am Ende seines Lebens in die Defensive geraten sein sollte, zeigt seine Grabausstattung die feste Absicht seines Sohnes Chlodwig, bei nächster Gelegenheit wieder in die Offensive zu gehen.

Die Franken nach archäologischen und schriftlichen Quellen

Wie aber lebten die Franken, wie fochten sie ihre Kriege aus? Dazu besitzen wir zunächst vor allem archäologische Quellen, weil mit den Gräbern bzw. den darin gefundenen Beigaben aussagekräftige Quellen nicht nur für die Bestattungssitten, sondern auch für das tägliche Leben zur Verfügung stehen. Dies gilt sowohl für einen König wie Childerich als auch für dessen Gefolgsleute und die einfachen Franken. Die soziale Differenzierung ist an Zahl und Art der Beigaben abzulesen, auch die Lage eines Grabes verrät viel über die Stellung, die ein Verstorbener in seiner Gemeinschaft gehabt hat. Auf andere Fragen bleiben die Gräber aber die Antwort schuldig, vor allem, weil sie doch nur einen kleinen Ausschnitt des Lebens wiedergeben. Für Häuser und Siedlungen der Franken etwa sind wir deshalb auf andere Informationsträger angewiesen. Hier hat die Forschung seit jeher die Ortsnamen als Quellen herangezogen; unser Bild ergänzt in jüngerer Zeit die Luftbildarchäologie. Daneben geben auch Rechtstexte wichtige Hinweise.

Die Franken errichteten ihre Häuser in aller Regel aus Holz. Es gab zwei Haustypen, ebenerdige Pfostenbauten und Grubenhäuser. Die Pfostenbauten waren in der Regel nicht breiter als sechs Meter, konnten aber in der Länge durchaus 40 Meter überschreiten. Es handelte sich bei ihnen oft um sogenannte Wohnstallhäuser, in denen sowohl Menschen als auch Vieh untergebracht waren, aber auch um reine

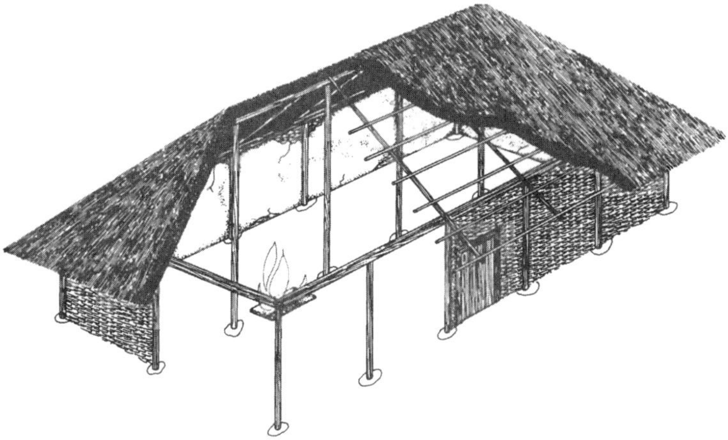

Fränkisches Langhaus, Rekonstruktionsversuch des Typs Odoorn A/B

Wohnhäuser. Die Wände bestanden aus Flechtwerk, das mit Lehm verputzt war. Die Formen der Dächer sind schwerer zu rekonstruieren: Man geht von Sattel- oder Walmdächern aus, die mit Stroh oder Schilf gedeckt waren. Es gab ein-, aber auch bis zu dreischiffige Häuser. Die Grubenhäuser waren erheblich kleiner, bis zu vier Meter lang und allenfalls drei Meter breit. Sie waren bis zu einem Meter tief in den Boden eingelassen und dienten vor allem der Vorratshaltung und als Arbeitsraum. Eine Hofanlage konnte aus einem oder auch mehreren Gebäuden bestehen, mehrere Höfe bildeten wiederum Dörfer, die allem Anschein nach ungeregelt angelegt wurden. Die Franken betrieben sowohl Ackerbau als auch Viehzucht. Gerade der Besitz an Vieh galt als entscheidend für den Wohlstand des Einzelnen.

Archäologische Zeugnisse ermöglichen es, nicht nur spektakuläre Ereignisse in den Blick zu nehmen, sondern auch langfristige Entwicklungen wie die geographische Ausbreitung der Franken und anderer germanischer Völker besser nachzuvollziehen. So kam um die Mitte des 4. Jahrhunderts im nördlichen Gallien zwischen dem Rhein auf der einen sowie Seine und Marne auf der anderen Seite eine neue Form der Totenbestattung auf, in sogenannten Reihengräberfeldern. Sie sind in der Nähe von spätantiken Kastellen oder anderen Militäranlagen zu finden und werden daher als Garnisonsfriedhöfe angesehen, zumal die Gräber teilweise auch Waffen und bronzebeschlagene Militärgürtel enthalten. Die Beigabe von Waffen war bei römischen Soldaten nicht üblich. Daher handelte es sich vermutlich um barbarische Krieger in römischen Diensten, also auch um Franken, die seit der Zeit Konstantins des Großen in immer größerer Zahl in der römischen Armee dienten. Neben den Waffen wurden auch Gegenstände des täglichen Gebrauchs gefunden wie Schnallen, Fibeln, Haarnadeln oder Eisenscheren, die wie die dreieckigen Dreilagenkämme eine typisch germanische Form aufwiesen und nicht zum provinzialrömischen Milieu gehörten.[59] Selbstverständlich fanden sich aber auch provinzialrömische Produkte wie scheibengedrehte Keramik, hochwertige Gläser oder Bronze- und Zinngefäße.

Man spricht daher von einer ‹Mischzivilisation› im nördlichen Gallien während des 4. und 5. Jahrhunderts. Die zahlreichen Franken, die auf Grund verschiedener rechtlicher Verpflichtungen in der römischen Armee dienten, etwa als halbfreie Laeten, als sogenannte Föderaten oder einfach nur als angeworbene Söldner, sowie ihre Familien glichen sich allmählich der provinzialrömischen Bevölkerung an, insbesondere in der Lebensweise. Zugleich vergaßen sie jedoch nicht ihre Herkunft, weshalb die römische Reichsgrenze allmählich an Bedeutung verlor. Sie bildeten mit der Zeit ein vergleichsweise einheitliches Milieu, zumal auch die diversen rechtlichen Verpflichtungen für ihren Militärdienst sukzessiv zurücktraten. Die Forschung hat für diese Personen die Bezeichnung ‹reichsfränkisch› geprägt. Diese Bevölkerungsschicht orientierte sich sowohl am römischen Reich als ihrem Lebensraum als auch an ihrer fränkischen Herkunft, die auch weiterhin ein Stück weit ihre Lebenswelt und ihr Selbstverständnis bestimmte.

Für diese Entwicklung kann das Gräberfeld von Lavoye im Département Meuse als Beispiel dienen. Es wurde auf einer alten römischen *villa rustica* angelegt und enthält 362 Gräber, von denen 192 grob in die Zeit zwischen 500 und 650 datiert werden können. Danach hören die Grabbeigaben allgemein auf, was eine Datierung unmöglich macht. Das Gräberfeld hat sich um eine Gruppe von neun Gräbern herum entwickelt. Das zentrale Grab ist das älteste, größte und tiefste;

und es ist besonders reich ausgestattet. Es enthält die Überreste eines 50- bis 60-jährigen Mannes und wertvolle Beigaben: eine goldene, mit Granat-Steinen verzierte Gürtelschnalle, eine Geldbörse mit einer ähnlich verzierten Spange, einen Dolch mit goldenem Griff, ein Schwert von fast einem Meter Länge, das mit Gold, Silber und Granat-Steinen geschmückt war, weiter die Spitzen von drei Wurfspießen, einen Schild und, zu Füßen des Verstorbenen, eine gläserne Schale sowie einen mit Bronze überzogenen Krug, welcher der christlichen Liturgie diente und mit Szenen aus dem Leben Christi verziert war. Bei ihm handelt es sich wahrscheinlich um Beutegut aus einer christlichen Kirche. In unmittelbarer Nähe des Anführers waren drei Frauen bestattet worden, deren Gräber ebenfalls reich ausgestattet waren. Die große Mehrzahl der Gräber, die sich um diesen Verband gruppieren, enthält wahrscheinlich die Überreste von einfachen freien Franken, nicht etwa von Unfreien. Einige dieser Gräber weisen ähnliche Funde auf wie das des Anführers, nur sind die Beigaben weniger üppig.

Die Franken waren also keineswegs ein Volk von Gleichen und Freien, sondern Macht und Reichtum lagen in den Händen einer vergleichsweise kleinen Elite, deren Angehörige den Königen wahrscheinlich als bewaffnete Gefolgsleute dienten und dabei von ihren eigenen Anhängern begleitet wurden, die weniger gut bewaffnet waren. Die Mehrheit der Bevölkerung bestand aus Bauern, die für die Bebauung des Bodens und damit für die materiellen Grundlagen jener Kriegerschicht zuständig waren, der die fränkischen Könige ihre militärischen Erfolge verdankten. Sidonius Apollinaris beschreibt die fränkischen Krieger recht lebendig, die bei dem Ort Helena von Maiorianus besiegt worden waren:

> «Auch dieser (Maiorianus) bezwingt Ungeheuer; denen hängt das Haar, vom rötlichen Haupt herniedergezogen, in die Stirn, und der entblößte Nacken glänzt durch das Fehlen von Haaren; es schillern wasserblaue Augen in hellem Glanz, und da sie im Gesicht ganz rasiert sind, durchpflügen sie, statt eines Bartes, nur die dünnen Scheitelhaare mit dem Kamm. Ein genähtes Gewand umspannt eng die gewaltigen Glieder der Männer; da die Kleidung hoch getragen wird, bleibt ihnen das Knie frei. Ein breiter Gurt umspannt den schlanken Leib. Die schnellen Äxte auf weite Entfernung zu werfen und zuvor den Ort des Einschlages zu wissen, auch die Schilde kreisen zu lassen, ist ihnen ein Spaß, ebenso,

geschleuderten Speeren im Sprung zuvorzukommen und eher an den Feind zu gelangen. Schon im Knabenalter reift die Lust am Krieg. Geraten sie einmal in Nachteil, sei es durch Minderzahl, sei es durch Ungunst des Geländes, überwältigt der Tod sie, nicht die Furcht; unbesiegbar halten sie stand, und ihr Mut überlebt beinahe noch ihren letzten Atemzug.»[60]

Wie viele andere römische Autoren, die sich mit den Eigenheiten fremder Völker beschäftigten, folgt auch Sidonius den zu seiner Zeit verbreiteten Topoi über die sogenannten Barbaren. In kriegerischen Kontexten wurden dabei immer wieder ihr Mut und ihre Tapferkeit hervorgehoben. Dies war allerdings nicht immer als Kompliment gemeint, da ungestümer Mut aus römischer Sicht zugleich auch ein Beleg für mangelnde Überlegung und eine fehlende taktische Ausbildung und Disziplin der Krieger sein konnte. An dieser Stelle ist sicher auch die Absicht des Sidonius zu berücksichtigen, die Taten des Maiorianus in einem möglichst hellen Licht erstrahlen zu lassen, indem er dessen Gegner zu idealen Kämpfern stilisiert. Natürlich konnte sich Sidonius auch ganz anders über die Barbaren äußern: In einem Gedicht bezeichnet er die Burgunder als «Horden von Langhaarigen», beklagt ihre Gefräßigkeit und verdammt ihre Gewohnheit, die Haare in ranziger Butter zu tränken.[61] Von den fränkischen Kriegern aber vermittelt Sidonius insgesamt ein positives und vielleicht sogar stimmiges Bild, soweit es um ihre Fertigkeiten im Umgang mit Waffen geht. Hier nennt Sidonius vor allem die Wurfaxt, die Franciska, die aus einer Entfernung von ca. zehn Metern gegen den Feind geschleudert wurde. Auch Sidonius' Informationen über das Äußere der Franken mochten durchaus zutreffen: Sie trugen ihre Haare kürzer als die Könige, die daher stets gut erkennbar waren.

Sidonius vermittelt uns auch eine Ahnung vom Auftreten eines fränkischen Königs. In einem Brief an einen Freund beschreibt er den Besuch des schon erwähnten Königssohnes Sigismer bei dessen burgundischem Schwiegervater:

«Du, dem es Freude macht, häufig Waffen und Bewaffnete zu betrachten, welches Vergnügen hättest Du, meine ich, empfunden, hättest Du gesehen, wie der königliche Jüngling Sigismer, geschmückt nach Art und Sitte seines Stammes, als Verlobter oder Werbender den Palast seines Schwiegervaters besuchte! Ein Roß mit metallenem Brustschmuck, ja,

> mit strahlenden Edelsteinen beladene Rosse zogen vor ihm her und folgten ihm auch, während es dabei einen noch herrlicheren Anblick bot, wie er selbst zu Fuß einherschritt, mitten unter seinen Begleitern und Dienern, flammend in seinem scharlachroten Umhang, rötlich schimmernd von Gold, milchig glänzend von Seide, und solch prächtigem Schmuck entsprach die Farbe von Haar, Gesicht und Haut. Die Statur der Prinzen und der Gefährten, die ihn begleiteten, war selbst im Frieden furchterregend; ihre Füße steckten in Schnürstiefeln, die oben mit Fell bedeckt waren und bis zu den Knöcheln reichten; Knie, Unterschenkel und Waden waren unbedeckt; dazu ein kurzes, eng anliegendes, buntes Gewand, das kaum bis an die entblößten Knie reichte; Ärmel, die nur den Ansatz der Arme verhüllten; grün schimmernde Mäntel, die mit purpurroten Säumen eingefaßt waren; Schwerter, die mit einem herablaufenden Wehrgehenk an der Schulter befestigt waren, streiften ihre Hüften, die ein Gürtel aus metallbeschlagenem Fell umschloß. Ebenso prachtvoll wie ihre Kleidung waren ihre Waffen; hakenbewehrte Lanzen und Wurfäxte trugen sie in ihrer rechten Hand, während Schilde ihre linke Seite beschatteten, deren Glanz – weiß wie Schnee an den Rändern, strahlend wie Gold in der erhöhten Mitte – ebenso von Reichtum wie von ihrer Hingabe zeugte.»[62]

Erneut spürt man die Mischung aus Bewunderung und Furcht, welche der gebildete Römer Sidonius den Barbaren entgegenbrachte. Er betont die Pracht, mit der der Königssohn auftrat, und schildert seine Kleidung deutlich als die eines Barbaren. Er billigt Sigismer ein durchaus vornehmes Äußeres zu, erwähnt aber ebenfalls dessen furchterregende Körpergröße, die auch seine Gefolgsleute auszeichnete. Auch hier betont er die kriegerischen Eigenschaften der Franken, indem er ihre Waffen aufzählt, neben dem Schwert und der Franciska die Hakenlanzen, die ebenfalls als spezifisch fränkische Waffe bezeichnet werden können. Interessant ist seine Schilderung aber vor allem deshalb, weil sie einen Eindruck vom Auftreten eines fränkischen Königs vermittelt. Ähnlich martialisch dürfte auch Chlodwig aufgetreten sein, der sich während seiner Herrschaft vor allem auf die Schlagkraft seiner Krieger verließ.

4. DIE ANFÄNGE CHLODWIGS

Chlodwig folgte im Jahr 481/82 auf seinen Vater Childerich. Wahrscheinlich übertrugen dessen Gefolgsleute bei dieser Gelegenheit ihre Loyalität auf den neuen König. Dies muss allerdings nicht in Form einer Schilderhebung geschehen sein. Zwar ist diese Form der Königserhebung bei den Franken bezeugt, aber in aller Regel bei Thronwechseln ‹außer der Reihe›, also etwa bei Revolten oder Usurpationen. Nach dem Tod eines Königs stand aber mit dessen Sohn oftmals ein ‹natürlicher› Nachfolger zur Verfügung, so dass sich ein Herrscherwechsel in formaler Hinsicht meist reibungslos vollzog. Einen Akt, den man im weitesten Sinne als Wahl mit anschließender Huldigung ansehen kann, hat es jedoch sicherlich auch bei diesen Thronwechseln gegeben, denn ein frühmittelalterlicher König hatte nicht die Möglichkeiten, Loyalität zu erzwingen, sie musste ihm freiwillig entgegengebracht werden. Eine andere Frage ist es allerdings, ob ein neuer Herrscher in der Folgezeit seine Vorstellungen etwa im Hinblick auf die Besetzung wichtiger Funktionen auch durchsetzen konnte oder ob es darüber zu Konflikten mit seinen Großen kam. Am schnellsten stabilisierte sich die Position eines Königs, wenn er äußere Erfolge erzielen konnte. Chlodwig aber beherrschte zunächst ein Reich, das selbst in Gallien nur eine zweitrangige Macht war.

Gallien um 480

Als Chlodwig 481/82 die Nachfolge seines Vaters antrat, waren seit der Absetzung des letzten römischen Kaisers Romulus Augustulus gerade einmal rund fünf Jahre vergangen. Dessen Vorgänger Julius Nepos hatte sich nach Dalmatien geflüchtet und wurde vom oströmischen Reich weiterhin als legitimer Westkaiser anerkannt. Mit seinem

Gallien um 480

Tod 480 endete das weströmische Reich auch de jure. In gewissem Sinne war damit die Teilung in Ost- und Westrom aufgehoben, und es ist daher vielleicht nicht ganz richtig, weiterhin vom oströmischen Reich zu sprechen. Allerdings hat sich dieser Sprachgebrauch seit langem eingebürgert. Auch wenn Ostrom also nun eigentlich das gesamte Imperium darstellte und entsprechende Ansprüche auf die verlorenen Provinzen im Westen erheben konnte, wirkte sich dies nur wenig auf die praktische Politik aus. Die burgundischen Könige scheinen zwar Wert darauf gelegt zu haben, dass ihre Position als gallische Heermeister von Konstantinopel bestätigt wurde, aber dies änderte nichts an ihrer Position gegenüber ihren Nachbarn. Vielmehr war Gallien um 480 geteilt in etliche germanische Königreiche und römische Restgebiete ohne engere Bindung an Ostrom.

Die stärkste Macht im damaligen Gallien waren die Westgoten, die das römische Reich seit dem großen Sieg in der Schlacht von Adrianopel 378 immer wieder beunruhigt hatten. Unter ihrem König Alarich I. waren sie vom Balkan aus nach Italien gezogen und hatten 410 Rom erobert. Unter seinem Schwager und Nachfolger verließen sie das Kernland des Imperium wieder und erschienen in Gallien. Dort kämpften sie sowohl für als auch gegen die legitime Reichsregierung und wurden schließlich 418 als Föderaten zwischen Toulouse und Bordeaux angesiedelt. Von dort aus erweiterten sie unter ihrem König Theoderid allmählich ihr Gebiet sowohl in Gallien als auch in Hispanien, wo sie zunächst im Auftrag Roms gegen Sueben und Bagauden kämpften, bald aber auch im eigenen Interesse tätig wurden. 451 standen sie in der Schlacht auf den Katalaunischen Feldern auf Seiten des römischen *patricius* Aëtius. In den Wirren nach dessen Ermordung nahmen sie ihre alte Schaukelpolitik wieder auf und erweiterten ihr Gebiet vor allem unter König Eurich erheblich, bis sie mit der Eroberung von Clermont 475 annähernd das ganze Gebiet südlich und westlich der Loire beherrschten, das auch als Aquitanien bezeichnet wird.

Die Westgoten waren schon seit langem Christen, allerdings bekannten sie sich nicht zur katholischen Lehre, der die Mehrheit der römischen Reichsbevölkerung anhing, sondern seit den Zeiten ihres vielleicht ersten Bischofs Wulfila († 383) zum Arianismus. Arius († 336) war ein Priester aus Alexandria gewesen. Seiner Lehre zufolge sind Gottvater und -sohn nicht wesensgleich, sondern lediglich wesensähnlich, wobei der Sohn vom Vater erschaffen worden sei. Diese Auffassung wurde auf dem Konzil von Nicäa 325 verurteilt, doch hielt sich die arianische Glaubenslehre vor allem im Osten des römischen Reiches und bei den meisten germanischen Völkern wie den Westgoten. Der konfessionelle Gegensatz zu den Römern stärkte einerseits die Identität der Goten, war aber auch immer wieder ein Anlass für Spannungen. Dennoch kam es im Reich der Westgoten nicht zu Katholikenverfolgungen, wie das etwa zeitweise im Vandalenreich in Nordafrika der Fall war. Im Zuge der Ausdehnung des Reiches unter Eurich kam es aber zu Spannungen mit einigen katholischen Bischöfen, weil diese sich – wie Sidonius Apollinaris als Oberhirte von Clermont – der westgotischen Ausdehnung besonders entschieden widersetzt hatten. Der König schickte sie daher in die Verbannung und ließ vakant gewordene katholische Bistümer jahrelang unbesetzt.

Die Burgunder siedelten ursprünglich zwischen Weichsel und Oder bzw. Spree. In der zweiten Hälfte des 4. Jahrhunderts erschienen sie an Donau und Lech. Danach siedelten sie am Main. Sie waren im 4. Jahrhundert besonders mit den Alemannen verfeindet und wurden öfters von den Römern gegen diese eingesetzt. Mit diversen anderen Völkern konnten sie Ende 406 den Rhein überschreiten und wurden schon 413 in der heutigen Pfalz als Föderaten angesiedelt – im sogenannten Wormser Burgunderreich. Die Versuche König Gundahars, 436/37 sein Gebiet nach Westen auszudehnen, riefen Aëtius auf den Plan, der die Burgunder mit Hilfe seiner hunnischen Söldner besiegte und sie 443 im Rhônetal, in der sogenannten *Sapaudia* (Savoyen), ansiedelte. Auch die Burgunder kämpften auf den Katalaunischen Feldern 451 an der Seite der Römer gegen Attila. Der Burgunderkönig Gundioc dehnte sein Reich nach der Ermordung des Kaisers Maiorianus 461 ins heutige Burgund und auch westlich der Rhône aus. Auf Gundioc († 474?) folgte sein Bruder Chilperich I., während sein Sohn Gundobad zunächst sein Glück in Italien bei seinem Onkel, dem *patricius* Ricimer, versuchte. Nach dessen Tod hatte Gundobad als oberster Heermeister sogar kurzzeitig die höchste Autorität im Reich inne, konnte sich aber nicht lange halten und kehrte zu den Burgundern zurück. Er, wie vermutlich auch alle anderen männlichen Angehörigen der Königsfamilie, bekannte sich zum Arianismus, während die Burgunder selbst um 400 den katholischen Glauben angenommen hatten. Erst danach traten dann anscheinend etliche von ihnen zum Arianismus über, vielleicht unter dem Einfluss der Westgoten oder auf Grund der engen Verbindung der Königsfamilie zum arianischen *patricius* Ricimer. Die beiden Bekenntnisse waren sogar in der Königsfamilie vertreten: So war der Arianer Gundobad mit einer Katholikin namens Caratene verheiratet, und auch seine Nichte Chrodechilde war römischen Bekenntnisses.

Die nördlichen Nachbarn des Burgunderreiches waren die Alemannen. Ihre Entstehung im Verlauf des 3. Jahrhunderts ähnelt der der Franken. Wie diese überschritten sie auch immer wieder plündernd die Grenzen des römischen Reiches. 260 gaben die Römer schließlich den Limes auf und verlegten die Grenze zurück an Rhein und Donau. Hier, im sogenannten Dekumatenland, konnten sich die Alemannen niederlassen, möglicherweise zunächst sogar im Einvernehmen mit Rom. Viele von ihnen traten in der ersten Hälfte des 4. Jahrhunderts in römische Dienste, und einige erhielten sogar höchste Posten im Militär. Doch nach der Mitte des Jahrhunderts brach diese Entwicklung ab, und die Franken traten in dieser Beziehung an ihre Stelle. Im 5. Jahrhundert verteidigten die Alemannen dann einerseits als Föderaten etwa die Provinz Rätien, andererseits unternahmen sie aber auch selbst Plünderungszüge dorthin oder sogar nach Italien. Aëtius und Maiorianus konnten sie 430 bzw. 457 allerdings abwehren. Ab ungefähr diesem Zeitpunkt expandierten sie sowohl nach Westen über den Rhein bis nach Troyes als auch nach Osten bis nach Passau. Die politische Struktur der Alemannen war anscheinend ähnlich wie die der Franken, vermutlich sogar noch polyzentrischer. Im Zusammenhang mit den Kämpfen gegen Julian im 4. Jahrhundert ist von einer Vielzahl von Königen und Völkerschaften die Rede, die alle unter den Oberbegriff ‹Alemannen› gefasst werden. Dabei blieb es auch im 5. Jahrhundert. Anders als andere germanische Völker, die in einem intensiven Kontakt mit Rom standen, traten die Alemannen nicht zum Christentum über, sondern blieben Heiden.

Neben diesen germanischen Reichen und Völkern bestanden im Gallien des ausgehenden 5. Jahrhunderts auch noch einige Herrschaftsbildungen unter römischem Vorzeichen. Der *comes* Arbogast als Beherrscher Triers und seines Umlandes wurde schon erwähnt. Zudem hatten die Bewohner der Aremorica sich bereits zu Beginn des 5. Jahrhunderts eine autonome Stellung innerhalb des römischen Reiches erstritten, die auch über dessen Ende fortbestanden haben dürfte. Leider fehlen die Quellen für diese Region fast völlig. Als wichtigstes und größtes Herrschaftsgebilde römischen Zuschnitts aber gilt das Reich des Syagrius nördlich der Loire. Dieser beherrschte damit die Gebiete, in denen einst schon Chlodwigs Vater Childerich operiert hatte.

Die Eroberung des Syagrius-Reiches

Syagrius war der Sohn des Heermeisters Aegidius, der 461 gegen Rom rebelliert hatte und damit faktisch zu einem eigenständigen Herrscher geworden war. Die Forschung hat ihn früher als direkten Nachfolger seines Vaters gesehen. Für diese Deutung spricht vor allem der Bericht Gregors von Tours: «(...) Syagrius, der König der Römer, Sohn des Aegidius, (hatte) seinen Sitz in der Stadt Soissons, die einst schon Aegidius beherrscht hatte.»[1] Gregor suggeriert also, dass Syagrius direkt auf seinen Vater gefolgt sei, der 465 ums Leben gekommen war. Wie wir gesehen haben, ist aber bei den Kämpfen an der Loire im Jahr 469 von Syagrius überhaupt nicht die Rede. Vielmehr erscheint der *comes* Paulus als römischer Befehlshaber. Teile der Forschung nehmen daher an, Paulus habe vorübergehend die Position des Aegidius eingenommen und als eine Art Regent fungiert, weil Syagrius noch zu jung gewesen sei. Erst nachdem Paulus gefallen war, habe Syagrius die Herrschaft in den Gebieten nördlich der Loire übernommen. Er wäre dementsprechend als Vertreter eines eigenständigen römischen Herrschaftsgebildes auch der Bundesgenosse oder sogar der Oberherr Childerichs und später Chlodwigs gewesen. In den Quellen finden diese Annahmen über die herausragende Rolle des Syagrius aber keinen Rückhalt. Zunächst einmal agierte der *comes* Paulus wahrscheinlich im Auftrag von Kaiser Anthemius, während Syagrius als Sohn des Rebellen Aegidius dabei keine Rolle spielte. Daran änderte auch der Tod des Paulus nichts, denn nun beherrschte Childerich das Feld, der sogar mit dem Sachsen Adovacer ein Bündnis abschloss. Syagrius bleibt dagegen blass: Weder kann sein Machtbereich genau eingegrenzt noch seine Funktion exakt beschrieben werden, was auch an der Quellenlage liegt, denn außer bei Gregor von Tours und noch jüngeren Geschichtsschreibern hat er keine Spuren hinterlassen.

Der Chronist nennt Syagrius *rex Romanorum*, König der Römer. Das gilt als anachronistisch, da ein Römer eine selbständige Herrschaft wohl nur unter dem Anschein der Legalität, also unter Anerkennung des legitimen Kaisers errichtet oder selbst den Kaisertitel angenommen hätte. Sogar diese Möglichkeit wurde schon diskutiert, aber die große Mehrheit der Forschung sieht in Syagrius einen autonomen Herrscher. Anders als seine Vorlage Gregor bezeichnete der sogenannte Fredegar Syagrius als *patricius*, was der Sache nach eher zutreffen könnte. Vielleicht nahm er diesen Titel ähnlich wie Odoaker, seit 476 der Machthaber in Italien, unabhängig von Konstantinopel an und hoffte auf eine spätere Anerkennung durch den Kaiser. Immerhin erschien nach dem Tod des offiziell letzten weströmischen Kaisers Julius Nepos 480 eine Abordnung aus Gallien in Konstantinopel und bat um Unterstützung gegen Odoaker, der folglich eine Art Oberhoheit über die römischen Restgebiete außerhalb Italiens beanspruchte. Aber der oströmische Kaiser Zenon lehnte ab und unterstützte in dieser Frage Odoaker.[2] Man nimmt an, dass diese gallische Gesandtschaft im Auftrag des Syagrius agierte, der vielleicht auf diese Weise seine Stellung legitimieren wollte.

Seine durch Gregor bezeugte Residenz Soissons besaß erhebliche militärische Bedeutung, da in ihr *fabricae* bezeugt sind, Waffenschmieden der römischen Armee. Von dieser Stadt aus ließ sich also die Versorgung größerer militärischer Verbände gut organisieren. Zudem lagen dort ausgedehnte Fiskalgüter, über die Syagrius in der Nachfolge der römischen Kaiser verfügen konnte.[3] Wem aber verdankte er seine Macht über das nördliche Gallien, da er weder direkt auf seinen Vater gefolgt noch von Ostrom anerkannt worden war? Wurde er vielleicht von Childerich gestützt oder von dessen Hauptgegner, dem Westgotenkönig Eurich? Immerhin floh Syagrius nach seiner Niederlage gegen Chlodwig zu den Westgoten. Schon Eurich könnte zur Sicherung seiner Herrschaft südlich der Loire ein Interesse daran gehabt haben, Childerich zu schwächen, indem er nicht nur selbst gegen ihn zu Felde zog, sondern ihm mit Syagrius auch einen Konkurrenten in dessen eigenem Interessengebiet im nördlichen Gallien entgegenstellte, der als Sohn des Aegidius sicher mit einem gewissen Zulauf rechnen konnte. Die Kämpfe um Paris, die laut der *Vita Genovefae* wohl noch zu Lebzeiten Childerichs stattgefunden hatten, könnten ein Teil der Auseinandersetzungen zwischen dem Frankenkönig und Syagrius gewesen sein.

Noch ein weiteres Indiz spricht für gute Beziehungen zwischen Syagrius und den Westgoten: der Zeitpunkt von Chlodwigs Vorgehen gegen ihn. Ende des Jahres 484 starb König Eurich. Wie im Frühmittelalter üblich dürfte der Herrschaftsübergang auf seinen Sohn Alarich II. (484–507) nicht ganz reibungslos vonstatten gegangen sein. Wenn es auch keine direkten Konkurrenten gab, so war doch ein junger Herrscher politisch unerfahren und die Loyalität aller Gefolgsleute seines Vaters ihm keineswegs sicher. Daher konnte ein neuer Herrscher oft nicht adäquat auf Herausforderungen reagieren. Chlodwig selbst mag es nach dem Tod Childerichs 481/82 so ergangen sein, nun aber konnte er seinerseits eine solche Situation ausnutzen. Er ging ein Bündnis mit seinem Verwandten Ragnachar ein, der in Cambrai residierte. Möglicherweise war dieser bislang ein Partner Eurichs gewesen, aber die Gelegenheit schien günstig, um die Schwäche der Westgoten zu nutzen und gegen Syagrius vorzugehen. Chararich, ein anderer fränkischer König, teilte diese Auffassung nicht und verweigerte Chlodwig die Unterstützung. Dennoch forderte der im Jahr 486 Syagrius heraus:

> «Im fünften Jahre seiner Regierung hatte Syagrius, der König der Römer, Sohn des Aegidius, seinen Sitz in der Stadt Soissons, die einst schon Aegidius beherrscht hatte. Gegen ihn zog Chlodwig mit seinem Vetter Ragnachar, der wie er ein Königreich hatte, und forderte, dass der Kampfplatz bestimmt werde. Syagrius aber zögerte nicht und scheute sich nicht, ihm standzuhalten. Es kam nun zwischen beiden zur Schlacht, und als Syagrius sein Heer zurückgedrängt sah, wandte er sich zur Flucht und eilte schnellstens nach Toulouse zum König Alarich.»[4]

Gregor schildert die Geschehnisse sehr knapp und bezeichnet allein Chlodwig als Handelnden, während Ragnachars Anteil an dem gemeinsamen Sieg unbestimmt bleibt. Folgt man Gregor, so handelte es sich nicht um einen langwierigen Krieg, sondern eine einzige Schlacht gab den Ausschlag. Das ist ein Hinweis darauf, dass Syagrius tatsächlich nicht allzu fest im Sattel saß und dass Chlodwig vielleicht auch auf Sympathisanten in dessen Reich zählen konnte, die einst seinen Vater unterstützt hatten. Syagrius musste dagegen ohne Beistand seitens der Westgoten auskommen, aber immerhin konnte er nach seiner Niederlage in deren Hauptstadt Toulouse entkommen, wo Alarich II. ihm politisches Asyl gewährte. Chlodwig soll darauf äußerst aggressiv reagiert haben:

> «Chlodwig aber sandte zu Alarich, dass er ihm Syagrius ausliefern solle; falls nicht, werde er ihn mit bewaffneter Hand angreifen, weil er seinen Feind bewahre. Da fürchtete Alarich, er würde seinetwegen den Zorn der Franken auf sich laden (wie denn das Zagen überhaupt Gewohnheit der Goten ist), und er lieferte Syagrius gefesselt den Gesandten aus. Chlodwig ließ ihn in Haft halten; er nahm sein Reich in Besitz und ließ ihn dann heimlich mit dem Schwerte töten.»[5]

Auch hier verzichtet Gregor darauf, Chlodwig als strahlenden Helden darzustellen. Schwerlich galt die heimliche Ermordung eines gefangenen Gegners als Ruhmestat, auch nicht nach den Maßstäben der damaligen Zeit. In der Sache bestätigt dieser Teil des Berichts das eben entworfene Bild. Allerdings zeichnet Gregor Alarich wohl doch zu negativ und vor allem zu furchtsam. Unter seinem Vater waren die Westgoten noch die gallische Vormacht gewesen, und nun sollte er derart eingeschüchtert auf die Drohungen Chlodwigs reagiert haben, der bis dahin angeblich kaum mehr als ein Kleinkönig war? Auch wenn wir einen schwierigen Übergang von Eurich zu Alarich unterstellen, wäre ein Angriff Chlodwigs auf das Westgotenreich damals völlig utopisch gewesen. Es ist daher durchaus wahrscheinlich, dass Gregor einen längeren Zeitraum sehr gedrängt dargestellt hat und Syagrius nicht sofort an Chlodwig ausgeliefert wurde, sondern bei einer späteren Gelegenheit.[6] Auch die Eroberung der Gebiete des Besiegten zog sich länger hin und fiel auch etwas anders aus, als vom Chronisten dargestellt. Zunächst einmal wurde Chararich an den Erwerbungen beteiligt. Sein Bruder Rignomer ist später in Le Mans bezeugt, weshalb man annehmen kann, dass er diese Stadt sowie die Gebiete bis zu seinem Ausgangsgebiet rund um Cambrai erhalten hat, also die nördliche Aremorica. Chlodwig wiederum dehnte seine Herrschaft eher in Richtung Süden aus, zunächst bis zur Seine und dann allmählich bis zur Loire. Seinen Sitz nahm er in Soissons, wo er wohl auch den Schatz des Syagrius an sich brachte.[7] Der Erwerb des gegnerischen Schatzes war für Chlodwig, der mit seinen königlichen Verwandten um die Treue der Franken konkurrieren musste, sicher ein großer Erfolg, denn er gab ihm Möglichkeiten an die Hand, weitere Gefolgsleute zu gewinnen.

Die Gallorömer in Chlodwigs erweitertem Reich

Spätestens damals wurden auch die gallorömischen Führungskreise, an deren Spitze die Bischöfe standen, auf Chlodwig aufmerksam. Aus der Feder des Bischofs Remigius von Reims ist ein Brief an den jungen Frankenkönig erhalten, der wichtige Einblicke in dessen Position und die Einstellung des Episkopats ihm gegenüber gewährt:

«Es ist zu uns die laute Kunde gelangt, daß Du die Verwaltung (*administratio*) der Belgica secunda übernommen hast. Es ist nicht überraschend, daß Du so zu sein beginnst, wie Deine Vorfahren immer gewesen sind. Du mögest insbesondere erwirken, daß Gottes Urteil sich von Dir nicht wegwendet, sobald es sich um Dein Verdienst handelt, das durch Deinen demütigen Eifer den höchsten Gipfel erreicht. Wie das Sprichwort sagt, bewährt sich das Handeln des Menschen am Ende. Du mußt Ratgeber beiziehen, die Deinem Rufe förderlich sind. Deine Gunstbezeigungen seien rein und ehrenhaft. Du sollst Deine Bischöfe hochachten und auf ihren Rat immer Rücksicht nehmen; sobald Du mit ihnen übereinstimmst, wird es Deinem Lande wohlergehen. Fördere Dein Volk, richte die Unterdrückten auf, sorge für Witwen und Waisen; anstatt daß Du sie belehrst, mögen alle Dich lieben und fürchten. Die Gerechtigkeit spreche aus Deinem Munde; verlange nichts von Armen oder Fremden, nimm keine Geschenke oder sonstige Bestechungen an. Dein Palast (*praetorium*) stehe allen offen, keiner soll ihn traurig verlassen. Mit Hilfe des vom Vater ererbten Vermögens befreie Gefangene und Sklaven; wer immer vor Dich tritt, möge sich heimisch fühlen. Scherze mit den Jungen, verhandle ernste Dinge mit den Älteren, wenn Du als Herrscher angesehen sein willst.»[8]

Dieser Brief ist leider undatiert. Unbestritten gehört er in die Anfangsjahre Chlodwigs, offen ist aber die genauere zeitliche Einordnung. Die Forschung schwankt zwischen den Jahren 481/82 und 486/87. Träfe die erste Möglichkeit zu, hätten wir ein Glückwunschschreiben zu Chlodwigs Regierungsbeginn vor uns. Dann aber wäre König Childerich erst kürzlich verstorben, und man würde eine Beileidsbekundung gegenüber seinem Sohn erwarten. Außerdem heißt es, zu Remigius sei «die laute Kunde», vielleicht besser sogar «das laute Gerede», «ein lautes Gerücht» (*rumor magnum*) gelangt, König Chlodwig habe die *administratio* der *Belgica II* übernommen. So wird man kaum einen

Brief aus Anlass eines Thronwechsels einleiten. Folglich hat Remigius sich in dieser Form wohl einige Zeit nach Childerichs Tod an Chlodwig gewandt. Schließlich schreibt der Bischof von Reims noch, Chlodwig beginne seinen Vorfahren immer mehr zu ähneln. Damit spielt er wohl auf einen Erfolg des Königs an, der großes Aufsehen erregt hat, also wohl auf den Sieg des Königs über Syagrius. Einem Bischof stand es im Übrigen durchaus an, einen militärischen Erfolg nicht offen zu loben angesichts der vielen Opfer, die dieser zweifellos gefordert hatte. Dazu kommt, dass Remigius' Bruder Principius Bischof von Soissons war und damit auch in engerem Kontakt mit Syagrius gestanden haben muss.

Remigius verschleiert das Geschehen noch mit einer anderen Floskel, indem er nämlich von der *administratio* der *Belgica II* spricht. Angesichts der in der Spätantike üblichen Trennung von ziviler und militärischer Verwaltung wird Remigius aber nicht die Statthalterschaft in dieser Provinz gemeint haben. Dazu waren die militärischen Komponenten von Chlodwigs Stellung als Frankenkönig einfach zu stark. So wird er von der Forschung in der Regel als Sprengelkommandant der *Belgica II* oder Föderatengeneral angesprochen. Aber ist es überhaupt wahrscheinlich, dass Chlodwig damals eine Funktion von einer anderen Person zugewiesen bekommen hat? Einer solchen müsste man dann ja sowohl eine Art Oberhoheit über diesen Frankenkönig zusprechen als auch eine Stellung innerhalb der römischen Hierarchie. Spätestens seit der Niederlage und der Flucht des Syagrius gab es einen solchen römischen Amtsträger aber nicht mehr. Folgerichtig hat Remigius seinen Brief adressiert: «Bischof Remigius an den hervorragenden Herrn und durch seine Verdienste glänzenden König Chlodwig.»[9] Chlodwig ist für Remigius vor allem ein König und sonst nichts. Zudem spricht der Reimser Bischof von der «Übernahme» (ausgedrückt mit dem Verb *suscipere*) der Provinz, womit wohl kaum die Ernennung durch einen Dritten bezeichnet werden sollte, sondern die eigenständige Aneignung dieser Funktion. Dann aber meint *administratio* nicht einfach nur die Verwaltung, sondern die Herrschaft über die zweite belgische Provinz. Dass Remigius geographisch in den Kategorien der römischen Verwaltung dachte, ist nicht weiter verwunderlich, galt diese doch ebenfalls für die Kirche. Remigius selbst war nicht nur Bischof von Reims, sondern auch Metropolit der *Belgica II*. Deshalb, und nicht weil Chlodwigs Stellung und Herrschaftsgebiet damit adäquat umschrieben gewesen wären, benutzte er diese Provinzbezeichnung.

Zumindest mit einem anderen fränkischen König, Ragnachar, der über das ebenfalls in der *Belgica II* gelegene Cambrai herrschte, musste Chlodwig sich die zweite belgische Provinz teilen, möglicherweise auch mit Chararich, dessen Gebiet aber nicht bekannt ist. Remigius' Wortwahl war also in jedem Fall nicht ganz korrekt, möglicherweise um dem neuen Machthaber zu schmeicheln. Denn er bzw. sein Bistum waren von den Veränderungen direkt betroffen, die sich durch den Sturz des Syagrius ergeben hatten. Reims fiel unter die Herrschaft Chlodwigs, der sein Gebiet von Tournai aus nach Süden über die Grenzen der *Belgica II* hinaus bis zur Seine ausdehnte, während Ragnachar sich möglicherweise westwärts Richtung Le Mans wandte, das in der ehemaligen römischen Provinz *Lugdunensis III* lag.[10] An ihn müsste dann auch die dazwischen liegende *Lugdunensis II*, deren Ausdehnung in etwa der heutigen Normandie entspricht, gefallen sein. Angesichts der durch die Vertreibung des Syagrius fundamental veränderten Lage in Gallien wandte sich Remigius an den nun für sein Bistum und den größten Teil seiner Kirchenprovinz zuständigen Herrscher und formulierte dabei möglichst vorsichtig und neutral.

Das gesamte kurze Schreiben des Remigius an Chlodwig ist vom Bemühen geprägt, den neuen Machthaber durch eine Mischung von Lob und Ermahnungen für sich einzunehmen. Remigius bezog sich dabei ganz selbstverständlich auf das christliche Herrscherethos, ja er erinnerte den König daran, wie wichtig das Wohlwollen Gottes für ihn sei. Man könnte fast den Eindruck bekommen, dass Remigius diese Worte an einen Christen adressiert hat, aber Chlodwig war ja noch Heide. Immerhin zeigt diese Form der Ansprache, dass Remigius hoffte, seinen Briefpartner auf diese Art und Weise zu erreichen – er ging also davon aus, dass Chlodwig dem Christentum aufgeschlossen gegenüber stand. Es ist sogar von «seinen» Bischöfen die Rede, deren Rat er achten solle. Ferner solle der König Gefangene befreien und für Witwen und Waisen sorgen, die Schutzbedürftigen der christlichen Herrscherethik schlechthin. Die weiteren Ratschläge, sich gute Berater zu suchen und keine Bestechungsgelder anzunehmen, gehören zwar ebenfalls dazu, sind aber natürlich auch allgemein gültig. Remigius war also der Überzeugung, mit seinen Worten bei Chlodwig auf offene Ohren zu stoßen.

Tatsächlich bewegte sich Chlodwig seit seiner Geburt in einem Umfeld, das nicht nur durch die Religion seines Vaters geprägt war, sondern auch durch das Christentum. Childerich hatte sich bei seinen Kämpfen an der Loire in Gebieten aufgehalten, die weitgehend christianisiert waren. In Tournai hatte die Religion zwar sicherlich durch das fränkische Vordringen gelitten, aber aus der Welt war sie deswegen nicht. Dazu kam, dass sowohl Westgoten als auch Burgunder, also die wichtigsten Nachbarn der Franken, dem Christentum anhingen, wenn auch der arianischen, nicht der katholischen Lehre. Nach Johannes Fried befand Chlodwig sich in einem «Übergangsstadium», das als «Noch-Nicht-Christentum» bezeichnet werden könne.[11]

Wie kompliziert damals die Verhältnisse im Norden Galliens sowohl in politischer als auch in religiöser Hinsicht waren, zeigen die Bemerkungen des byzantinischen Geschichtsschreibers Prokop (ca. 500 – ca. 562) über die Auseinandersetzungen der Franken mit den Arborychern, womit er die Bewohner der Aremorica meinte:

> «Dort befinden sich Sümpfe, in denen zu alten Zeiten die Germanen wohnten, ein barbarisches Volk, zu Anfang wenig beachtet, das jetzt Franken heißt. An diese grenzten die Arborycher, die mit dem übrigen Gallien und Spanien von alters den Römern untertan waren. (…) Damals waren die Arborycher Soldaten im römischen Dienst. Diese wollten die Germanen, weil sie ihre Nachbarn waren und ihre alte Verfassung geändert hatten, sich unterwerfen: sie machten zuerst Raubzüge und gingen dann zum offenen Kriege über. Die Arborycher, welche sich wacker und wohlwollend gegen die Römer benommen hatten, zeigten sich in diesem Kriege sehr tapfer, und da die Germanen sie nicht bezwingen konnten, boten sie ihnen Bündnis und Blutsfreundschaft an. Das nahmen die Arborycher mit Freuden an, denn beide Völker waren Christen; sie wurden durch diese Verschmelzung sehr mächtig.»[12]

Prokop bietet eine völlig andere Geschichte als Gregor. Er hatte an den Kriegen Kaiser Justinians (527–565) zur Eroberung Italiens teilgenommen und bei dieser Gelegenheit auch die Franken kennengelernt, die den oströmisch-ostgotischen Krieg ausnutzen wollten, um sich in Italien festzusetzen. Prokop war daher kein Freund der Franken und beurteilte sie entsprechend kritisch. Dennoch kommt ihm durchaus ein gewisser Quellenwert zu, auch wenn er vielleicht manches, was ihm erzählt wurde, nicht ganz richtig verstanden hat. Das gilt vor allem für die Bezeichnung «Arborycher» für die Aremoricer, die wohl auf einen Lesefehler oder ein Missverständnis zurückgeht. Die Aremoricer hatten sich schon zu Beginn des 5. Jahrhunderts eine zumindest autonome Stellung innerhalb des römischen Reiches erstritten, die sie hartnäckig verteidigten, zunächst gegen Rom und danach gegen die Franken. Da hierbei keine der beiden Seiten militärisch die Oberhand gewinnen konnte, kam es zu einem Kompromiss. Wenn man Prokops Angaben ganz genau nimmt, geschah dies aber erst nach Chlodwigs Übertritt zum Christentum.

Bei der Frage der Datierung wird man Prokop allerdings eine gewisse Ungenauigkeit zugestehen müssen. Da er den Glaubenswechsel der Franken nicht erwähnt, scheint er angenommen zu haben, diese seien seit jeher Christen gewesen. Daher können sich seine Bemerkungen durchaus auch auf die Zeit vor Chlodwigs Taufe beziehen. Die Frage ist nun, ob Prokop in der zitierten Stelle auf die Kämpfe zwischen den Franken und Syagrius angespielt hat oder auf Vorgänge, die diesen vorausgingen. Der Geschichtsschreiber fährt nämlich folgendermaßen fort:

> «Auch andere römische Soldaten standen im äußersten Teil Galliens als Besatzung. Da diese sich sagen mußten, daß sie niemals nach Rom zurückkehren würden und andererseits den Feinden, welche Arianer waren, sich nicht anschließen wollten, ergaben sie sich und das Land, das sie für den römischen Staat bewachen sollten, mit ihren Feldzeichen an die Arborycher und Franken. Sie überlieferten an ihre Nachkommen die väterlichen Sitten, welche diese bis auf meine Zeit ehren und heilig halten. Sie sind heute noch gerade so eingeteilt, wie sie einst im römischen Dienst standen, ziehen mit denselben Feldzeichen in den Kampf und gehorchen immer noch ihren alten Gesetzen. Sie sehen auch ganz wie Römer aus, besonders durch die Kopfbinden, welche sie tragen.»[13]

Vielleicht gingen diese Soldaten auf die Truppen des Syagrius zurück. Das Gebiet, um das es geht, war weitgehend identisch mit dem Raum, in dem der Machtbereich des Syagrius zu suchen ist, und vielleicht enthält Prokops Bericht eine Anspielung auf die Auseinandersetzung zwischen Syagrius und seinen Römern einerseits sowie Chlodwig, dessen Franken und den Aremoricern andererseits. Nach der Niederlage gegen Chlodwig standen die Römer vor der Alternative, sich wie ihr geflohener Anführer Syagrius den arianischen Westgoten oder aber ihren bisherigen Kriegsgegnern anzuschließen. Das katholische Christentum der Aremoricer und später wohl vor allem die Entscheidung Chlodwigs für diese Religion gaben den Ausschlag: Die Römer zogen die Herrschaft Chlodwigs der westgotischen Alternative vor.

Die Beuteteilung von Soissons – Gregors Geschichte vom verständigen Heiden

Wie schon erwähnt, schildert Gregor von Tours den Krieg gegen Syagrius äußerst knapp. Im Grunde genommen beschränkt er sich auf eine zeitliche Angabe und auf das für Chlodwig positive Ergebnis, wobei er die Verhältnisse stark vereinfacht. Das zugehörige Kapitel geht dann allerdings noch weiter, nur dass die Erzählung legendenhafte Züge annimmt. Viel ausführlicher als den Sieg über Syagrius schildert der Chronist nämlich das Schicksal eines liturgischen Gefäßes, das bei Plünderungen in die Hand der Franken gefallen war, um seine Sicht über das Verhältnis des noch im Heidentum verharrenden Königs zur christlichen Religion deutlich zu machen:

> «Damals wurden viele Kirchen von Chlodwigs Heer geplündert, denn er war noch vom heidnischen Aberglauben befangen. So hatten auch die Franken aus einer Kirche einen Krug von wunderbarer Größe und Schönheit nebst den anderen kostbaren Geräten des Gottesdienstes weggenommen. Der Bischof jener Kirche sandte darauf Boten zum König und bat, dass, wenn er auch nichts anderes von den heiligen Geräten wiedererlangte, seine Kirche doch mindestens diesen Krug zurückerhielte. Der König vernahm es und sprach zu dem Boten: ‹Folge uns nach Soissons, denn dort muss alles geteilt werden, was erbeutet ist. Und wenn das Los mir jenes Gefäß gibt, so will ich tun, was der Bischof begehrt.› Darauf kam er nach Soissons, und es wurde die ganze Masse der Beute öffentlich zusammengebracht. ‹Ich bitte Euch, tapfere Krieger›, sprach der König, ‹erzeigt mir die Gunst, mir außer meinem Teil auch jenes Gefäß da zu geben.› Er meinte nämlich den erwähnten Krug. Als der König das sagte, sprachen die Verständigeren: ‹Alles, was wir sehen, ist Dein, ruhm-

reicher König, auch wir selbst sind Deiner Herrschaft unterworfen. Tue jetzt, was Dir gefällt; denn keiner kann Deiner Macht widerstehen.› Da sie dies sagten, trieb ein leichtsinniger, neidischer und unbedachter Mensch mit lautem Geschrei seine Streitaxt in den Krug und sagte: ‹Nichts sollst Du davon haben, als was Dir nach dem Recht das Los zuteilt.› Das versetzte alle in Bestürzung, der König aber trug diese Beleidigung mit Sanftmut und Geduld, nahm den Krug und gab ihn dem Boten der Kirche, bewahrte aber heimlich in seiner Brust den ihm angetanen Schimpf. Und als ein Jahr verflossen war, ließ er das ganze Heer in seinem Waffenschmuck zusammenrufen, um auf dem Märzfeld den Glanz seiner Waffen zu zeigen. Als er aber hier alle durchmusterte, kam er auch an den, der auf den Krug geschlagen hatte, und sprach zu ihm: ‹Keiner trägt die Waffen so ungepflegt wie Du, denn Dein Speer, Dein Schwert und Deine Streitaxt sind nichts nütze.› Und er nahm dessen Axt und warf sie auf die Erde. Jener neigte sich darauf ein wenig herab, um sie aufzuheben, da holte der König aus und hieb ihn mit der Axt in den Kopf. ‹So›, sagte er, ‹hast Du es zu Soissons einst mit dem Kruge gemacht.› Als er gestorben war, hieß der König die Übrigen nach Hause gehen und jagte allen durch diese Tat gewaltige Furcht ein.»[14]

Die Geschichte erinnert zunächst einmal daran, dass die damaligen Kriege nicht nur unternommen wurden, um Gebiete zu erobern, sondern es ging regelmäßig auch um den Erwerb von Beute, also um Plünderungen. Indem ein König seinen Gefolgsleuten die Gelegenheit dazu verschaffte, belohnte er sie für ihre Dienste. Dabei wurden die Unterworfenen zu reinen Objekten degradiert, wenigstens bis sich die Verhältnisse wieder beruhigten. Einer mächtigen Person wie einem Bischof aber standen auch Mittel und Wege offen, um die eigenen Interessen zu wahren. Der Bischof in Gregors Geschichte wollte sich mit dem Verlust des Kruges nicht abfinden. Bei diesem, der sogenannten Vase von Soissons, handelte es sich wohl um einen Kelch oder eine Schale zur Aufbewahrung der Hostien und der Gaben der Gläubigen. Trotz der deutlich legendenhaften Züge dieser recht bekannten Geschichte hat man versucht, das Gefäß zu identifizieren. Der sogenannte Fredegar übernimmt die Erzählung von Gregor und benennt sogar den Bischof: Es soll sich um Remigius von Reims gehandelt haben, der in seinem Testament tatsächlich eine Vase erwähnt, die er von Chlodwig als Geschenk erhalten habe. Das ist freilich kein Beweis, zumal Remigius in seinem letzten Willen die

Gabe Chlodwigs in einen Zusammenhang mit dessen Taufe bringt. Die Vase von Soissons aber gehörte ja bereits der betreffenden Kirche; sie wäre also kein Geschenk im Wortsinn gewesen. Außerdem wird man von einer größeren Zahl solcher Gefäße ausgehen können, weshalb die Erwähnung eines weiteren Exemplars im Testament des Remigius wohl eher auf Zufall beruht.

Die Erzählung über dieses Gefäß ist erheblich länger als der Bericht über den Krieg gegen Syagrius. Man hat den Eindruck, dass Gregor diesen nur kurz skizziert hat, um die Vasengeschichte möglichst ausführlich schildern zu können. Angesichts ihrer legendenhaften Anmutung könnte man sie vielleicht auch einfach beiseite lassen, aber in ihr kommen typische Probleme zur Sprache: Plünderungen, das Aufeinandertreffen von Heiden und Christen, das Verhältnis der Bischöfe zu andersgläubigen Herrschern, die Hierarchie innerhalb eines ‹barbarischen› Heeres, insbesondere die Stellung des Königs. Dabei spielt es keine Rolle, ob diese Geschichte schon länger umlief oder von Gregor stark stilisiert, wenn nicht sogar erfunden wurde. Wichtig ist zunächst einmal, dass er Chlodwig und seine Franken noch ganz eindeutig als Heiden zeichnet, wobei er dem König bereits eine gewisse Einsichtsfähigkeit gegenüber den Bitten eines Bischofs zubilligt. Dieser wiederum steht den Gewaltakten der plündernden Eroberer zunächst hilflos gegenüber, weiß sich dann aber zu helfen, indem er sich an den König wendet, obwohl dieser Heide ist. Immerhin rechnete sich der Bischof gewisse Erfolgsaussichten aus: Die fränkischen Krieger wussten den Stellenwert einer Kirche und eines Bischofs vielleicht nicht recht einzuschätzen, einem König war ihre Bedeutung dagegen sicher bewusst. Dass er aber in einer solchen Frage einen Boten an den König sandte und nicht selbst vor diesem erschien, mag der Weltsicht eines Bischofs wie Gregor entsprechen, aber wohl nicht der damaligen Situation.

Schließlich und vor allem geht es um das Verhältnis eines Königs zu seinen Leuten. Zwar kam dem König der Löwenanteil der Beute zu – bei den Westgoten etwa ist ein Fünftel bezeugt –, aber bei der Verteilung war er nicht frei, sondern das Los entschied. Chlodwig bot seinen Leuten nicht etwa Ersatz für den Krug an, sondern wollte diesen aus der Teilungsmasse herauslösen. Wollte der König seine Stellung stärken, indem er nicht nur dem Wunsch des Bischofs entsprach, sondern auch über seinen Anteil hinaus Beute einbehielt? Tatsächlich folgte die große Mehrheit der Franken devot seiner Bitte, während ein angeblich uneinsichtiger Krieger auf ‹seinem› Recht bestand und den Krug zerstörte oder wenigstens erheblich beschädigte. Anscheinend konnte der König nicht unmittelbar auf diese Brüskierung antworten, vermutlich weil der Krieger sich doch zu offensichtlich im Recht befand. Vielleicht war ihm auch das Risiko für eine direkte Konfrontation zu groß. Chlodwig wartete vielmehr die nächste Heeresversammlung ab, auf der ihm als Befehlshaber das Recht der Inspektion seiner Leute zukam. Hier tötete er seinen Herausforderer und stellte damit die hierarchischen Verhältnisse unmissverständlich wieder her. Gregor hat dieses Ende ganz nach dem Topos der verdienten Strafe geformt. Chlodwigs Stellung wurde dabei insgesamt gestärkt – für den Geschichtsschreiber letztlich eine Folge der Bereitschaft des Königs, dem Wunsch des Bischofs nachzukommen. So endet die Erzählung von der Vase mit einem Ausblick auf Chlodwigs Herrschaft: «Viele Kriege führte er fortan und gewann viele Siege.»[15]

Bei allen Hinweisen auf mögliches reales Geschehen ist doch daran festzuhalten, dass diese Geschichte für Gregor vor allem eine wichtige Station Chlodwigs auf seinem Weg zum Christentum markierte. Chlodwig war Gregor zufolge bereits in dieser Phase seines Lebens dem Christentum und dessen führenden Repräsentanten, also vor allem den Bischöfen, gegenüber aufgeschlossen und befand sich damit auf dem rechten Weg. Auch wenn diese Darstellung völlig legendenhaft ist, so trifft sie in gewissem Sinne doch das Richtige, denn der historische Chlodwig war vermutlich keineswegs ein unwissender Heide, sondern er kannte die Verhältnisse in seinem Machtbereich sehr genau. Er wusste daher auch um die Bedeutung der christlichen Religion, der schließlich weitaus die meisten Galloromer anhingen, und um den Einfluss der Bischöfe.

Das Bündnis mit Theoderich dem Großen

Im zehnten Jahr seiner Herrschaft, also ungefähr 491, führte Chlodwig seinen nächsten Krieg, dieses Mal gegen die Thüringer im Osten seines Machtbereichs. Nach Gregor von Tours soll er sie sogar unterworfen haben, was die Forschung lange Zeit auf ein linksrheinisches Thüringerreich im heutigen Belgien bezogen hat. Wie schon erwähnt, hat Heike Grahn-Hoek diese Überlegungen mit überzeugenden Argumenten zurückgewiesen. Zudem konnte sie zeigen, dass das Thüringerreich nicht nur aus dem heutigen Thüringen bestand, sondern viel größer war und von der Donau bis an den Rhein reichte.[16] Es war wohl durch einen Zusammenschluss mit den Warnen und Herulern zustande gekommen, nach den Maßstäben der Zeit daher eine beutende Macht. Wenn diese Lokalisierung richtig ist, kämpfte Chlodwig damals also am Rhein, möglicherweise von der Feste *Dispargum* (Duisburg) aus, die bereits seinem Vorfahren Chlodio als Ausgangspunkt für seine Expansion in das römische Reich gedient hatte. Allerdings verliefen Chlodwigs Kämpfe wohl doch nicht so erfolgreich, jedenfalls äußert Gregor sich auffallend knapp: Er berichtet keine weiteren Details und erwähnt auch keine siegreiche Schlacht. An einer anderen Stelle berichtet er jedoch von einer Niederlage der Franken gegen die Thüringer, die allerdings nicht genauer datiert werden kann.[17] Gegen die Thüringer blieb Chlodwig demnach wohl ein dauerhafter Erfolg versagt, möglicherweise weil er in dieser Zeit auch gegen die Burgunder gefordert war, was mit einer tiefgreifenden Veränderung der politischen Verhältnisse in Italien zusammenhing.

In Italien herrschte seit 476 Odoaker als König seiner Truppen, die hauptsächlich aus Herulern, Skiren und Thüringern bestanden. Seine staatsrechtliche Stellung war allerdings ungeklärt, da der oströmische Kaiser Zenon ihm kein offizielles römisches Amt gegeben, geschweige denn ihn zum *patricius* ernannt hatte. Der Kaiser hatte aber auf dem Balkan ein dringenderes Problem: die Ostgoten, die in der Zeit Attilas noch in Pannonien gesessen, in der Zwischenzeit aber nach Süden gezogen waren und sich von Konstantinopel aus Wohnsitze in Makedonien ertrotzt hatten. Seit 474 standen sie unter der Herrschaft Theoderichs, der seine Kindheit als Geisel am Kaiserhof verbracht hatte. Sein Verhältnis zu Kaiser Zenon war zunächst gut. Dieser ernannte ihn 481 zum Heermeister und ließ ihn 484 sogar den Konsulat bekleiden. Danach kam es zu Spannungen zwischen Theoderich und Zenon, vor allem, weil der Kaiser nicht zulassen wollte, dass die Ostgoten ihre Position weiter ausbauten. Im Jahr 486/87 folgten sogar bewaffnete Auseinandersetzungen.

Goldmedaillon Theoderichs des Großen

In dieser Situation kam die Idee auf, dass die Ostgoten nach Italien ziehen und Odoaker bekämpfen sollten. Es ist unklar, ob dieser Plan von Theoderich oder von Zenon stammte, aber er diente den Interessen beider. Der Kaiser würde sowohl den unliebsamen Regenten Italiens loswerden, als auch einen gefährlichen Partner aus seiner unmittelbaren Nachbarschaft entfernen, während die Ostgoten im Erfolgsfall neue, bessere Wohnsitze gewannen. Im Spätsommer des Jahres 488 brachen die Ostgoten, denen sich auch Rugier und Provinzialrömer anschlossen, mit ihren Familien und ihrer beweglichen Habe nach Italien auf. Sie kamen aber nur langsam voran, auch weil die Gepiden ihnen den Weg versperrten. Erst im Sommer 489 näherten sie sich Venetien. Am Isonzo stellte sich ihnen Odoaker mit seinen Truppen entgegen. Ende August kam es zu einer Schlacht, die aber, noch bevor sie recht begann, mit einem geordneten Rückzug Odoakers in die gut befestigte Stadt Verona endete. Hier erwartete er Theoderich, der jedoch trotz der schlechteren Ausgangslage siegreich blieb. Odoaker konnte in die Stadt Ravenna fliehen, die als uneinnehmbar galt. Seine

Aussichten waren daher nicht schlecht, da seine Anhänger auch einige andere befestigte Städte hielten. Theoderich schlug dagegen sein Hauptquartier in Pavia auf, um von dort aus Italien zu unterwerfen.

Odoaker gelang es allerdings, die Initiative zurückzugewinnen. So konnte er Mailand, das Theoderich zwischenzeitlich erobert hatte, wieder in Besitz nehmen. Eine Pattsituation war entstanden, die nun Mächte von außerhalb Italiens auf den Plan rief. Im Jahr 490 erschien der Burgunderkönig Gundobad in Oberitalien. Er war einst als junger Mann nach Italien gegangen, um seinen Onkel Ricimer, der als *patricius* die bestimmende Figur der weströmischen Politik war, zu unterstützen. Nach dessen Tod 472 hatte er sogar selbst als *patricius* und Heermeister fungiert, bis er 474 aus nicht ganz geklärten Gründen ins Burgunderreich zurückgekehrt war. 476/77 hatte er dann die Nachfolge Chilperichs als König angetreten, seines Onkels väterlicherseits. Mit seinem Eingreifen in Italien wollte er Odoaker vermutlich zum Sieg verhelfen. Gundobads Krieger verheerten die Gegend von Mailand und Pavia, zogen sich dann aber mit zahlreichen in Knechtschaft genommenen Römern und etlichen Kriegsgefangenen wieder über die Alpen zurück. Erst 494 nach Ende des Krieges kamen diese wieder frei, als eine Gesandtschaft des Ostgotenkönigs unter der Leitung des Bischofs Epiphanius von Pavia bei Gundobad erschien. Epiphanius gelang es dank der finanziellen Hilfe der wohlhabenden Syagria von Lyon und des Bischofs Avitus von Vienne, an einem Tag 400 Gefangene loszukaufen. Insgesamt wurden 6000 verknechtete Römer ausgelöst, außerdem die Kriegsgefangenen.

Warum hatten sich die Burgunder so schnell wieder zurückgezogen? Mit ihrer Hilfe hätte Odoaker sich vielleicht behaupten können. Hier kommt Chlodwig ins Spiel. Nach der im späten 6. Jahrhundert verfassten Vita des Priesters und Eremiten Eptadius aus der Diözese Autun kam es um 491/92 zu einem sonst nicht bezeugten Friedensabkommen zwischen Chlodwig und Gundobad. Sie trafen sich an der Grenze ihrer Reiche, am Fluss Cure, einem Nebenfluss der Yonne zwischen der burgundischen *civitas* Autun und dem fränkischen Auxerre. Nach den erfolgreichen Verhandlungen bat Chlodwig Gundobad um die Erlaubnis, den burgundischen Untertanen Eptadius zum Bischof von Auxerre erheben zu dürfen, aber dieser wurde lieber Einsiedler in Cervon im Morvan. Seine wichtigste Aufgabe sah er darin, für die Befreiung von Gefangenen zu sorgen. So setzte er sich 491/92 für gefangene Römer, Burgunder, aber auch Angehörige anderer Völker ein.[18] Auch am Loskauf des Jahres 494 soll er mitgewirkt haben. Aus diesem Bericht kann man schließen, dass die Franken und Burgunder gerade in dem Moment miteinander Krieg geführt hatten, als Letztere in Italien eingefallen waren. Wahrscheinlich standen dahinter diplomatische Bemühungen Theoderichs, Chlodwig zu einem Angriff auf die Burgunder zu bewegen, damit diese den italienischen Kriegsschauplatz verließen.

Auch von den Westgoten erhielt Theoderich militärische Hilfe. Vereint schlugen die Goten im August 490 Odoaker am Oberlauf der Adda. Der konnte aber erneut nach Ravenna entkommen. Nun entschloss sich Theoderich zur Belagerung der Stadt. Aber er machte nur langsame Fortschritte. Erst als die Hafenstadt Rimini im August 492 in seine Hand fiel, war die Entscheidung gefallen, denn von ihr aus ließ sich der Hafen von Ravenna blockieren. Ende Februar 493 gelang es Bischof Johannes von Ravenna, einen Frieden zu vermitteln. Die beiden Kontrahenten Theoderich und Odoaker wollten Italien künftig gemeinsam regieren. Nur wenige Tage später bei einem Gastmahl, das eigentlich der Versöhnung dienen sollte, ermordete Theoderich jedoch Odoaker, angeblich aus Rache für von diesem getötete Verwandte, tatsächlich aber, um seinen gefährlichen Konkurrenten zu beseitigen. Die gewaltsame Durchsetzung seiner Herrschaft war allerdings die eine Sache – deren Anerkennung durch den oströmischen Kaiser Anastasios I., der auf den 491 gestorbenen Zenon gefolgt war, jedoch eine andere. Die noch vor dem ostgotischen Abmarsch getroffene Abmachung zwischen Zenon und Theoderich sah vor, dass dieser in Italien herrschen sollte, bis der Kaiser dort persönlich erscheine. Wirklich geklärt war damit Theoderichs Stellung indes nicht, jedenfalls bemühte sich der Ostgotenkönig weiterhin um ein kaiserliches Votum. Schon 490/91 hatte er aus diesem Grund eine Gesandtschaft nach Konstantinopel geschickt, eine zweite folgte 491. Beide wurden von führenden Senatoren aus Rom geleitet, die so ihre Unterstützung für Theoderich deutlich signalisierten, aber sie blieben erfolglos. Theoderich ließ sich daher unmittelbar nach der Ermordung Odoakers von seinen Truppen (erneut) zum König ausrufen. Der gotisch-byzantinische Geschichtsschreiber Jordanes stellte dieses Ereignis rund 60 Jahre später in einen größeren Zusammenhang:

«Im dritten Jahr nach seinem Einrücken in Italien gab er (Theoderich) auf den Rat des Kaisers Zenon die Tracht eines Untertanen und die Kleidung seines Volkes auf, nahm die Zeichen königlichen Schmuckes an als König der Goten und Römer, schickte eine Gesandtschaft an den Frankenkönig Lodoin und bat ihn um seine Tochter Audofleda zur Ehe. Gern und bereitwillig gab sie ihm derselbe, da er glaubte, daß seine Söhne Celdebert und Heldebert und Thiudebert durch diese Verbindung in freundschaftliche Beziehungen zum Gotenvolke kämen. Aber dieses Verhältnis half wenig zur Wahrung des Friedens, weil sie oft wegen gallischer Landstriche schwere Kämpfe miteinander hatten. Nie wich der Gote vor dem Franken, so lange Theoderich lebte.»[19]

Dieser Bericht enthält einige Missverständnisse über die Verhältnisse innerhalb der fränkischen Königsfamilie. So nennt Jordanes Chlodwigs Sohn Childebert, der überdies erst einige Zeit nach den beschriebenen Ereignissen geboren wurde, zweimal. Zum Zeitpunkt der Heirat Theoderichs besaß Chlodwig allenfalls den Sohn Theuderich, während Theudebert wiederum dessen Sohn war. Dieser sollte sich ab 537/38 in den oströmisch-ostgotischen Krieg einmischen. Jordanes stand also unter dem Eindruck der späteren Entwicklung, wie auch seine letzte Bemerkung zeigt. Die Erwähnung des schon 491 verstorbenen Kaisers Zenon im Zusammenhang mit der Königserhebung Theoderichs 493 hängt wohl damit zusammen, dass Jordanes diesen Kaiser zu einem ausgesprochen Freund Theoderichs stilisiert, während er Anastasios I. übergeht, der die Stellung des Ostgotenkönigs erst 497 anerkennen sollte. Dessen Haltung gegenüber dem Ostgotenkönig blieb insgesamt aber äußerst reserviert, was sein Fehlen im Werk des Jordanes erklären mag. Schließlich war Audofleda auch nicht Chlodwigs Tochter, sondern seine Schwester. Man hat daher allen Grund, vorsichtig bei der Auswertung dieses Berichts zu sein, doch sein Kern, die Heirat Theoderichs und Audofledas, wird von zwei weiteren Quellen bestätigt und ist daher glaubwürdig. Zunächst heißt es im sogenannten Anonymus Valesianus, einem in der Mitte des 6. Jahrhunderts in Italien entstandenen Geschichtswerk: «Später (nach seiner Königserhebung 493) aber nahm er (Theoderich) eine Fränkin namens Audofleda zur Frau».[20] Gregor von Tours schließlich bezeichnet Audofleda als Schwester Chlodwigs und Gemahlin Theoderichs.[21] Diese Ehe besiegelte das damalige Bündnis zwischen dem Ostgoten- und dem Frankenkönig, das sich schon bei der Abwehr der Burgunder bewährt hatte.

Gerade angesichts seines gespannten Verhältnisses zu Ostrom, das auf Italien und auch die Stadt Rom nur ungern verzichten wollte, suchte Theoderich seine Stellung durch Bündnisse mit anderen Königen abzusichern. Im Jahr 494 verheiratete Theoderich seine Tochter Theodigotha mit dem Westgotenkönig Alarich II., dessen Waffenhilfe ihm den Sieg an der Adda eingebracht hatte. Ungefähr zur gleichen Zeit schloss er mit den Burgundern einen Frieden, im Zuge dessen auch die Verschleppten aus Oberitalien frei kamen. Vor allem wurden Theoderichs Tochter Ariagne/Ostrogotha und Sigismund, der älteste Sohn König Gundobads, miteinander vermählt. Im Jahr 500 heiratete Theoderichs Schwester Amalafrida noch den Vandalenkönig Thrasamund. Damit war das Ostgotenreich in Italien bestens abgesichert, denn alle benachbarten Könige waren mit Theoderich verwandt oder verschwägert. Eine weitere Ehe, so schien es, sollte den Zusammenhalt weiter stärken: Chlodwig heiratete ungefähr zu dieser Zeit Chrodechilde, die Nichte des Burgunderkönigs Gundobad.

Chrodechilde, Chlodwigs Königin

Sowohl die Ehe seiner Schwester Audofleda mit Theoderich dem Großen als auch seine Heirat mit Chrodechilde, der Nichte des Burgunderkönigs Gundobad, bedeuteten für Chlodwig eine starke Aufwertung. Ein bedeutender Nachbar und der berühmte Ostgotenkönig hatten ihn als gleichrangig anerkannt und damit seine Leistungen und seine Stellung in der damaligen Welt gewürdigt. Chlodwig war damit nicht mehr nur ein fränkischer König unter mehreren, der bei seinem Sieg über Syagrius vielleicht nur Glück gehabt hatte. Vielmehr hatte er diesen Sieg dank einer günstigen Konstellation im Machtgefüge der damaligen Zeit genutzt, um seine Position weiter zu konsolidieren. Unbestreitbar war der Schwager des Ostgotenkönigs und angeheiratete Neffe des Burgunderkönigs nun der bedeutendste Frankenkönig überhaupt. Zudem gab ihm die Ehe mit Chrodechilde auch die Option, Einfluss auf das Burgunderreich auszuüben.

Diese Ehe verschob aber auch die Gewichte innerhalb der Familie Chlodwigs. Gregor von Tours berichtet, der König habe zum Zeitpunkt seiner Heirat bereits einen Sohn namens Theuderich gehabt; die Mutter sei eine *concubina* gewesen.[22] Die Forschung deutete dieses Wort lange Zeit als Ausdruck für eine Friedelehe, eine angeblich spezifisch germanische Eheform. Dies hat sich aber als unzutreffende Rekonstruktion der Wissenschaft erwiesen: Vielmehr gab es zur Zeit Chlodwigs allein die Vollehe, auch Muntehe genannt, bei der die Frau anlässlich der Hochzeit von der vormundschaftlichen Gewalt (‹Munt›) des Vaters in die des Ehemannes wechselte, aber auch von diesem die Morgengabe erhielt, also materiell ausgestattet wurde. Das entsprach nicht nur dem fränkischen, sondern auch dem römischen Recht. Dieses regelte aber auch den Konkubinat, der keineswegs eine freie Beziehung, sondern ein Ersatz für die Vollehe (*matrimonium*) war. Bestanden zwischen Partnern große Standesunterschiede oder ein religiöser Gegensatz, war einer von ihnen beispielsweise Römer und der andere nicht, konnten sie nach römischem Recht nicht heiraten. In der Spätantike wurde der Konkubinat der Ehe rechtlich immer ähnlicher. Grundsätzlich galt auch hier die Monogamie, und vor allem war das Nebeneinander von Vollehe und Konkubinat nicht möglich. Allerdings unterstand die Frau nicht der vormundschaftlichen Gewalt des Mannes, und die gemeinsamen Kinder verblieben in der Familie der Mutter. Die Vermutung liegt nahe, dass Gregor von Tours als Galloromer an diese Form des Konkubinats gedacht hat, als er Theuderich als Konkubinensohn ansprach.

Allerdings verzichteten machtvolle Persönlichkeiten oft längere Zeit auf eine Heirat und gingen stattdessen lieber Konkubinate, sozusagen Ehen ohne große Bindungswirkung, ein. Damit bewahrten sie sich die Aussicht auf eine Ehe mit einer möglichst hochrangigen Partnerin. Das hatte etwa auch Theoderich der Große getan, der vor seiner vollgültigen Ehe mit Audofleda schon Beziehungen zu anderen Frauen unterhalten hatte. Da königliche Konkubinen oft aus den Familien des einheimischen Adels stammten, konnten bisweilen auch sie zur Ehefrau aufsteigen. Chlodwig allerdings entschied sich wie Theoderich für eine Königstochter. Wer aber war die Mutter Theuderichs, deren Namen die Quellen nicht nennen? Man hat vermutet, sie sei ein Mitglied der Kölner Königsfamilie gewesen,[23] aber beweisen lässt sich das nicht. Dagegen spricht, dass ihre königlichen Verwandten dann wohl auf einer vollgültigen Ehe bestanden hätten. Andere Forscher datieren die Geburt Theuderichs erst in die Zeit nach Chlodwigs Bündnis mit Theoderich dem Großen, weil der Frankenkönig seinen ältesten Sohn nach seinem Schwager benannt habe. Aber gerade der Name ‹Theuderich› eignet sich schlecht für eine solche Argumentation, weil er dank seiner Bedeutung («Volkskönig») ein typischer Königsname ist und zumindest das Grundwort ‹Theudo-› auch bei früheren Frankenkönigen vorkommt. Außerdem wäre eine Benennung nach dem angeheirateten Onkel nicht gerade üblich, zumal Theoderichs Renommee nach der schwierigen Eroberung Italiens zunächst noch gar nicht so überragend gewesen ist wie in seinen späteren Jahren. Im Übrigen war auch Theoderich der Sohn einer *concubina*; seine Mutter Ereleuva war vermutlich eine katholische Römerin, weshalb eine Vollehe mit seinem Vater Thiudimir nicht möglich gewesen war. An diese Möglichkeit wäre also auch zu denken, wenn man über die Mutter Theuderichs nachdenkt.

Dank ihrer königlichen Herkunft dürfte Chrodechilde sofort nach ihrer Heirat mit Chlodwig den ihr zustehenden Rang als Gemahlin des Herrschers eingenommen haben. Sie war eine Tochter von Gundobads Bruder; allerdings ist die Identität ihres Vaters nicht ganz geklärt, ebenso wenig wie seine Stellung innerhalb des Burgunderreiches. Die Forschung ging lange Zeit davon aus, dass Gundobad zunächst zusammen mit seinen insgesamt drei Brüdern, Chilperich II., Godegisel und Godomar, geherrscht habe. Jüngst hat Jean Favrod Zweifel daran geäußert und die These aufgestellt, Chilperich II. und Godomar seien vor 476/77 gestorben, also noch zu Lebzeiten ihres Onkels Chilperich I. Als dieser um 480 starb, seien ihm daher allein die überlebenden Neffen Gundobad und Godegisel (in einer untergeordneten Position) nachgefolgt.[24] Chilperich II. und Godomar seien also keine Könige gewesen, sondern ‹nur› Angehörige der Königsfamilie der Gibichungen, die sich von dem um 400 bezeugten König Gibicha herleiteten. Damit wäre Chrodechilde gar keine Königstochter im engeren Sinne gewesen, da ihr Vater stets mit Chilperich II. identifiziert wird. Die Quellen sind derart rar, dass Ian Wood jüngst sogar die Frage stellte, ob Chilperich II. überhaupt existiert habe und ob Chrodechildes Vater nicht Chilperich I. gewesen sein könnte.[25] Damit wäre Chrodechilde Gundobads Cousine gewesen. Dem steht der Bericht Gregors von Tours über die Hochzeit entgegen, der in Bezug auf die gerade angesprochenen Fragen allerdings nicht ganz unproblematisch ist:

> «Es lebte damals Gundioc, der Burgunderkönig, aus dem Geschlecht des Königs Athanarich des Verfolgers, von dem oben die Rede war. Gundioc aber hatte vier Söhne: Gundobad, Godegisel, Chilperich und Godomar. Gundobad aber tötete seinen Bruder Chilperich mit dem Schwerte und ließ seine Gemahlin mit einem Stein um den Hals ins Wasser werfen. Ihre beiden Töchter aber verbannte er vom Hofe, die ältere, die Nonne wurde, hieß Chrona, die jüngere Chrodechilde. Da aber Chlodwig oftmals Botschaft in das Burgunderland sandte, sahen seine Boten einst Chrodechilde, die Jungfrau; und da sie fanden, dass sie schön und verständig sei, und in Erfahrung brachten, dass sie von königlichem Geschlecht war, meldeten sie dies König Chlodwig. Und sofort schickte er eine Gesandtschaft an Gundobad und hielt um ihre Hand an. Jener scheute sich, ihn abzuweisen, und übergab den Boten die Jungfrau. Die nahmen sie in Empfang und brachten sie eilends vor den König. Da er sie sah, fand er großes Wohlgefallen an ihr und nahm sie zur Frau.»[26]

Gregors Geschichte von Chlodwigs Brautwerbung klingt zunächst einmal nicht sehr wahrscheinlich. Eine Eheanbahnung, wie hier geschildert, einschließlich einer zufälligen Entdeckung einer königlichen Verwandten als künftiger Braut, vermag nicht zu überzeugen, auch wenn das Verschweigen politischer Motive von Hochzeiten in der frühmittelalterlichen Geschichtsschreibung durchaus üblich ist. Die Erzählung über den Mord Gundobads an seinem Bruder Chilperich und dessen Gemahlin gilt als unhistorisch, vor allem, weil Bischof Avitus von Vienne König Gundobad in einem Beileidsschreiben zum Tod von dessen Tochter auch an den Tod seiner Brüder erinnerte, die der König betrauert habe.[27] Dies wäre vielleicht doch etwas zu zynisch gewesen, wenn einer von ihnen zuvor von Gundobad umgebracht worden wäre. Mit der Geschichte vom Brudermord hat es daher eine andere Bewandtnis: Sie sollte das spätere Vorgehen der Franken gegen die Burgunder rechtfertigen. Interessant ist, dass dieses Motiv aber bei

Chlodwigs Burgunderkrieg von 500 noch keine Rolle spielte, auch nach Gregor von Tours nicht. Erst beim fränkisch-burgundischen Krieg von 524 legt der Chronist Chrodechilde eine an ihre Söhne gerichtete Aufforderung zur Blutrache in den Mund. So bleibt nur der Schluss, dass das Argument von Gundobads angeblichem Brudermord entweder damals tatsächlich aufgekommen ist oder sogar erst von Gregor erfunden wurde.

Wie aber steht es um Gregors Angaben über die Verwandtschaftsverhältnisse innerhalb der burgundischen Königsfamilie? Seine Aussagen zielen immerhin nicht alle auf die Rechtfertigung der späteren Unterwerfung der Burgunder durch die Franken. Das gilt vor allem für die Angabe über Godomar, den vierten Bruder. Warum sollte Gregor diesen erfunden haben, da er doch in seiner Geschichtskonstruktion überhaupt keine Funktion besaß? Vermutlich beruhen die Aussagen des Chronisten über die burgundische Königsfamilie daher doch auf zuverlässigen Informationen. Aber schon bei der angeblichen Abstammung der burgundischen Könige von Athanarich ist wieder Vorsicht geboten. Dieser war zwar ein bedeutender König der Westgoten in der zweiten Hälfte des 4. Jahrhunderts gewesen, so dass man sich auf ihn als Vorfahren durchaus berufen konnte, aber seine Erwähnung und negative Charakterisierung durch Gregor hängt damit zusammen, dass er der arianischen Lehre anhing. Auch Gundobad und ein Teil der Burgunder bekannten sich zu ihr, so dass Athanarich in Gregors Augen der sozusagen ideale Vorfahre für die häretischen Burgunderkönige war. Dabei lässt der Geschichtsschreiber außer Acht, dass es auch katholische Burgunder gegeben hat und die Übergänge zwischen den beiden wichtigen Glaubensrichtungen fließend gewesen sind. So soll Gundobad die Absicht gehabt haben, sich heimlich der katholischen Lehre anzuschließen. Sein Onkel Chilperich war ein Förderer der katholischen Juraklöster und hing vielleicht auch selbst dieser Glaubensrichtung an. Sogar Gundobads Gemahlin Caratene und auch seine Nichte Chrodechilde waren Katholikinnen.

In der späteren Geschichtsschreibung wurde die an sich schon legendenhafte Geschichte von Chlodwigs Werbung um Chrodechilde immer sagenhafter ausgestaltet. In der Chronik des sogenannten Fredegar ist zu lesen, Chlodwig habe einen Römer namens Aurelianus zu Chrodechilde gesandt, der sich als Bettler verkleidet habe. Als

Erkennungszeichen habe ihm der König seinen Siegelring mitgegeben. Chrodechilde und ihre Schwester, die laut Fredegar Sideleuba hieß, lebten in Genf und hatten sich der Armenfürsorge verschrieben. Aurelianus sei von ihnen wie andere Wanderer auch freundlich aufgenommen worden. Als Chrodechilde ihm die Füße wusch, habe er sich als Bote Chlodwigs zu erkennen gegeben und ihr dessen Heiratsantrag vorgetragen. Sie stimmte freudig zu, beschenkte ihn mit 100 Solidi und gab ihm ihrerseits ihren Ring mit. Außerdem gab sie den Rat, der Frankenkönig solle möglichst rasch bei ihrem Onkel Gundobad um ihre Hand anhalten, weil dessen kluger Ratgeber Aridius bald von einer Gesandtschaftsreise nach Konstantinopel zurückkehren, die Tragweite der Heirat erkennen und sie daher verhindern werde. Chlodwig folgte diesem Rat, und Gundobad stimmte zu. In Châlons-sur-Saône wurde Chrodechilde von fränkischen Abgesandten abgeholt, um in einer Sänfte nach Soissons transportiert zu werden. Sie aber bestand darauf zu reiten, um möglichst schnell voranzukommen. Tatsächlich war Aridius inzwischen zu Gundobad zurückgekehrt und erinnerte diesen an die Ermordung von Chrodechildes Familie und daran, dass sie als Chlodwigs Gemahlin diese Tat rächen werde. Gundobad ließ den Hochzeitszug daher verfolgen, konnte aber nur noch die Sänfte einholen. Noch bevor Chrodechilde die Grenze zum Frankenreich überschritt, ließ sie einen Streifen burgundischen Landes brandschatzen, um mit ihrer Rache an Gundobad zu beginnen.[28]

Die sagenhaften Züge dieser Geschichte sind unverkennbar. Noch weniger als Gregors Version kann sie historisch verwertet werden. Allenfalls ist interessant, wie schnell die Sage über die Blutrache der Chrodechilde ausgestaltet wurde. Die Zeitgenossen störte dabei offensichtlich nicht, dass die Königin ja als fromme Christin geschildert wird, der ein solcher Plan eigentlich hätte fernliegen müssen. Etwas anders wird die Sage im *Liber historiae Francorum* dargestellt:[29] Aurelianus habe sich als Bettler verkleidet und sich so Chrodechilde genähert, scheinbar um Almosen zu empfangen. Als dann die Sprache auf die Heirat kommt, lehnt sie ab bzw. legt die Entscheidung in Gottes Hand. Chlodwig sendet daher Aurelianus zu Gundobad und lässt diesen in seinem Namen um die Hand Chrodechildes anhalten. Als der Burgunderkönig zögert, zwingt ihn Aurelianus mit einer Kriegsdrohung zum Nachgeben. Nach der Eheschließung bittet Chrodechilde Chlodwig eindringlich, zum rechten Glauben überzutreten, was er mit Verweis auf seine Götter ablehnt. Außerdem erinnert sie ihn an die Ermordung ihres Vaters durch ihren Onkel, der auch ihren Erbteil behalten habe. Das führt laut dem *Liber historiae Francorum* zu einer zweiten Gesandtschaft des Aurelianus an Gundobad, der ein weiteres Mal habe nachgeben müssen.[30]

Das Motiv, das Gundobad als Brudermörder in der Darstellung der beiden späteren Geschichtsschreiber zeigt, ist wie im Falle Gregors von Tours mit der folgenden Unterwerfung des Burgunderreiches durch die Söhne Chrodechildes zu erklären. Deren Vorgehen gegen die mit ihnen eng verwandten Gibichungen bedurfte einer starken Rechtfertigung. So kam vielleicht die Geschichte von der Ermordung von Chrodechildes Vater durch den eigenen Bruder auf, deren realer Kern, um den sich später die Legende kristallisierte, allenfalls der frühe Tod Chilperichs gewesen sein mag. So ließ der angebliche Brudermord in der historischen Erinnerung das eigentliche Motiv der Heirat vollständig in den Hintergrund treten: Chlodwig heiratete ca. 494 Chrodechilde, um seine politische Annäherung an den Burgunderkönig und an Theoderich den Großen zu besiegeln. Folgt man Gregor, so hatte die Heirat einen so nicht beabsichtigten Nebeneffekt, denn Chrodechilde begann schon bald, bei ihrem Mann für ihren Glauben zu werben.

5. DIE TAUFE CHLODWIGS

Chlodwig war durch seine Allianz mit dem Ostgoten- und dem Burgunderkönig in das ‹Konzert der Mächte› der damaligen Zeit eingetreten. Von einem Machthaber am Rande war er zu einem bedeutenden Mitspieler geworden, der aber als einziger König auf ehemals römischem Reichsboden noch immer dem Heidentum anhing. Seine Verschwägerung mit zwei christlichen Königen dürfte für ihn die Frage dringlicher gemacht haben, ob er sich von seiner alten heidnischen Religion lösen sollte. Hinzu kommt, dass er spätestens seit seinem Herrschaftsantritt und erst recht nach seinem Sieg über Syagrius über ein Gebiet herrschte, dessen Bevölkerung sich mehrheitlich zum Christentum bekannte. Chlodwig sah sich zudem fortan vermehrt auch mit den Bischöfen dieses Gebietes konfrontiert, mit Remigius von Reims, dem Metropoliten der *Belgica II*, an der Spitze. Bedenkt man außerdem, dass etwa sein Vater schon die heiligmäßige Genovefa von Paris verehrt hatte, kann man sich vorstellen, wie sehr auch Chlodwig bereits in ein christliches Umfeld hineingewachsen sein muss.

Freilich gab es zwei Probleme: Zum einen war es sicherlich nicht leicht, die bisherige Religion aufzugeben, auch wenn Chlodwigs Stellung als König vermutlich nicht vorrangig sakral, sondern maßgeblich durch seine Erfolge im Krieg legitimiert war. Aber es blieben die traditionellen religiösen Überzeugungen ganz allgemein und die Jenseitsvorstellungen im Besonderen, die er für sich und sein Volk zu überwinden hatte. Von zentraler Bedeutung dürfte dabei gewesen sein, dass man die Hoffnung aufgeben musste, die eigenen Vorfahren, die im Jenseits weiterlebten, dort wiederzutreffen. Bezeichnend ist das Verhalten des Friesenfürsten Radbod, der sich rund zwei Jahrhunderte nach Chlodwig zur Taufe entschloss und schon im Begriff gewesen sein soll, in das Taufbecken zu steigen, als er die Missionare fragte, ob er im Himmel auf seine Vorfahren treffen würde. Diese verneinten und ergänzten, wie alle Heiden seien sie in die Hölle gekommen. Daraufhin soll der eingefleischte Heide Radbod seinen Fuß zurückgezogen und gesagt haben: «Lieber bin ich frei bei meinen friesischen Vorfahren in der Hölle als bei den Franken im Himmel.»[1] Vergleichbare Überlegungen haben sicherlich auch Chlodwig und seine Franken angestellt.

Das zweite Problem, mit dem sich Chlodwig konfrontiert sah, war die Frage, für welche Richtung des Christentums er sich entscheiden sollte. Seine politischen Verbündeten, Theoderich der Große und Gundobad, hingen dem Christentum arianischer Lehre an. Daher lag es gewiss auch für Chlodwig nahe, sich dieser Richtung zuzuwenden. Schließlich hatte seine Schwester Audofleda diesen Schritt vermutlich anlässlich ihrer Eheschließung mit dem Ostgotenkönig schon getan. Eine weitere Schwester namens Lantechilde war ebenfalls Arianerin. Die verwandtschaftlichen Bindungen mit Theoderich und Gundobad dürften die arianische Geisteshaltung an Chlodwigs Hof weiter gestärkt haben. Daher hat Ian Wood sogar angenommen, der König habe sich zunächst für den Arianismus entschieden. Das mag in der Tendenz vielleicht sogar zutreffen, aber den letzten Schritt hat er nicht getan und die arianische Taufe empfangen. Auf der anderen Seite standen die Bischöfe und die christliche Bevölkerung seines Reiches, die dem Katholizismus anhingen. Vor allem die katholischen Bischöfe warben intensiv um den Frankenkönig, wie der Brief des Remigius zeigt. Hinzu kam der Einfluss Chrodechildes, der katholischen Gemahlin des Königs.

Am Ende sollte sich Chlodwig für die katholische Variante des Christentums entscheiden, aber wie war es nun dazu gekommen? Kein anderes Ereignis in Chlodwigs Regierungstätigkeit ist von der Forschung so intensiv behandelt worden. Da Chlodwig der erste Germanenkönig war, der sich für die katholische Glaubensrichtung und gegen die arianische Lehre entschied, hat die ältere Forschung darin neben dem persönlichen Bekenntnis des Königs auch eine klare politische Aussage gesehen: Chlodwig habe die katholischen Galloromer für sich gewinnen wollen und daher auf die Karte des gemeinsamen Bekenntnisses gesetzt. Für diese wirkmächtige Entscheidung schien Gregor von Tours ein erstklassiger Gewährsmann zu sein, denn er stellt den Gegensatz von Katholiken und Arianern ganz eindeutig in den Mittelpunkt seiner Darstellung. Die Forschung aber hat Gregors Aussagen für das 5. Jahrhundert stark relativiert, und tatsächlich schrieb er ja mit großem zeitlichen Abstand zu den Ereignissen, so dass sich dem Bischof dieser Gegensatz schärfer darstellte, als er zur Zeit Chlodwigs tatsächlich gewesen sein mag. Teile der Forschung sind sogar so weit gegangen, Gregors Berichte und vor allem sein chronologisches Gerüst vollständig zu verwerfen. Das ist aber wohl zuviel des Guten. Gleichwohl bleibt die Schwierigkeit, dass Gregors Bericht sehr legendenhaft gestaltet ist und daher nur mit größter Vorsicht ausgewertet werden kann.

Bei der Beschäftigung mit Gregor von Tours ist der Forschung schon länger aufgefallen, dass sein Bericht über Chlodwigs Taufe aus zwei Erzählsträngen besteht; im ersten steht die Königin Chrodechilde im Mittelpunkt, im zweiten Bischof Remigius von Reims. Die beiden Abschnitte kann man mit Wolfram von den Steinen als Chrodechilde-Tradition und als Remigius-Tradition bezeichnen. Auch im Folgenden werden sie getrennt behandelt, weil Gregor auch die Schwerpunkte unterschiedlich setzt: Zunächst steht die Bekehrung im Vordergrund, an der die Königin laut Gregor einen entscheidenden Anteil gehabt hat, dann die Taufe als formaler Akt, den Remigius als Bischof vorzunehmen hatte. In diesem Zusammenhang kommen auch die Folgewirkungen von Chlodwigs Entscheidung auf sein Volk zur Sprache. Als weitere Quellen zur Bekehrung Chlodwigs kommen zwei Briefe hinzu. Den einen, der in der sogenannten Martins-Tradition steht, hat Bischof Nicetius von Trier um 560 an Chlodwigs Enkelin Chlodoswinde geschrieben. Darin geht es um das Taufversprechen, das Chlodwig allem Anschein nach am Grab des heiligen Martin in Tours gegeben hat. Vor allem aber ist jener Brief zu erwähnen, in dem Bischof Avitus von Vienne dem König zu seiner Taufe gratuliert und in dem zahlreiche Implikationen dieses Schritts zur Sprache kommen. Das Schreiben ist zwar undatiert, in jedem Fall aber streng zeitgenössisch.

Die Rolle Chrodechildes

Königin Chrodechilde verbrachte nach dem Tod Chlodwigs 511 ihre Witwenzeit größtenteils in Tours, wo sie 544 verstarb. Die Vermutung liegt nahe, dass sie während dieser langen Zeit intensiven Kontakt mit den Bischöfen und anderen führenden Geistlichen der Stadt gepflegt hat, im Zuge dessen auch ihre Rolle beim Glaubenswechsel Chlodwigs zur Sprache gekommen ist. Deswegen war die Erinnerung daran in der Stadt des heiligen Martin besonders ausgeprägt. Gregor hat aus zweiter Hand ebenfalls davon erfahren und die betreffenden Nachrichten zur Grundlage der entsprechenden Abschnitte seines Werkes gemacht. Glaubt man ihm, so begann Chrodechilde schon bald nach der Hochzeit bei ihrem Mann für ihren Glauben zu werben. Mit reger Phantasie malt Gregor das Ringen von König und Königin um den rechten Weg aus:

> «Der König bekam nun von der Königin Chrodechilde den ersten Sohn. Sie wollte ihn taufen lassen und drang deshalb unaufhörlich in ihren Gemahl und sprach: ‹Nichts sind die Götter, die Ihr verehrt, denn sie können sich und anderen nicht helfen. Sie sind nämlich ein Gebilde aus Stein, Holz oder Erz. Und die Namen, die Ihr ihnen beigelegt habt, gehörten einst Menschen an, nicht Göttern: wie Saturn ein Mensch war, der seinem Sohne durch die Flucht entronnen sein soll, damit er nicht sein Königreich verliere, und wie Jupiter selbst, der allerschmutzigste Eheschänder, der Männer schändete, Weiber, die ihm blutsverwandt waren, beschimpfte und mit seiner eigenen Schwester in Blutschande lebte, wie sie selbst sagt, sie sei ‹des Gottes Schwester und Gattin zugleich›. Und Mars und Mercur, wie weit reichte denn ihre Macht? Zauberkünste mochten ihnen zu Gebot stehen, aber die Macht einer Gottheit hatten sie nimmer. Wie viel mehr muss nicht der verehrt werden, der Himmel und Erde, Meer und alles, was darinnen ist, durch sein Wort aus dem Nichts geschaffen hat, der die Sonne leuchten ließ und den Himmel mit Sternen schmückte, der das Wasser mit Gewürm, das Land mit Tieren und die Luft mit Vögeln erfüllte, auf dessen Wink die Erde sich schmückt mit Früchten, der Baum mit Obst und der Weinstock mit Trauben, durch dessen Hand das Menschengeschlecht erschaffen ist, durch dessen Güte alle Kreatur seinem Menschen, den er geschaffen, dienet und willig ist!› Aber wie oft auch die Königin so sprach, sie konnte doch des Königs Gemüt nicht zum Glauben bekehren. ‹Auf *unserer*

Götter Geheiß›, sagte er, ‹wird alles geschaffen und erzeugt, *Euer* Gott vermag augenscheinlich nichts und ist, was noch mehr ist, nicht einmal vom Stamme der Götter.›»[2]

Diese religionsphilosophische Unterhaltung Chrodechildes und Chlodwigs ist in der vorliegenden Form erkennbar eine Erfindung Gregors, der die direkte Rede in seinem Geschichtswerk konsequent einsetzte, um die Gesinnung der Handelnden herauszuarbeiten. So ist die Ansprache Chrodechildes nach dem Vorbild zeitgenössischer Predigten verfasst, die für ein römisches Publikum gedacht waren. Daher rührt die Schmähung der führenden Vertreter der römischen Götterwelt. In diesem Kontext stilisiert Gregor Chlodwig zum überzeugten Heiden, der kompromisslos an seiner Religion festhält. So bleibt als eigentlich wenig überraschender historischer Kern des Berichts nicht mehr übrig, als dass König und Königin sich auch über Glaubensfragen unterhalten haben. Ebenfalls auf Informationen der Königin selbst dürfte der Fortgang der Geschichte zurückgehen. Die Lage spitzte sich demnach dramatisch zu:

«Indessen aber brachte die gläubige Königin ihren Sohn zur Taufe und ließ die Kirche mit Teppichen und Decken schmücken, auf dass er, der durch die Predigt nicht bekehrt werden konnte, durch diese festliche Handlung zum Glauben erweckt werde. Ihr Sohn aber, den man Ingomer nannte, starb, als er getauft, noch in den weißen Kleidern, in denen er das Bad der Wiedergeburt empfangen hatte. Da schwoll dem Könige die Galle, und er schalt heftig die Königin und sprach: ‹Wäre der Knabe geweiht im Namen meiner Götter, gewiss er lebte noch; nun aber, da er im Namen Eures Gottes getauft ist, konnte er nicht leben.› Die Königin erwiderte: ‹Gott, dem Allmächtigen, dem Schöpfer aller Dinge, sage ich Dank, dass er mich nicht für unwert erachtet, die Frucht meines Leibes in sein Reich aufzunehmen. Denn mein Gemüt wird vom Schmerz über diese Sache nicht berührt, da ich weiß, dass die, die im weißen Taufgewand von dieser Welt gerufen worden sind, vor Gottes Angesicht leben werden.› Danach gebar sie einen anderen Sohn, den sie in der Taufe Chlodomer nannte, und als er anfing zu erkranken, sprach der König: ‹Es kann mit ihm nicht anders ergehen, als mit seinem Bruder, dass er getauft im Namen Eures Christus alsbald sterbe.› Aber durch das Gebet der Mutter wurde auf des Herrn Geheiß das Kind wieder gesund.»[3]

Die Information über die Taufe der beiden Söhne Ingomer und Chlodomer dürfte zutreffen, zumindest ist letzterer als ältester (überlebender) Sohn des Königspaares bekannt. Sollte der in diesem Abschnitt geschilderte Hergang historisch sein, so fällt die inkonsequente Haltung des Königs auf: Als die Königin den erstgeborenen Sohn trotz seiner eindeutigen Stellungnahme für die heidnische Religion taufen lässt und dieser dann verstirbt, ist er zwar zornig, lässt aber auch die Taufe des Zweitgeborenen zu. Dabei kam ihm als Familienvater die volle Verfügungsgewalt über seine Kinder zu: Von der Namengebung – der Neugeborene erhielt tatsächlich einen Namen in merowingischer Familientradition – bis hin zur Frage der Taufe. Es ist nicht vorstellbar, dass dieser Akt ohne Zustimmung des Königs hätte vollzogen werden können. Vielmehr zeigt die christliche Taufe des Erstgeborenen, dass Chlodwig selbst bereits auf dem Weg zur christlichen Religion war. Er folgte dabei einer Taktik, die etwa auch von den angelsächsischen Königen bekannt ist: Der König blieb Heide, während der Thronfolger getauft wurde. So konnten sich die Gefolgsleute langsam an den Gedanken an die bevorstehende grundsätzliche Veränderung gewöhnen. Nur so ist es zu erklären, dass auch der zweite Sohn getauft werden durfte. Wäre Chlodwig der unnachgiebige Heide gewesen, als den Gregor ihn hier aus Gründen der Dramaturgie schildert, so hätte er spätestens die Taufe seines Zweitgeborenen zu verhindern gewusst.

Die Entscheidung zugunsten des Christentums fällt nach Gregor schließlich nicht in der Auseinandersetzung zwischen den Ehegatten, sondern in einem Kontext, der dem kriegerischen König viel angemessener war, auf dem Schlachtfeld:

> «Die Königin aber ließ nicht ab, in ihn zu dringen, dass er den wahren Gott erkenne und ablasse von den Götzen. Aber auf keine Weise konnte er zum Glauben bekehrt werden, bis er endlich einst mit den Alemannen in einen Krieg geriet: Da zwang ihn die Not zu bekennen, was sein Herz vordem verleugnet hatte. Als die beiden Heere zusammenstießen, kam es zu einem gewaltigen Blutbad, und Chlodwigs Heer war nahe daran, völlig vernichtet zu werden. Als er das sah, erhob er seine Augen zum Himmel, sein Herz wurde gerührt, seine Augen füllten sich mit Tränen, und er sprach: ‹Jesus Christ, Chrodechilde verkündet, Du seiest der Sohn des lebendigen Gottes. Hilfe, sagt man, gebest Du den Bedrängten, Sieg

denen, die auf Dich hoffen – ich flehe Dich demütig an um Deinen mächtigen Beistand: Gewährst Du mir jetzt den Sieg über diese meine Feinde und erfahre ich so jene Macht, die das Volk, das Deinem Namen sich weiht, an Dir erprobt zu haben rühmt, so will ich an Dich glauben und mich taufen lassen auf Deinen Namen. Denn ich habe meine Götter angerufen, aber, wie ich erfahre, sind sie weit davon entfernt, mir zu helfen. Ich meine daher, ohnmächtig sind sie, da sie denen nicht helfen, die ihnen dienen. Dich nun rufe ich an und verlange, an Dich zu glauben; nur entreiße mich aus der Hand meiner Widersacher.› Und da er solches gesprochen hatte, wandten sich die Alemannen und fingen an zu fliehen. Als sie aber ihren König getötet sahen, unterwarfen sie sich Chlodwig und sprachen: ‹Lass, wir bitten Dich, nicht noch mehr des Volkes umkommen; wir sind ja Dein.› Da tat er dem Kampfe Einhalt, ermahnte das Volk und kehrte in Frieden heim; der Königin aber erzählte er, wie er Christi Namen angerufen und so den Sieg gewonnen habe. [Das geschah im fünfzehnten Jahr seiner Regierung.]»[4]

Nachdem die Königin laut Gregor also mit ihren Bemühungen gescheitert ist, bringt die Not des Königs im Kampf gegen die Alemannen die Entscheidung: Er wendet sich angesichts der drohenden Niederlage an Jesus Christus, nachdem seine alten Götter ihm keine Hilfe gebracht haben, und bittet ihn um Hilfe. Bezeichnend ist die Art und Weise, in der Chlodwig ihn anredet, als Gott Chrodechildes. Entsprechend scheint sein Stoßgebet zu Gott auch nicht öffentlich erfolgt zu sein, denn Gregor lässt nicht erkennen, dass die Franken den Sinneswandel ihres Königs bemerkt hätten. Vielmehr erzählt Chlodwig erst nach seiner Heimkehr davon – und zwar allein Chrodechilde. Aus dieser Betonung von Chrodechildes Rolle gerade in der Passage über die Alemannenschlacht, an der sie selbst gar nicht teilgenommen hatte, wurde gefolgert, die Erzählung könne nur auf die Königin selbst zurückgehen, ja Wolfram von den Steinen meinte sogar, den möglichen Wortlaut der Erzählung Chrodechildes aus Gregors Bericht rekonstruieren zu können.[5] So weit sollte man nicht gehen, dafür war der Gestaltungswille des Bischofs von Tours wohl doch zu groß, aber wenigstens die Auffassung der Königin über ihre eigene Rolle lässt sich in groben Zügen doch nachvollziehen. Selbst wenn sie ihre Rolle übertrieben haben sollte, als Königin war sie auf jeden Fall eine Hauptperson im damaligen Geschehen. Immerhin kann man in der Taufe der Königssöhne noch vor dem Vater eine in der Zeit auch sonst durchaus gängige Strategie zur allmählichen Annäherung an die christliche Religion erkennen.

Festzuhalten ist aber auch, dass der Ort der Alemannenschlacht nicht genannt wird und auch eine genaue zeitliche Einordnung ursprünglich gefehlt hat. Im Text heißt es schlicht *aliquando* («einst, irgendwann»). Die Einordnung in das 15. Jahr der Herrschaft Chlodwigs ist ein Nachtrag, der zwar in den wichtigsten, aber eben nicht in allen Handschriften enthalten ist. Daraus muss man nicht unbedingt folgern, die Angabe sei falsch. Sicher aber ist, dass weder für Gregor noch für Chrodechilde selbst die genaue Verortung oder Datierung der Geschichte über die Alemannenschlacht von entscheidender Bedeutung gewesen sind. Wichtig waren allein das Eingreifen Gottes auf Seiten der Franken in die Schlacht und die Entscheidung Chlodwigs, sich zum Christentum, «zum Gott Chrodechildes» zu bekehren. Insgesamt scheint uns Heutigen gerade dieser Aspekt kaum glaubhaft, aber den Zeitgenossen war er ungemein wichtig, so dass er in den verschiedenen Quellen über Chlodwigs Hinwendung zum Christentum immer wieder thematisiert wird. Aber natürlich fällt ein militärischer Erfolg nicht vom Himmel: Aus Gregors Bemerkung über den Tod ihres Königs kann man folgern, dass diese aus ihrer Sicht äußerst unglückliche Wendung des Kampfes die Alemannen zur Flucht veranlasst hat.

Die Rolle des Bischofs Remigius von Reims

Mit dem Sieg über die Alemannen war Gregor von Tours zufolge die Bekehrung des Königs aber noch nicht abgeschlossen. Er berichtet weiter, Chrodechilde habe nun Bischof Remigius von Reims eingeschaltet, der als Metropolit der höchste kirchliche Würdenträger in der Provinz *Belgica II* war, zu der auch Soissons, die Residenz des Königs, gehörte:

«Darauf ließ die Königin heimlich den Bischof von Reims, den heiligen Remigius, rufen und bat ihn, er möchte dem König das Wort des Heils zu Herzen führen. Der Bischof aber beschied ihn im Geheimen zu sich und

> fing an, ihm anzuliegen, er solle an den wahren Gott, den Schöpfer des Himmels und der Erde glauben und den Götzen den Rücken wenden, die weder ihm noch anderen helfen können. Jener aber sprach: ‹Gern würde ich, heiligster Vater, auf Dich hören, aber eins macht mir noch Bedenken. Das Volk, das mir anhängt, duldet nicht, dass ich seine Götter verlasse; doch ich gehe und spreche mit ihnen nach deinem Wort.› Als er darauf mit den Seinigen zusammentrat, rief alles Volk zur selben Zeit, noch ehe er den Mund auftat, denn die göttliche Macht kam ihm zuvor: ‹Wir tun die sterblichen Götter ab, gnädiger König, und sind bereit, dem unsterblichen Gott zu folgen, den Remigius verkündet.›»[6]

Der Schritt der Königin, sich an Remigius zu wenden, erscheint folgerichtig: Soissons hatte zwar ebenfalls einen Bischof, Principius, den Bruder des Remigius, aber sein Bistum gehörte zur Provinz *Belgica II*. Remigius war daher der angemessene Ansprechpartner für die Königin, zumal kein Geistlicher in ganz Nordgallien größeres Ansehen genoss. Er war noch in römischer Zeit, um 458, im Alter von 22 Jahren zum Bischof erhoben worden und verfügte damit über reiche politische Erfahrung über alle Umbrüche seiner Epoche hinweg. Dass Chrodechilde sich also an ihn wandte, um Chlodwigs Bekehrung voranzutreiben, wirkt durchaus nachvollziehbar. Dagegen könnte es unglaubwürdig scheinen, dass Remigius den König zu sich kommen ließ, aber genau das entsprach den Gepflogenheiten bei einer Konversion: Der Bekehrungswillige besprach sich zunächst mit einem Gemeindemitglied, und beide begaben sich dann zum zuständigen Geistlichen. Ein hoher weltlicher Stand spielte dabei keine Rolle bzw. wurde in diesem Fall berücksichtigt, indem Chlodwig mit Remigius nicht etwa den Ortsbischof von Soissons, sondern den ranghöchsten Geistlichen in seinem Reich aufsuchte. Außerdem fand das Treffen heimlich statt, so dass der König sein Gesicht wahren konnte. Es mag sein, dass sich dies alles nicht so zugetragen hat, wie überliefert, aber dann haben sich Gregor oder sein Gewährsmann aus Reims auf jeden Fall ein für die Zeitgenossen durchaus glaubhaftes Szenario ausgedacht.

Im weiteren Verlauf wechselt Gregor von der Bekehrung zum weltlichen Aspekt des Aktes. Er lässt den König seine Sorge um die Einstellung seiner Gefolgsleute darstellen und schließlich ohne weiteres Zwiegespräch den Entschluss fassen, ihnen die Konversion vorzuschlagen. Was auch immer man von dieser Anordnung halten mag, die Haltung der führenden Franken war sicherlich ausschlaggebend für die Entscheidung des Königs. Ohne sie hätte er seinen Weg unmöglich gehen können. Die spontan einsetzende Bereitschaft der Franken, diesen Schritt ebenfalls zu vollziehen, scheint zwar unglaubwürdig, aber reduziert auf die Basisinformation hat der von Gregor geschilderte Hergang doch einiges für sich: Auf der einen Seite gab es den zum Glaubensübertritt entschlossenen König, auf der anderen sicherlich auch Gruppen, die bei der alten Religion bleiben wollten. Aber Chlodwig dürfte kaum eine Versammlung zu dieser Frage abgehalten haben, deren Ausgang offen war. Nach allem, was wir seit den Forschungen von Gerd Althoff über Entscheidungsfindungen im Frühmittelalter wissen, wird es wohl zunächst geheime Verhandlungen mit den Großen gegeben haben, die zu dem vom König gewünschten Ergebnis führten. Erst danach kamen die Franken zu einer öffentlichen Versammlung zusammen und stimmten – zum Schein vielleicht sogar spontan – dem Wunsch des Königs zum Glaubenswechsel zu.[7] Für den Perspektivenwechsel von Chrodechilde zu Remigius spricht vor allem die angebliche Aussprache der Franken, sich zum Gott des Remigius bekehren zu wollen, während einige Sätze zuvor noch vom Gott der Chrodechilde die Rede gewesen ist.

Als die Entscheidung gefallen war, ging die Initiative an Bischof Remigius über. Darin wird man Gregor von Tours durchaus folgen dürfen:

> «Solches wurde dem Bischof gemeldet, und er befahl hocherfreut, das Taufbad vorzubereiten. Mit bunten Decken wurden nun die Straßen behängt, mit weißen Vorhängen die Kirchen geschmückt, die Taufkirche in Ordnung gebracht, Wohlgerüche verbreiteten sich, es schimmerten hell die duftenden Kerzen, und das ganze Heiligtum der Taufkirche wurde von himmlischem Wohlgeruch erfüllt. Solche Gnade ließ Gott denen zuteil werden, die damals gegenwärtig waren, dass sie meinten, sie seien in die Wohlgerüche des Paradieses versetzt. Zuerst verlangte der König vom Bischof, getauft zu werden. Er ging, ein neuer Konstantin, zum Taufbade hin, sich rein zu waschen von dem alten Aussatz und sich von den schmutzigen Flecken, die er von alters her gehabt, im frischen Wasser zu reinigen. Als er aber zur Taufe hintrat, redete ihn der Heilige Gottes mit beredtem Munde also an: ‹Beuge still Deinen Nacken, Sicamber, vereh-

re, was Du verfolgtest, verfolge, was Du verehrtest.› Es war nämlich der heilige Bischof Remigius, ein Mann von hoher Wissenschaft und besonders in der Kunst der Beredsamkeit erfahren, aber auch durch Heiligkeit zeichnete er sich so aus, dass er an Wundertaten dem heiligen Silvester gleich kam. Wir haben noch jetzt seine Lebensbeschreibung, die berichtet, dass er einen Toten erweckt habe. Also bekannte der König den allmächtigen Gott als den dreieinigen, ließ sich taufen im Namen des Vaters, des Sohnes und des Heiligen Geistes und wurde gesalbt mit dem heiligen Öl unter dem Zeichen des Kreuzes Christi.»[8]

Die recht genaue Beschreibung der Taufvorbereitungen hat von den Steinen als Wiedergabe einer Reimser Tradition gedeutet, die Remigius zur Hauptperson des Taufaktes stilisiert habe. In diese Richtung weise auch die Gleichsetzung des Bischofs mit Papst Silvester und Chlodwigs mit Konstantin dem Großen. Die Forschung hat viel in diesen Vergleich hineininterpretiert, vor allem wurde die Glaubensentscheidung in der Schlacht gegen die Alemannen mit der Schlacht an der Milvischen Brücke verglichen. Aber gerade im Zusammenhang mit der Alemannenschlacht unterbleibt der Hinweis auf Konstantin, und auch sonst gibt es kaum Gemeinsamkeiten zwischen ihm und Chlodwig: Konstantin hatte der Tradition zufolge vor der Schlacht eine christliche Vision, die ihn dazu bewog, sich zusammen mit seinen Soldaten unter Gottes Schutz zu begeben und unter einem christlichen Symbol in den Kampf zu ziehen. Chlodwig dagegen wendet sich während der Schlacht an Christus, ändert aber nach außen hin nichts an seinem Verhalten oder an seinen Feldzeichen, so dass die fränkischen Krieger oder gar die Feinde seine geänderte Haltung hätten zur Kenntnis nehmen können. Außer der sehr generellen Gemeinsamkeit, der wahre Gott könne Schlachten entscheiden, hat Gregors Bericht über die Alemannenschlacht wenig mit der Geschichte Konstantins gemein.

Gregor spielt also nicht zwingend auf den an der Milvischen Brücke siegreichen Konstantin an, sondern auf den der Silvesterlegende: Der Kaiser ist überzeugter Heide und Christenverfolger und wird zur Strafe vom Aussatz befallen. Nach einem Traumgesicht wendet er sich an Papst Silvester, der ihn tauft und ihm damit auch Heilung bringt. Von daher rührt der Hinweis auf «die Reinigung vom alten Aussatz» und «von den schmutzigen Flecken». Gregors Einstellung zu Konstantin war aber keineswegs von Begeisterung geprägt, was bei dem Vergleich mit Chlodwig naheliegend gewesen wäre: Er erwähnt ihn nur kurz und auch nicht als ersten christlichen Kaiser. Gregor stützt sich nämlich an dieser Stelle auf die Chronik des Hieronymus, dem zufolge Konstantin arianisch getauft worden sei.[9] Im Taufkapitel erscheint Konstantin dagegen als leuchtendes Vorbild Chlodwigs. Hier folgt Gregor einer Tradition, die großen Wert auf die Parallelisierung von Remigius mit Silvester und demzufolge auch von Chlodwig mit Konstantin legt. Eigentlich kann sie nur aus Reims stammen, und es gibt auch eine gute Erklärung, warum Gregor die Rolle des Remigius derart herausgestrichen hat. Sie wurde ihm von einem von dessen Nachfolgern überliefert, mit dem er sehr gut bekannt war, sogar mehr als das: Bischof Aegidius von Reims weihte Gregor im Jahr 573 zum Bischof. Er dürfte auch bereits an der Entscheidung, Gregor diesen altehrwürdigen Bischofssitz anzuvertrauen, entscheidend mitgewirkt haben, da er der wichtigste geistliche Berater König Sigiberts I. war.[10] Aegidius war sicher daran interessiert, die Rolle seines Vorgängers hervorzuheben, und Gregor hatte keinen Grund, an dieser Reimser Tradition zu zweifeln. So übernahm er sie in sein Werk, das er kurz nach seinem Amtsantritt begann.

Ein Problem an Gregors Bericht ist, dass er den Taufort nicht nennt. Da seinem Bericht zufolge Remigius der Hauptzelebrant der Tauffeier war, darf man annehmen, dass sie in seiner Bischofskirche in Reims stattgefunden hat. Der Autor der sogenannten Fredegarchronik und auch Jonas von Bobbio, beide aus der Mitte des 7. Jahrhunderts, nennen jedenfalls diese Stadt.[11] Wahrscheinlich assistierten Remigius sämtliche Bischöfe seiner mit der *Belgica II* identischen Kirchenprovinz, vielleicht sogar sämtliche Bischöfe aus Chlodwigs Reich, womit der hohen Stellung des Täuflings Rechnung getragen wurde. Unterstützung konnte Remigius aber auch gut gebrauchen, denn nicht allein Chlodwig wurde getauft, wie sich schon auf der Versammlung der Franken angedeutet hatte:

> «Von seinem Heer aber wurden mehr als 3000 getauft. Es wurde auch seine Schwester Albofledis getauft, die nicht lange danach zum Herrn einging. Und da sich der König um sie tief bekümmerte, schrieb ihm der heilige Remigius einen Trostbrief, der solchermaßen anfing: ‹Es betrübt mich die Veranlassung Eures Kummers, es betrübt mich über die Maßen,

dass Eure Schwester seligen Andenkens, Albofledis, heimgegangen ist. Aber wir vermögen Euch deshalb zu trösten, denn sie schied so von dieser Welt, dass man eher zu ihr aufblicken, als um sie trauern sollte›. Es bekehrte sich ferner auch eine andere Schwester des Königs mit Namen Lantechilde, die in die Irrlehre der Arianer verfallen war; sie bekannte nun, dass der Sohn und der Heilige Geist gleichen Wesens mit dem Vater sei, und wurde darauf gesalbt.»[12]

Man kann tatsächlich davon ausgehen, dass zusammen mit Chlodwig auch viele seiner Großen und auch einfache Franken getauft wurden. Die Zahl 3000 erscheint nicht allzu übertrieben, gibt aber sicher nicht die genaue Zahl der Mittäuflinge Chlodwigs wieder, sondern ist der Bibel (Apg 2, 41), möglicherweise auch der Silvesterlegende entlehnt. Interessant ist der Hinweis auf die Taufe und den baldigen Tod von Chlodwigs Schwester Albofledis, denn neben Gregors Bericht ist auch der bis auf die Datierung vollständige Brief des Remigius an den König erhalten. Das zeigt, dass Gregor sich nicht nur auf Legenden stützte oder eigenwillige Geschichtskonstruktionen vornahm, sondern dass ihm durchaus Quellen zur Verfügung standen, deren Wert auch heute noch hoch eingeschätzt wird. Noch interessanter ist die Erwähnung der zweiten Schwester namens Lantechilde, die sich der arianischen Lehre angeschlossen hatte, noch bevor Chlodwig sich für den Katholizismus entschied. Auch für ihn hätte es jene Alternative gegeben, aber er entschied sich anders. Auf seine Gründe werden wir noch zurückkommen.

Der heilige Martin von Tours und die Bekehrung Chlodwigs

Obwohl Gregor von Tours die Bekehrung Chlodwigs ungewöhnlich ausführlich schildert, ist es schwer, das damalige Geschehen zu rekonstruieren. Bereits zu seiner Zeit war die Erinnerung daran in verschiedenen Versionen mit je unterschiedlicher Akzentuierung – Chrodechilde einerseits, Remigius andererseits – ausgestaltet worden, die Gregor in seinem Bericht ja nacheinander geboten hat. Es gibt nun aber noch eine dritte Traditionslinie, die Gregor völlig beiseite lässt, die wir aber dank eines um das Jahr 560 geschriebenen Briefes des Bischofs Nicetius von Trier an Chlodwigs Enkelin Chlodoswinde kennen: Die Königstochter stand damals im Begriff, den Langobardenkönig Alboin zu heiraten, der wie die große Mehrheit seines Volkes der arianischen Lehre anhing. Dies veranlasste Nicetius, Chlodoswinde auf ihre künftige Rolle am Hof des häretischen Königs einzustimmen. Er beginnt seinen Brief mit Belehrungen über die göttliche Dreieinigkeit, also den Kern der katholischen Lehre, der von den Arianern abgelehnt wurde. Dann unterrichtet der Bischof seine Briefpartnerin darüber, dass die Arianer keinen richtigen Heiligenkult kennen. Vielmehr würden sie Reliquien nur heimlich verehren und auch keine Messen an den Gräbern der Apostel lesen. Anschließend äußert Nicetius die Hoffnung, Alboin möge am Festtag des heiligen Martin Boten in dessen Kirche nach Tours schicken, damit sie seine Wundertätigkeit erleben könnten: Blinde würden wieder sehen, Taube wieder hören, Stumme wieder sprechen sowie Aussätzige und andere Kranke wieder gesund. In ähnlicher Weise wirkten auch andere katholische Heilige – zu denen Nicetius bereits Remigius zählt – in ihren Kirchen Wunder, während dies von den Kirchen der Arianer nicht bekannt sei. Dann fährt Nicetius fort:

> «Du hast gehört, wie Deine Großmutter seligen Angedenkens Chrodechilde in das Reich der Franken kam und wie sie den Herrn Chlodwig zum katholischen Gesetz bekehrte; und da er ein höchst kluger Mann war, so wollte er nicht ruhen, bis er die Wahrheit erkannte. Als er die Richtigkeit der katholischen Lehre bewährt fand, fiel er demütig an der Schwelle des heiligen Martin nieder und gelobte, sich unverweilt taufen zu lassen. Wie viel er nach seiner Taufe gegen die häretischen Könige Alarich und Gundobad ausrichtete, hast Du gehört. Du weißt genau, welche Güter er und seine Söhne in dieser Welt besaßen.»[13]

Nicetius wurde gegen Ende des 5. Jahrhunderts geboren, als Bischof von Trier amtierte er seit 525/26. Er stand den Ereignissen rund um Chlodwigs Taufe schon wegen seines Lebensalters erheblich näher als der rund 40 Jahre jüngere Gregor. Nicetius könnte daher sogar eine eigene Erinnerung an Chlodwig gehabt und noch zu dessen Lebzeiten Berichte und Erzählungen über dessen Bekehrung gehört haben. Aus dem Tenor des Briefes – Chlodoswinde heiratet einen Arianer und soll ihren Mann wie ihre Großmutter Chrodechilde zum rechten

Mantelteilung des hl. Martin / Bassenheimer Reiter
Sandsteinrelief um 1240

Glauben führen – müsste man ohne weitere Informationen folgern, auch Chlodwig sei zunächst Arianer gewesen. Aber derart pointiert darf man den Brief wohl nicht auslegen, zumal die Passage über Chlodwigs Bekehrung nur ein Bruchstück des gesamten Textes ist. Außerdem geht es Nicetius um die zukünftige Rolle seiner Briefpartnerin an einem arianischen Königshof, weshalb er ihr zum einen die Schwächen der arianischen Lehre vorführt und sie zum anderen an das Beispiel ihrer Großmutter erinnert. Dies und nicht Chlodwigs früheres Bekenntnis ist für Nicetius der entscheidende Punkt.

Folgt man dem Gedankengang des Nicetius, so hatte der König sich am Martinstag, also dem 11. November, nach Tours begeben und die erwähnten Wunder am Grab des Heiligen miterlebt. Daher sollte Alboin mehrere Jahrzehnte später Gesandte nach Tours schicken, damit auch sie die Wundertätigkeit des Heiligen miterleben und ihrem König davon berichten konnten. Die Stadt Tours gehörte gegen Ende des 5. Jahrhunderts noch zum Westgotenreich, wenn sie auch direkt an der Loire und damit an der Grenze lag. Dies wirft ein Schlaglicht auf die damalige politische Situation und wird uns noch beschäftigen: Denn es ist doch bemerkenswert, dass Chlodwig sich anlässlich eines Besuchs in dieser von den arianischen Westgoten beherrschten Stadt zur katholischen Lehre bekannt haben soll.

Vor dem Hintergrund von Gregors Bericht lässt aber zunächst etwas ganz anderes aufhorchen: Nicetius zufolge hat Chlodwig in der Kirche des heiligen Martin zu Tours seine Entscheidung für das Christentum öffentlich gemacht. Warum überging Gregor dieses Ereignis, da es doch – seine Richtigkeit unterstellt – in ebenjener Kirche stattgefunden hätte, der er selbst vorstand? Gregors Verehrung für Martin war außerordentlich groß, und dennoch soll er kein Wort über die Bekehrung des großen Frankenkönigs an der Schwelle des Heiligen verloren haben? Natürlich beweist das Schweigen des Nicetius umgekehrt nicht, dass es nicht während der Alemannenschlacht zum Bekehrungserlebnis gekommen sei, denn ihm ging es ja nur darum, die Rolle der Heiligen zu betonen. Die Mehrheit der Forschung sucht daher, beide Traditionen miteinander zu vereinbaren, und geht davon aus, dass Chlodwig nach seinem Sieg über die Alemannen nach Tours gereist sei, um sich ganz offiziell als Taufbewerber zu erklären. Das Grab des heiligen Martin und die Wunder, die dort geschahen, bildeten sicher den angemessenen Rahmen für solch eine öffentliche Willensbekundung des Frankenkönigs – von dem politischen Signal einmal ganz abgesehen, da die Stadt Tours in dieser Zeit zwischen Franken und Westgoten umkämpft war. Aber warum schweigt Gregor über dieses Geschehen, das sich doch in seiner Stadt, in der Kirche ‹seines› Heiligen abgespielt hatte? Hier sind vielleicht mehrere Aspekte zu beachten: Chlodwigs Zeitgenossen mag das Taufversprechen in Tours nicht ganz so wichtig gewesen sein wie die Taufe durch Remigius in Reims. In Tours selbst war Chrodechilde zwar lange Zeit vor Ort, aber ihr waren der eigene Anteil an der Bekehrung ihres Gatten und der Sieg in der Alemannenschlacht viel wichtiger als das Taufversprechen in Tours. So könnte es zu erklären sein, warum Gregor entweder gar nichts davon bekannt geworden war, oder, falls doch, warum er diesen Aspekt völlig hinter die beiden anderen Traditionen zurücktreten ließ.

Für ein weiteres Problem ist der Brief des Nicetius überaus hilfreich, denn er bestätigt mittelbar Gregors chronologische Einordnung der Bekehrung Chlodwigs. Nicetius kommt ebenfalls nicht ohne einen Verweis auf die Hilfe der christlichen Religion im Krieg aus, beschränkt sich aber auf die Erfolge, die Chlodwig als katholischer Christ über häretische Feinde errungen habe: über die Burgunder- und Westgotenkönige. Damit spielt er einmal auf den Sieg über die Westgoten 507 an, zum anderen auf Chlodwigs Burgunderkrieg im Jahr 500. Dabei handelte es sich um seine letzte bewaffnete Auseinandersetzung mit diesem Volk. Folglich hatte der König bereits vorher seine Entscheidung zugunsten des Christentums getroffen und wohl auch schon die Taufe empfangen.

Eine zeitgenössische Reaktion – das Gratulationsschreiben des Avitus von Vienne

Als Chlodwig entschieden hatte, sich taufen zu lassen, zog er auch die Konsequenz daraus, dass dies kein privater spiritueller Akt war, sondern machte diesen Entschluss noch im Vorfeld des Sakramentempfangs bekannt, und zwar nicht nur in seinem eigenen Reich, sondern auch darüber hinaus. Erhalten ist die Antwort des Bischofs Avitus von Vienne, dessen Bistum zum Burgunderreich gehörte. Avitus war ein Verwandter des gleichnamigen Kaisers und des Sidonius Apollinaris. Seit dem Jahr 490 stand er seiner Diözese vor. Er war einer der führenden Bischöfe des Burgunderreiches und darüber hinaus ganz Galliens. Avitus spricht in seinem Brief an Chlodwig zahlreiche Aspekte an, von denen einige bereits dargelegt wurden. Er beginnt mit der Alternative, vor der der Frankenkönig offenbar gestanden hatte:

> «Euren scharfen Geist haben die Anhänger von allerlei Sekten mit ihren verschieden gerichteten, vielfältigen, aller Wahrheit baren Lehrmeinungen als dunkle Christen zu benebeln gesucht. Während wir das der Ewigkeit überlassen, während wir es der künftigen Prüfung anheimstellen, wieviel Richtiges in jeder Meinung liegt, ist auch in der Gegenwart der selten durchbrechende Strahl der Wahrheit aufgeblitzt. Ja, es hat für

unsere Zeit die göttliche Vorsehung einen Mann der Entscheidung gefunden! Indem Ihr für Euch wählt, gebt Ihr das Urteil für alle; so ist Euer Glaube – Unser Sieg.»[14]

Der Anfang des Briefes verwundert: Avitus setzt nicht mit dem aus seiner Sicht erfreulichen Ereignis ein, sondern mit einer Kritik an den «Anhängern von Sekten» und «dunklen Christen», eine deutliche Anspielung auf die Arianer. Neben Gregor von Tours mit seinem Hinweis auf die anfangs arianische Schwester Chlodwigs bestätigt damit auch Avitus, dass am Hof des Frankenkönigs auch Arianer präsent gewesen sind und dass Chlodwig darüber hinaus wenigstens vorübergehend an eine arianische Taufe gedacht hat. Umso erleichterter war Avitus, dass nun die Entscheidung für die katholische Lehre gefallen war. Er widmete daher auch dem Übertritt der Königsschwester Lantechilde von der arianischen zur katholischen Lehre eine Festpredigt.[15] Allerdings war sich Avitus sicherlich auch der Probleme bewusst, die Chlodwigs Entscheidung zur Folge haben konnte, denn sein eigener König Gundobad, zu dem Avitus sehr gute Beziehungen unterhielt, bekannte sich nach wie vor zum Arianismus und hatte vielleicht gehofft, sein angeheirateter Neffe würde seinem Beispiel folgen. Avitus erwähnt aber nicht nur die Alternative, vor der Chlodwig bei seiner Entscheidung für das Christentum stand, sondern auch die Religion, der der König den Rücken kehrte:

«Es pflegen die meisten in einem solchen Fall – wenn Mahnung der Priester oder Zuspruch irgendwelcher Genossen sie dahin bringt, daß sie im Glauben Gesundung suchen – sie pflegen die Gewohnheit ihres Geschlechtes und den Brauch von vatersher entgegenzusetzen. So stellen sie zum Verderben ihre Scham über ihr Heil, und indem sie ihren Eltern in Bewahrung des Unglaubens unnütze Verehrung erweisen, bekennen sie, daß sie eigentlich gar nicht wissen, worum die Wahl geht. Möge nun, nach so wunderbarem Geschehen, die schädliche Scham auf diese Entschuldigung verzichten! Ihr, dem von dem ganzen uralten Stammbaum der bloße Adel genug ist, Ihr habt gewollt, daß alles, was den Gipfel der Hoheit irgend zu zieren vermag, für Eure Nachkommenschaft bei Euch den Ausgang nehme. Gutes habt Ihr geerbt, Besseres wolltet Ihr vererben: Ihr verantwortet Euch vor den Vorfahren dahin, daß Ihr auf Erden regiert; Ihr gabt es den Nachfahren zum Gesetz, daß Ihr im Himmel regieren möget.»[16]

Avitus deutet an, dass Chlodwig mit seiner Abkehr von der alten Religion natürlich auch Konflikte provozierte. Stets naheliegend bei einem solchen Schritt ist die Kritik an der Abkehr von den alterhergebrachten Traditionen, die Avitus anspricht. Weiterführender ist die Frage, ob der Bischof von Vienne auch auf eine angebliche Abstammung von den Göttern anspielt, auf die Chlodwig mit seiner Taufe verzichtet habe. Damit, so Avitus, habe sich der König mit seiner adligen Abkunft zufriedengegeben und auf eine besondere Stellung verzichtet, die ihm die Abkunft von seinen Ahnen vermittelte. Hier könnte eine Herkunft von den Göttern gemeint sein, ähnlich den Königsfamilien der Angelsachsen, von denen sich viele, so der angelsächsische Mönch und Gelehrte Beda Venerabilis, von Wodan ableiteten.[17] Zwingend ist der Schluss jedoch nicht, Chlodwig und seine Franken hätten bis zu ihrer Bekehrung geglaubt, der König stamme von den Göttern ab, zumal der gesamte Kontext des Schreibens auf eine allgemein bei den Franken verbreitete Verehrung der Vorfahren hinweist, die nicht auf den König beschränkt war. Selbst wenn man aber annimmt, Chlodwig habe seinen Stammbaum auf heidnische Götter zurückgeführt, so berührte der Verzicht auf diese Legitimationsstrategie seine Herrschaft nicht ernsthaft. Seine Königsherrschaft hing ganz und gar nicht von dieser Legitimation ab, sondern von anderen Faktoren wie Macht, Reichtum und kriegerischem Erfolg. So mochten denn auch Gregor von Tours und Nicetius eher ins Schwarze treffen, wenn sie die christliche Religion für den kriegerischen Erfolg verantwortlich machten. Dieser erleichterte Chlodwig den Schritt, sich vom alten Glauben ab- und dem neuen zuzuwenden. Das Kriegsglück war Chlodwigs eigentliche Legitimation zu herrschen und damit auch, die Religion zu wechseln, ganz unabhängig von der Frage, ob er sich während einer bestimmten Schlacht dazu entschieden hatte.

Im nächsten Abschnitt seines Schreibens an Chlodwig nähert sich Avitus dann dem eigentlichen Taufakt, nicht ohne dessen Stellenwert in der damaligen Welt hervorzuheben:

«Freue sich immerhin Griechenland an einem Fürsten unsres Gesetzes: aber nicht mehr, als ob es allein solch große Gnadengabe verdiente! Deren Helle verklärt auch hier die Erde, und dem Abendlande erschimmert Licht an einem längst glanzvollen Könige. Der Durchbruch davon geschah passend zur Weihnacht: folgerecht sollte Euch an dem Tage das Taufbad zum Heile wiedergebären, an welchem die Welt zu ihrer Erlösung die Geburt des Himmelsherrn empfing. Wie also der Geburtstag des Herrn gefeiert ist, sei es auch der Eure: an welchem Ihr für Christus, an welchem Christus für die Welt entsprungen; an welchem Ihr Eure Seele an Gott, Euer Leben für die Gegenwart, Euren Ruhm bei der Nachwelt geweiht habt.»[18]

Avitus verweist damit auf die Tatsache, dass der Frankenkönig nun der gleichen Lehre anhing wie der oströmische Kaiser. Dass er das Bekenntnis zeittypisch als Gesetz bezeichnet, lässt die Dimensionen von Chlodwigs Entscheidung noch deutlicher hervortreten: Für die katholischen Zeitgenossen ging es nicht einfach um eine andere Religion, sondern um eine Neuausrichtung des gesamten Lebens. Etwas befremdlich scheint die Bezeichnung des oströmischen Reiches als *Graecia*, Griechenland, doch muss dies nicht abwertend gemeint sein. Ähnlich ist das Wort *princeps* («Fürst») für den Kaiser zu sehen: Es war durchaus nicht unüblich, den Kaiser so zu bezeichnen. Im Übrigen war das Verhältnis der westlichen und der östlichen Kirche in damaliger Zeit nicht ohne Spannungen, war es doch wegen theologischer Differenzen zum sogenannten Akakianischen Schisma gekommen, benannt nach dem Patriarchen Akakios von Konstantinopel (471–489), der 484 von Papst Felix III. (483–492) gebannt worden war. Avitus' Anspielung auf den gemeinsamen Glauben mit dem oströmischen Reich passt gut in die Zeit Papst Anastasius' II. (496–498). Unter ihm bestand das Akakianische Schisma zwar fort, aber er bemühte sich wenigstens um eine Entspannung der Beziehungen zu Kaiser Anastasios I., nachdem sein Vorgänger Gelasius I. (492–496), indem er die Zwei-Schwerter-Lehre ausarbeitete, sogar noch Öl ins Feuer gegossen hatte, weil er darin die geistliche Autorität der Bischöfe der weltlichen Gewalt überordnete.

Eine zentrale Nachricht ist die Datierung der Taufe auf das Weihnachtsfest. Wenn Avitus auch das Jahr nicht nennt, so liefert er damit doch einen wichtigen Anhaltspunkt. Gregor wusste nichts davon. Entsprechend blieb das Datum auch denen unbekannt, die sich allein auf seine Angaben stützten. So hat der sogenannte Fredegar die Taufe Chlodwigs auf Ostern verlegt, weil zu seiner Zeit – Mitte des 7. Jahrhunderts – im gesamten Frankenreich die Taufe in der Osternacht üblich war. Spätere Geschichtsschreiber folgten ihm darin. An diesem kleinen Detail zeigt sich einmal mehr unsere Abhängigkeit vom Zufall der Überlieferung: Wäre der Brief des Avitus im Laufe der letzten gut 1500 Jahre verlorengegangen, würde wohl auch die moderne Wissenschaft der Angabe Fredegars einfach folgen.

Erst danach geht Avitus auf den eigentlichen Grund seines Schreibens ein, denn es war keinesfalls ein Zufall, dem er im vom Ort des Geschehens weit entfernten Vienne sein Wissen um die Taufe des Frankenkönigs verdankte:

> «Was wäre von der glorreichen Feier Eurer Wiedergeburt zu sagen? Wenn ich mich zu deren Begehung persönlich nicht eingefunden habe, so war ich doch Teilnehmer ihrer Freuden: zumal ja die göttliche Güte unserm Lande die Festlichkeit dadurch gemehrt hat, daß vor Eurer Taufe ein Bote Eurer hocherhabenen Demut zu uns kam, durch den Ihr Euch als Taufbewerber bekanntet. Daher fand uns nach all der Erwartung die Weihnacht schon ohne Sorge um Euch. Wir besprachen nämlich untereinander den Hergang und stellten uns alles vor: wie die zahlreiche Schar der versammelten Bischöfe im Eifer ihres heiligen Dienstes die Königsglieder in den Lebenswogen wärmte – wie vor den Knechten Gottes das den Völkern furchtbare Haupt sich beugte – wie das unter dem Kriegshelm gepflegte Haar sich nun mit geweihter Ölung behelmte – wie der Panzer einmal abgelegt wurde und die makellosen Glieder im makellosen Weiß der Taufkleider glänzten. Möge diese weiche Gewandung, so wie Ihr, blühendster der Könige, es glaubt – möge sie bewirken, daß Euch die starren Waffen fortab nur um so kräftiger helfen: und was bisher das Glück geschenkt hat, die Heiligkeit wird es nun vermehren.»[19]

Avitus bezeugt mit klaren Worten, dass er eine persönliche Einladung Chlodwigs zu dessen Taufe erhalten hatte. Damit fassen wir indirekt ein Schreiben des Königs, mit dem er Avitus zu seiner bevorstehenden Taufe eingeladen haben muss. Dies kam einer Provokation des Burgunderkönigs gleich, dessen Untertan Avitus war. Warum aber sollte Avitus der einzige Bischof im damaligen Gallien gewesen sein, dem Chlodwig seine Entscheidung mitgeteilt hatte? Es liegt näher, dass er sämtliche Bischöfe eingeladen hat, deren Sitz in den von ihm beherrschten Gebieten lag. Das Beispiel des Avitus aber

Taufe Chlodwigs durch Remigius
Elfenbeintafel, 10. Jahrhundert, Musée de Picardie, Amiens

lehrt, dass er es nicht dabei belassen hat: Vielleicht erhielten sogar alle Bischöfe unter burgundischer und sogar westgotischer Herrschaft ein inhaltlich gleiches oder ähnliches Schreiben des Frankenkönigs. Eine solche Aktion hat Chlodwig vermutlich nicht nur aus reiner Freude über seinen bevorstehenden Übertritt zum Christentum unternommen, sondern er dürfte sich der Folgen durchaus bewusst gewesen sein. Zwar war nicht damit zu rechnen, dass Bischöfe aus dem Burgunder- oder Westgotenreich seiner Einladung folgen würden, um ihre Könige nicht zu provozieren, aber sie waren nun ganz offiziell über den Glaubenswechsel des Frankenkönigs informiert – und nicht nur sie, sondern ihre Könige auch. Letzteren dürfte die politische Gefahr, die von Chlodwigs Schritt ausging, sofort bewusst geworden sein: Dem Frankenkönig war es nun ohne Weiteres möglich, sämtliche Bischöfe der Nachbarreiche in religiösen Dingen zu konsultieren, ohne sich um die Grenzen seines Reiches kümmern zu müssen.

Selbstverständlich lehnte der politisch erfahrene Avitus diese riskante Einladung ab, da ihm sehr an einem guten Verhältnis zum Burgunderkönig Gundobad, seinem weltlichen Herrn, gelegen war. Eine Reise in Chlodwigs Machtbereich und noch dazu aus diesem Anlass wäre eine Provokation gewesen. Gleichsam um seine Abwesenheit zu kompensieren, stellte sich Avitus den Hergang der Taufe vor, und als Bischof war er sich darüber völlig im Klaren. Was er nicht erwähnt, kann rekonstruiert werden, da Chlodwig sich bei der Taufe gewiss gemäß der kirchlichen Vorgaben verhalten hat, die für alle Taufwilligen galten: Nachdem er das Baptisterium betreten hatte, schwor er gegen Westen gerichtet dem Teufel und dessen Werken ab und sprach dann in Richtung Osten das Glaubensbekenntnis. Danach entledigte er sich seiner Kleidung als Zeichen dafür, dass er sein altes, sündhaftes Leben hinter sich lassen wollte, und bestieg unbekleidet das Taufbecken, das Bad der Wiedergeburt. Dreimal wurde er von Remigius untergetaucht, um symbolisch vom Aberglauben gereinigt zu werden. Zur Bestätigung der Taufe wurde er dann am Haupt mit heiligem Chrisam, dem Tauföl, gesalbt. Schließlich legte er die weiße Taufbekleidung an und nahm erstmals an der Eucharistie teil.

Weiter geht aus dem Brief des Avitus bzw. dem verlorenen Einladungsschreiben des Königs hervor, dass die vor einer Taufe vorgeschriebenen Fristen eingehalten wurden. Anscheinend hat Chlodwig sich in seinem Brief an Avitus als Taufbewerber (*competens*) bezeichnet. Üblicherweise dauerte die Kompetenzzeit 40 Tage, entsprechend der großen Fastenzeit vor Ostern, dem in der alten Kirche üblichen Tauftermin. Die Frist blieb erhalten, auch wenn ein anderer Tag hierfür gewählt wurde, etwa Pfingsten, der Johannistag (24. Juni) oder Weihnachten. In dieser Zeit wurde der Bewerber in die Geheimnisse des Glaubens eingeführt, begleitet von vielen liturgischen Akten mit der Taufe selbst als Höhepunkt. Rechnet man vom Weihnachtstag 40 Fastentage zurück, gelangt man auf den 11. November, den Martinstag. Laut von den Steinen könnte Chlodwig daher in Tours am Martinstag sein Taufgelöbnis abgegeben haben, wie im Nicetius-Brief bezeugt. Möglicherweise wurden dort auch die Einladungsbriefe an die gallischen Bischöfe abgefasst, von denen allein das an Avitus gelangte Exemplar mittelbar bezeugt ist. Eine Abfassung dieser Schreiben in Tours könnte dann auch erklären, warum sich keine Nachricht über die Rolle der Stadt bzw. des heiligen Martin im Bekehrungsprozess Chlodwigs erhalten hat, auf die Gregor hätte zurückgreifen können: Der damalige Bischof von Tours war ja vor Ort und benötigte eine solche Einladung daher nicht. Außerdem wollte Gregor vielleicht auch die etwas nachrangige Rolle seines Heiligen nicht erwähnen, war die Kompetenzerklärung doch längst nicht so bedeutsam wie die Taufe selbst. Im Übrigen ist bezeichnend, dass Avitus dem König infolge seines Übertritts zur christlichen Religion militärische Erfolge in Aussicht stellte. Für die Zeitgenossen war dieser Zusammenhang also alles andere als ungewöhnlich – und das trotz der an sich friedlichen Botschaft des Christentums.

Am Ende seines Briefes kommt Avitus dann auf die wichtigsten Pflichten zu sprechen, die ein christlicher König nach Auffassung der Kirche hatte.

> «Ich wollte wohl Eurem Preise ein Wort der Ermahnung anschließen, wenn etwas Eurem Wissen oder Eurer Aufmerksamkeit entginge. Sollen wir dem Vollkommenen den Glauben predigen, den Ihr schon vor der Vollkommenheit ohne Prediger gesehen habt? Oder etwa die Demut, die Ihr uns schon längst in Ergebenheit bezeigt, die Ihr uns nunmehr von Glaubens wegen schuldig seid? Oder die Barmherzigkeit, die die gefangene, grad eben von Euch freigelassene Schar durch ihre Freude der Welt, durch ihre Tränen Gott verkündigt? Nur eines wünschten wir gemehrt: wenn nun Gott Euren Stamm durch Euch ganz und gar zu dem Seinen machen wird, so streut aus dem reichen Schatz Eures Herzens die Glaubenssaat auch unter die ferner wohnenden Stämme, die bisher in natürlicher Unwissenheit leben und nicht durch Keime von Irrlehren verdorben sind. Frisch und ohne Scheu vertretet, auch durch eigens entsendete Botschafter, die Sache Gottes, der die Eure so hoch erhöht hat: auf daß all die Heidenvölker draußen vorerst um des christlichen Gebotes willen Euch dienen und, während sie noch getrenntes Eigentum zu behalten scheinen, doch eher dem Stamme als dem Herrscher nach geschieden seien (...).»[20]

Zunächst umschmeichelt der Bischof den König, denn natürlich dürfte Chlodwig noch längst kein vollkommener Christ gewesen sein. Die entsprechende Wendung – Chlodwig habe den Glauben auch ohne Predigt gesehen – hat man als einen Verweis auf das Wunder der Alemannenschlacht interpretiert. Die Freilassung von Kriegsgefangenen war sicherlich ein symbolischer Akt, mit dem er seine Demut und seine feste Verankerung im neuen Glauben deutlich machen wollte. Vor allem sollte Chlodwig nach Auffassung des

Bischofs für die Ausbreitung des Glaubens wirken – zunächst im eigenen Volk, das ganz natürlich dem Beispiel des Herrschers folgen würde, und dann bei fremden Völkern. Das sollte durch Glaubensboten, nicht etwa durch Krieg geschehen, und dennoch sollten die heidnischen Völker dieser Vorstellung nach dem christlichen König unterworfen sein. Auch wenn der Text des Briefes hier abbricht, so enthält er doch genügend Informationen, um den Hergang der Taufe selbst und die Gedankenwelt zu erhellen, in der sie stattgefunden hat.

Der Quellenwert des Avitus-Briefes ist außerordentlich hoch: Der Bischof von Vienne war ein Zeitzeuge, der von Chlodwig selbst über seine bevorstehende Taufe informiert und zu ihr eingeladen worden war. Auch sonst darf Avitus als bestens informiert gelten, korrespondierte er doch mit den bedeutendsten geistlichen und weltlichen Persönlichkeiten seiner Zeit. Als Zeitzeuge setzte er ganz andere Akzente als Gregor und Nicetius, die das Geschehen aus größerem zeitlichen Abstand nachzeichneten. Anders als sie konnte Avitus die weitere Entwicklung und vor allem auch die bald einsetzende Traditionsbildung um die Taufe nicht kennen. Ist es daher ein Zufall, dass er die Rolle der Königin überhaupt nicht erwähnt? Für Avitus übten allenfalls Priester und Tischgenossen Einfluss auf die Entscheidung des Königs aus. Da er ein Untertan des Burgunderkönigs Gundobad war, hätte der Bischof von Vienne allerdings Grund gehabt, dessen Nichte Chrodechilde zu erwähnen. Johannes Fried unterzog daher die Taufe Chlodwigs jüngst einer Neubewertung und stellte dabei sogar die Frage: «Sollte auch die Königin erst der Konversion bedurft haben, bevor sie ihren Gemahl im rechten Glauben hätte bestärken können?» Und weiter: «Avitus schmeichelt allein dem Herrscher. Schon vor seiner *Perfectio*, der Taufe, habe er den Glauben zu beachten gewusst. (…) Hier zeichnet sich eine ganz andere Bekehrungsgeschichte ab, als sie dann, Jahrzehnte später, Nicetius umriss und Gregor von Tours ausmalte.» [21] Man muss wohl nicht so weit gehen in der Skepsis gegenüber Chrodechildes Rolle, aber Vorsicht ist sicher geboten bei der wohl auf sie zurückgehenden Stilisierung der Bekehrung Chlodwigs zu einer Angelegenheit, die allein zwischen den beiden Ehegatten ausgemacht wurde. Auch andere Personen – geistliche Berater und weltliche Große – trugen zur Entscheidung des Königs bei. Diese traf er keinesfalls allein, sondern erst nach intensiven Beratungen über die Folgen – sowohl im Hinblick auf das eigene Volk als auch in seinem Verhältnis zu den benachbarten Königen.

Die Auswirkungen der Taufe auf das Verhältnis zu den Nachbarreichen

Eine Einschätzung der politischen Folgen der Taufe hängt ganz entscheidend von ihrer zeitlichen Einordnung ab. Die Datierung der Alemannenschlacht ist ein Nachtrag zum ursprünglichen Text und steht auch nicht in allen Handschriften von Gregors Werk.[22] Trifft sie zu, so hat der Kampf im Jahr 496 stattgefunden, die Taufe frühestens im gleichen Jahr. Die sogenannten Frühdatierer in der Forschung nehmen nun an, Chlodwig sei nicht bereits im gleichen Jahr getauft worden, sondern die Vorbereitungen hätten gewisse Zeit in Anspruch genommen. So gelangt man dann auf die Jahre 497, 498 oder noch etwas später. Da aber nur eine einzige andere Alemannenschlacht durch einen Brief Theoderichs des Großen an Chlodwig aus dem Jahr 506 gesichert ist, plädieren die Spätdatierer für dieses oder eines der folgenden Jahre. Das aber würde bedeuten, dass Gregors gesamte Chronologie abgelehnt werden müsste – neben seinen Jahresangaben auch die einfache Abfolge von Chlodwigs Kriegen und sonstigen Taten. Sicherlich hat Gregor auch Legenden verarbeitet und ganz eigene Vorstellungen von der Vergangenheit gehabt, um ihm aber eine solche Geschichtsklitterung zu unterstellen bzw. nachzuweisen, bedarf es unumstößlicher Beweise, wie schon in der Einleitung dargelegt wurde.[23] Dabei spricht für Gregor, dass er sich auch auf Quellen aus der fraglichen Zeit wie etwa Briefe gestützt hat, von denen nur der Trostbrief des Remigius an Chlodwig erhalten geblieben ist. Dieser ist, wie in der Zeit allgemein üblich, ohne die Datumszeile überliefert worden, die aber Gregor noch vorgelegen haben könnte. Kurz: Man wird die Schlacht gegen die Alemannen mit Gregor in das 15. Jahr Chlodwigs und damit ungefähr in das Jahr 496 datieren dürfen.

Da in der Schlacht aber ‹nur› die grundsätzliche Entscheidung für das Christentum gefallen sein soll, stellt sich immer noch die Frage, wann Chlodwig sich tatsächlich taufen ließ. Nach den Regeln der Kirche folgte auf die Entscheidung zur Taufe das Katechumenat, in dem der künftige Christ die Predigt hören und sich in die Gemeinde einleben sollte, indem er Umgang mit den Gläubigen pflegte. Eine zeitliche Begrenzung hierfür gab es nicht, und im Falle Chlodwigs entfiel sie vielleicht so gut wie ganz, da er seit langem im engen Kontakt mit Bischöfen stand, mit einer Katholikin verheiratet war und seine Söhne getauft waren. Zudem ist es kaum vorstellbar, dass man dem König, der als Katechumen natürlich nicht an der Eucharistie teilnehmen durfte, längere Zeit zugemutet hat, vor der Kirche wie vorgeschrieben auf das Ende des Gottesdienstes zu warten. Daher könnte die Taufe noch im Jahr der Schlacht stattgefunden haben. Aber natürlich bedurfte dieser Schritt nicht nur der persönlich-religiösen Vorbereitung, sondern auch der Abstimmung mit den Franken und insbesondere mit ihren Großen als politisch entscheidender Schicht. Keiner von ihnen dürfte allerdings vom Schritt des Königs wirklich überrascht worden sein, hatte dieser sich doch schon seit längerem angekündigt, spätestens seit der Taufe des ältesten Königssohnes. Es ist ja vor allem Gregor, der eine Entscheidung des Königs gleichsam aus heiterem Himmel postuliert, Avitus dagegen verweist auf den Einfluss der Bischöfe und der königlichen Tischgenossen, mithin auf Beratungen und Gespräche im Vorfeld. Der König musste daher mit der Bekanntgabe seiner Entscheidung auch nicht auf das sogenannte Märzfeld warten, die jährliche Versammlung des Heeres im Frühjahr. Daher besteht kein zwingender Grund für die Annahme, Chlodwig sei erst ein oder gar zwei Jahre nach seiner Entscheidung für das Christentum getauft worden.

Auch und gerade in der Spätantike und im Frühmittelalter hatte der Glaube politische Implikationen. Weder die katholischen Bischöfe seines Machtbereichs noch die benachbarten Könige dürfte daher Chlodwigs Entscheidung unberührt gelassen haben. Ganz selbstverständlich waren beide Richtungen fest in ihrer Glaubenswelt verankert und von der Richtigkeit der von ihnen befolgten Lehre überzeugt. Gerade dem Werk Gregors von Tours merkt man das noch deutlich an. Er stilisiert Chlodwig in den auf seinen Taufbericht folgenden Kapiteln zu einem Vorkämpfer des Katholizismus gegen die arianischen Könige der Burgunder und Westgoten. Dabei unterstreicht er auch die Unterdrückung der Katholiken bzw. der katholischen Bischöfe besonders durch die Westgoten. Schon lange hat die Forschung erkannt, dass dies nicht der Realität entsprach. Vielmehr waren die Könige der Burgunder und Westgoten an einem friedlichen Zusammenleben mit ihren katholischen Untertanen interessiert. Allerdings mussten sie dies auch sein, denn auf Dauer konnten sich diese Könige mit ihren vielleicht 10 000 bis 50 000 Kriegern keine Auseinandersetzung mit ihren römischen Untertanen leisten, deren Zahl in die Millionen ging. Sie handelten also eher pragmatisch denn aus innerer Überzeugung. Zudem kam es natürlich auch immer wieder zu Spannungen zwischen beiden Religionsgemeinschaften, bei denen die arianischen Könige eher ihre eigenen Glaubensgenossen und insbesondere die arianischen Bischöfe gegen den katholischen Episkopat unterstützten. Dies kam vielleicht seltener vor, als Gregor behauptet, aber man wird den arianischen Herrschern doch die Überzeugung unterstellen dürfen, dass sie und nicht etwa die Katholiken der wahren und richtigen Glaubensrichtung anhingen. Von daher war es zumindest eine Enttäuschung für diese Könige, als Chlodwig sich gegen den Arianismus und damit gegen sie selbst entschied – diesen subjektiven Eindruck jedenfalls mussten sie gewinnen.

Mag Chlodwig selbst seine Entscheidung auch anders gesehen haben, so war dennoch von nun an der Keim für Misstrauen und Missverständnisse gelegt. Aus Sicht des Burgunder- und des Westgotenkönigs gab es ab sofort jenseits der Grenzen ihrer Reiche einen mächtigen König, der das Bekenntnis der großen Mehrheit ihrer Untertanen teilte, einen König, der wenigstens in religiösen Dingen auf einer Linie mit den katholischen Bischöfen lag, die damals bereits einen nicht zu unterschätzenden Einfluss auf weltliche und politische Angelegenheiten besaßen. Doch es kam noch hinzu, dass Chlodwig seine Entscheidung sofort zu instrumentalisierten wusste, indem er nicht nur Avitus von Vienne, sondern vermutlich auch die übrigen (wichtigen) Bischöfe Galliens zu seiner Tauffeier einlud. Damit forderte Chlodwig den Burgunder- und den Westgotenkönig unmissverständlich heraus. Es ist nicht verwunderlich, dass Avitus sich dieser Einladung entzog und lieber seine guten Beziehungen zu König Gundobad pflegte. Aber bei einer Konfrontation zwischen einem rechtgläubigen und einem häretischen König gerieten die Bischöfe natürlich in einen Gewissenskonflikt. Selbst wenn sie loyal blieben, schürte doch allein schon diese Konstellation das wechselseitige Misstrauen. Das musste nicht immer der Fall sein, aber Chlodwig hatte mit seinem Bekenntnis zur katholischen Lehre einen Ansatzpunkt gefunden, um die politische Geschlossenheit der südlichen Nachbarreiche aufzubrechen.

Als ein Beispiel dafür sei die mangelnde Entsprechung von weltlichen und kirchlichen Grenzen seit der Verdrängung der römischen Herrschaft aus Gallien aufgeführt. Mit Chlodwigs Taufe wurde dies zu einem wirklichen Problem. Besonders uneinheitlich war die Lage in der Kirchenprovinz von Tours, einst identisch mit der römischen Provinz *Lugdunensis III.* Seit dem Sieg Chlodwigs über Syagrius und seinem weiteren Vordringen in südlicher und westlicher Richtung war dieses Gebiet zwischen Franken und Westgoten aufgeteilt: Bistum und *civitas* (die Stadt und ihr Stadtgebiet) Tours gehörten zum Westgotenreich oder waren sogar geteilt, falls die Loire tatsächlich die Grenze zum Frankenreich bildete. Ähnliches gilt für Angers und Nantes. Alle übrigen Bistümer der Kirchenprovinz Tours lagen eindeutig außerhalb des Westgotenreiches und gehörten zum Herrschaftsgebiet der Franken. Von der Kirchenprovinz Sens (nördlich der Loire) war nur Orléans betroffen: Auch hier trennte die Loiregrenze *civitas* und Bistum. Vielleicht ist es dieser Aufteilung geschuldet, dass die Westgoten besonders den Bischöfen von Tours misstrauten. Nahmen diese ihre Aufgabe als Metropoliten wahr und reisten durch ihre Kirchenprovinz, so verließen sie für längere Zeit den westgotischen Machtbereich und entzogen sich damit jeder Kontrolle. Kamen andererseits die Bischöfe der Kirchenprovinz zu ihrem Metropoliten nach Tours, musste das ebenfalls das Misstrauen der Westgoten wecken, konnte doch leicht der Verdacht aufkommen, die Gäste würden für ihren eigenen – katholischen – König werben. Darüber hinaus zog ein großer Pilgerstrom zum Grab des heiligen Martin, der sicher auch aus den fränkisch beherrschten Gebieten Galliens kam und der die Westgoten ebenfalls beunruhigt haben dürfte, seit Chlodwig und viele Franken getauft waren. Auf diese Weise – so kann man nur vermuten – trug der Übergang des Frankenkönigs zum Katholizismus zu den politischen Spannungen zwischen beiden Reichen bei. Die Situation wurde dadurch noch dramatischer, dass Chlodwigs Taufe ja nicht etwa in Friedenszeiten erfolgte, sondern allem Anschein nach just während einer militärischen Auseinandersetzung zwischen Franken und Westgoten.

6. CHLODWIG ALS EROBERER – FEHLVERSUCHE UND ERFOLGE

Die Heirat von Chlodwigs Schwester Audofleda mit Theoderich dem Großen um 493/94 hatte ein Bündnis zwischen den beiden Königen begründet, in das auch der Westgotenkönig Alarich II. als Schwiegersohn des Ostgotenkönigs und der Burgunderkönig Gundobad einbezogen waren, dessen Sohn Sigismund mit Ariagne/Ostrogotha eine weitere Tochter Theoderichs ehelichte. Auch Chlodwigs Heirat mit der Burgunderin Chrodechilde dürfte in diesem Kontext zu sehen sein. Und dennoch standen sich Westgoten und Franken rund zwei bis drei Jahre später bereits als Gegner gegenüber. Wir wissen nicht, wie es dazu gekommen ist – die Quellen schweigen weitgehend über die damaligen Ereignisse in Gallien. Gerade Gregor von Tours berichtet nur sehr lückenhaft über die Geschehnisse und vor allem über den entscheidenden Krieg, der 507 ausbrechen sollte.

Die erste Auseinandersetzung mit den Westgoten

Am Anfang steht ein dürrer Bericht in einer um 625 in Oberitalien entstandenen Fortsetzung der Chronik des Prosper Tiro, die auf sehr guten, auch gallischen Quellen beruht: «Im Jahr nach dem Konsulat des sehr berühmten Mannes (*vir clarissimus*) Viator (also 496). Im 12. Jahr seiner Königsherrschaft gewann Alarich (II.) Saintes.»[1] Die Stadt Saintes liegt etwas mehr als 100 km nördlich von Bordeaux mitten im damaligen Aquitanien. Diese Region und damit auch Saintes unterstanden seit längerem den Westgoten, die hier eigentlich keinen Konkurrenten mehr zu fürchten brauchten. Und dennoch eroberte Alarich die Stadt – zurück, wird man wohl hinzufügen dürfen. Aber wen verdrängte der Westgotenkönig aus Saintes? Die Forschung hat eigentlich nur eine überzeugende Erklärung: Chlodwig und seine Franken. Das aber setzt eine Auseinandersetzung voraus, die spätestens im Jahr 496 begonnen haben muss. Saintes liegt nämlich auch rund 220 km südlich der Loire, die seinerzeit die Grenze zwischen Franken und Westgoten markierte. Die Franken sind damals also sehr weit in das westgotische Aquitanien hinein vorgestoßen. Über die Hintergründe kann man nur spekulieren: Vielleicht suchte Chlodwig eine strukturelle Schwäche des Westgotenreiches auszunutzen, das sich sowohl über das südliche Gallien als auch über das nördliche Hispanien erstreckte. War der Westgotenkönig in dem einen Reichsteil gebunden, so konnte er nur verzögert auf einen Angriff auf den anderen reagieren. Da Alarich aus Solidarität seinen Schwiegervater Theoderich den Großen mit aller Macht in dessen Kampf gegen Odoaker unterstützt hatte, waren damals möglicherweise noch viele seiner Krieger in Italien. Doch das muss Spekulation bleiben, ebenso wie die Überlegung, dass Chlodwig diese Schwächen gezielt ausgenutzt hat. Der vorübergehende Erfolg aber gab ihm nach den Kategorien der Kriegergesellschaft seiner Zeit uneingeschränkt Recht: Er hatte sich erneut als Erobererkönig erwiesen.

Mit der Rückeroberung von Saintes durch Alarich 496 musste Chlodwig jedoch einen ersten Rückschlag hinnehmen. Wieder kennen wir die Gründe nicht. Erinnert sei aber an die Schlacht gegen die Alemannen, die der Chronologie Gregors von Tours zufolge ungefähr zur gleichen Zeit stattgefunden hat. Ist das möglich? Zunächst einmal ist es natürlich denkbar, dass Alarich II. angesichts des Verlusts der Stadt Saintes nach Bundesgenossen gesucht hat. Dafür kamen eigentlich nur Chlodwigs Nachbarn im Osten in Frage. Dem Burgunderkönig Gundobad waren allerdings durch die Ehe Chlodwigs und seiner Nichte Chrodechilde die Hände gebunden. Daher blieben allein die Alemannen übrig, die schon 469 gegen Chlodwigs Vater Childerich gekämpft hatten – bezeichnenderweise ebenfalls im engen zeitlichen Zusammenhang mit dessen Auseinandersetzung mit den Westgoten. Damit könnte sich folgendes Szenario ergeben: 496 oder vielleicht auch schon früher hatten Chlodwig und seine Franken die Loire überschritten und waren bis nach Saintes vorgedrungen. Alarich II. bewegte nun die Alemannen oder zumindest einen ihrer Teilkönige dazu, die Franken zu attackieren. Chlodwig musste daraufhin mit dem Gros seiner Krieger Aquitanien wieder verlassen, um diese abzuwehren. Das gelang in der sogenannten Bekehrungsschlacht – jener Schlacht, in der Chlodwigs Entschluss reifte, sich taufen zu lassen. Wie schon erwähnt, fiel der Alemannenkönig im Kampf, seine Leute wandten sich darauf zur Flucht und unterwarfen sich schließlich Chlodwig.

Der Frankenkönig konnte vermutlich nun zumindest über einen Teil der Alemannen eine lockere Oberherrschaft errichten. Aber lange konnte er sich nicht im Osten seines Reiches aufhalten, weil die Westgoten inzwischen Saintes zurückerobert hatten. Die Vermutung liegt daher nahe, dass Chlodwig sich unmittelbar nach seinem Sieg über die Alemannen wieder nach Westen begab, um den Kampf gegen die Westgoten fortzusetzen. Es ist aber davon auszugehen, dass er trotz des Verlusts von Saintes nach wie vor westgotische Gebiete weiter nördlich besetzt hielt. Dies gilt besonders für Tours, von dem aus eine Römerstraße über Saintes nach Bordeaux führte. Vor seinem Vorstoß nach Süden muss Chlodwig Tours und vielleicht auch Nantes, Ausgangspunkt einer weiteren Straße nach Saintes, in seine Gewalt gebracht haben, um mit seinen Truppen diese Gebiete passieren und über die Straße nach Süden ziehen zu können. Als der Frankenkönig im Anschluss an die genannte Bekehrungsschlacht in den Westen seines Reiches zurückkehrte, scheint er sich, aus welchen Gründen auch immer, für eine christliche Taufe entschieden zu haben. Es spricht vieles dafür, dass er dies in Tours, der Stadt des heiligen Martin, ganz offiziell bekannt machte, indem er sich öffentlich als Taufbewerber bezeichnete. Unabhängig von seinen persönlichen Motiven zielte sein Schritt wohl vor allem auf die Katholiken und insbesondere auf die Bischöfe Aquitaniens und vielleicht auch seines eigenen Reiches. Auf diese kam es in der militärisch schwierigen Lage ganz besonders an: Sie hatten bei einem Krieg zwischen einem arianischen und einem heidnischen Machthaber keine Veranlassung, Partei zu ergreifen – der eine hatte nicht ihre eigene, der andere gar keine christliche Konfession. Chlodwigs Übertritt zur katholischen Lehre änderte dies auf einen Schlag, denn nun kämpfte er als rechtgläubiger Herrscher gegen einen häretischen Tyrannen.

Ob diese Strategie verfing, wissen wir nicht. Die Westgoten scheinen aber zumindest die Bischöfe von Tours nun als Gegner wahrgenommen zu haben. Sowohl Bischof Volusianus (491–498) als auch sein Nachfolger Verus (498–508?) wurden verdächtigt, die Stadt Tours an Chlodwig ausliefern zu wollen, und infolgedessen in die Verbannung geschickt, Volusianus sogar in die westgotische Hauptstadt Toulouse. Dazu bestand auch aller Grund, denn nach Lage der Dinge hatte er den Frankenkönig in seiner Stadt empfangen und ihm die Gelegenheit gegeben, seine Taufe öffentlich in der Kirche des heiligen Martin anzukündigen – angesichts der Verehrung, die der Heilige in Gallien genoss, ein gezielter Versuch, die Galloromer auf seine Seite zu ziehen. Welchen Erfolg Chlodwig damit hatte, wissen wir nicht, aber einige Sympathisanten im westgotischen Machtbereich dürfte ihm dieser Schritt sicher eingebracht haben. Vor allem aber beseitigte der Frankenkönig damit alle religiösen Schranken zwischen seinem Volk und den Gallorömern in seinem eigenen Herrschaftsgebiet und stabilisierte seine Position so weit, dass er wieder in die Offensive gehen konnte.

Leider schweigen die Quellen über die Ereignisse des Jahres 497, allem Anschein nach wurde der fränkisch-westgotische Krieg aber fortgesetzt. Erst im folgenden Jahr hören wir wieder von Kampfhandlungen. Erneut ist es die Fortsetzung der Chronik des Prosper Tiro, die uns darüber informiert: «Unter dem Konsulat des sehr berühmten Mannes Paulinus (also 498). Die Franken gewannen im 14. Jahr Alarichs Bordeaux und brachten (die Stadt) aus der Herrschaft der Goten in ihren Besitz, nachdem sie den gotischen *dux* Suatrius gefangen genommen hatten.»[2] Die Franken waren also noch einmal weit in das westgotische Kernland vorgestoßen. Dies war kein einfacher Plünderungszug, wie man schon eingewandt hat, sondern ein regelrechter Eroberungszug, denn die Franken dürften eine Stadt wie Bordeaux vermutlich nicht im Vorübergehen eingenommen haben. Zudem war sie von einem gotischen Befehlshaber im Range eines *dux* verteidigt worden, was darauf schließen lässt, dass die Westgoten durchaus auf einen Angriff vorbereitet gewesen waren. Leider wissen wir nichts über den weiteren Verlauf der Auseinandersetzungen, weil sich keine zeitgenössischen Berichte darüber erhalten haben. Aber anscheinend wurden nun wohl die Burgunder in den Konflikt mit hineingezogen.

Der Krieg mit dem Burgunderkönig Gundobad

Im Burgunderreich regierte nach wie vor König Gundobad. Allem Anschein nach teilte er sich die Herrschaft mit seinem Bruder Godegisel, der zwar Gundobads Vorrang anerkannte, aber einen Teil des Reiches rund um die Stadt Genf kontrollierte. Laut Gregor von Tours war das Einvernehmen der Brüder brüchig, jedenfalls strebte Godegisel im Jahr 500 nach der Alleinherrschaft:

> «Damals hatten die Brüder Gundobad und Godegisel noch ihr Reich an der Rhône und Saône mit der Landschaft von Marseille. Aber sie und ihr Volk hingen der arianischen Irrlehre an. Da sie indessen einander feind waren, schickte Godegisel, als er von König Chlodwigs Siegen hörte, heimlich eine Gesandtschaft an ihn und sprach: ‹Wenn Du mir Beistand leihen willst gegen meinen Bruder, dass ich ihn im Kriege töten oder aus dem Reiche treiben kann, will ich Dir Jahr für Jahr so viel Tribut zahlen, wie Du mir aufzulegen beliebst.› Solches hörte Chlodwig gern und versprach, ihm zu Hilfe zu kommen, so oft es vonnöten sei; und zur bestimmten Zeit bot er darauf sein Heer gegen Gundobad auf.»[3]

Über die Feindschaft der beiden Brüder ist sonst nichts bekannt. So kann man nur vermuten, dass Godegisel das Bündnis mit Chlodwig aus reiner Eifersucht auf den mächtigeren Gundobad suchte, während Chlodwig wegen der burgundischen Herkunft seiner Gemahlin darauf einging. Dafür sprach ja immerhin, dass Godegisel genauso wie Gundobad der Onkel Chrodechildes war. Laut Fredegar hatte sie vor ihrer Heirat in Genf gelebt, möglicherweise waren ihre Bindungen an Godegisel also sogar intensiver als an Gundobad, was diesen nicht zu irritieren brauchte, solange seine Familie insgesamt einig war. Für Chlodwig war Godegisels Angebot natürlich attraktiv, da dessen Tribute nicht nur seine Schatztruhen füllen würden, sondern die Burgunder dann auch fest an der Seite der Franken ständen. Sollte Gundobad in der ersten fränkisch-westgotischen Auseinandersetzung auch nur neutral geblieben sein, dürfte dies seinen angeheirateten Neffen Chlodwig enttäuscht haben. Auch dies mag also eine Rolle gespielt haben, als er das Angebot Godegisels akzeptierte und im Jahr 500 gegen Gundobad zu Felde zog. Beim Herannahen Chlodwigs bat Gundobad seinen Bruder Godegisel um Hilfe, der seinen Verrat zunächst nicht öffentlich machte. Die Burgunder stellten sich daher Chlodwig bei Dijon an der Ouche, einem Nebenfluss der Saône, scheinbar geschlossen in den Weg. Aber die Schlacht war schnell entschieden:

«Als es aber an der Ouche zum Kampfe kam, ging Godegisel zu Chlodwig über, und ihr vereintes Heer vernichtete das Volk des Gundobad. Da dieser die Hinterlist seines Bruders, von der er zuvor keine Ahnung gehabt hatte, bemerkte, wandte er sich zur Flucht, eilte das Rhôneufer entlang und flüchtete sich in die Stadt Avignon. Godegisel aber kehrte nach dem Siege und nachdem er Chlodwig einen Teil seines Reichs versprochen hatte, in Frieden heim und zog triumphierend in Vienne ein, gleich als ob er schon das ganze Reich sein nenne. Chlodwig setzte jedoch mit noch vermehrten Streitkräften Gundobad nach, dass er ihn aus der Stadt lockte und tötete.»[4]

Der Plan Godegisels und Chlodwigs ging also auf – doch nicht voll und ganz: Gundobad wurde zwar schnell besiegt, aber er konnte nach Avignon im Süden seines Reiches fliehen und sich dort verschanzen. Wohl angesichts seiner begrenzten Möglichkeiten bot Godegisel seinem fränkischen Verbündeten nun sogar einen Teil des Burgunderreiches an, damit dieser den Kampf fortsetzte. Godegisel selbst bemühte sich seinerseits um die Sicherung seiner Herrschaft in den Gebieten des Burgunderreiches, die wie Vienne bis dahin Gundobad unterstanden hatten. Aber insgesamt ist es doch bezeichnend, dass die Hauptlast des Krieges auf den Schultern Chlodwigs und seiner Franken lag. Glaubt man Gregor von Tours, so wandte Gundobad angesichts der fränkischen Übermacht ebenfalls eine Kriegslist an. Er suchte Rat bei einem Römer namens Aridius, der sich erbot, zum Schein zu Chlodwig überzulaufen und die Dinge in Gundobads Sinne zu wenden. Aridius plante, die Franken zu einer Übereinkunft mit Gundobad zu bewegen. Tatsächlich ging Aridius zu Chlodwig über und erwarb sich dessen Vertrauen. Der Frankenkönig nahm ihn sogar in den Kreis seiner Berater auf, «denn er war kurzweilig in seinen Erzählungen, verständig im Rat, gerecht im Gericht, und zuverlässig, wenn man ihm etwas auftrug». So konnte Aridius recht bald an die Einlösung seines Gundobad gegebenen Versprechens gehen:

> «Da nun aber noch Chlodwig mit seinem ganzen Heer vor den Mauern der Stadt lag, sprach Aridius zu ihm: ‹Wenn, o König, Deine ruhmreiche Hoheit gnädig wenige Worte von mir vernehmen will, werde ich Dir, obwohl Du meines Rates nicht bedarfst, ihn doch aus einem treuen Herzen geben und er wird Dir und den Städten Nutzen bringen, die Du mit Krieg heimsuchen willst. Warum›, fuhr er fort, ‹hältst Du hier Dein Heer auf, während Dein Feind an einem ganz sicheren Orte haust? Du verwüstest die Äcker, weidest die Wiesen ab, vernichtest die Weinberge, fällst die Ölbäume, richtest alle Früchte des Landes zugrunde und kannst ihm doch kein Leid zufügen. Schicke doch lieber eine Gesandtschaft an ihn und lege ihm einen Tribut auf, den er Dir Jahr für Jahr zahle; so wird das Land ohne Schaden bleiben und Du wirst über ihn, als einen Dir tributpflichtigen Mann, dauernd gebieten. Wenn er hierauf nicht eingehen will, so kannst Du ja tun, was Dir beliebt.› Der König nahm diesen Rat an und ließ sein Heer in die Heimat zurückkehren. Darauf schickte er eine Gesandtschaft an Gundobad und hieß ihn, er solle Jahr für Jahr einen ihm auferlegten Tribut zahlen. Dieser aber zahlte ihn für das laufende Jahr und versprach, ihn auch für die Folge zu entrichten.»[5]

Unabhängig von der Glaubwürdigkeit dieser Geschichte in der Hauptsache ist interessant, was Gregor dem Aridius über die Kriegsführung der damaligen Zeit in den Mund legt. Diese zielte gerade auch bei Belagerungen vor allem auf eine wirtschaftliche Schädigung des Kriegsgegners bzw. seiner Untertanen. Man kann sich vorstellen, wie sehr die betroffenen Landbesitzer angesichts der Zerstörungen gelitten haben müssen. Allerdings ging es den Belagerern nicht allein darum, denn natürlich sammelten sie gegebenenfalls zuerst die Ernte ein, um die eigene Versorgung sicherzustellen, bevor sie an ihr Zerstörungswerk gingen. Daher konnte ein Belagerer auch hoffen, dass man früher oder später auf seine Forderungen eingehen würde, weshalb der Vorschlag des Aridius ohnehin Chlodwigs Plänen entsprochen haben dürfte. Gundobad dagegen ließ sich auf die für ihn nachteiligen Bedingungen ein, weil er sie sowieso nicht einhalten wollte. Er nutzte den Abzug des Frankenkönigs, um gegen seinen Bruder vorzugehen:

> «Danach, als er wieder zu Kräften gekommen war und es schon unterließ, König Chlodwig den versprochenen Tribut zu zahlen, führte er sein Heer gegen seinen Bruder Godegisel, schloss ihn in Vienne ein und bela-

gerte die Stadt. Da aber dem niederen Volk in der Stadt die Lebensmittel ausgingen, fürchtete Godegisel, die Hungersnot möchte zuletzt auch ihn selbst erreichen, und ließ das niedere Volk aus der Stadt treiben. Dies geschah und mit den anderen musste auch der Meister die Stadt verlassen, welcher die Aufsicht über die Wasserleitung hatte. Erzürnt darüber, dass er mit den anderen aus der Stadt verjagt worden war, ging er wutentflammt zu Gundobad und verriet ihm, wie er in die Stadt eindringen und sich an seinem Bruder rächen konnte. Unter seiner eigenen Führung drangen Bewaffnete durch die Wasserleitung ein; viele zogen mit Brecheisen vorauf, denn der Ausgang war durch einen großen Stein verschlossen, und nachdem dieser nach der Anleitung des Meisters ausgehoben war, kamen sie mitten in die Stadt; jene schossen noch von den Mauern und diese waren ihnen schon im Rücken. Nachdem sie darauf von der Mitte der Stadt her ein Zeichen mit dem Horn gegeben hatten, nahmen die Belagerer die Tore, öffneten sie und drangen alle zu Hauf ein. Als so das Volk in der Stadt in der Mitte der feindlichen Scharen von beiden Seiten niedergehauen wurde, floh Godegisel zu einer Kirche der Arianer und wurde hier zugleich mit dem arianischen Bischof erschlagen. Die Franken, die bei Godegisel waren, scharten sich darauf zusammen und zogen sich in einen Turm zurück. Gundobad aber befahl, es solle keinem von ihnen ein Leid geschehen, er ließ sie nur gefangen nehmen und schickte sie in die Verbannung zu König Alarich nach Toulouse; die Senatoren und Burgunder dagegen, die es mit Godegisel gehalten hatten, wurden umgebracht.»[6]

Gundobad errang also einen vollständigen Sieg über seinen Bruder. Erneut hatte ein Überläufer entscheidend in das Geschehen eingegriffen, dieses Mal nicht zum Schein, sondern aus berechtigter Verärgerung über eine ungerechte Behandlung. Man könnte nun fragen, ob diese Erzählung Gregors nicht zu sagenhaft ist, als dass man sie für bare Münze nehmen könnte. Mit Marius von Avenches steht aber ein weiterer Geschichtsschreiber zur Verfügung, mit dessen Hilfe man Gregors Angaben über den burgundisch-fränkischen Krieg überprüfen kann. Marius war ein Zeitgenosse des Bischofs von Tours und lebte im ehemaligen, in seinen Tagen aber bereits tatsächlich von den Franken eroberten Burgunderreich. Er wurde um 530 als Mitglied einer vornehmen gallorömischen Familie geboren. 574 stieg er zum Bischof von Avenches auf, verlegte aber seinen Sitz nach Lausanne, wo er 594 starb. Als Geschichtsschreiber setzte er die Chronik des Prosper Tiro von 455 bis 581 fort. In den wichtigsten Punkten bestätigt er

Gregors Geschichte: die Schlacht von Dijon, den Rückzug Gundobads nach Avignon, seine Rückkehr, nachdem er neue Kräfte gesammelt hatte, die Eroberung von Vienne und schließlich den Tod Godegisels.

Diese Entsprechungen zum Bericht Gregors von Tours werden von der Forschung mit einer gemeinsamen Quelle der beiden Geschichtsschreiber erklärt, die wahrscheinlich jahrweise geordnet war. Dieser Text ist vermutlich in Burgund entstanden. Ihm hat Marius wohl auch die Datierung des Geschehens in die Amtszeit der Konsuln Patricius und Hypatius, also in das Jahr 500, entnommen. Eine Quelle burgundischen Ursprungs kann auch erklären, warum Marius die Franken nur am Rande erwähnt, während Gregor einige Details ergänzt hat, insbesondere über Aridius und über den Fall von Vienne. Die Geschichte über den Aufseher der aus römischer Zeit stammenden Wasserleitungen klingt durchaus glaubwürdig. Die Erzählung über Aridius könnte eine Erfindung Gregors sein. Warum zeichnet er dann aber Chlodwig, die Hauptperson dieser Kapitel, als Betrogenen? Vielleicht wollte er in seinem personalisierenden und auf Dialoge setzenden Stil erklären, warum der Frankenkönig auf Gundobads Angebot einging, das sich im Nachhinein als Täuschungsmanöver herausstellte. Dies war umso schlimmer für Chlodwig, als auch etliche Franken, laut Fredegar immerhin 5000 an der Zahl, von dieser Wendung des Kriegsglücks betroffen waren und in die Gefangenschaft der Burgunder gerieten, die sie an die Westgoten auslieferten.

Die Überstellung der fränkischen Kriegsgefangenen an Alarich II. legt die Vermutung nahe, dass der fränkisch-westgotische Krieg damals noch nicht beendet war, denn warum hätte Gundobad sonst die Westgoten in dieser Weise in das Geschehen hineinziehen sollen? Auf diese Weise wurden sie am ehesten neutralisiert. Gundobad musste doch die Sorge umtreiben, dass Chlodwig sich wieder gegen ihn wenden würde. Und wo sollte er dann dessen Gefolgsleute in sichererem Gewahrsam wissen als bei dessen westgotischen Gegnern? Ein Freikauf durch Chlodwig hätte ihm sicherlich einen stattlichen Betrag eingebracht. So aber gingen die fränkischen Gefangenen an die Westgoten über, an die auch die Stadt Avignon fiel. Die Westgoten trugen also einen erheblichen Gewinn davon, was nur damit erklärt werden kann, dass sie auf Seiten Gundobads in die Kämpfe eingegriffen hatten. Dies würde auch dessen rasches Erstarken nach seinen anfänglichen Niederlagen erklären. Wenn aber der Krieg Chlodwigs mit den Westgoten damals noch nicht beendet war, dann wäre auch die Möglichkeit ins Kalkül zu ziehen, dass der fränkisch-burgundische Krieg nur Teil einer größeren Auseinandersetzung um die Vorherrschaft in Gallien gewesen ist: Chlodwig wäre dann trotz seiner Erfolge gegen die Westgoten in der Anfangsphase des Krieges bis 498 mit seinem Bundesgenossen Godegisel einer Koalition aus Alarich II. und Gundobad unterlegen gewesen. Es ergab sich für ihn nun die schwierige Lage, dass sich ein nicht unerheblicher Teil seiner Krieger in westgotischer Kriegsgefangenschaft befand, was auch seine Stellung im Innern schwächte. Er musste, ob er wollte oder nicht, nachgeben. Und tatsächlich berichtet Gregor von Tours fast unmittelbar nach seiner Darstellung des burgundischen Krieges – nur durch eine Erzählung über Gundobads katholische Neigungen getrennt – über ein Friedensabkommen zwischen Alarich und Chlodwig:

> «Als nun der Gotenkönig Alarich sah, dass König Chlodwig ohne Unterlass die Völker bekriegte und sich unterwarf, schickte er Gesandte an ihn und sprach: ‹Wenn es meinem Bruder beliebt, so wäre es der Wunsch meines Herzens, dass wir uns einmal sehen, so Gott will.› Chlodwig aber lehnte das nicht ab und kam zu ihm. Sie trafen sich darauf auf der Loire-Insel bei Amboise im Gebiet von Tours, sprachen, aßen und tranken miteinander, gelobten sich Freundschaft und schieden dann in Frieden.»[7]

Hier ist nun Gregors Absicht gleichsam mit Händen zu greifen, Chlodwigs Niederlage in einen Sieg umzumünzen. Vielleicht war es tatsächlich Alarich, von dem die Initiative zum Frieden ausging, aber dann nicht aus einer Position der Schwäche heraus, wie der Bischof von Tours suggeriert, sondern aus einer der Stärke, denn Chlodwig war nach seinem Rückschlag gegen die Burgunder erheblich ins Hintertreffen geraten. Daher ging er auf Alarichs Angebot ein. Die Begegnung der beiden Könige fand auf einer Insel mitten in der Loire statt, also sozusagen auf neutralem Gebiet. Seit römischer Zeit hatten Friedensgespräche immer wieder auf Inseln in Grenzflüssen stattgefunden. Insofern nahmen die beiden Könige damals – vermutlich 502 – eine Tradition wieder auf. Gregor, wie viele Geschichtsschreiber des Mittelalters, legte weniger Wert auf die damals getroffenen Abmachungen und konzentrierte sich lieber auf scheinbare Äußerlichkeiten. Aber diese bedeuteten den Zeitgenossen, dass der Friedensschluss von beiden Seiten tatsächlich ernst gemeint war. Wie in heutiger Zeit auch signalisierten die Großen dieser Welt durch gemeinsames Auftreten nach zähen, damals wie heute in der Regel von Unterhändlern geführten Verhandlungen, dass die Zeit der Auseinandersetzungen nun vorbei und eine Phase wechselseitiger Freundschaft angebrochen sei.

Die Forschung nimmt an, Theoderich der Große habe diesen Frieden vermittelt. Das würde zwar durchaus zur Politik des Ostgotenkönigs passen, der sowohl mit Alarich als auch mit Chlodwig verbündet war, aber die Information selbst ist nicht über jeden Zweifel erhaben. Sie stammt aus der Fredegarchronik, deren Autor einige Jahrzehnte nach Gregor dessen Bericht um einige Details erweiterte, die vermutlich nicht zutreffen, aber doch einen Einblick in die Probleme solcher Friedensverhandlungen geben. Beide Seiten hätten im Vorfeld vereinbart, sich unbewaffnet gegenüberzutreten. Alarich sollte bei dieser Gelegenheit den Bart Chlodwigs berühren, um so symbolisch zu dessen Taufpaten zu werden.[8] Damit wären beide Seiten durch diese künstliche Verwandtschaft aneinander gebunden gewesen. Während der Zusammenkunft habe Paternus, ein Vertrauter Chlodwigs, bemerkt, dass die Goten kurze Schwerter statt Botenstäben in Händen hielten. Er habe Alarich daher lautstark Vertragsbruch vorgeworfen. Schließlich verständigten sich beide Seiten darauf, so die Fredegarchronik weiter, dass der Ostgotenkönig Theoderich ihren Streit entscheiden sollte. Dieser stellte sich angesichts der eindeutigen Sachlage gegen Alarich, den er zur Wiedergutmachung verpflichtete: Er sollte Paternus vollständig mit Geld überschütten – wobei dieser auch noch auf seinem Pferd sitzen und einen Speer in Händen halten sollte. Diese Investition war Alarich dann doch zu hoch, und er ließ einen Anschlag auf Paternus verüben, den dieser jedoch schwer verletzt überlebte. Nun drohte Paternus dem Westgotenkönig seine Rache an, und Chlodwig eröffnete daraufhin den Krieg gegen Alarich. Jenseits des Wahrheitsgehalts dieser Geschichte spiegelt sich in ihr ein grundsätzliches Problem bei Abmachungen und Verträgen der damaligen Zeit wider: Wie ernst war es den beiden Vertragsparteien, und wie konnte die Einhaltung des Verabredeten sichergestellt werden? In der

Regel versuchte man es mit Hilfe von Eiden, die auf die Bibel oder heilige Reliquien abgelegt, aber dennoch oft nicht gehalten wurden. Wir kennen die Abmachungen zwischen Chlodwig und Alarich nicht, aber ganz sicher sollte mit ihnen ein weiterer Krieg zwischen den beiden verhindert werden. Doch Chlodwig scheint recht bald auf eine neue Auseinandersetzung hingearbeitet zu haben, wobei er auch von einer für ihn günstigen Entwicklung profitierte.

Neue Konstellationen

Alarich II. konnte sich also als Sieger einer längeren Auseinandersetzung fühlen. Er hatte Gundobad auf dem Thron gehalten und Chlodwig dadurch zum Rückzug gezwungen. Aber wie so oft lag auch im Falle Alarichs im Triumph bereits der Keim der Niederlage. Allem Anschein nach war Gundobad mit dem Ausgang der Ereignisse nicht zufrieden. Hatte er Avignon, seine Zuflucht in höchster Not, tatsächlich an die Westgoten abtreten müssen, so war dies ein überaus schmerzlicher Verlust. Daher mag er schon bald daran gedacht haben, sich politisch neu zu orientieren, sowohl im Verhältnis zu seinen Nachbarn als auch innenpolitisch: So wandte er sich nun mehr seinen römischen Untertanen zu, jedenfalls behauptet dies Gregor von Tours im Anschluss an seinen Bericht über Gundobads Sieg über seinen Bruder Godegisel und die Franken in Vienne: «Das ganze Land aber, das jetzt Burgund genannt wird, brachte Gundobad unter seine Gewalt und richtete unter den Burgundern mildere Gesetze auf, so dass die Römer nicht länger von ihnen unterdrückt würden.»[9] Inwieweit der Bischof von Tours damit die Gesetzgebungstätigkeit Gundobads richtig einordnet, lässt sich heute nur noch schwer beurteilen.

Laut Gregor suchte sich Gundobad auch in Fragen der Religion seinen römischen Untertanen anzunähern. Angeblich soll er Bischof Avitus von Vienne den Wunsch vorgetragen haben, heimlich zum Katholizismus überzutreten. Dieser lehnte mit der Begründung ab, ein solcher Schritt könne nur öffentlich erfolgen. Davor aber schreckte Gundobad aus Rücksicht auf seine Burgunder zurück und blieb der arianischen Lehre treu. Aber sein Sohn Sigismund trat vermutlich im Jahr 501 oder 502 zum katholischen Bekenntnis über. Damit war klar, dass die Burgunder in absehbarer Zeit, spätestens nach Gundobads Tod, von einem katholischen König beherrscht werden würden. Zudem erhielt Sigismund mit den ehemaligen Gebieten seines Onkels Godegisel rund um Genf einen eigenen Machtbereich. Mit diesem Wechsel des Königssohnes zur katholischen Lehre war aber auch ein wichtiger Gegensatz zu den Franken aus dem Weg geräumt. Sigismunds Entscheidung erleichterte die politische Annäherung an die Franken.

Vor allem konnten aber nun die gallorömischen Untertanen die Herrschaft der Burgunderkönige leichter akzeptieren. Schon bald zeigte dieser Schritt möglicherweise auch jenseits der Grenzen Wirkung, jedenfalls wuchs das Misstrauen zwischen Westgoten und Burgundern. Dafür spricht ein prominenter Fall: Damals wurde Bischof Caesarius von Arles (502–542) von dem Notar Licinianus bei Alarich II. denunziert, die Stadt Arles an die Burgunder ausliefern zu wollen. Als Grund dafür wurde die Herkunft des Caesarius aus dem burgundischen Machtbereich genannt. Er wurde daraufhin seines Postens enthoben und nach Bordeaux verbannt. Nachdem sich seine Unschuld herausgestellt hatte, durfte er aber wieder zurückkehren. Der gegen Caesarius erhobene Vorwurf ergibt eigentlich nur dann einen Sinn, wenn die burgundischen Könige der katholischen Lehre näher standen als die Westgoten. Unabhängig von der tatsächlichen Haltung des Caesarius könnte der Schritt des burgundischen Königssohnes einfach das Misstrauen der Westgoten gegen die katholische Hierarchie vergrößert haben. Hinzu kam die Herkunft des Bischofs Caesarius von Arles aus dem burgundischen Machtbereich, die ihnen suspekt war. Selbst wenn man dem Glaubensgegensatz bei der Frage nach der politischen Herrschaft keinen besonders großen Stellenwert einräumt, so wird man doch berücksichtigen müssen, dass die germanischen Reiche auf römischem Boden längst nicht so fest gefügt waren, wie es scheint. Die Galloromer pflegten weiterhin ihre vielfältigen sozialen Beziehungen über die neuen Grenzen hinweg, was Anlass zu Misstrauen und Verdächtigungen gab. Zudem bildeten die Gallorömer ihrerseits keine einheitliche Gruppe, wie der Gegensatz zwischen Caesarius und Licinianus zeigt, und sie versuchten, ihre Gegensätze mit Hilfe der jeweiligen Machthaber auszufechten.

Chlodwig profitierte von diesen Entwicklungen eher im Stillen. Er hat sicher nicht direkt auf die Burgunderkönige eingewirkt, um sie zu einer Änderung ihrer religiösen Haltung zu bewegen. Aber die Wirkungsmacht des Beispiels, das er gegeben hatte, ist nicht zu unterschätzen. Sicher war er mit seinen Expansionbestrebungen vorerst gescheitert, aber er war stets der Angreifer gewesen, hatte sich also sowohl gegenüber Westgoten als auch gegenüber Burgundern stark genug für ein derartiges Vorgehen gefühlt. Der Grund dafür dürfte in der relativen Stabilität seines Reiches gelegen haben. Nach einigen Jahren ging er erneut zum Angriff über. Im Jahr 506 besiegte er ein weiteres Mal die Alemannen. Darüber erfahren wir aus einem Brief des Ostgotenkönigs Theoderich an Chlodwig. Verfasst wurde dieser von Cassiodor, einem gebildeten Römer, der in die Kanzlei Theoderichs eingetreten war und lange Jahre hohe und höchste Ämter bekleidete:

«König Theoderich an Chlodwig, den König der Franken. Wir freuen uns jedenfalls über die ruhmreiche Verwandtschaft mit Eurer Tapferkeit, weil Ihr den Stamm der Franken, der in früherer Zeit untätig war, erfolgreich zu neuen Schlachten angestachelt habt und die Alemannenvölker, die sich beugten, nachdem ihre recht tapferen Krieger gefallen waren, mit Eurer siegreichen Rechten unterworfen habt. Aber da ja immer bei den Anstiftern einer Treulosigkeit deren Vergehen anscheinend gehemmt werden kann und die strafbare Schuld der Anführer nicht eine Strafe für alle sein darf, mäßigt Euren Zorn gegenüber dem erschöpften Rest, weil diejenigen verdienen mit dem Recht der Gnade zu entkommen, die, wie Ihr seht, in den Schutz Eurer Verwandten geflohen sind! Seid nachsichtig bei jenen, die eingeschüchtert sich in unserem Gebiet verstecken! Es ist ein denkwürdiger Triumph, den äußerst wilden Alemannen so in Schrecken versetzt zu haben, dass Du ihn zwingst, Dich anzuflehen, ihm sein Leben zu schenken. Es soll ausreichen, daß das sehr zahlreiche Volk sich teilweise dem Schwert, sich teilweise der Sklaverei beugte. Denn wenn Du mit dem Rest in Konflikt gerätst, wird man nicht glauben, daß Du bislang alle besiegt hast. Nimm in solchen Fällen den Rat eines erfahrenen Mannes an: Jene Kriege gingen für mich gut aus, die maßvoll beendet worden sind. (...) Gib daher milde unserem Geist nach, weil der freundschaftliche Umgang untereinander für gewöhnlich dem gemeinsamen Beispiel folgt! So geschieht es nämlich, daß Ihr meine Bitte zu erfüllen scheint und nicht beunruhigt sein müßt über jenen Teil, der sich Eurer Erfahrung nach auf uns bezieht (...).»[10]

In der Attitüde des Überlegenen suchte Theoderich seinen Schwager zur Zurückhaltung zu überreden, deutete aber zugleich auch an, dass er gewillt war, den Geschlagenen zu Hilfe zu kommen. Anscheinend waren die Alemannen für die Auseinandersetzung verantwortlich, vielleicht hatten sie sich aus der fränkischen Oberherrschaft zu lösen gesucht, der sie seit rund zehn Jahren unterworfen waren. Ihre Niederlage muss vernichtend gewesen sein, zumindest fiel ihr König im Kampf. Das geht aus einem zeitgenössischen *Panegyricus* hervor, den Bischof Ennodius von Pavia auf den Ostgotenkönig verfasste. Dieser nahm die Situation daher durchaus ernst und ergriff Vorsichtsmaßnahmen. Vielleicht erwartete Theoderich ein Ausgreifen Chlodwigs auf Rätien, das teilweise zu seinem Reich gehörte oder zumindest abhängig von ihm war. Jedenfalls war Chlodwig die Unterwerfung eines Großteils der Alemannen gelungen. Nun musste er nicht mehr befürchten, von dieser Seite attackiert zu werden, gleich ob die Alemannen diesen Krieg begonnen hatten oder er selbst. Anscheinend war er aber auch bemüht, Theoderich zu beruhigen, indem er ihre Korrespondenz begonnen hatte. In dem Schreiben, auf das Theoderich antwortete, hatte er seinem Schwager von seinem Sieg berichtet und nebenbei auch um die Entsendung eines Zitherspielers gebeten, wie das unter Verwandten und guten Verbündeten wohl üblich war. Theoderich mag sich ob dieser Anerkennung der kulturellen Überlegenheit seines Reiches geschmeichelt gefühlt haben. Jedenfalls ging er am Ende seines Briefes auf den Musikanten ein: «Den erbetenen, in seiner Kunst gebildeten Kitharoeden haben wir ebenfalls entsandt, der mit Mund und Händen durch die Harmonie seines Gesangs den Ruhm Eurer Erhabenheit erfreuen möge.»

Dies ist einer von zwei Briefen Theoderichs an Chlodwig, die sich erhalten haben. Aber das war nicht das einzige Schreiben, das er um diese Zeit wegen des Frankenkönigs auf den Weg gebracht hat. Vielmehr kann man von einer diplomatischen Offensive sprechen, die der Ostgotenkönig damals in brieflicher Form für den Frieden entfaltete, um seinen Schwager in die Schranken zu weisen. Das erste Schreiben richtete er an den Westgotenkönig Alarich II., seinen Schwiegersohn:

«König Theoderich an Alarich, den König der Westgoten. Wenngleich die unzählbare Menge Eurer Verwandten Eurer Tapferkeit Zuversicht verleiht, wenngleich Ihr Euch daran erinnert, daß der mächtige Attila durch die Kräfte der Westgoten zu Fall gebracht wurde, so hütet Euch, weil die Herzen wilder Völker durch einen langen Frieden weich werden, dennoch davor, jene in die Schlacht zu schicken, die solange Zeit nicht im Kampf erprobt wurden. Der Kampf ist für die Menschen etwas Schreckliches, wenn er nicht ununterbrochen ausgeübt wird, und man setzt Vertrauen in einen plötzlich einsetzenden Waffengang nur dann, wenn es durch die Gewohnheit im voraus erwartet werden kann. Es sei fern, daß eine blinde Erregung Euch irgendetwas entwendet. (...) Deshalb haltet Euch zurück, bis Wir Unsere Gesandten an den König der Franken senden, damit die Urteile der Freunde Euren Streit schlichten sollen. Wir möchten nicht, daß zwischen zwei Uns durch die Verwandtschaft Verbundenen etwas eintritt, wodurch es geschieht, daß einer als der Geringere angetroffen wird. Euch erzürnt nicht der Verwandten vergossenes Blut, nicht ernstlich entflammt Euch eine besetzte Provinz. Noch handelt es sich nur um einen mit Worten ausgetragenen kleinen Streit. Ihr könnt ihn sehr leicht beilegen, wenn Ihr Euren Geist nicht durch die Waffen verwirrt. Wir möchten daher selbst einem Verwandten die mit mir verbündeten ausgezeichneten Völker und die Gerechtigkeit entgegenstellen, die die Könige stärker macht. Schnell ändert der seine Ansicht, der solche Bewaffneten gegen sich spürt. Deshalb meinten Wir mit Unserem ehrenvollen Gruß Euch den N.N. und N.N. als Unsere Gesandten schicken zu sollen, die Euch Unsere Anweisungen hinlänglich empfehlen und mit Eurem Einverständnis zu Unserem Bruder Gundobad und den anderen Königen eilen sollen, damit Ihr nicht durch die Einlassungen derjenigen in Bedrängnis zu sein scheint, die sich böswillig an einem fremden Krieg erfreuen. Möge Gott verhüten, daß jene Ungerechtigkeit über Euch siegt. Euren Feind betrachten Wir als ein gemeinsames Übel. Denn jener wird mich wegen des Rechts als Gegner ertragen, der danach strebt, Euch ein Feind zu sein.»[11]

Theoderich mahnt also seinen Schwiegersohn Alarich aus der Position des erfahrenen Staatsmannes heraus, Frieden zu halten. Er verweist nachdrücklich auf seine Lebenserfahrung, aber auch auf die mangelnde Kriegstüchtigkeit der Westgoten nach einer längeren Friedensperiode. Ob damit die rund fünf Jahre, die seit dem Frieden von Amboise vergangen waren, angemessen beschrieben sind, sei dahingestellt. Theoderichs Ausführungen zu den Gefahren eines Krieges sind sicherlich allgemein gültig. Aus seinen Andeutungen können wir entnehmen, dass Chlodwig den Westgotenkönig provoziert hatte, ohne dass wir etwas Genaueres darüber erfahren. Theoderich untertreibt sicher, wenn er von einem in Worten ausgetragenen kleinen Streit spricht, denn es muss sich schon um mehr gehandelt haben, wenn er selbst vor der Gefahr eines Krieges warnt. Immerhin war es noch zu keinen bewaffneten Auseinandersetzungen gekommen. Auf zweifache Weise möchte Theoderich den Frieden erhalten – zum einen durch eine Gesandtschaft an Chlodwig, zum anderen durch einen Appell an Alarichs Kompromissbereitschaft. Für den Fall, dass es dennoch zum Krieg kommen werde, verspricht er Letzterem aber militärische Unterstützung. Ganz unbescheiden weist er dabei auf die Kampfkraft seiner eigenen Krieger hin. Von einiger Bedeutung ist schließlich auch die Anspielung auf andere Könige, die von einem Krieg profitieren könnten. Gemeint ist sicher vor allem der Burgunderkönig Gundobad, der sich in den vergangenen Jahren Chlodwig angenähert hatte. Zu Gundobad sollten Theoderichs Gesandte ziehen, nachdem sie Alarich aufgesucht hatten. Auch das Schreiben, das sie dem Burgunderkönig überbrachten, ist erhalten:

«König Theoderich an Gundobad, den König der Burgunder. Es ist ein schwerer Fehler, Augenzeuge sich widerstreitender Absichten zwischen geschätzten königlichen Personen zu sein und unter absichtlichem Ignorieren mitanzuschauen, wie von einer etwas Schmerzendes emporkommen kann. Es geschieht nicht ohne Unsere Mißgunst, wenn mit Unserer Duldung eine Niederlage von Verwandten erfochten wird. Ihr alle habt durch mich Beweise großer Gunst; einer ist vom anderen nicht getrennt. Wenn Ihr Eurerseits etwas verschuldet, dann ladet Ihr zu meinem Schmerz schwere Schuld auf Euch. Uns geziemt es, die jungen Könige durch die Einwendung von Vernunftgründen zur Mäßigung anzuhalten, weil jene die Frechheit ihrer Absichten nicht beibehalten, wenn sie einsehen, daß das, was sie Übles wünschen, Uns sehr mißfällt. Wenn sie auch durch ihr blühendes Alter erhitzt werden, achten sie doch die Älteren. Sie sollen wissen, daß Wir Feinde ihrer Streitigkeiten sind und jenes verfolgen wollen, damit es von keinem von beiden überschritten werden kann. Uns kommt es zu, harte Worte zu gebrauchen, damit Unsere Verwandten nicht zum Äußersten schreiten. Und deshalb meinten Wir N.N. und N.N. als Gesandte an Eure Brüderlichkeit senden zu sollen, damit Wir sie, wenn es Unserem Sohn Alarich genehm ist, zusammen mit den verbündeten Völkern zum König der Franken schicken, so daß die Angelegenheit, die zwischen ihnen umstritten ist, mit freundschaftlichen Mitteln und in vernünftiger Weise beendet wird. Denn es geziemt sich, daß so mächtige Könige untereinander keine beklagenswerten Streitereien suchen, so daß auch Wir durch ihren Fall getroffen werden können. Deshalb möge Eure Brüderlichkeit mit Hilfe Unserer Bemühungen danach trachten, die Einheit zwischen ihnen wiederherzustellen. Denn niemand wird glauben, daß sie ohne Unsere Entscheidung zu den Kämpfen gelangt sind, wenn nicht völlig klar ist, daß Unsere Kämpfe eher darin bestanden haben, sie nicht in einen Konflikt geraten zu lassen. Wir haben aber befohlen, daß Euch von den Überbringern dieses Schreibens mündlich einiges mitzuteilen ist, damit Eure Klugheit alles so ordnet, wie man es mit Gottes Hilfe gewöhnlich vollendet, wenn man sorgfältig nachdenkt.»[12]

Theoderich lässt durchblicken, dass er ein Doppelspiel Gundobads durchaus für möglich hält, und ermahnt ihn daher nachdrücklich, sich ebenfalls für den Frieden einzusetzen. Mit seinem Hinweis, Gundobad und er seien die älteren und erfahreneren Könige als die beiden jüngeren Alarich und Chlodwig, appelliert er an die Solidarität des Alters gegen die ungestüme Jugend, auch wenn die Gemeinten selbst nach den Maßstäben der Zeit vielleicht auch nicht mehr als ganz jung zu gelten hatten. Aber gemessen an Gundobad und Theoderich, die beide seit mehr als 30 Jahren an der Spitze ihrer Völker standen oder wie Gundobad noch dem weströmischen Reich gedient hatten, ist die Einschätzung wohl doch zutreffend. Mit diesen Argumenten sucht Theoderich also Gundobad für seine Friedensmission zu gewinnen, aber nicht nur ihn, sondern auch in gleichlautenden Briefen die Könige der Heruler, Warnen und Thüringer. Diese waren alte Verbündete der Westgoten noch zu Zeiten von Alarichs Vater Eurich gewesen, woran Theoderich sie in seinem Schreiben erinnerte. Daher glaubte er wohl auch, deutlicher als in den bisher vorgestellten Briefen werden zu können: Er spricht von der vorsätzlichen Ungerechtigkeit, die Chlodwig zu seinem Vorgehen gegen die Westgoten veranlasse. Anders als gegenüber Gundobad prangert er also Chlodwig mit klaren Worten als Unruhestifter an, von dem sowohl sie als auch er selbst bedroht seien: «Wer gewillt ist, ohne Gesetz zu handeln, der ist entschlossen, die Reiche von uns allen zu zerschlagen.»[13] Die Empfänger dieses Schreibens wollte Theoderich daher nicht nur an der diplomatischen Mission zu Chlodwig beteiligen, sondern sie auch als Verbündete gewinnen, falls es doch zum Krieg kam: «Eine gefährliche Anmaßung wird aber besser von ihrem Anfang an unterdrückt, damit ohne Anstrengung aller erreicht wird, was für jeden einzelnen ein Kampf sein könnte.» Der Ton des Briefes erweckt also den Eindruck, dass Theoderich bereits fest mit dem Ausbruch offener Feindseligkeiten rechnete. Daher bereitete er die angesprochenen Könige darauf vor, sich gegebenenfalls an einem Waffengang gegen die Franken zu beteiligen. Aber noch versuchte er alles, um diesen zu verhindern. Seine Gesandten suchten als nächsten Chlodwig selbst auf und überbrachten ihm folgendes Schreiben:

> «König Theoderich an Chlodwig, den König der Franken. Die göttlichen Gesetze der Verwandtschaft wollten deshalb unter den Königen Wurzeln schlagen, damit durch ihren versöhnlichen Geist der erwünschte Friede unter den Völkern wächst. Dies ist nämlich etwas Heiliges, das durch keine Erregung verletzt werden darf. Denn zu welchen Geiseln soll man Vertrauen haben, wenn man nicht an die Zuneigung glaubt? Die Herrscher sollen sich durch die Verwandtschaft verbinden, damit getrennte Völker wegen eines ähnlichen Willens gerühmt werden dürfen und die Wünsche der Völker sich verbinden können als seien sie durch das Flußbett der Eintracht vereinigt worden. Weil dies so ist, wundern Wir Uns, daß Euer Sinn durch unbedeutende Gründe so erregt wurde, daß Ihr mit Unserem Sohn, dem König Alarich, einen sehr gefährlichen Konflikt auf Euch nehmen wollt, so daß viele, die Euch fürchten, sich über Euren Streit freuen. Ihr seid beide Könige sehr bedeutender Völker, beide steht Ihr in blühendem Alter. Zerschlagt nicht leichtfertig Eure Reiche, wenn Ihr, nachdem den Parteien Freiheit gewährt wurde, feindlich aneinandergeratet. Euer Mut möge nicht zu einem unerwarteten Unglück für Euer Vaterland werden, weil großer Haß der Könige in unbedeutenden Sachen eine schwere Niederlage für die Völker ist. Ich sage frei und mit Zuneigung, was ich denke: Es ist ein Zeichen von Ungeduld, auf die erste Gesandtschaft hin sofort zu den Waffen zu eilen. (…) Was könntet Ihr selbst von Uns denken, wenn Wir Eure Absichten ungestraft hingehen ließen? Fern sei jener Streit, in dem einer von Euch als Geschlagener leiden könnte. Legt das Schwert nieder, die Ihr zu meiner Schmach kämpfen wollt. Mit dem Recht des Vaters und des Freundes verbiete ich Euch zu kämpfen. Derjenige wird Uns und Unsere Freunde als Gegner ertragen müssen, der – was ich nicht glaube – meint, solche Ermahnungen mißachten zu müssen. Deshalb glaubten Wir N.N. und N.N. angelegentlich als Gesandte an Eure Exzellenz schicken zu sollen, durch die Wir auch an Unseren Sohn, den König Alarich, Schreiben schicken, damit

> keine auswärtige Bosheit Fallstricke zwischen Euch streut. Vielmehr sollt Ihr, indem Ihr Frieden haltet, die strittigen Fragen mit freundschaftlichen Mitteln friedlich beilegen. Wir haben befohlen, daß durch die Gesandten auch mündlich einiges gesagt werden soll, damit die Völker, die unter Euren Vorfahren durch einen langen Frieden in Blüte standen, nicht durch einen plötzlichen Kampf verwüstet werden. Denn Ihr dürft dem glauben, von dem Ihr wisst, daß er Eurem Nutzen wohlgesinnt ist, weil feststeht, daß derjenige, der einen anderen in verderbenbringende Angelegenheiten schickt, keine vertrauenswürdige Ermahnung gibt.»[14]

Theoderich erinnert Chlodwig an die heiligen Bande der Verwandtschaft und lässt im Übrigen wieder erkennen, dass er dessen Gründe für das scharfe Vorgehen gegen die Westgoten nicht akzeptiert und ihn vielmehr deutlich im Unrecht sieht. Auch an seinen Sympathien lässt der Ostgotenkönig keinen Zweifel, da er Alarich als seinen Sohn bezeichnet. Er erinnert Chlodwig offen an die Risiken, die beide Seiten mit einem Krieg eingehen würden. Sowohl die Westgoten als auch die Franken hätten etwas zu verlieren, ja sie würden den Bestand ihrer Reiche aufs Spiel setzen, weil ihre Nachbarn von ihrem Streit profitieren könnten. Gerade im Falle Chlodwigs würde man gerne auch die mündliche Botschaft kennen, die die ostgotischen Gesandten überbringen sollten. Ihr Inhalt war vermutlich erheblich deutlicher als der mit diplomatischen Floskeln durchsetzte Brief: Theoderich, so dürften sie Chlodwig angedroht haben, würde sich mit aller Kraft und unter Einsatz seiner gewaltigen ostgotischen Militärmacht gegen die Franken stellen; ein Krieg gegen die ihrerseits ebenfalls nicht gerade schwachen Westgoten würde Chlodwig also mit der übermächtigen Allianz der gotischen Brudervölker konfrontieren, zu der dann auch noch Heruler, Warnen und Thüringer treten würden. Dieser Krieg sei daher für Chlodwig nicht zu gewinnen, ja er würde all das aufs Spiel setzen, was er sich bis dahin aufgebaut hatte.

Der Sieg über die Westgoten

Aller diplomatischen Bemühungen zum Trotz kam es doch zum Krieg. Am ausführlichsten berichtet Gregor von Tours über die militärischen Auseinandersetzungen, stilisiert Chlodwig dabei aber zum Vorkämpfer für die katholische Lehre und gegen die arianische Häresie. In der Forschung ist umstritten, inwieweit dies zutrifft. Einige Indizien sprechen immerhin für Gregors Sicht. So kann man auf die Politik Alarichs II. gegenüber seinen römischen Untertanen katholischen Glaubens verweisen: Ihnen ist er weit entgegengekommen, um sie so fester an sich zu binden. Zum einen erließ er das *Breviarium Alaricianum*, auch *Lex Romana Visigothorum* («römisches Gesetz der Westgoten») genannt. Dabei handelte es sich um eine Zusammenstellung von kaiserlichen Erlassen und juristischen Kommentaren. Auf diese Weise stellte sich Alarich in die Tradition der römischen Kaiser als Gesetzgeber und beseitigte die bei seinen römischen Untertanen seit der Ausbreitung der westgotischen Macht bestehende Rechtsunsicherheit. Das Gesetz sollte sie also für die Herrschaft Alarichs einnehmen und sie so gegenüber den Angeboten Chlodwigs immun machen.

Auch in der Religion nahm Alarich endgültig Abstand vom zumindest zeitweise dezidiert antikatholischen Kurs seines Vaters Eurich. Im Jahr 506 durften sich erstmals die katholischen Bischöfe der westgotischen Gebiete Galliens zu einer Synode in Agde versammeln. Damit erlaubte der König ihnen, sich gleichsam als eine Art Landeskirche zu konstituieren und gemeinsam die Angelegenheiten ihrer Glaubensgemeinschaft zu regeln. Außerdem sollte im Jahr 507 in Toulouse ein weiteres westgotisches Reichskonzil stattfinden. Das mutet insgesamt wie der Versuch an, die Sympathien zu neutralisieren, die die katholischen Bischöfe gegenüber dem katholischen Nachbarkönig Chlodwig hegten: Da sie nun unter den Westgoten nahezu ungehindert wirken konnten, warum sollten sie dann ihre Hoffnungen noch auf die Franken setzen? Man hat eingewandt, dass auch ein Abgesandter Alarichs in Agde anwesend gewesen sei und dass die katholischen Bischöfe für den Westgotenkönig gebetet hätten. Aber beide Punkte widersprechen der vorgestellten Interpretation nicht, da sie selbstverständlich waren: Natürlich wollte der König wenigstens mittelbar auf dieser zentralen Versammlung seiner katholischen Bischöfe präsent sein, und das Gebet für den jeweiligen Herrscher, auch wenn er nicht der eigenen Lehre anhing, war seit der Spätantike selbstverständlich, sagte also nichts über die innere Einstellung der beteiligten Personen aus. Kurz: Auch wenn die katholischen Bischöfe für Alarich beteten, können sie doch insgeheim auf Chlodwig gehofft haben.

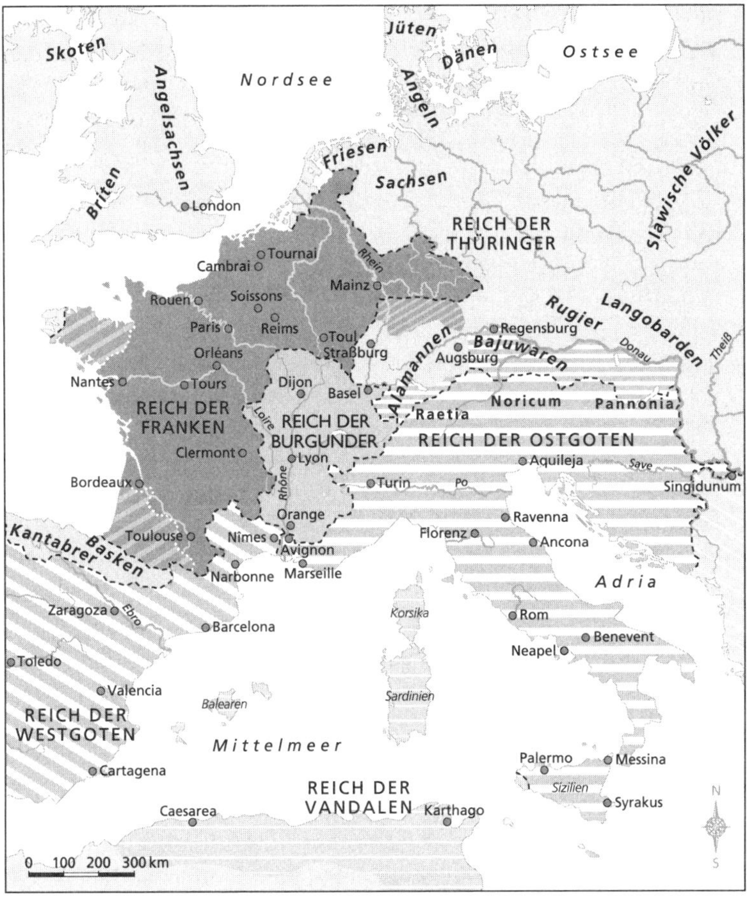

Das Frankenreich im Jahr 511

Wie auch immer diese Maßnahmen Alarichs II. zu bewerten sind, Chlodwig setzte seinerseits entschieden auf die Karte des katholischen Glaubens. Das einzige Zeugnis, das auf ihn selbst bzw. seine Kanzlei zurückgeht, ist ein Brief an die aquitanischen Bischöfe, den er zu Beginn seines Westgotenkrieges an sie richtete:

«König Chlodwig an die heiligen Herren und die durch den apostolischen Stuhl würdigsten Bischöfe. Da die Kunde von dem, was geschehen und Unserem ganzen Heer geboten worden ist, ergangen ist, bevor Wir in das Land der Goten eindrangen, kann sie Eurer Seligkeit nicht entgangen sein. Als erstes haben Wir in bezug auf das geistliche Amt aller Kirchen befohlen, daß keiner in irgendeiner Weise versuchen möge zu rauben, weder die Gott geweihten Frauen, noch die Witwen, von denen erwiesen ist, daß sie dem Dienst des Herrn geweiht sind; das gleiche soll gelten für die Kleriker und die Söhne der oben genannten, sowohl der Kleriker wie der Witwen, die bekanntermaßen mit ihnen in ihrem Hause wohnen; ebenso für die Sklaven der Kirchen, von denen durch Eide der Bischöfe erwiesen ist, daß sie den Kirchen entzogen sind. Der Befehl ist zu beachten, daß keiner von ihnen irgendeine Gewalt oder irgendeinen Schaden erleide. Damit dies nun völlig bekannt werde, befehlen Wir, daß, wenn irgendwelche von den oben genannten Personen die Gewalt der Gefangenschaft erduldet haben, sei es in den Kirchen, sei es außerhalb der Kirche, so sollen sie vollständig und ohne Verzug zurückgegeben werden. Bezüglich der übrigen gefangenen Laien aber, die außerhalb des Friedens gefangen wurden, und wenn das bewiesen ist, soll das bischöfliche Schreiben, für wen Ihr es nach Eurem Willen auch ausstellen wollt, nicht abgelehnt werden. Bezüglich derjenigen, sowohl Kleriker wie Laien, die in unserem Frieden gefangengenommen worden sind, wenn Ihr dies wahrhaftig durch Eure mit Eurem Siegel besiegelten Briefen anerkennt, so sollen sie auf jeden Fall zu uns geschickt werden, und Ihr sollt wissen, daß das von Uns ausgegangene Gebot es bestätigen muß. So bittet indessen Unser Volk, daß, wenn immer Ihr Eure Briefe auszustellen geruht, Ihr nicht säumt unter Eid im Namen Gottes und mit Eurem Segen auszusagen, daß diese Sache, die verlangt wird, wahr ist. Denn es sind Abänderungen und Fälschungen vieler gefunden worden, so daß verständlich wird, was geschrieben steht: Es kommt der Gerechte mit dem Ungerechten um. Betet für mich, Ihr heiligen Herren und durch den apostolischen Stuhl würdigste Väter.»[15]

Die katholischen Kirchen und ihre Amtsträger wurden also von den Kampfhandlungen vollständig ausgenommen, mehr noch: Den Bischöfen wurde sogar eine Schlüsselstellung für die Freilassung von gefangen genommenen Laien zugebilligt – ihr Urteil entschied über die Frage, wer wieder freigelassen wurde und wer nicht. Die Befreiung von Kriegsgefangenen sahen die Bischöfe seit jeher als eine ihrer wichtigsten Aufgaben an. Chlodwig nahm dieses Anliegen geschickt auf, kam den Bischöfen in diesem Punkt entgegen und warb so um ihre Sympathie. Nur vor diesem Hintergrund ist die Art und Weise zu verstehen, in der Gregor von Tours den Krieg gegen die

Westgoten zu einem Unternehmen gegen die häretischen Arianer stilisiert:

> «Es sprach aber König Chlodwig zu den Seinigen: ‹Es bekümmert mich sehr, dass diese Arianer noch einen Teil Galliens besitzen. Lasst uns mit Gottes Beistand aufbrechen, sie besiegen und dies Land in unsere Gewalt bringen.› Und da allen diese Rede wohl gefallen hatte, brach er mit seinem Heere auf und zog gen Poitiers. Dort hielt Alarich sich damals auf. Während aber ein Teil des Heeres durch das Gebiet von Tours zog, erließ er aus Verehrung für den heiligen Martin einen Befehl, dass niemand aus dieser Gegend etwas anderes nehmen solle als Gras zum Futter und Wasser. Es fand aber einer aus seinem Heer bei einem armen Mann Heu und sprach: ‹Hat nicht der König befohlen, wir sollten Gras nehmen, aber nichts anderes? Das aber ist ja Gras. Wir werden also des Königs Gebot nicht überschreiten, wenn wir es nehmen.› Da er dem armen Manne aber Leid antat und ihm mit Gewalt Heu nahm, kam die Sache vor den König. Der hieb ihn schneller mit dem Schwerte nieder, als man es sagt, und sprach: ‹Wie können wir auf Sieg hoffen, wenn wir den heiligen Martin erzürnen?› Das war Warnung genug, dass das Heer fortan nichts mehr aus dieser Gegend wegnahm.»[16]

Chlodwig zeigte sich also völlig unbeeindruckt von den Mahnungen Theoderichs des Großen und überschritt im Jahr 507, vermutlich im Frühjahr, die Grenze zum Westgotenreich. Alarich erwartete diesen Angriff und hatte sich mit seinem Heer von seiner Residenz Toulouse aus in die Nähe der Grenze in das rund 100 km südlich von Tours gelegene Poitiers begeben, um die Franken abzuwehren. Chlodwig führte diesen Krieg laut Gregor einzig und allein aus religiösen Motiven. Ganz seinem Schreiben an die katholischen Bischöfe gemäß stellte er kirchlichen Besitz unter seinen Schutz, insbesondere alles, was dem heiligen Martin gehörte. Nach den Vorstellungen der Zeit gehörte kirchliches Gut nicht eigentlich der jeweiligen Kirche oder gar dem Bischof, sondern dem Heiligen, dem die Kirche geweiht war. Ein Diebstahl von Kirchengut war also ein Unrecht an dem Heiligen selbst. Die Geschichte um das gestohlene Heu und die drakonische Bestrafung des Übeltäters erzählt Gregor daher nur, um Chlodwigs Gerechtigkeit gegenüber dem heiligen Martin gebührend zu betonen. Der Frankenkönig erweist sich auch in dieser kleinen Episode als treuer Diener Gottes und seiner Heiligen. Diesen Aspekt sucht Gregor mit der folgenden Anekdote noch zu verstärken:

«Der König aber sandte Boten nach der Kirche des Heiligen und sprach: ‹Gehet, vielleicht empfangt Ihr ein Vorzeichen des Siegs in jenem heiligen Tempel.› Er gab ihnen darauf Geschenke mit, die sie an der heiligen Stätte darbringen sollten, und sprach: ‹Wenn Du, o Herr, mir zur Seite stehst und dies ungläubige Volk, das dir immerdar feind ist, in meine Hände zu liefern beschlossen hast, so lass Dich gnädig herab und zeige es mir an beim Eintritt in die Kirche des heiligen Martin, damit ich erfahre, dass Du Deinem Diener günstig sein willst.› Die Diener eilten von dannen, und als sie nach dem Befehl des Königs zu der Stelle kamen und in die heilige Kirche traten, stimmte von ungefähr der Vorsänger das Lied an: ‹Du kannst mich rüsten mit Stärke zum Streit, Du kannst unter mich werfen, die sich wider mich setzen. Du gibst mir meine Feinde in die Flucht, dass ich meine Hasser verstöre.› Als sie den Lobgesang hörten, sagten sie dem Herrn Dank, versprachen dem heiligen Bekenner Weihgeschenke und verkündeten es froh dem König.»[17]

Gregor interessierte sich anscheinend gar nicht für den Verlauf des Krieges. Für ihn existierte ein legitimer Kriegsgrund – der Kampf gegen Häretiker – und ansonsten schilderte er, wie Chlodwig sich auf die entscheidende Auseinandersetzung vorbereitete: indem er die Unterstützung der Heiligen gewann, deren kultischer Mittelpunkt in dem von den Westgoten beherrschten Gebiet lag. Nach dem wichtigsten, dem heiligen Martin, kam der heilige Hilarius zum Zuge, der Patron des Bistums Poitiers:

«Als dieser (Chlodwig) darauf mit seinem Heer zum Viennefluss kam, wusste er durchaus keinen Rat, wo er übersetzen sollte. Denn der Fluss war vom Regen hoch angeschwollen. Und in der Nacht betete er zum Herrn, dass er ihm eine Furt zeigen möge, durch die er hindurchgehen könne; da kam in der Frühe eine Hirschkuh von wunderbarer Größe herbei und ging vor ihren Augen auf Gottes Geheiß durch das Wasser, und er sah, dass dort, wo sie hindurchwatete, das Heer übersetzen könne. Als der König aber nach Poitiers kam und noch in der Ferne im Lager verweilte, da sah er, wie ein Feuerglanz von der Kirche des heiligen Hilarius ausging und gleichsam zu ihm hinüberkam; das geschah, damit er umso ungehemmter, von dem Licht des heiligen Bekenners Hilarius geleitet, die ketzerischen Scharen bekriegen sollte, gegen welche dieser Bischof so oft für den Glauben gestritten hatte. Er verbot aber dem ganzen Heer, weder dort noch auf dem Wege jemanden zu berauben oder sein Gut zu plündern.»[18]

In Gregors Weltsicht war Chlodwigs Kampf gegen die Westgoten ein gottgefälliges Werk, und daher half Gott selbst den Franken bei der Überwindung eines natürlichen Hindernisses. Dazu kam bald auch die Hilfe des Hilarius. In unseren Augen handelt es sich bis hierhin um einen – vorsichtig ausgedrückt – eigenwilligen Kriegsbericht, der mit einer Darstellung der Fakten wenig zu tun hat. Weder erwähnt Gregor, wie sich die Franken militärisch auf die Auseinandersetzung vorbereiteten, noch thematisiert er eine politische Dimension – etwa die Suche nach Verbündeten. Vor allem nennt auch er den Anlass für den Krieg nicht, der schon in den Briefen Theoderichs des Großen immer nur angedeutet wurde. Diesen werden wir daher wohl nie erfahren. Immerhin kommt Gregor nach einer weiteren Wundergeschichte auf die eigentliche Auseinandersetzung zwischen Franken und Westgoten zu sprechen:

> «Inzwischen traf König Chlodwig mit dem Gotenkönig Alarich *in campo Vogladense* zusammen, zehn Meilen von Poitiers, und während der eine Teil den Kampf aus der Ferne führte, widerstanden die anderen im Handgemenge. Da aber die Goten nach ihrer Gewohnheit sich zur Flucht wandten, gewann endlich König Chlodwig unter Gottes Beistand den Sieg. Es stand aber ihm ein Sohn Sigiberts des Lahmen mit Namen Chloderich zur Seite. Dieser Sigibert war im Kampfe gegen die Alemannen bei Zülpich am Knie verwundet worden und hinkte seit dieser Zeit. Der König schlug die Goten in die Flucht und tötete ihren König Alarich. Da traten ihm aber zwei Männer plötzlich entgegen und trafen ihn in beide Seiten mit ihren Speeren. Aber sein Harnisch und sein schnelles Pferd retteten ihn vor dem sicheren Tod. Es kam daselbst eine große Menge Volks von Clermont um, das unter Apollinaris erschienen war; darunter fielen die vornehmsten von den Senatoren.»[19]

Die Verluste auf beiden Seiten waren immens, jedenfalls berichtet der Dichter Venantius Fortunatus, der seit 567 als Geistlicher in Poitiers lebte und am Ende seines Lebens auch Bischof dieser Stadt wurde, von Leichenbergen – vermutlich meinte er Grabhügel, in denen die Gefallenen bestattet wurden.[20] Den Ort der Schlacht, den *campus Vogladensis*, hat die Forschung früher bei Vouillé, 17 Kilometer nordwestlich von Poitiers lokalisiert, aber wahrscheinlich fand die Schlacht bei Voulon rund 25 km südlich von Poitiers statt. Die Entscheidungsschlacht selbst schildert Gregor ausgesprochen gedrängt und recht nüchtern. Er verzichtet sogar darauf, Gott oder einen Heiligen in das Geschehen eingreifen zu lassen, und macht nicht einmal eine Andeutung in diese Richtung. Sogar die Errettung Chlodwigs aus größter Bedrängnis ist ihm keine entsprechende Bemerkung wert. Vermutlich stand ihm nur eine entsprechend wortkarge Quelle zur Verfügung, aber das reicht als Erklärung für seine Zurückhaltung nicht aus. Vielleicht meinte er, in den vorhergehenden Abschnitten zur Genüge dargetan zu haben, wie gottgefällig Chlodwigs Unternehmung war. Trotz der Kürze des Berichts enthält er aber entscheidende Mitteilungen: Neben Chlodwig und Alarich II. nahmen weitere Parteien an der Schlacht teil. Chloderich, der Sohn des rheinischen Frankenkönigs Sigibert, kämpfte an der Seite Chlodwigs. Dann waren auch die Römer aus der Auvergne mit ihren Senatoren an der Spitze erschienen. Gregor verschleiert allerdings, dass die katholischen Auvergnaten nicht etwa auf Seiten der katholischen Franken kämpften, sondern auf der der arianischen Westgoten. Ihr Anführer war Apollinaris, ein Sohn des Sidonius Apollinaris, der den Westgoten rund 30 Jahre zuvor noch entschiedenen Widerstand entgegengesetzt hatte. Anscheinend hatte inzwischen sogar die senatorische Oberschicht von Clermont und der gesamten Auvergne die westgotische Herrschaft voll und ganz akzeptiert. Chlodwigs Bemühungen um die Anhänger der katholischen Lehre hatten also zumindest nicht ganz gefruchtet, es sei denn, er hatte ohnehin vor allem die Bischöfe im Blick gehabt.

Eine weitere, entscheidende Information behält Gregor ganz für sich: Die Burgunder unter Gundobad hatten nach dem Übertritt von dessen Sohn Sigismund zum Katholizismus die Fronten gewechselt. Auch sie kämpften auf der Seite Chlodwigs gegen die Westgoten. Chlodwig hatte sich also nicht allein auf seine Franken verlassen, sondern eine Allianz geschmiedet, zu der die rheinischen Frankenkönige und die Burgunder gehörten. Diese waren unter der Führung von Gundobads Söhnen Sigismund und Godomar durch die Auvergne und das Limousin in die Gegend von Poitiers gezogen, wo sie sich mit den Franken vereinigten. Dank ihrer Unterstützung gelang Chlodwig also der entscheidende Sieg über die Westgoten. Warum aber standen diese letztlich allein und wurden nur von den Römern aus der Auvergne unterstützt, die ohnehin zu ihrem Reich gehörten? Wo war Theoderich der Große mit seiner schlagkräftigen Armee? Dass der Ostgotenkönig seinem westgotischen Schwiegersohn nicht zu Hilfe eilte, lag vermutlich daran, dass Chlodwig noch einen weiteren, überaus mächtigen Verbündeten gewonnen hatte: den oströmischen Kaiser Anastasios I. Dieser war bereits 504 wegen des Verlaufs der gemeinsamen Grenze mit dem Ostgotenreich auf dem Balkan mit Theoderich in Streit geraten. Beide Seiten hatten Truppen aufmarschieren lassen, die Theoderich daher für ein Eingreifen in Gallien fehlten. Vermutlich im Jahr 507 bedrohte auch noch eine oströmische Flotte Unteritalien, und kaiserliche Truppen gingen in Apulien sogar an Land, um die Stadt Tarent anzugreifen. Theoderich konnte also seinem Schwiegersohn Alarich gar nicht zu Hilfe eilen und musste dessen Untergang und dem weiteren Vorrücken der Franken vorerst tatenlos zusehen.

Nach Chlodwigs Sieg und dem Tod Alarichs II. war der Widerstand der Westgoten fürs Erste gebrochen. Laut Gregor nahm der Krieg folgenden Fortgang:

> «Aus der Schlacht floh Amalarich, Alarichs Sohn, nach Spanien und durch seine Klugheit gewann er das Reich seines Vaters. Chlodwig aber schickte seinen Sohn Theuderich über Albi und Rodez nach Clermont. Der zog durch jene Städte von den Grenzen der Goten bis zu dem Gebiet der Burgunder und unterwarf sie alle der Herrschaft seines Vaters. Die Zeit von Alarichs Herrschaft aber dauerte 22 Jahre. Chlodwig brachte den Winter in Bordeaux zu, ließ den ganzen Schatz Alarichs von Toulouse fortschaffen und zog dann nach Angoulème. Der Herr erwies ihm dort solche Gnade, dass die Mauern, als er sie anblickte, von selbst niedersanken. Darauf mussten die Goten die Stadt verlassen, und er unterwarf sie seiner Herrschaft. Dann kehrte er als Sieger nach Tours zurück und weihte viele Geschenke der heiligen Kirche des seligen Martin.»[21]

Nach seinem Sieg teilte Chlodwig also seine Truppen: Während er selbst nach Bordeaux zog, entsandte er seinen ältesten Sohn direkt weiter nach Süden. Theuderich zog in Richtung der westgotischen Hauptstadt Toulouse, bog dann aber nach Nordwesten in Richtung der Auvergne ab, eroberte unterwegs Albi und Rodez, bevor er Clermont erreichte. Im folgenden Jahr nahmen die Franken dann Toulouse ein, wo ihnen angeblich auch der westgotische Königsschatz in die Hände fiel. Dem oströmischen Geschichtsschreiber Prokop zufolge befanden sich die Reichtümer der Westgoten jedoch in Carcassonne, das den Franken widerstand.[22] Nach der Eroberung von Toulouse zog Chlodwig wieder in Richtung Norden. Anscheinend hatte er nicht alle Städte nördlich von Bordeaux überwinden können oder wollen, sondern war möglichst tief in das Westgotenreich vorgestoßen. Dahinter scheint die Strategie zu stehen, möglichst rasch große Geländegewinne zu erzielen und erst danach das Hinterland zu sichern. Daher eroberte Chlodwig erst jetzt das zwischen Bordeaux und Poitiers gelegene Angoulême, das sich wohl ohne größere Gegenwehr ergab, was Gregor mit dem aus der Bibel entlehnten Bild von den von selbst einstürzenden Mauern umschreibt. Gegen Ende des Jahres 508 erreichte der Frankenkönig dann Tours, wo er dem heiligen Martin dessen Hilfe mit reichen Gaben vergalt – so jedenfalls die Sichtweise Gregors und wohl auch Chlodwigs selbst.

Aber der weitere Kriegsverlauf war für die Franken längst nicht so positiv, wie Gregor es schildert. Zunächst einmal verkürzte er aus späterer Sicht das Schicksal Amalarichs, der damals noch ein Kind war und daher vermutlich gar nicht an der Schlacht teilgenommen hat. Auch sein weiteres Schicksal war zunächst unsicher, denn die Westgoten erhoben in dieser für sie schwierigen Lage nicht etwa ihn zum König, sondern Gesalech, einen außerehelichen, aber schon erwachsenen Sohn Alarichs II. Dieser ließ sich aber gar nicht auf weitere Kämpfe ein, sondern überließ den Franken und ihren Verbündeten das Feld und zog sich über die Pyrenäen nach Hispanien zurück. Anscheinend unternahm er nichts gegen das Vorrücken der Franken und Burgunder. Diese nahmen in der Gegend von Limoges 3000 Galloromer gefangen, für deren Freilassung sich der Eremit Eptadius bei Sigismund einsetzte.[23] Dessen Vater König Gundobad griff nun auch persönlich in die Kämpfe ein und eroberte Narbonne. Außerdem belagerten die Burgunder mit fränkischer Hilfe die Stadt Arles, vermutlich, um anschließend die gesamte Provence zu erobern. Aber dann nahm der Krieg eine entscheidende Wendung: Theoderich der Große griff auf Seiten der Westgoten in die Kämpfe ein.

Der Ostgotenkönig hatte endlich freie Hand, weil die oströmischen Truppen, die in Unteritalien eingefallen waren, sich aufs Plündern beschränkten. Im Sommer 508 zog daher ein ostgotisches Heer die Riviera entlang zunächst nach Marseille. Um die Einheimischen auf seine Seite zu ziehen, gab Theoderich Anweisung, die Kriegslasten für die Bevölkerung so gering wie möglich zu halten: Der Nachschub sollte nach Möglichkeit käuflich erworben werden und Sklaven, die die Kriegswirren zur Flucht genutzt hatten, sollten ihren Herren zurückgegeben werden. Zunächst befreiten die Ostgoten nach verlustreichen Kämpfen das von Burgundern und Franken belagerte Arles. Angeblich sollen 30 000 Franken im Kampf gefallen sein, aber vor allem die Burgunder mussten erhebliche Verluste hinnehmen. Ein zweites ostgotisches Heer drang über die Westalpen in das Burgunderreich ein und machte dort reiche Beute. Schließlich verloren die Burgunder 509 auch Narbonne an die Ostgoten, die zudem das von den Franken belagerte Carcassonne befreien konnten. Nun wäre eigentlich der Weg nach Toulouse frei gewesen, doch Theoderich verfolgte ein anderes Ziel. Er wollte seinem Enkel Amalarich den westgotischen Thron sichern. Daher zog das ostgotische Heer nun weiter nach Hispanien und drang bis nach Barcelona vor. Gesalech musste fliehen und fand Zuflucht bei den Vandalen in Nordafrika, mit deren Hilfe er zurückzukehren versuchte, dabei aber ums Leben kam. Theoderich übernahm nun im Namen seines Enkels die Herrschaft über die Westgoten, während er die Provence direkt seiner Herrschaft unterstellte.

Chlodwig musste dank Theoderichs Wechsel in den Kriegszielen nicht mit der ostgotischen Hauptmacht um seine Erwerbungen kämpfen, konnte aber allem Anschein nach nicht noch einmal auf dessen Angriffe reagieren. Anscheinend verstand es Theoderich, ihn mit einem klugen diplomatischen Schachzug dazu zu veranlassen, sich in das fränkische Kerngebiet zurückzuziehen. Ungefähr zu dieser Zeit verheiratete der Ostgotenkönig seine Nichte Amalaberga mit dem Thüringer Herminafrid. Ob Herminafrid zusammen mit seinen Brüdern Balderich und Berthachar damals schon die Herrschaft angetreten hatte oder ob noch sein Vater Bisin regierte, ist kaum noch festzustellen. Wenn aber, wie schon mehrfach angedeutet, das Thüringerreich zu Beginn des 6. Jahrhunderts tatsächlich bis an den Niederrhein reichte, stellte es eine echte Bedrohung der fränkischen Ostgrenze dar. Theoderich band auf diese Weise Chlodwig im Nordosten Galliens. Dieser reagierte darauf, indem er nicht mehr an den aquitanischen Kriegsschauplatz zurückkehrte und in Paris seine Residenz aufschlug. Von dort aus konnte er im Bedarfsfall vergleichsweise schnell nach Aquitanien, aber auch an den Rhein gelangen.

Trotz der Bemühungen Theoderichs und – mit Einschränkungen –

auch Chlodwigs um eine Linderung der Belastungen, die dieser Krieg mit sich brachte, war er für die betroffenen Bewohner des südlichen Gallien eine Katastrophe, die wir nur bedingt wahrnehmen können, weil die schrecklichen Seiten des Krieges wie die hohen Verluste an Kriegern und unbeteiligten Personen in den Quellen nur sehr summarisch erwähnt werden. Erneut ist es die Lebensbeschreibung des Eptadius, die über unzählige Gefangenen berichtet, die in viele Gegenden verschleppt wurden.[24] Der Eremit konnte eine größere Zahl von ihnen wieder freikaufen, aber viele mussten ihr weiteres Leben vermutlich als Unfreie fristen. In jedem Falle profitierten die Sieger davon, denn nicht nur Beute im engeren Sinne, sondern auch diese Verschleppten dienten zur Belohnung der Krieger.

Im Ergebnis verloren die Westgoten fast ganz Aquitanien an die Franken und konnten nördlich der Pyrenäen nur dank der Hilfe ihrer ostgotischen Brüder wenigstens Septimanien halten. Aber die eigentlichen Verlierer der Auseinandersetzung waren neben den Westgoten die Burgunder: Sie büßten alle Eroberungen ein und mussten auch auf Avignon verzichten. Ihre einzige Erwerbung war die Stadt Viviers rechts der Rhône. Theoderich dagegen hatte trotz der Zwickmühle, in die er durch das oströmisch-fränkische Zusammengehen geraten war, erhebliche Gewinne erzielt. Er herrschte nun auch über das Westgotenreich, das faktisch auf Hispanien beschränkt war, und gliederte die Provence dem Ostgotenreich an. Chlodwig hatte daher vermutlich nicht alles erreicht, was er sich zum Ziel gesetzt hatte, nämlich wohl insbesondere die vollständige Vertreibung der Westgoten aus Gallien. Aber er war trotzdem der Sieger dieser Auseinandersetzung. Er hatte sein Reich erheblich nach Süden erweitert, hatte fast ganz Aquitanien gewonnen und mit den Westgoten seine gefährlichsten Feinde besiegt. Gegen den kriegserfahrenen Ostgotenkönig hatte er zwar einige Rückschläge hinnehmen müssen, aber das fiel letztlich nicht so sehr ins Gewicht: Die Franken waren nun neben den Ostgoten die unbestrittene Vormacht im ehemaligen weströmischen Reich. Diese Stellung sollte bald auch vom oströmischen Kaiser honoriert werden.

7. CHLODWIG ALS *PRIMUS REX FRANCORUM* HERRSCHAFT AUF RÖMISCHEN UND FRÄNKISCHEN GRUNDLAGEN

Mit dem Sieg über die Westgoten hatte Chlodwig seinen bisher größten Erfolg errungen. Das Frankenreich war damit zur wichtigsten Macht neben dem Ostgotenreich Theoderichs des Großen aufgestiegen. Die Kämpfe zwischen beiden im südlichen Gallien dauerten an, ihr Ausgang war also ungewiss. Dennoch ging Chlodwig nun daran, seine Erwerbungen zu sichern und sie mit seinen bisherigen Gebieten zu einer Einheit zu verschmelzen. Die Voraussetzungen dafür waren gut, denn die Westgotenkönige hatten vor allem die vorhandene römische Infrastruktur genutzt. Darin war ihnen Chlodwig nicht unähnlich, doch in seinem ursprünglichen Herrschaftsgebiet nördlich der Loire hatte sich diese nicht ganz so gut erhalten. Zudem hatte Chlodwig hier mit Konkurrenz zu rechnen, und zwar von Seiten anderer Frankenkönige, über die wir freilich wenig wissen, weil sich Gregor von Tours in seinen Berichten auf Chlodwig konzentriert. Spätestens mit dem Sieg über die Westgoten hatte dieser sie aber an Macht deutlich überflügelt und war zu einem Herrscher von europäischem Rang geworden, was sogar der oströmische Kaiser in Konstantinopel anerkannte.

Chlodwig auf dem Höhepunkt seiner Macht: der Tag von Tours

Im Jahr 508 war Chlodwig nicht allein nach Tours gezogen, um dem heiligen Martin seinen Dank abzustatten, vielmehr erwartete ihn dort auch eine herausragende Ehrung durch Anastasios I., mit der die Allianz zwischen Frankenkönig und oströmischem Kaiser besiegelt wurde. Aus Sicht des Kaisers hatte Chlodwig ganze Arbeit geleistet: Theoderich war in Gallien gebunden, sein Bündnissystem nachhaltig beschädigt, da nicht nur Franken und Burgunder aus Bündnispartnern zu Feinden geworden, sondern auch die Vandalen abseits geblieben waren. Diese bereiteten Theoderich sogar weiter Schwierigkeiten, indem sie dessen westgotischem Gegner Gesalech Zuflucht und Unterstützung gewährten. Der Kaiser konnte also hochzufrieden sein, und Chlodwig war die Schlüsselfigur in diesem diplomatisch-militärischen Spiel gewesen. Entsprechend großzügig fiel seine Belohnung aus:

> «Damals erhielt er vom Kaiser Anastasios ein Patent als Konsul und legte in der Kirche des heiligen Martin den Purpurrock und Mantel an und schmückte sein Haupt mit einem Diadem. Dann bestieg er ein Pferd und streute unter das anwesende Volk auf dem ganzen Weg, von der Pforte der Vorhalle bis zu der Bischofskirche der Stadt, mit eigener Hand Gold und Silber mit der größten Freigebigkeit aus; und von diesem Tage an wurde er Konsul oder Augustus genannt. Von Tours ging Chlodwig nach Paris und machte dies zum Sitz seiner Herrschaft. Hier kehrte auch Theuderich zu ihm zurück.»[1]

Chlodwig nutzte seinen Sieg über die Westgoten und die Ehrung durch den Kaiser für eine außerordentlich prächtige Form der Selbstdarstellung. Er legte in der Martinskirche, also außerhalb von Tours, prächtige Gewänder und vor allem ein Diadem an. Danach zog er, vermutlich begleitet von seinen Kriegern, in die Stadt Tours ein. Während dieses *adventus* – des prächtigen Einzugs des Herrschers – wurden die Straßen von den Bewohnern der Stadt gesäumt, die Chlodwig zujubelten. Ihnen warf der König Silber- und sogar Goldmünzen zu. Zielpunkt der Prozession war die Bischofskirche mitten in der Stadt. Was aber hatte dieser feierliche Einzug in Tours zu bedeuten, und was bedeutete jenes «Patent als Konsul» (*codecillos de consolato*), das der Kaiser Chlodwig übersandt hatte, was der Purpurrock (*tunica blattea*), der Mantel (*chlamis*), und was schließlich das Verteilen der Münzen?

In der älteren Forschung wurde die Ehrung sogar als «erste deutsche Kaiserkrönung» bezeichnet. Für diese Interpretation reicht allerdings allein die Verwendung des Wortes *Augustus* und das einem Kaiser vorbehaltene Verteilen von Goldmünzen nicht aus. Die Forschung hat sich nun vielmehr weitgehend darauf geeinigt, von der Verleihung eines Ehrenkonsulats zu sprechen. Jüngst wurde jedoch darauf aufmerksam gemacht, dass der Ehrenkonsulat eine Würde war, die man im oströmischen Reich sogar kaufen konnte, sie also kaum für die Ehrung eines wichtigen Bundesgenossen des Kaisers angemessen war.[2] Außerdem ist einfach vom Konsulat die Rede, was auch mit der Einordnung harmoniert, die Gregor selbst in der Inhaltsangabe zu seinem zweiten Buch vornimmt. Dort heißt es schlicht: «Über den Patriziat des Königs Chlodwig.» Eine Erhebung zum *patricius* passt gut zur Verwendung dieses Titels im weströmischen Reich: Normalerweise war diese Würde an das Erreichen des obersten römischen Heermeisteramtes gebunden. Kaiser Zenon hatte bestimmt, dass die Ehre des Patriziats, die über allen anderen stehe, nur an Personen verliehen werden durfte, die zuvor Konsuln, Präfekten, Heermeister oder *magistri officiorum* – die zu den wichtigsten Verwaltungsbeamten des Reiches gehörten – gewesen seien.[3] Auch nach dem Untergang Westroms führten Könige wie Gundobad und Theoderich den Titel *patricius*, weil sie eine Spitzenstellung in der römischen Militärhierarchie beanspruchten. Da nun auch Chlodwig den Rang eines *patricius* erhielt, zog er mit jenen gleich. Dazu passt auch sein feierlicher Einzug in Tours, denn dieser erinnert sehr an die Art und Weise, in der oströmische Feldherren ihren Einzug in eine Stadt zelebrieren bzw. gestalten durften. Dabei begrüßte die Bevölkerung den Feldherrn und akklamierte zugleich dem Kaiser, jubelte jenem also als Herrscher zu – eventuell geht Gregors Bemerkung, dass Chlodwig «Konsul oder Augustus» genannt worden sei, also auf ein Missverständnis zurück.

Chlodwig hatte vom Kaiser ferner einen kostbaren Ornat, bestehend aus Tunika und Mantel erhalten – wie einst Theoderich. Bei diesem ist deutlicher als bei Gregors Schilderung der Geschehnisse in Tours von der *vestis regia* (dem königlichen Gewand) die Rede, was bedeutet, dass der Kaiser mit dieser Geste die königliche Würde Theoderichs über alle Goten und Angehörigen anderer germanischer Völker in Italien anerkannt hatte. Nun erhielt auch Chlodwig diese Bestätigung, im Hinblick auf Gebiete, die er ohnehin beherrschte. Damit wird deutlich, dass diese Ehrung ihm keine zusätzlichen Kompetenzen einbrachte, wohl aber die hochoffizielle Anerkennung seiner Position durch die höchste weltliche Autorität überhaupt, den oströmischen Kaiser. Zumindest Theoderich hatte in den 490er Jahren größten Wert auf diese kaiserliche Bestätigung gelegt, um seine Herrschaft über Italien zu legitimieren. Ähnlich könnte Chlodwig seine Stellung in Aquitanien gesehen haben: Er hatte ein Land erobert, das die Westgoten seit der Aufkündigung des *foedus* (Bündnisvertrags) mit Westrom unrechtmäßig besaßen. Einen legitimen Rechtstitel auf dieses Land konnte ihm nur der Kaiser als rechtmäßiger Besitzer verschaffen. Dies kann man als reine Formalie verstehen, aber bei der Suche nach Legitimität waren Potentaten zu allen Zeiten wenig wählerisch. Immerhin behauptete einige Jahrzehnte später der oströmische Geschichtsschreiber Prokop, die Franken seien der Ansicht, sie könnten Gallien nur sicher besitzen, sofern der Kaiser ihnen dies bestätigt habe.[4]

Chlodwig wurde durch die Ehrung in Tours in das oströmische Konzept der Familie der Könige integriert. Demnach gab der Kaiser niemals den Anspruch auf die Weltherrschaft auf, verzichtete aber in verlorengegangenen Gebieten im Westen auf eine direkte Machtausübung. Vielmehr sah er sich als Patriarch aller barbarischen Könige, was diese auch akzeptierten, indem sie ihn – etwa in Briefen – als Vater titulierten, während er sie als seine Söhne ansprach. Allein der persische Großkönig galt als ‹Bruder› des Kaisers. In Tours wurde der Frankenkönig also in die Familie der Könige integriert und erhielt zugleich darin einen besonders herausgehobenen Platz. Damit wurde zudem Theoderich der Große in die Schranken verwiesen, der seine Stellung als Beherrscher Italiens einschließlich Roms in einer fast kaiserlich zu nennenden Art und Weise ausgestaltet hatte. Er konnte sich darin durch die Insignien bestätigt fühlen, die ihm Anastasios I. 498 zugesandt hatte. Dass Chlodwig die gleiche Ehrung empfing, konnte Theoderich schwerlich gefallen: Ein Brief des Ostgotenkönigs an den Kaiser aus dem Jahr 508, dem Jahr der Verleihung von Konsulat und Patriziat an Chlodwig, enthält möglicherweise eine Reaktion auf diesen Akt. In diesem Schreiben betont Theoderich in auffälliger Weise seinen Vorrang vor den anderen Völkern bzw. Königen des Westens auf Grund seiner *imitatio Caesaris* (Nachahmung des Kaisers).[5] Aber mit Chlodwig war nun ein anderer gleichberechtigt neben ihn getreten – das hatte ihm Anastasios deutlich zu verstehen gegeben.

Wie gesagt, diese besondere Ehrung durch den Kaiser im Jahr 508 erhöhte nicht Chlodwigs reale Macht, aber sie legitimierte seine Stellung gegenüber den Gallorömern noch einmal. Sie ist nur zu verstehen vor dem Hintergrund des zwar 30 Jahre zuvor untergegangenen, in seinen Traditionen aber immer noch lebendigen weströmischen Reiches und war mithin eine Botschaft an all jene, die aus ihm hervorgegangen waren, also vor allem an die Gallorömer, die sich vielleicht den römischen Kaiser in Konstantinopel nicht mehr als direkten Herrn wünschten, ihn aber doch als oberste Autorität anerkannten. Ihnen konnte Chlodwig nach dem Tag von Tours als legitimer Vertreter des Kaisers gegenübertreten, nicht als gewaltsamer Eroberer. Das dürfte ihm auch die Übernahme der vorhandenen Herrschaftsstrukturen erleichtert haben. In diesem Zusammenhang ist es wichtig, zwei für die Gallorömer zentrale Bereiche zu unterscheiden, nämlich die Kirche und die Relikte der römischen Staatlichkeit, die beide allerdings eng miteinander verwoben waren.

Ein Relikt der römischen Ordnung: die *civitas*

Mit der Eroberung großer Teile Aquitaniens erhöhte sich der Anteil der Gallorömer in Chlodwigs Reich noch einmal gewaltig. Das gilt selbst dann, wenn man in Betracht zieht, dass diese Erwerbungen noch nicht endgültig gesichert waren, nachdem Theoderich der Große in die Kämpfe eingegriffen hatte. Dennoch traten Chlodwig und nach ihm seine Söhne in dieser Region das Erbe der Westgotenkönige an. Jene hatten zunächst einmal das in ihrem Reich gelegene römische Staatsland, den Fiskalbesitz, unter ihre Kontrolle gebracht. Der römische Staat hatte große Ländereien selbst verwaltet und bewirtschaftet bzw. an Pächter ausgegeben. Daraus konnte er reiche Einnahmen ziehen, die später auch den Westgotenkönigen und schließlich Chlodwig selbst zugute kamen. Die Westgotenkönige hatten, soweit die spärlichen Quellen darüber Auskunft geben, auch die römische Verwaltung weitgehend übernommen – bis hin zum Prinzip der Trennung von Militär- und Zivilverwaltung.

Das Heer stellten die Westgoten weitgehend selbst; das galt vor allem für die Befehlshaber, von Ausnahmen wie Apollinaris einmal abgesehen. Wie einst unter den Römern wurden besonders gefährdete Grenzbereiche als Dukate zu eigenen Militärbezirken zusammengefasst, die unter dem Befehl eines *dux* standen. Die Franken sollten diese Praxis weiterführen. Die römische Zivilverwaltung wurde ebenfalls von den Westgoten übernommen; folglich lag sie in den Händen von Gallorömern, die die Provinzstatthalter und weitere Amtsträger stellten. Die Provinzen waren wiederum in *civitates* unterteilt.

Das Leben der Gallorömer konzentrierte sich stark auf ihre *civitas*, ihre Bürgerschaft. Nur die senatorischen Aristokraten pflegten auch nach dem Untergang des römischen Reiches ihre weitgespannten Beziehungen, oft sogar noch nach Italien oder Spanien. Bei der *civitas* handelte es sich in der Regel um eine Stadt einschließlich ihres Umlandes. Unter den Römern war sie ursprünglich eine autonome Körperschaft gewesen, hatte sich also selbst verwaltet. Die tragende Schicht hatten Landbesitzer als Mitglieder der *curia*, des Stadtrates, gebildet, die daher auch *curiales* genannten wurden. Auf Grund der hohen Besteuerung in der Spätantike und der Wirren in dieser Zeit war es diesen aber mehr und mehr unmöglich geworden, die notwendigen freiwilligen Leistungen wie die Errichtung und den Unterhalt städtischer Bauten zu finanzieren. Auch das Einziehen der Steuern war eine Aufgabe der städtischen Curien gewesen. Ihre Mitglieder waren daher die Steuereinnehmer und zugleich auch die wichtigsten Steuerzahler. Sie hafteten mit ihrem Vermögen für das Steueraufkommen der ganzen *civitas*, zu dem auch die Landbewohner ihren Beitrag zu leisten hatten. Diese suchten aber zunehmend in der Spätantike, sich ihrer Verpflichtungen dadurch zu entziehen, dass sie in den Schutz, *patrocinium*, eines Großgrundbesitzers eintraten und zu persönlich abhängigen Pächtern, *coloni*, wurden. Die Kaiser wirkten dieser Entwicklung entgegen, indem sie die Kolonen an die Scholle banden – also deren Wegzug verhinderten – und die Steuerhaftung von der Person auf das Land übertrugen. Damit wurden die Großgrundbesitzer dem Staat gegenüber für die Steuerzahlungen ihrer Kolonen verantwortlich; aber auf Grund ihrer persönlichen Macht konnten viele Großgrundbesitzer Steuereinnehmern den Zutritt zu ihrem Land verweigern, sich also der Besteuerung gänzlich entziehen. Vor dem Hintergrund dieser Entwicklungen wurde die früher als Ehre empfundene Mitgliedschaft in der *curia* zur Last, und viele Bürger entzogen sich ihr fortan. Die Selbstverwaltung funktionierte daher nicht mehr. Deshalb wurde aus der *civitas* die unterste Ebene der staatlichen Verwaltung mit einem *comes civitatis*, einem zunächst kaiserlichen, später königlichen Amtsträger, an der Spitze. Diesen Ausdruck sollte man nicht mit «Stadtgraf» übersetzen, um Verwechslungen mit hoch- und spätmittelalterlichen Verhältnissen zu vermeiden. Der *comes civitatis* war zuständig für die Rechtsprechung und die Steuererhebung.

Die wichtigste spätantike Steuer war die *annona*, die zur Versorgung des Heeres und der Verwaltung zu leistende Naturalabgabe. Sie bestand aus dem *iugum* und dem *caput*. Das *iugum* – übersetzt «das Joch» – war eine Grundbesitzerabgabe, wobei die für die Höhe der Zahlung maßgebliche Größe der Ackerfläche je nach Güte des Bodens wechselte. Das *caput* war eine Kopfsteuer; ihre Berechnungsgröße war der einzelne Mensch in seiner wirtschaftlichen Leistungskraft: Da entsprachen einem Mann zwei Frauen; auch Tiere wurden bei dieser Berechnung berücksichtigt. Das *caput* war von kleineren Landbesitzern zu entrichten. Alle Steuern wurden auf der Grundlage örtlicher Kataster berechnet, in denen die Angaben über den Steuerzahler, den Ort sowie die Anzahl der Äcker, Weiden und Gärten eingetragen waren. Im Übrigen konnten die Naturalabgaben der *annona* auch in Geldzahlungen umgewandelt werden, was für viele Städte von Vorteil war. Die Kaiser konnten aus ihrer Position der Machvollkommenheit heraus auch einzelnen Städten die Steuerzahlungen erlassen bzw. erleichtern oder sogar völlige Steuerbefreiungen gewähren.

Neben der *annona* erhob der spätantike Staat zahlreiche weitere Steuern, etwa von den Angehörigen des Senatorenstandes, den Kaufleuten und Handwerkern. Auch die als *munera* bezeichneten Dienst- und Arbeitsleistungen, die zusammen mit den Arbeitsleistungen der Kolonen für ihre Herren als Vorläufer der mittelalterlichen Frondienste gelten, waren fiskalisch von Bedeutung. Von ihnen und von außerordentlichen Steuern, nicht aber von den einfachen Steuern waren die hohen Beamten, die Aristokratie und die Kirchen befreit. Die wichtigsten indirekten Steuern waren Zölle, und zwar vor allem die Binnenzölle. In seinen Grundzügen blieb das römische Steuer- und Abgabensystem auch in merowingischer Zeit erhalten. An die Stelle der weströmischen Kaiser als letzter Quelle fiskalischer Forderungen traten zunächst die Westgoten- und nach ihnen die Frankenkönige, beginnend mit Chlodwig. Auch unter den Merowingern war die *civi-*

tas mit ihrem Umland, dem *pagus*, der typische Steuerbezirk geblieben, doch wurden mehrere *civitates* bisweilen zu größeren Einheiten zusammengefasst. Die Amtsträger des Königs, insbesondere *duces* und *comites*, waren für die lokale Steuererhebung verantwortlich. Ihnen untergeordnet waren die eigentlichen Steuereinnehmer, *exactores* und *vicarii*. Der Kurialenstand trat im Zusammenhang mit der Steuer nicht mehr in Erscheinung, doch blieb das Prinzip der Steuerhaftung bestehen, das nun die eben genannten untergeordneten Steuereinnehmer traf.

Die *civitates* waren also für den Frankenkönig die wichtigsten Bezugspunkte seiner Herrschaft. Hier wohnten die meisten seiner gallorömischen Untertanen, sei es in der Stadt selbst, sei es in Ihrem Umland. Von hier bezog er Steuern und Abgaben, hier wurden die königlichen Herrschaftsrechte wie die Jurisdiktion von seinen Vertretern ausgeübt. Aus dem 6. Jahrhundert liegen sogar Nachrichten über städtische Militäraufgebote vor, was darauf zurückzuführen ist, dass die Trennung von Militär- und Zivilverwaltung spätestens unter Chlodwigs Nachfolgern allmählich schwand.

Die Bischöfe

In den *civitates* saßen auch die wichtigsten Bundesgenossen des Königs auf gallorömischer Seite, die Bischöfe, die außer für die Städte ferner für das zugehörige Umland zuständig waren. Die katholischen Bischöfe waren seit Konstantin dem Großen und dem Aufstieg des Christentums, das seit Theodosius dem Großen Staatsreligion war (380), immer stärker in den Mittelpunkt des öffentlichen Lebens gerückt. Die Strukturen der Kirchenverwaltung waren nach dem Vorbild des Staates gebildet – also gemäß der römischen Provinzeinteilung: Es entstanden Kirchenprovinzen, die räumlich den römischen entsprachen. Der Bischof der Provinzhauptstadt wurde als Metropolit oder Erzbischof bezeichnet und fungierte im Verhältnis zu seinen Mitbischöfen in der Provinz als ‹Erster unter Gleichen›. Regelmäßig trat er mit den Bischöfen seiner Provinz zu Synoden zusammen, um Fragen des Glaubens, der Rechtssprechung und aktuelle Probleme zu behandeln. Auf Grund ihrer organisatorischen Stärke vertrauten die

Kaiser den Bischöfen im 4. und besonders im 5. Jahrhundert vermehrt auch öffentliche Aufgaben an, da angesichts der feindlichen Einfälle und der ständigen Bürgerkriege die weltliche Verwaltung stark in Mitleidenschaft gezogen worden war. So wurde die Stellung der Bischöfe in ihren *civitates* immer stärker und entwickelte sich gerade in Gallien oftmals zu einer regelrechten Stadtherrschaft, zumal die Bischöfe häufig den regionalen Führungsschichten entstammten.

Seit dem 4. Jahrhundert war die Kirche ein wichtiges Betätigungsfeld der senatorischen Aristokratie Galliens. Je näher das Christentum und der römische Staat zusammenrückten, desto interessanter wurden Kirchenämter für die Angehörigen der römischen Eliten. Dies gilt vor allem für das Bischofsamt, die höchste kirchliche Würde innerhalb einer *civitas*. Das Erreichen der Bischofswürde wurde allmählich zum würdigen Abschluss einer erfolgreichen weltlichen Karriere. So fungierte der als Dichter bekannt gewordene Sidonius Apollinaris als *comes civitatis* in Clermont, anschließend als *praefectus urbis* Roms; 470 schließlich trat er in den geistlichen Stand ein und wurde Bischof von Clermont. Nicht so sehr die spirituelle Qualifikation befähigte zum Bischofsamt, sondern vor allem eine vornehme, senatorische Abkunft und ein adäquates weltliches Amt, das man um der geistlichen Würde willen aufgab. Dieser Schritt ist auch für andere Grafen und Hofbedienstete bezeugt, was nicht heißen soll, dass die senatorische Oberschicht sämtliche Bischöfe stellen konnte.[6]

Ein anderer Weg zur Bischofswürde war, dass ein dafür ausgewählter junger Mann zur Erziehung zu einem verwandten oder befreundeten Bischof gegeben wurde. Rasch konnten diese Männer die Stufen der kirchlichen Ämterlaufbahn erklimmen und schließlich Archidiakon werden. Der Archidiakon kontrollierte die weltlichen Güter eines Bistums und nahm dem Bischof die tägliche Verwaltungsarbeit in der Diözese ab. Wenn es um die Nachfolge des Bischofs ging, dachte man oft zunächst an den Archidiakon. Doch gab es noch zahlreiche weitere Möglichkeiten, in das Bischofsamt aufzusteigen. Selbst Söhne folgten auf ihre Väter, was keineswegs den Bruch des Zölibats voraussetzt, da viele Bischöfe wie in der Spätantike Spätberufene waren und zunächst eine weltliche Karriere durchlaufen hatten; in den geistlichen Stand aber waren sie erst in reiferem Alter, möglicherweise sogar erst anlässlich ihrer Erhebung zum Bischof, eingetreten. Im Grunde genommen kann man sogar von Bischofsfamilien sprechen: Sowohl der Vater als auch die Mutter Gregors von Tours entstammten vornehmen Familien aus der Auvergne, aus denen die Bischöfe von Langres, Genf, Lyon und auch von Tours hervorgegangen waren. Gregor selbst rühmte sich der Tatsache, dass von seinen 18 Vorgängern auf dem Bischofsstuhl von Tours bis auf fünf alle mit ihm verwandt waren.

Die Regel war es aber nicht, dass ein Bistum fest in der Hand einer bestimmten Adelsfamilie war. Oft rivalisierten mehrere Aristokratenfamilien um die Bischofswürde, die ihnen nicht selten zugleich die Vorherrschaft in der *civitas* sicherte. Die Bischofskirchen gehörten zu den reichsten Grundbesitzern, da sie seit dem 4. Jahrhundert von den Gläubigen reiche Stiftungen zum Zweck des Seelenheils erhalten hatten, womit jene für sich und ihre Angehörigen das Himmelreich zu erwerben hofften. Je größer das Vermögen der jeweiligen Bischofskirche, desto weniger typisch geistliche Eigenschaften waren verlangt, um dieses Bistum zu erlangen. Sidonius Apollinaris bezeugt eindrücklich die entsprechende zeitgenössische Auffassung: Als Ende des 5. Jahrhunderts in der Stadt Bourges ein aus der Aristokratie stammender Kandidat und ein Mönch um das Amt des Bischofs stritten, empfahl der Aristokrat Sidonius, selbst Bischof von Clermont, seinen Standesgenossen und begründete seine Auffassung damit, dass ein Mönch vor dem himmlischen Richter mehr für die Seelen tun könne als für die leiblichen Menschen vor dem irdischen Richter. Das Übergewicht der weltlichen Kriterien bei der Auswahl eines Bischofs erscheint umso verständlicher, als jener nicht nur geistliche Aufgaben wahrzunehmen und den Reichtum seiner Kirche zu erhalten hatte, sondern auch immer mehr profane Aufgaben in seiner Stadt übernehmen musste.

Bezeichnend für diese Entwicklung ist, dass den Bischöfen im 5. und 6. Jahrhundert bisweilen inoffiziell der Titel *defensor* beigelegt wurde. Das weltliche Amt des *defensor civitatis* war im 4. Jahrhundert neu geschaffen worden, um der einfachen Stadtbevölkerung einen Helfer gegen die Bürokratie und die Großgrundbesitzer an die Seite zu stellen. Zu Beginn des 5. Jahrhunderts wurden die Bischöfe an der Wahl des *defensor* beteiligt, und schließlich gingen die Kompetenzen seines Amtes in ihr Aufgabengebiet über, zumal seine Tätigkeiten mit originären Aufgaben eines Bischofs wie dem Eintreten für die

Armen identisch waren. Hinzu kommt die Rolle des Bischofs im Bereich der Gerichtsbarkeit einer *civitas*. Bereits Kaiser Konstantin der Große verlieh den Bischöfen eine zivile Gerichtsbarkeit in weltlichen Angelegenheiten. Demnach konnte jede Partei eine Streitsache vor den Bischof bringen, auch wenn die Sache bereits vor dem Gericht des Statthalters anhängig war. Bischöfliche und öffentliche Gerichtsbarkeit begannen, miteinander zu konkurrieren. Bedenkt man im Weiteren, dass zahlreiche fromme Schenkungen und Zuwendungen sowie Steuerbefreiungen den Reichtum der Bistümer steigerten, so waren alle Voraussetzungen gegeben, dass die Bischöfe bald auch staatliche Aufgaben und Rechte übernehmen konnten. Sie errichteten oder erneuerten Stadtmauern, sonstige militärische Anlagen, Brücken, Bäder und Aquädukte. Der Bischof begann fortan also auch die Aufgaben eines *defensor* nach außen wahrzunehmen. Ein Beispiel dafür ist die bedeutende Rolle, die Papst Leo der Große bei der Abwehr des Hunnenangriffs auf Italien und Rom spielte. Selbst militärisch wurden Bischöfe aktiv. Der bereits erwähnte Sidonius Apollinaris verteidigte 471/72 seine Stadt Clermont gegen die Westgoten. Durch die rege Bautätigkeit mancher Bischöfe erhielten die Städte in der Bischofskirche ein neues Zentrum, was eben nicht nur die zunehmende Christianisierung, sondern auch die Stellung des Bischofs in der *civitas* sinnfällig zum Ausdruck brachte.

Die Art und Weise, in der Chlodwig seit seiner Taufe um die Bischöfe warb, ist vor diesem Hintergrund also keineswegs überraschend, gerade während des Westgotenkrieges: Wenn auch nur wenige von diesen mächtigen Oberhirten samt ihrem Anhang zu ihm übertraten und die übrigen wenigstens neutral blieben, hatte der Frankenkönig schon viel gewonnen. Aber auch unabhängig von diesem Krieg musste er daran interessiert sein, sich die Loyalität der Bischöfe seines erweiterten Reiches zu sichern. Diese waren auch bereit, mit ihm eng zusammenzuarbeiten, wie das Konzil von Orléans zeigt, das am 12. Juli 511 endete. Brieflich sandten die versammelten Bischöfe dem König ihre Beschlüsse zu:

> «Ihrem Herrn, dem Sohn der katholischen Kirche, dem äußerst ruhmreichen König Chlodwig, alle Bischöfe, denen Ihr befohlen habt, zum Konzil zu kommen. Da eine so große Sorge für den ruhmvollen Glauben

Euch zur Verehrung der katholischen Religion anfeuert, daß Ihr aus Hochschätzung der Meinung der Bischöfe befohlen habt, daß sich die Bischöfe versammeln, um über notwendige Dinge zu verhandeln, antworten wir gemäß der Anfrage Eures Willens und der Artikel, die Ihr uns vorlegtet, das, was in unserer Entscheidung zu liegen scheint. So wird, wenn das, was wir festgesetzt haben, auch durch Euer Urteil als rechtens gebilligt ist, die Zustimmung eines so großen Königs und Herrn die zu wahrende Entscheidung so vieler Bischöfe durch noch größere Autorität bestätigen.»[7]

Chlodwig hatte also dieses Konzil befohlen und ihm auch die Tagesordnung vorgegeben. Man wird vermuten dürfen, dass die Bischöfe bei ihren Entscheidungen nach Möglichkeit den Wünschen des Königs entsprachen. Trotz ihres devoten Tons gelang es ihnen aber auch, die Bedeutung ihrer eigenen Stellung hervorzuheben: Der König war ein Sohn der Kirche, verehrte die katholische Religion und schätzte die Meinung der Bischöfe. Er war es zwar, der ihnen Fragen vorgelegt hatte, aber sie beharrten darauf, diese frei entschieden zu haben. Bei Themen, die für den König von geringerem Interesse waren, konnten die Bischöfe wohl tatsächlich recht ungebunden votieren. Dass sie bei Fragen, die für ihn relevant waren, auch auf ihn Rücksicht nahmen, versteht sich mehr oder minder von selbst. Die Bischöfe sahen sich jedoch insgesamt in ihrer Rolle als kirchliche Gesetzgeber akzeptiert und ernst genommen und dürften daher dem Befehl des Königs, sich zu versammeln, gerne nachgekommen sein. Man hat das Konzil von Orléans daher als eine Art Konkordat im Sinne eines Interessensausgleichs zwischen König und Bischöfen bezeichnet. Diese billigten dem König eine Stellung nach dem Vorbild der römischen und oströmischen Kaiser zu, nur dass Chlodwig eben kein Kaiser, sondern lediglich ein regionaler Herrscher war. Die kaiserliche Anerkennung des Jahres 508 mag es für die Bischöfe leichter gemacht haben, den Frankenkönig in dieser Rolle zu akzeptieren, aber auch ohne das oströmische Placet wäre es zu dieser engen Kooperation gekommen. Die Zusammenarbeit sollte unter Chlodwigs Nachfolgern fortgesetzt und sogar noch intensiver werden. Obwohl das Frankenreich keine kirchliche Einheit bildete, spricht die Forschung von einer ‹fränkischen Landeskirche›, nicht zu verwechseln mit den protestantischen Landeskirchen der Neuzeit.

In der Vorrede zu den Synodalbeschlüssen von Orléans kommt dieses enge Verhältnis zum König noch einmal zum Ausdruck. Die Bischöfe betonen darin neuerlich, dass sie nicht nur mit Gottes Willen, sondern auch auf eine Anweisung des Königs hin zusammengekommen seien. Einzelne Bestimmungen der Konzilsbeschlüsse betrafen konkret den König: So sollte kein Laie zum Kleriker gemacht werden, es sei denn auf Befehl des Königs oder mit Einverständnis eines Richters, also königlichen Amtsträgers (Kanon 4). In diesem Punkt wurden die Rechte im Vergleich zum römischen Recht erheblich erweitert, was sich jedoch langfristig nicht durchsetzen konnte. Auf der anderen Seite förderte der König die Kirchen materiell, vor allem durch Landschenkungen. Deren Erträge sollten, sofern die gestifteten Güter oder die bedachten Kleriker Immunität, also Steuerfreiheit, besaßen, zum Unterhalt der Bischöfe und der Armen sowie zum Freikauf von Kriegsgefangenen verwendet werden (Kanon 5). Aber die Bischöfe suchten auch die Stellung der Kirchen zu stärken. Eines ihrer wichtigsten Rechte war das Asylrecht. Hatten sich Mörder, Ehebrecher oder Räuber in eine Kirche geflüchtet, sollten sie gemäß kirchlichem und römischem Recht Asyl genießen. Geschützt waren die Gotteshäuser selbst, ihre Vorhöfe und das Haus des Bischofs. Sobald dem Verdächtigten durch einen Eid auf die Evangelien Straffreiheit zugesichert worden war, konnte er ausgeliefert werden, um mit dem Geschädigten zu einem Vergleich zu gelangen. Wer diesen Eid brach, sollte «als Eidbrüchiger nicht nur aus der Gemeinschaft der Kirche und aller Kleriker, sondern auch aus der Tischgemeinschaft der Katholiken ausgeschlossen werden» (Kanon 1). Wer allerdings ein Mädchen geraubt hatte – das geschah gelegentlich, um eine Heirat zu erzwingen, mitunter auch mit Einverständnis der Frau –, für den galt das Asylrecht nicht, sondern er wurde bestraft, im schlimmsten Fall mit dem Tod (Kanon 2).

Das Asylrecht galt auch für Sklaven, die ebenfalls nur gegen die Zusicherung der Straffreiheit wieder ihrem Herrn übergeben wurden (Kanon 3). Das führte sicherlich immer wieder zu Spannungen. Grundsätzlich lehnte die Kirche die Sklaverei ab, musste aber Abstriche an dieser Position und Zugeständnisse an die gesellschaftliche Realität machen. Wurde ein Sklave ohne Wissen seines Herrn zum Priester oder Diakon geweiht, blieb die Weihe zwar gültig und dieser durfte sein geistliches Amt behalten, aber der Bischof hatte eine Entschädigung in doppelter Höhe – zugrunde gelegt wurde wohl der Wert in Anlehnung an die *Lex salica* – an den Herrn zu bezahlen (Kanon 8). Innerhalb der Kirche wollten die Bischöfe die Kontrolle über ihre Kleriker, zu denen auch Äbte gezählt wurden, behalten. Keiner durfte daher ohne bischöfliche Erlaubnis zum König gehen, um eine Wohltat zu erbitten (Kanon 7). Nach der Eroberung des von den arianischen Westgoten beherrschten Aquitanien stellte sich natürlich die Frage, wie die Arianer und vor allem auch deren Priester behandelt werden sollten. Sofern diese zur katholischen Lehre übertraten und dies auch durch ihr Verhalten bestätigten, sollten sie das ihnen vom Bischof zugewiesene Amt durch Handauflegung erhalten. Kirchen, die bislang von den Arianern genutzt worden waren, sollten nach katholischem Ritus geweiht werden (Kanon 10). Darüber hinaus suchten die Bischöfe die Lebensverhältnisse der einfachen Gläubigen im Einklang mit dem König zu regeln. So durfte niemand die Witwe des Bruders oder die Schwester der verstorbenen Ehefrau heiraten (Kanon 18), was vermutlich einer verbreiteten Praxis entsprach, einmal geschlossene Verbindungen zweier Familien über den Tod eines Ehepartners hinaus zu verstetigen. Solche Ehen galten der Kirche aber als Inzest, weil nach ihrer Ansicht die Eheleute durch die Vereinigung zu ‹einem Fleisch› geworden waren; Schwager und Schwägerin galten damit als blutsverwandt. Die gesellschaftliche Praxis nahm auf diese Auffassung keine Rücksicht. Bereits Chlothar, Chlodwigs jüngster Sohn, sollte nur wenige Jahre nach dem Konzil von Orléans die Witwe seines Bruders Chlodomer heiraten, um seinen Anspruch auf dessen Erbe zu unterstreichen. Der Kampf gegen diese und andere Formen des theologisch-juristisch definierten ‹Inzests› sollte in den folgenden Jahrhunderten zu einem zentralen Anliegen der Kirche werden.

Der Versammlungsort Orléans war für ein Konzil geradezu ideal gewählt. Er lag sozusagen auf der Grenze zwischen Chlodwigs altem Herrschaftsgebiet und dem gerade erst eroberten Aquitanien. Diese Region war entsprechend stark vertreten. 32 Bischöfe nahmen an den Beratungen unter Vorsitz des Metropoliten Cyprianus von Bordeaux teil, der bis vor kurzem gleichfalls noch ein Untertan des Westgotenkönigs gewesen war, aber vermutlich im engen Kontakt mit Chlodwig

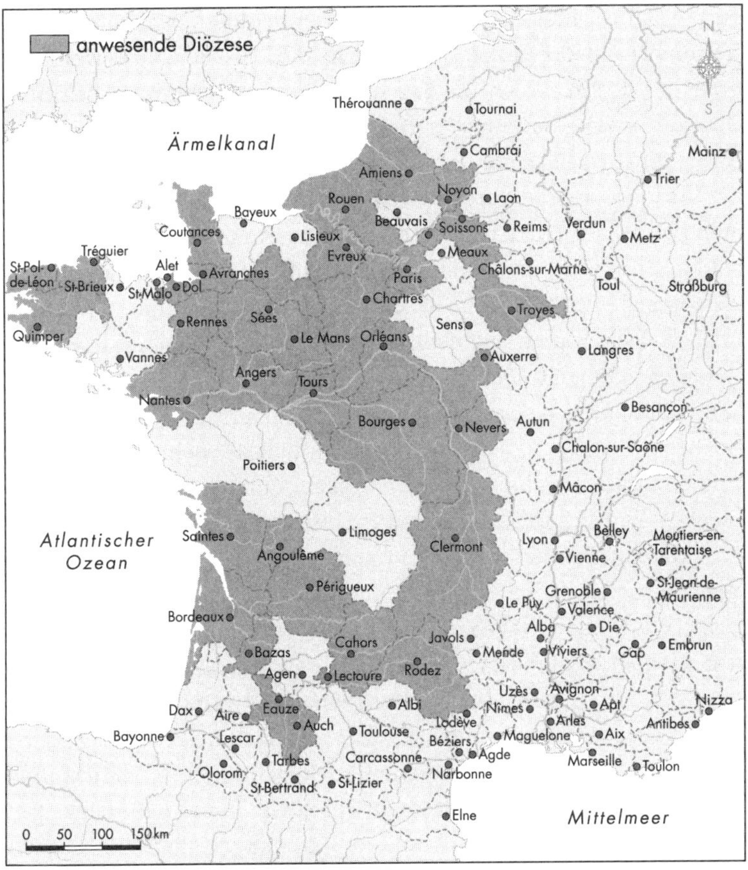

Teilnehmer des Konzils von Orléans

gestanden hatte, seit dieser den Winter 507/08 in Bordeaux verbracht hatte. Zudem war Cyprianus mit Caesarius von Arles freundschaftlich verbunden, der das Konzil von Agde 506 geleitet hatte. Weitere führende Teilnehmer waren die Metropoliten von Bourges, Eauze (Gascogne, Region Midi-Pyrénées), Tours – alle ebenfalls aus Aquitanien – und Rouen. Partiell waren sie und die übrigen Bischöfe, die aus den gerade eroberten Gebieten stammten, schon im Jahr 506 in Agde präsent gewesen, dem ersten und einzigen Konzil im gallischen Westgotenreich. Chlodwig nahm also relativ bald nach der Annexion großer Teile Aquitaniens diese Tradition auf, um mit Alarich II. gewissermaßen gleichzuziehen. Andererseits kann man an der Abwesenheit bestimmter Bischöfe auch ablesen, in welchen Gebieten seine Herrschaft noch nicht gefestigt war: In Orléans fehlten etwa die meisten Bischöfe aus der Gascogne, obwohl ihr Metropolit erschienen war. In dieser Region sollte die Herrschaft der Merowinger nie ganz akzeptiert werden, da die dort beheimateten Basken sehr auf ihre Eigenständigkeit bedacht waren. Auch das Fehlen der Bischöfe von Agen, Albi und Toulouse deutet darauf hin, wie hart Chlodwig und Theoderich damals noch um den Besitz dieser Region kämpften. Auf der anderen Seite war anscheinend der Bischof von Carhaix aus der westlichen Bretagne in Orléans erschienen – ein Indiz dafür, dass der König dort anerkannt wurde.

Aber vor allem ein berühmter Bischof fehlte: Remigius von Reims – und nicht nur er, sondern überhaupt kein Bischof aus dem Osten des Reiches war nach Orléans gekommen. Man wertet dies als Hinweis auf eine zunehmende Entchristlichung dieser Gebiete. Die Bischofsstühle von Köln und Mainz etwa waren vakant. Dies reicht als Erklärung nicht aus, denn etwa auch der Bischof von Trier oder der von Sens und viele andere fehlten in Orléans. Es waren also auch Gebiete nicht repräsentiert, in denen die Kirche durchaus noch funktionsfähig war. Gerade im Falle des Remigius scheint sein Fernbleiben erstaunlich – war er etwa in Ungnade gefallen? Das ist wenig wahrscheinlich, weil ihm einige Amtsbrüder kurz nach Chlodwigs Tod ein zu enges Verhältnis zum König vorwerfen sollten. Dazu kommt, dass vier Bischöfe seiner Kirchenprovinz gekommen waren. Ähnlich liegen die Dinge beim Bischof von Sens. Es fällt auf, dass die Gebiete, die in Orléans nicht durch ihre Bischöfe repräsentiert wurden, nach Chlodwigs Tod an dessen ältesten Sohn Theuderich fallen sollten. Hatte Chlodwig ihm diese Gebiete vielleicht bereits zu Lebzeiten als Herrschaftsbereich anvertraut? Oder hing die Absenz der Bischöfe aus dem Osten des Reiches mit den Wirren zusammen, die durch die Unterwerfung der kleineren fränkischen Königreiche – insbesondere der rheinischen Franken – unter Chlodwigs Herrschaft ausgelöst worden waren?

Die Beseitigung der anderen Frankenkönige

Noch während des Westgotenkrieges war Chlodwig erkennbar nicht der einzige Frankenkönig, da er doch bei seinem Feldzug von Chloderich, dem Sohn des rheinischen Frankenkönigs Sigibert, unterstützt wurde. Sigibert selbst, so heißt es bei Gregor von Tours, sei in einer Schlacht gegen die Alemannen bei Zülpich am Knie verletzt worden und habe seit dieser Zeit gehinkt. Diese Bemerkung hat der Geschichtsschreiber vermutlich eingefügt, um zu erklären, warum Sigibert nicht selbst an den Kämpfen gegen die Westgoten teilgenommen hatte. Chlodwig sollte seinem entfernten Vetter dessen Unterstützung allerdings nicht danken:

> «Als aber Chlodwig nun seinen Sitz zu Paris hatte, schickte er heimlich zum Sohne Sigiberts und sprach: ‹Siehe, Dein Vater ist alt geworden und hinkt auf einem verkrüppelten Bein. Stürbe er, so würde Dir, zugleich mit unserer Freundschaft, mit Recht sein Reich zuteil werden.› So wurde jener zur Herrschsucht verlockt und dachte darüber nach, wie er den Vater töten könnte. Einst verließ dieser Köln und ging über den Rhein, um im Buchonischen Wald umherzuschweifen; und als er um Mittag in seinem Zelte schlief, kamen gedungene Mörder über ihn und sein Sohn ließ ihn töten, um selbst die Herrschaft an sich zu reißen. Aber Gott ist gerecht und so fiel er selbst in die Grube, die er seinem Vater schändlich gegraben hatte. Er schickte nämlich alsbald Boten an König Chlodwig und ließ ihm den Tod seines Vaters melden; sie sprachen: ‹Mein Vater ist tot und sein Reich und seine Schätze sind mein. Sende etliche von Deinen Leuten zu mir und willig will ich Dir schicken, was Dir von den Schätzen meines Vaters gefällt.› Jener aber sprach: ‹Dank für Deinen guten Willen; wenn unsere Leute zu Dir kommen, so zeige ihnen, ich bitte Dich, nur alles. Du magst es dann selbst behalten.› Und als sie kamen, öffnete er ihnen den Schatz seines Vaters. Als sie nun dies und jenes in Augenschein nahmen, sagte er: ‹In diesen Kasten pflegte mein Vater seine Goldstücke zu legen.› ‹Stecke doch einmal Deine Hand hinein bis auf den Boden›, sagten sie, ‹und finde alles.› Er tat dies und beugte sich tief, da aber erhob einer den Arm und hieb ihm mit der Axt in den Hirnschädel; so traf ihn dasselbe Los, das er ruchlos seinem Vater bereitet hatte.»[8]

Gregor erzählt damit eine schaurig-erbauliche Geschichte vom treulosen Sohn, der zum betrogenen Betrüger wird. Chlodwig gelang es demnach, den Sohn gegen den Vater aufzuhetzen, wobei er stillschweigend voraussetzte, dass der Frankenkönig und sein Neffe während des gemeinsamen Kampfes zu einer Übereinkunft gefunden hätten. Gregors Szenario ist also nicht ganz unwahrscheinlich, auch wenn die historische Einkleidung seiner Geschichte wegen der eingestreuten direkten Rede natürlich erkennbar unglaubwürdig ist. Der Kern der Geschichte, die Beseitigung Sigiberts durch seinen Sohn, wird von der Forschung jedenfalls mehrheitlich ernst genommen, zumal Gregor sie auch eindeutig datiert: nach Chlodwigs Ehrung in Tours im Jahre 508. Gemeinhin setzt die Forschung den Tod Sigiberts und Chloderichs in das folgende Jahr. Ihre Nachfolge trat Chlodwig selbst an, und hauptsächlich darum ging es Gregor bei seinem Bericht:

> «Da aber Chlodwig hörte, dass Sigibert wie auch sein Sohn tot waren, kam er an Ort und Stelle und berief alles Volk. ‹Hört›, sprach er darauf, ‹was sich zugetragen hat. Während ich die Schelde entlang fuhr, trachtete Chloderich, der Sohn meines Blutsvetters, seinem Vater nach der Herrschaft und machte ihn glauben, ich wolle ihn töten. Als dieser deshalb durch den Buchonischen Wald floh, schickte er ihm Mörder nach und ließ ihn ermorden. Darauf wurde er selbst, während er seines Vaters Schätze auftat, von irgendeinem mir unbekannten Manne gleichfalls erschlagen. An all diesem bin ich durchaus ohne Schuld. Denn das Blut meiner Stammvettern darf ich ja nicht vergießen, und schändlich wäre es, wenn ich es täte. Da es jedoch einmal so gekommen ist, so gebe ich Euch diesen Rat, wenn es Euch genehm ist: Wendet Euch zu mir, dass Ihr sicher lebt unter meinem Schutze.› Als sie dies hörten, schlugen sie an ihre Schilde, riefen Beifall, hoben ihn auf den Schild und setzten ihn zum König über sich. So empfing er Sigiberts Reich und seine Schätze, und es kamen die Leute desselben unter seine Herrschaft. Gott aber warf Tag für Tag seine Feinde vor ihm zu Boden und vermehrte sein Reich, weil er rechten Herzens vor ihm wandelte und tat, was seinen Augen wohlgefällig war.»[9]

Gregor legt Chlodwig an dieser Stelle eine wohlüberlegte Rede in den Mund, in der die zuvor erzählten Ereignisse sämtlich anders bewertet werden, um das Doppelspiel seines Helden zu verschleiern. In diesen Kontext gehört wohl auch der Verweis auf Chlodwigs Fahrt auf der Schelde, also im westlichen Belgien. Damit soll dem Verdacht einer Beteiligung Chlodwigs an den Bluttaten von vornherein die Grundlage entzogen werden, und Chlodwig steht sozusagen mit reiner Weste da. Warum aber Gregor dafür ausgerechnet eine Fahrt auf der Schelde in seine Geschichte einführt, wird wohl nicht mehr entschlüsselt werden können – seinen Zeitgenossen war dieser Hinweis aber vielleicht noch verständlich. Wenn Chlodwigs Rede an die Gefolgsleute Sigiberts bzw. Chloderichs auch erfunden ist, so berichtet Gregor doch von einer Art der Königserhebung, die bei den Franken damals durchaus üblich war – der sogenannten Schilderhebung. Allerdings begegnet sie in den Quellen stets nur dann, wenn die Legitimität des Königs nicht über jeden Zweifel erhaben war oder gar ein Usurpator seine Ansprüche deutlich machen wollte. Ob die Frankenkönige also im Regelfall auf den Schild gehoben wurden, ist nicht ganz sicher. Doch für Chlodwig war die Schilderhebung in diesem Fall wohl die richtige Methode, um für alle Anwesenden sichtbar die Nachfolge der rheinischen Frankenkönige anzutreten.

Im Übrigen legitimierte Gregor Chlodwigs moralisch zweifelhaftes Vorgehen mit dessen Erfolg und einem Zitat aus dem Alten Testament über König Josaphat von Juda (2 Chr 20, 32). Nicht Chlodwigs einzelne Taten waren in Gregors Augen für seine Beurteilung wichtig, sondern die Gesamtlinie seiner Herrschaft, die allein schon wegen seines Übertritts zur katholischen Lehre Gott wohlgefällig war. Unabhängig von Gregor stellt sich die Frage nach dem möglichen Grund für Chlodwigs Vorgehen gegen die rheinischen Frankenkönige. Neben der Beseitigung wichtiger innerfränkischer Konkurrenten ist vielleicht auch an ein außenpolitisches Motiv zu denken: Chlodwig sah sich um 509 mit einem engen Bündnis zwischen Theoderich und dem Thüringerkönig Herminafrid konfrontiert, dessen Reich an das der rheinischen Frankenkönige grenzte. Deren Gebiete wären folglich als Erste von möglichen Angriffen der Thüringer betroffen gewesen. Ohne erfolgreiche Abwehr wäre Chlodwig schnell in die Defensive geraten. Nachdem er selbst am Rhein die Herrschaft übernommen hatte, konnte er den Gefahren leichter begegnen; er musste keine Rücksicht mehr auf seinen königlichen Verwandten Sigibert nehmen. Vielleicht befürchtete er auch, dass es Theoderich gelingen könnte, Sigibert ebenfalls auf seine Seite zu ziehen. So schien es ihm wohl besser, die Grenze am Rhein selbst oder von seinen Gefolgsleuten kontrollieren zu lassen, als auf die Loyalität seines Verwandten zu vertrauen.

Aber laut Gregor von Tours waren Sigibert und sein Sohn Chloderich nicht die einzigen innerfränkischen Konkurrenten, die Chlodwig beseitigte:

> «Darauf wandte er sich gegen Chararich. Denn als er mit Syagrius gekämpft hatte, war Chararich, obwohl von ihm zu Hilfe gerufen, ferne stehen geblieben und hatte keiner Partei Beistand geleistet; sondern er wartete den Ausgang der Sache ab, um mit dem Freundschaft zu schließen, der den Sieg gewänne. Deshalb hatte Chlodwig Groll auf ihn und zog gegen ihn aus. Er nahm aber mit List ihn und seinen Sohn gefangen und ließ beide fesseln und scheren. Chararich wurde zum Priester, sein Sohn zum Diakon geweiht. Und als Chararich über seine Erniedrigung klagte und weinte, da, erzählt man, sprach sein Sohn zu ihm also: ‹Am grünen Holz sind diese Zweige verschnitten, aber sie sind nicht dürr, sondern bald werden sie wieder ausschlagen und wachsen; möchte doch nur so bald der umkommen, der dies getan!› Dies Wort drang zu Chlodwigs Ohren, dass sie drohten, ihr Haar wieder wachsen zu lassen und ihn zu töten. Da befahl er, sie zu derselben Zeit zu enthaupten. Nach ihrem Tode gewann er ihr Reich, ihren Schatz und ihr Volk.»[10]

Chararichs Gebiet wird von Gregor nicht näher umschrieben. Folgt man Gregors zeitlicher Anordnung, so wäre Chararich nach dem Tod Sigiberts entmachtet worden, also vielleicht noch 509 oder kurz darauf. Ist es aber vorstellbar, dass Chlodwig mehr als 20 Jahre gewartet haben soll, um den treulosen Chararich für sein abwartendes Verhalten während der Auseinandersetzung mit Syagrius 486 zu bestrafen? Immerhin ist Chararichs Sturz nach Chlodwigs Taufe anzusetzen, denn da er und sein Sohn zunächst zum Priester bzw. Diakon geweiht wurden, waren sie vermutlich bereits Christen. Anscheinend war Chararich der Entscheidung Chlodwigs für das Christentum gefolgt, was vermuten lässt, dass er um 496 diesem entweder schon deutlich untergeordnet war oder sich zu einem zuverlässigen Partner gewandelt hatte.

Aber warum hebt Gregor die Unzuverlässigkeit Chararichs in dieser besonderen Weise hervor, und warum soll Chlodwig, der sonst keine Skrupel kannte, zunächst Chararich und dessen Sohn das Leben gelassen haben? Zudem weist Gregor Chararich keinen näher umschriebenen Herrschaftsbereich zu. Die Forschung hat daher versucht, dieses (vermeintliche) Defizit zu kompensieren und Chararichs

Herrschaft in Arras oder Boulogne zu verorten. Aber das ist eventuell die falsche Antwort auf die Frage, die Gregor mit seinem Schweigen hervorruft. Möglich wäre auch, dass Chararich tatsächlich kein eigenständiges Herrschaftsgebiet hatte, sondern nur eine nachgeordnete Stellung unter einem älteren Bruder einnahm. Die Brüder Ragnachars – Richar und Rignomer – nennt Gregor von Tours freilich ausdrücklich. Wäre Chararich ein weiterer Bruder gewesen, hätte er auch diesen sicher erwähnt – zur Familie gehörte Chararich daher sicher nicht. Aber wie steht es um Chlodwig selbst? Für ein Nahverhältnis zwischen Chlodwig und Chararich spricht zumindest die Tatsache, dass Chlodwig dessen Leben zunächst geschont hat. Das Scheren des Haares und die Weihe zum Geistlichen sollten ihn und seinen Sohn auf Dauer herrschaftsunfähig machen. Das lange Haar als Herrschaftszeichen der *reges criniti*, der gelockten Könige, zu scheren, ging im konkreten Falle womöglich weit über die Bedeutung eines geistlichen Aktes hinaus. Chlodwig jedenfalls ging am Ende kein Risiko mehr ein und ließ Vater und Sohn als potentielle Rivalen töten.

Gregor von Tours zufolge kam Chlodwigs einstiger Bundesgenosse König Ragnachar von Cambrai als Letzter der Frankenkönige an die Reihe:

> «Es lebte aber damals zu Cambrai König Ragnachar, ein Mann, der den Lüsten ergeben war, dass er kaum seine nächsten Verwandten unberührt ließ. Zu seinem Vertrauten hatte er den Farro, einen vom gleichen Unrat beschmutzten Menschen; brachte man ihm Speise oder ein Geschenk oder irgend etwas anderes, so soll er immer gesagt haben, es sei genug für ihn selbst und seinen Farro. Darüber schwoll das Herz der Franken von bitterem Grimm. Chlodwig schickte ihnen daher goldene Armspangen und Wehrgehänge – sie sahen freilich nur aus wie Gold, denn es war künstlich vergoldetes Erz, damit sie ihn gegen ihren König in das Land riefen. Als er darauf mit seinem Heer gegen ihn aufbrach, sandte jener öfters Kundschafter aus, um alles zu erforschen, und als sie zurückkehrten, fragte er sie, wie stark das Heer der Feinde sei. Sie antworteten: ‹Für Dich und Deinen Farro ist des Volks übergenug.› So zog Chlodwig heran und begann gegen ihn den Kampf. Ragnachar aber sah sein Heer besiegt und wollte fliehen; da ergriffen ihn die Seinigen, banden ihm die Hände auf den Rücken und führten ihn mit seinem Bruder Richar vor Chlodwig. ‹Wie konntest Du›, sprach dieser, ‹so unser königliches Geschlecht erniedrigen, dass Du Dich binden ließest? Ruhmvoller wäre

für Dich der Tod gewesen!› Und er erhob seine Axt und schlug sie ihm in den Schädel; darauf wandte er sich zum Bruder desselben und sprach: ‹Wenn Du Deinem Bruder beigestanden hättest, er wäre nicht gebunden worden›, so hieb er auch ihn mit der Axt nieder.»[11]

Ragnachar hatte also laut Gregor von Tours wegen seiner Zügellosigkeit das Ende verdient, das ihm Chlodwig bereitet haben soll. Nicht zum ersten Mal thematisiert Gregor im zweiten Buch seines Geschichtswerks das Thema des zügellosen Herrschers. Schon Childerich oder den Kaiser Avitus, aber auch einige andere hatte er in dieser Weise beschrieben. Unabhängig von der Frage, ob die Vorwürfe im Einzelfall zutrafen, dürften viele Mächtige der damaligen Zeit einen ausschweifenden Lebensstil gepflegt haben, was der Geistlichkeit ein Dorn im Auge war. Man hat sogar den Hinweis, Ragnachar habe nicht einmal vor seinen nächsten Verwandten halt gemacht, jüngst mit der Inzestgesetzgebung des Konzils von Orléans in Zusammenhang gebracht.[12] Allerdings geht es dort eher um Schwager und Schwägerin, weniger um Blutsverwandte, die Gregor wohl in erster Linie gemeint hat. Nach einer neuen These könnte es immerhin sein, dass Chlodwig die kirchliche Auffassung über die Verwerflichkeit des Inzests gestützt hat, weil damit Ragnachar und andere in ihrem Verhalten deutlich ins Unrecht gesetzt wurden. Damit verfügte der König über eine Rechtfertigung, bei Bedarf gegen sie vorzugehen. Auch das zweite Motiv Gregors zur Erklärung der Unzufriedenheit der Gefolgsleute gehört in diesen Zusammenhang – der schlechte Ratgeber. Immer wieder diente diese Begründung dem unzufriedenen Anhang im Frühmittelalter dazu, gegen seinen Herrn oder sogar seinen König vorzugehen. Der Hintergrund war oft genug, dass ein solcher Ratgeber von niederer Geburt war oder zumindest nicht zu den traditionell einflussreichen Kreisen gehörte. So war Farro nicht zwangsläufig ein schlechter Ratgeber, aber seine Person könnte derart in der Kritik gestanden haben, dass der König, der ihm vertraute, die eigene Unterstützung seiner Gefolgsleute verlor. Die Geschichte vom falschen Geschmeide, das Chlodwig ihnen übergeben haben soll, dient hingegen wohl nur als vertrauter moralischer Topos und ist eine Variante des Motivs vom betrogenen Betrüger.

> «Nach dem Tode beider aber wurden ihre Verräter erst gewahr, dass das Gold, das sie vom König erhalten hatten, unecht war. Als sie es ihm sagten, soll er ihnen geantwortet haben: ‹Wie billig empfängt der solches Gold, der seinen Herrn geflissentlich in das Verderben verlockt.› Sie sollten es sich ja genug sein lassen, dass sie noch lebten, sonst würden sie den Verrat an ihrem Herrn noch teuer büßen müssen und eines martervollen Todes sterben. Als sie das hörten, strebten sie nur dahin, sich seine Gunst zu erwerben, und sagten, es sei ihnen genug, wenn er sie nur leben ließe. Die genannten Könige waren aber Chlodwigs nahe Blutsverwandte; ihr Bruder namens Rignomer wurde bei Le Mans auf Chlodwigs Befehl ermordet. Als sie so alle getötet, gewann Chlodwig ihr ganzes Reich und alle ihre Schätze.»[13]

Interessant ist, dass Rignomer, Ragnachars zweiter Bruder, sich bei Le Mans aufhielt und dort wohl auch seinen Herrschaftsmittelpunkt hatte. Wie schon angedeutet, könnte dies mit dem Sieg über Syagrius und der Aufteilung von dessen Herrschaftsgebiet unter die am Krieg beteiligten Frankenkönige zusammenhängen. Gregor arbeitet in dieser Geschichte – ähnlich wie im Zusammenhang der bereits erzählten Episode eines Konflikts zwischen Chlodwig und einem selbstbewusstem Franken um ein Stück aus der Beuteteilung von Soissons – an seinem Entwurf eines idealen Königs: Dieser erkauft sich eben nicht nur Loyalität, sondern erzwingt sie gegebenenfalls durch Androhung von Gewalt. So soll Chlodwig jeden Widerstand von Ragnachars Leuten im Keim erstickt haben. Laut Gregor aber führte er sein Einigungswerk unter den Franken zu Lasten seiner Verwandten weiter:

> «Auch viele andere Könige ließ er töten, sogar seine nächsten Verwandten, von denen er fürchtete, sie könnten ihm das Reich nehmen, und breitete so seine Herrschaft über ganz Gallien aus. Als er aber eines Tages seine Leute versammelt hatte, soll er zu ihnen von seinen Blutsverwandten, die er ermordet hatte, so geredet haben: ‹Weh mir, dass ich nun wie ein Fremdling unter Fremden stehe und keine Verwandten mehr habe, die mir, wenn das Unglück über mich kommen sollte, Hilfe gewähren können!› Aber er sprach dies nicht aus Schmerz um den Tod derselben, sondern aus List, ob sich vielleicht noch einer fände, den er töten könnte.»[14]

Diese Stelle gilt als Beleg für Chlodwigs Zynismus, aber es ist zunächst einmal Gregor von Tours, der diesen angeblichen Ausspruch des Frankenkönigs überliefert. Einmal mehr zeigt sich die Bewunderung, die er für den Frankenkönig hegte, der List und Brutalität nicht zum eigenen Nutzen in rein persönlichen Auseinandersetzungen einsetzte, sondern für die Stärkung des Frankenreiches und die Ausbreitung des Glaubens – anders als die anderen Könige seiner Zeit. Im Übrigen wird jeder, der sich mit ihm beschäftigt, Chlodwig eine solche Handlungsweise zutrauen. Nehmen wir also einmal an, der Frankenkönig hätte diese Klage tatsächlich angestimmt – glaubte er wirklich, mit der geschilderten oder auch nur einer ähnlichen Rede einen noch lebenden Verwandten aus dem Versteck locken zu können? War er so schlecht informiert, dass er nicht wusste, ob es überhaupt noch gefährliche Konkurrenten gab und wo er diese finden konnte? Immerhin berichtet Gregor von Tours selbst von Personen, die im Verlauf des 6. Jahrhunderts zumindest behaupteten, mit Chlodwig bzw. dessen Nachkommen verwandt zu sein, und daher einen Anspruch auf eine Beteiligung an der Königsherrschaft anmeldeten. Wenn aber Chlodwig seine Verwandten nicht alle beseitigt hatte, dann trifft Gregors Deutung vielleicht gar nicht die wahren Absichten, die dessen Ansprache zugrunde lagen. Dabei sollte vorausgesetzt werden, dass Chlodwig seine Verwandten nicht so offen beseitigt hat, wie Gregor dies behauptet, sondern die Umstände ihres Todes vor deren Gefolgsleuten verbergen konnte. Dann erhält seine Klage über ihren Tod auch einen Sinn, denn zu den Angesprochenen gehörten die ehemaligen Getreuen der Getöteten. Vor diesen beklagte der König den Tod ihrer einstigen Herren. Mit dieser öffentlich inszenierten Klage machte er es ihnen leichter, seine Herrschaft zu akzeptieren. Die Klage um die toten Könige war sozusagen eine Geste der Versöhnung, auf die deren Gefolgsleute nur einzugehen brauchten. Es ist gut möglich, dass es neben den förmlichen Königserhebungen weiterer Akte bedurfte, um die Anhänger der beseitigten Könige zu beruhigen. Mit der öffentlich zur Schau gestellten Trauer über den Tod seiner Mitkönige, was Gregor als List deutete, könnte Chlodwig also versucht haben, einen engeren Zusammenschluss aller Franken unter seiner Herrschaft zu erreichen.

Die *Lex salica*

Chlodwig vereinigte die Franken nicht nur durch die Beseitigung der anderen Könige, sondern er suchte ihnen auch ein einheitliches Recht zu geben – jedenfalls nach den Maßstäben der Zeit. Ihm wird auch die älteste schriftliche Aufzeichnung der *Lex salica* zugeschrieben, also des fränkischen Rechts. In deren Epilog heißt es, der «erste König der Franken» habe sie einschließlich eines Nachtrags von zwölf Titeln erlassen, bevor Childebert I. (511–558) und Chlothar I. (511–561) sie «nach langer Zeit» ergänzt hätten. Die Gleichsetzung jenes ersten Frankenkönigs mit Chlodwig bietet sich an, zumal der Inhalt der *Lex salica* dafür spricht, sie in dessen letzte Jahre zu datieren. Dem gegenüber fällt die Bemerkung des *Liber historiae Francorum* aus dem frühen 8. Jahrhundert, der sagenhafte König Faramund sei der Gesetzgeber gewesen, kaum ins Gewicht. Aber auch im kurzen (und älteren) Prolog der *Lex salica* wird deren Zustandekommen etwas anders geschildert:

> «Mit des Herrn Hilfe ist beschlossen und übereingekommen unter den Franken und ihren Großen, daß sie, um das Streben nach Frieden untereinander zu wahren, allem Aufkommen von <gewaltsamen> Streitigkeiten Einhalt tun müßten und, weil sie vor den übrigen neben ihnen gesessenen Völkern durch des Armes Stärke hervorragten, sie ebenso auch an Ansehen des Gesetzes übertreffen sollten, so daß Strafklagen gemäß der Art der Ansprüche Erledigung fänden. Es wurden demnach unter ihnen vier Männer aus vielen ausgewählt mit folgenden Namen: Wisogast, Arogast, Salegast und Widogast <in Gehöften, die jenseits des Rheines liegen: in Bodheim, Saleheim und Widoheim>, die auf drei Gerichtsversammlungen zusammenkamen, aller Ansprüche Ursprünge sorgsam berieten und über die einzelnen das Urteil wiesen in folgender Weise.»[15]

Demnach haben also ausgewählte weise, mithin rechtskundige Männer die Bestimmungen aufgezeichnet. Sie galten nicht auf Grund einer königlichen Anordnung, sondern weil die Franken und ihre Großen dies so vereinbart hatten – darauf spielt der lange Zeit von der Forschung favorisierte Begriff *Pactus legis salicae* an, während als *Lex salica* die späteren Fassungen des Rechts bezeichnet werden, die als Ergebnis königlicher Gesetzgebung galten. Doch ist diese Klassifizierung zu einfach. Tatsächlich gibt es wohl keine frühmittelalterliche

Quelle, deren Entstehung und Bedeutung derart unsicher sind wie die der *Lex salica*. Dieses Problem stellt sich bereits bei der Frage nach ihrem genauen Wortlaut, wie schon die spitzen Klammern in der Übersetzung deutlich machen, die eine Sonderüberlieferung kennzeichnen. Da die *Lex salica* im Lauf des Frühmittelalters vielfach abgeschrieben und zudem überarbeitet wurde, hat sich eine große Zahl an Handschriften erhalten, die von der Forschung in sieben Klassen unterteilt werden, von denen drei in merowingische und vier in karolingische Zeit gehört haben sollen. Doch ist die Forschung zu dieser Frage sehr im Fluss und diese Einteilung gründlich zu hinterfragen. Dies gilt auch für die Annahme, man könnte deutlich zwischen dem *Pactus legis salicae* und der *Lex salica* unterscheiden. Damit soll nicht gesagt sein, dass die Quelle selbst obskur ist, aber die richtige Einordnung ihrer vielen Handschriften bereitet der Forschung bis heute große Schwierigkeiten.

Immerhin lässt sich der älteste Textbestand einigermaßen gut von jüngeren Schichten trennen. Doch dies gibt sogleich den Blick frei für das nächste Problem in Gestalt der Frage, auf welcher Grundlage die *Lex salica* entstanden ist. Sie ist zwar auf Latein abgefasst, folglich müssen entsprechend gebildete Schreiber bei der Kodifizierung mitgewirkt haben. Aber gerade die älteren Fassungen sind mit zahlreichen fränkischen Worten durchsetzt, den sogenannten Malbergischen Glossen, was vermuten lässt, dass vor Gericht in der Volkssprache verhandelt wurde. Früher galt die *Lex salica* als rein germanisches Recht, aber davon ist die Forschung seit längerem abgekommen. Auch wenn römische Bezüge zu erkennen sind, so sind sie doch deutlich schwächer ausgeprägt als in der Gesetzgebung anderer germanischer Könige dieser Zeit. An Deutungen ist jedenfalls kein Mangel: War die *Lex salica* ein spätrömisches Militärgesetz für die Franken, und waren die im Prolog erwähnten rechtskundigen Männer fränkische Offiziere im Dienst der Römer? Hat Chlodwig selbst versucht, seinen Franken ein eigenes Recht zu geben? In jedem Falle ist zu bedenken, dass es kleinbäuerliche Verhältnisse sind, welche die *Lex salica* widerspiegelt. Ihre Niederschrift ist mithin in erster Linie eine Reaktion auf elementare Bedürfnisse einer Zeit, welche die Franken unter Chlodwig eigentlich hinter sich gelassen hatten. Nach seinen Eroberungen beherrschten sie fast ganz Gallien, und viele Franken dürften neben ihrem Anteil

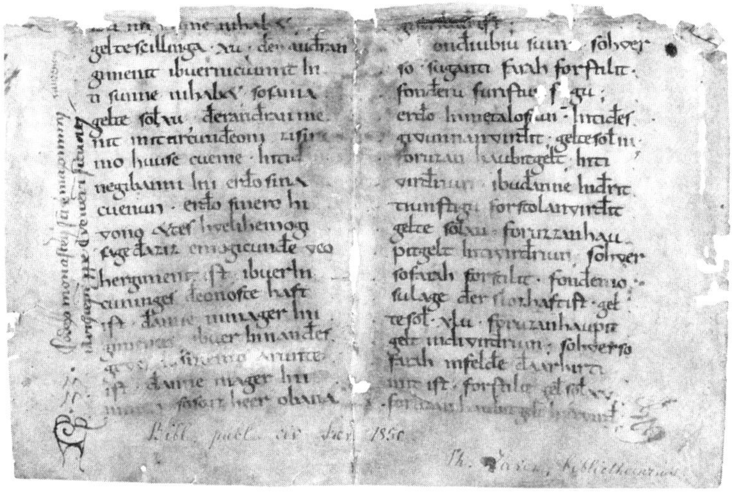

Handschrift der Lex salica
Stadtbibliothek Trier, Mappe X, Fragm. 1, Vorderseite

an der Beute auch reiche Belohnung vom König in Form von Landzuweisungen erhalten haben. Ein Recht, das ursprünglich auf einfache Soldaten oder Kleinbauern zielte, scheint da kaum noch angemessen. So wurde in der Forschung auch die Frage diskutiert, ob die *Lex salica* in ihrer geschriebenen Form überhaupt zur Klärung von Rechtsstreitigkeiten angewandt wurde oder ob nicht eher das fortlebende, weiterhin mündlich tradierte Recht viel wirkmächtiger war.

Auch wenn Chlodwig erst im Epilog in Zusammenhang mit der Kodifizierung der *Lex salica* gebracht wird und der Prolog die eigentliche Gesetzgebung drei – vielleicht rein mythischen – Weisen zuschreibt, so ist man sich seit langem sicher, dass dieses Gesetzeswerk tatsächlich unter Chlodwigs Herrschaft erstmals schriftlich aufgezeichnet wurde. Vor allem spricht dafür sein Geltungsbereich, laut Titel 47 das Land zwischen Kohlenwald und der Loire; aber es wird auch mit der Möglichkeit einer Ansiedlung der Franken über diese natürlichen Grenzen hinaus gerechnet, was im Fall der Loire erst nach Chlodwigs Sieg über die Westgoten 507 möglich gewesen sein dürfte. Aber welche Absichten verfolgte Chlodwig mit der Aufzeichnung der *Lex salica*? Ihm kam es vermutlich gar nicht in erster Linie auf die praktische Anwendbarkeit der einzelnen Bestimmungen an, sondern darauf, sich als Gesetzgeber präsentieren zu können. Zwar galten Rechtspflege und Gesetzgebung als Vorrechte des römischen Kaisers, aber viele Germanenkönige auf römischem Reichsboden wie Eurich, Alarich und Gundobad, vielleicht auch Theoderich der Große, suchten auch auf diesem Feld den Imperatoren nachzueifern. Das Motiv der *imitatio imperii* dürfte daher auch für Chlodwigs Gesetzgebungsinitiative von Bedeutung gewesen sein.

Nicht einmal der Name der *Lex salica* ist leicht zu interpretieren. Auf den ersten Blick verweist er auf die Salier. Doch handelt es sich bei diesem Gesetz wohl nicht um das Recht eines Teilstamms, sondern um das Recht aller Franken. Laut Matthias Springer bedeutet der Terminus *Lex salica* das allgemeine Recht (der Franken). Recherchiert man die Verwendung des Wortes *salicus* in dem Gesetzestext, so stellt man fest, dass es vergleichsweise selten vorkommt und wenn, dann in der Kombination mit *lex*, was keine Rückschlüsse auf seine Bedeutung zulässt. Daher gibt es nur wenige Stellen, die man zur Begriffsklärung heranziehen kann – so etwa Titel 41, 1: *Si quis ingenuum Francum aut barbarum, qui lege salica uiuit* (…), also: «Wenn jemand einen freien Franken oder einen Barbaren, also einen Angehörigen eines anderen germanischen Volkes, der nach der *Lex salica* lebt (…).» Neben den freien Franken wird eine Person gestellt, die ursprünglich vielleicht Sachse oder Alemanne war, sich aber im Laufe ihres Lebens zur *Lex salica* bekannt hat. Dieses Recht galt mithin für alle Franken – und zwar ohne Einschränkung im Hinblick auf etwaige Untergruppierungen – sowie für alle Angehörigen barbarischer Gruppen, die es in Gallien ja in großer Zahl gab, die nach der *Lex salica* leben wollten. Auch bei der bekannten erbrechtlichen Bestimmung nach Titel 59, 6, derzufolge die Frauen vom Erbe an der *terra salica* ausgeschlossen sein sollten, ist es ganz und gar unwahrscheinlich, dass das Adjektiv *salica* eine Differenzierung nach der Volkszugehörigkeit intendieren sollte.

Große Beachtung hat die Forschung der Frage nach den sozialen Verhältnissen geschenkt, die sich in der *Lex salica* widerspiegeln. Dafür wurden vor allem die Wergeldkataloge ausgewertet. Das Wergeld oder Manngeld war eine Summe, die als Sühne für die Schädigung einer anderen Person – bis hin zu dessen Tötung – zu entrichten war. Die Höhe wird stets in – der vormals römischen Goldwährung –

Solidi (Schillinge) angegeben. Höchstwahrscheinlich wurden diese Beträge in einer Zeit zurückgehender bzw. in Nordostgallien bereits weitgehend verschwundener Geldwirtschaft nicht bar beglichen, sondern in Naturalien entrichtet. In der *Lex ribuaria* etwa, einer Überarbeitung der *Lex salica* aus dem 7./8. Jahrhundert, werden folgende Äquivalenzen angegeben: Ein *Solidus* entsprach einer gesunden Kuh, 2 *Solidi* einem Stier, 3 *Solidi* einer Spatha (Langschwert), 6 *Solidi* einem abgerichteten Habicht, 7 *Solidi* einem Hengst und 12 *Solidi* einem Panzer oder einem älteren Jagdfalken. Titel 41 der *Lex salica* zufolge waren für einen Totschlag an einem freien Franken 200 *Solidi* zu entrichten – war das Opfer hingegen ein Römer, so nur die Hälfte. Der Totschlag an einem Knecht (*servus*) kostete gar ‹nur› 20 *Solidi*. Allerdings war auch diese Tat teuer genug, und die Tötung eines freien Franken dürfte in aller Regel den Täter ruiniert haben und oft auch noch seine Familie, die zur Zahlung des Wergelds mit herangezogen wurde.

Seit langem wird die Frage diskutiert, warum in diesem Wergeldkatalog keine Adligen genannt werden, obwohl etwa das burgundische Recht eine solche ständische Differenzierung durchaus kannte. Bei den Franken gab es – so folgert ein Teil der Forschung – keinen Adel; und früher glaubte man dank des brutalen Vorgehens Chlodwigs gegen die anderen Frankenkönige auch den Grund dafür zu kennen: Dieser habe nicht nur seine königlichen Verwandten, sondern auch gleich den gesamten alten Adel beseitigt. Aus seinen wichtigsten Helfern sei dann eine neue Adelsschicht entstanden, also eine Art Dienstadel. Andere Historiker schließen gerade das Gegenteil aus den fehlenden gesetzlichen Bestimmungen und meinen, der fränkische Adel sei so mächtig gewesen, dass er auf seine Blutrache für die Ermordung eines Verwandten nicht habe verzichten wollen. Eine Festlegung von Kompensationsleistungen für adlige Erschlagene durch den König sei daher gar nicht durchzusetzen gewesen, folglich fehlten entsprechende Regelungen in der *Lex salica*. Nun ist es nicht statthaft, allein aus einem fehlenden Quellenbeleg den Beweis für die Existenz eines vermuteten Phänomens zu führen. Erinnert sei vielmehr an die Wergeldsätze bei den Burgundern: Die Zahlung für den Totschlag an einem Adligen wurde bei diesen auf 150 *Solidi* angesetzt und war damit 50 *Solidi* geringer als das Wergeld für einen freien Franken gemäß der *Lex salica*. Ein Franke war also erheblich ‹wertvoller› als ein adliger Burgunder, was wohl nur als Reaktion auf die Tatsache gewertet werden kann, dass die Franken als Angehörige von Chlodwigs eigenem Volk von diesem über alle anderen Bewohner Galliens gestellt wurden.

Schließlich gab es auch bei den Franken Personen mit einem erhöhten Wergeld; allerdings bildete dabei nicht die vornehme Geburt das Kriterium für die Bemessung der Summe. So waren Frauen im gebärfähigen Alter mit einem Wergeld in Höhe von 600 *Solidi* geschützt, während die übrigen Frauen geringer eingeschätzt wurden. Gleichwohl besaß auch eine Frau, die das gebärfähige Alter bereits überschritten hatte, mit 200 *Solidi* immerhin dasselbe Wergeld wie ein freier Mann; lediglich junge Mädchen waren mit der Hälfte dieser Summe deutlich schlechter gestellt. Weiterhin waren vor allem die *antrustiones*, die königlichen Gefolgsleute, mit einem im Vergleich zum freien Franken ebenfalls dreifach erhöhten Wergeld geschützt. Dreifach erhöht war auch das Wergeld des *conviva regis*, des königlichen Tischgenossen römischer und wohl auch senatorischer Abstammung, denn es betrug 300 *Solidi*, während ein *Romanus possessor*, ein römischer Grundbesitzer, auf 100 *Solidi* taxiert wurde. Will man diesen Befund auf einen Nenner bringen, so kann man nur feststellen, dass vor allem jener Personenkreis durch ein höheres Wergeld geschützt war, der für den Erhalt des Volkes von zentraler Bedeutung war (gebärfähige Frauen). Dann aber hob Chlodwig auch diejenigen hervor, die ihm besonders verbunden waren. Dies durchzusetzen, dürfte ihm als erfolgreichem Erobererkönig leichter gefallen sein als etwa dem Burgunderkönig Gundobad. Zudem stand es vermutlich jedem Franken frei, sich um eine Aufnahme in die königliche Gefolgschaft zu bemühen und damit diesen Sonderstatus zu erwerben. Es ist sogar zu vermuten, dass nach den großen Erfolgen Chlodwigs viele Franken an der Beherrschung des neu entstandenen Großreichs in Gallien mitwirken wollten und daher um ein gutes und nahes Verhältnis zum König bemüht waren.

8. CHLODWIGS TOD UND NACHLEBEN – VON DER *IMITATIO IMPERII* ZUR BEGRÜNDUNG DES FRANZÖSISCHEN KÖNIGTUMS

Nach seinem Triumph von Tours entschied sich Chlodwig für eine neue Residenz. Seine Wahl fiel auf Paris. Das antike *Lutetia*, auf einer Seine-Insel gelegen, hatte in römischer Zeit immer wieder als Militärlager und als Aufenthaltsort römischer Kaiser Bedeutung erlangt. So hatte Kaiser Julian um die Mitte des 4. Jahrhunderts bei seinen Kämpfen gegen die Franken öfters hier sein Winterquartier aufgeschlagen. Vor allem aber hatte seine Erhebung zum Kaiser in Paris stattgefunden. Auch Kaiser Valentinian I. hielt sich zweimal in der Stadt auf. Sie hatte also eine gewisse imperiale Tradition vorzuweisen, auch wenn sie in dieser Beziehung etwa mit Trier nicht zu vergleichen war. Paris war aber auch sehr gut in das antike Straßennetz eingebunden und ermöglichte es Chlodwig daher nötigenfalls, schnell in den Süden des Reiches zu eilen, wo seine Franken noch immer mit den Ostgoten kämpften, oder an den Rhein, um einem Angriff der Thüringer entgegenzutreten. Diese Vorteile zeichneten Paris jedoch bereits vor dem Tag von Tours aus – sie allein können also nicht maßgeblich für Chlodwigs Entscheidung gewesen sein. Ein weiterer Beweggrund ist zu vermuten – der Wunsch, auch in dieser Hinsicht die römischen Kaiser zu imitieren. Schon lange hatten jene für sich das Recht in Anspruch genommen, ihre Hauptstadt zu bestimmen, während Rom das ideelle Zentrum des Imperium blieb. Die bekannteste dieser frei gewählten Hauptstädte war Konstantinopel, die sogar den Namen ihres (Neu-)Gründers erhalten hatte. Ein weiterer Grund für Chlodwigs Entscheidung lag vermutlich darin, dass in Paris die von ihm und zuvor schon von seinem Vater verehrte Genovefa gewirkt hatte. Ihr zu Ehren ließ der König sogar eine Kirche bauen, und in dieser Kirche wurde er nach seinem Tod am 27. November 511 dann auch beigesetzt.

Die Bestattung Chlodwigs in Paris

Chlodwig hatte rund 30 Jahre lang regiert und das Frankenreich nachhaltig verändert, ja es in gewissem Sinne erst geschaffen. Die Neuerungen waren unübersehbar, als er im November 511 zu Grabe getragen wurde. Jedem Zeitgenossen, der von Childerichs Beisetzung 30 Jahre zuvor gehört oder gar noch selbst an ihr teilgenommen hatte, müssen die Veränderungen aufgefallen sein. Chlodwig wurde nicht mehr in einem Grabhügel bestattet, weder wurden ihm kostbare Stücke seiner irdischen Habe für ein Weiterleben nach dem Tod mitgegeben, noch musste eines seiner Pferde sein Leben lassen und ihn begleiten. Er wurde in einer Kirche begraben, und zwar in der Apostelkirche südlich der damaligen Stadt Paris. Diese Kirche hatten Chlodwig und seine Gemahlin Chrodechilde selbst errichten lassen. Über den Bau der Kirche berichtet der *Liber historiae Francorum* mehr als 200 Jahre später, Chlodwig habe auf den Rat seiner Gemahlin Chrodechilde mit dem Bau der Pariser Apostelkirche unmittelbar vor dem Krieg gegen die Westgoten 507 begonnen, um den Apostelfürsten Petrus als Helfer im Krieg gegen die Arianer zu gewinnen. Der König habe zugestimmt und zur Bestätigung seine Axt geworfen mit den Worten: «So entstehe die Kirche der Apostel, bis wir mit Gottes Hilfe zurückkehren.»[1] Wie zuverlässig dieser Bericht sein mag, kann dahingestellt bleiben. Immerhin scheint sich auch Chlodwig oder zumindest einer seiner Söhne um Kontakt zum Nachfolger des heiligen Petrus bemüht zu haben; jedenfalls übersandte ein Frankenkönig Papst Hormisdas, der erst 514 die Cathedra Petri bestieg, eine Votivkrone.[2] Erst später wurde Chlodwigs Name in den Überlieferungszusammenhang dieser Nachricht eingefügt. Daher geht die Forschung davon aus, dass entweder eine Verwechslung mit einem Sohn Chlodwigs vorliegt oder Chlodwig seine Schenkung erst auf dem Totenbett verfügt hat, wobei der zeitliche Abstand des Entschlusses und seiner Ausführung dann immer noch sehr groß wäre. Die Apostelkirche Chlodwigs lag in einem römischen Gräberfeld über dem auf einem

Hügel gelegenen *oratorium* («Bethaus») der heiligen Genovefa, die 502, also erst wenige Jahre zuvor, gestorben war. Sie hatte die Stadt Paris dank ihres persönlichen Eingreifens vor Angriffen der Hunnen und der damals noch heidnischen Franken gerettet. Seit ihrem Tod wurde sie wie eine Heilige verehrt, in besonderer Weise vom fränkischen Königspaar. Im Tode sollte sie dann auch Chlodwig beschützen. Dieser vertraute also angesichts der Gefahren, die möglicherweise im Jenseits auf ihn warteten, nicht mehr auf seinen irdischen Reichtum und seine Waffen als vielmehr auf die Apostel, denen die Kirche geweiht war, und auf die dort bestattete christliche Heilige.

Anders als sein Vater erhielt Chlodwig daher keine Beigaben im strengen Sinne mit ins Grab, das nicht mehr erhalten ist. Aus vergleichbaren Gräbern wissen wir aber, dass auch christliche Verstorbene bisweilen in prächtiger Kleidung bestattet und ihnen eine Reihe von Gegenständen, darunter auch Waffen, als Beigabe mitgegeben wurden. Bei Grabungen im Bereich der ältesten Kirche von Saint-Denis im Norden von Paris und ihres nördlichen Annexes wurden zahlreiche Sarkophage aus merowingischer Zeit mit entsprechenden Zimelien entdeckt. Mehrere Frauengräber enthielten Schmuckstücke für Körper und Kleidung; eines lässt sich sogar mit einer Angehörigen der merowingischen Dynastie in Verbindung bringen – ein Goldring mit der Aufschrift *ARNEGUNDIS REGINE*. Arnegunde war eine der Frauen von Chlodwigs Sohn Chlothar I. und Mutter von dessen Sohn Chilperich I., dem sie wohl Ende der 530er Jahre das Leben schenkte. Sie starb 565/70. Allerdings ist ihre Identifizierung mit der Frau im Grab nicht ganz gesichert. Diese war im Alter von ungefähr 45 Jahren gestorben und in prachtvoller Kleidung, mit Tunika, Mantel, Haube, Strümpfen und Schuhen, bestattet worden. Der gefundene Schmuck aus Gold und vergoldetem Silber bestand aus zwei Haubennadeln, zwei Ohrringen, einer Kleidernadel, zwei Scheibenfibeln, zwei großen Gürtelbeschlägen sowie Waden- und Schuhgarnituren.

Auch im Bereich des Kölner Domes gibt es vergleichbare Gräber. 1959 wurden mehrere Meter unter dem Fußboden im Chorbereich ein Knaben- und ein Frauengrab gefunden. Der Junge war auf einer Totenlade liegend mit einer kompletten Waffengarnitur bestattet worden – mit Schwert, Franciska, Speer, Lanze, Bogen, Pfeilen, Schild und Helm. Weiter wurden Reste der Lederbekleidung entdeckt, Goldknöpfe, Silberschnallen, Fausthandschuhe, ein goldener Fingerring, vier Messer mit Goldbeschlägen und eine Tasche mit fünf einseitig geprägten Silbermünzen. Hinzu kommen ein Stuhl, ein Tafelservice, das aus Glas-, Holz- und Metallgefäßen bestand, ein gedrechselter Holzstab und vieles mehr. Das Frauengrab war fast noch reicher ausgestattet. Die Gräber werden in die Zeit um 535/40 datiert, also eine Generation nach Chlodwig. Vermutlich handelte es sich bei der Frau um Wisigarde, Tochter eines Langobardenkönigs und zweite Gemahlin von Chlodwigs Enkel Theudebert. Die Gräber entstammen eindeutig einem christlichen Kontext, das breite Beigabenspektrum aber lässt darauf schließen, dass heidnische Vorstellungen auch weiterhin das Denken der Menschen im stärker von den Franken besiedelten Osten des Reiches beeinflussten.

Die christliche Bestattung, die Chlodwig selbst 511 erfuhr, ermöglichte aber ganz andere Formen der Selbstdarstellung, als sie zu heidnischen Zeiten existiert hatten. Zum einen war eine Kirche nach Bauart und Größe der Pariser Apostelkirche weit imposanter als ein Grabhügel, zum anderen war ihr Inneres prächtig ausgestattet, und dieses eindrucksvolle Interieur verschwand nicht unter der Erde, sondern blieb für die Zeitgenossen und nachfolgende Generationen stets sichtbar. Schließlich enthielt die Kirche nicht nur Chlodwigs Grab, sondern eine Vielzahl von Gräbern hervorragender Persönlichkeiten, angefangen mit jenem der heiligen Genovefa und fortgeführt mit solchen von weiteren Angehörigen der Königsfamilie. Die Pariser Apostelkirche sollte sich zur ersten Familiengrablege – und mithin zu einem Erinnerungsort – der merowingischen Dynastie entwickeln. 531 wurde dort Chlodwigs Tochter Chrodechilde bestattet, ein Jahr später seine Enkel Theudoald und Gunthar, und 544 fand schließlich seine Witwe Chrodechilde selbst dort ihre letzte Ruhestätte. Dass sie alle nicht die Einzigen blieben, ergab bereits eine Untersuchung im frühen 19. Jahrhundert: Kurz vor dem Abriss der Kirche, die seit karolingischer Zeit der heiligen Genovefa geweiht war (Sainte-Geneviève), veranlasste Napoleon 1807 umfangreiche Grabungen. Reste der merowingischen Kirche wurden zwar nicht gefunden, aber im Boden des romanischen Kirchenschiffs entdeckte man insgesamt 32 Steinsarkophage der Merowingerzeit, die in das Musée des Monuments Français gebracht wurden. Fünf von ihnen wurden mit Chlodwig und seiner

Familie in Verbindung gebracht, doch ist diese Zuordnung eher unwahrscheinlich, weil keiner der Sarkophage vor die zweite Hälfte des 6. Jahrhunderts datiert werden kann. Auch die genaue Lokalisierung der Grablege Chlodwigs ist nicht gesichert. Laut Gregor von Tours befand sie sich am *sacrarium* der Kirche,[3] womit wohl nicht der Hochaltar, sondern ein Vor- oder Anbau im Bereich des Chores gemeint war.[4] Bei der üblichen Ost-West-Orientierung christlicher Kirchen kommt damit auch die nördliche Kapelle als Grablege in Betracht.[5] Auf jeden Fall entsprach Chlodwigs Begräbnis einer in Süd- und Mittelgallien verbreiteten Tradition der Bestattung in einer Grabkirche – auch wenn der Tote kein Geistlicher, sondern Laie war.

Das große Vorbild für diesen Rahmen bildete die Grablege Konstantins des Großen in der von ihm selbst begonnenen Apostelkirche von Konstantinopel. Konstantin der Große galt als erster christlicher Kaiser des römischen Reiches, und an seinem Beispiel könnte sich Chlodwig bei der Wahl seiner Grabstätte orientiert haben. Der Kaiser war nach seinem Tod 337 im Schiff der Apostelkirche seiner Hauptstadt inmitten der Kenotaphe der zwölf Apostel bestattet worden. Als deren Reliquien 356/57 nach Konstantinopel gebracht wurden, wurde das Grab des Kaisers in einen Anbau der Apostelkirche verlegt. Wie genau man diesem Beispiel bei Chlodwigs Bestattung folgte – etwa bei der Wahl eines Annexes –, lässt sich zwar nicht sicher sagen, aber gewiss ist, dass beide Herrscher den Schutz der Heiligen im Jenseits suchten. Hatte Chlodwig anlässlich der Bestattung seines Vaters noch geglaubt, dass dieser im Tod auf seine irdischen Reichtümer angewiesen sein würde, so hatte er sich mit seinem Übertritt zum Christentum von diesen Vorstellungen gelöst und war am Ende seines Lebens davon überzeugt, dass er beim Jüngsten Gericht auf die Fürsprache der Apostel und wohl auch der heiligen Genovefa bauen müsse. Man mag fragen, ob er den neuen Glauben wirklich schon so tief verinnerlicht hatte – aber darüber ließe sich nur trefflich spekulieren. Viel wichtiger ist die Signalwirkung, die seine Bestattung auf seine Franken hatte: Ihr bedeutendster König, der im Laufe seines Lebens zahlreiche Kriege erfolgreich geführt hatte, war christlich begraben worden. Ein Zurück zur alten Religion konnte es daher nicht geben, auch wenn viele Franken noch längere Zeit am Heidentum bzw. an synkretistischen Glaubensformen festhalten sollten.

Die Regelung der Nachfolge

Wir verdanken Gregor von Tours eine in sich geschlossene Darstellung von Chlodwigs Leben. Über dessen Nachfolge äußert er sich hingegen vergleichsweise knapp:

> «Als Chlodwig gestorben war, kam sein Reich an seine vier Söhne: Theuderich, Chlodomer, Childebert und Chlothar, und sie teilten es unter sich zu gleichen Teilen. Theuderich aber hatte damals schon selbst einen stattlichen und tüchtigen Sohn mit Namen Theudebert.»[6]

Bei der Teilung hielt man sich nicht an die römischen Provinzgrenzen, wohl aber an die der *civitates* bzw. Gaue, die in aller Regel geschlossen an einen der Brüder fielen. Im Zuge der Teilung bildeten Chlodwigs ursprünglicher Machtbereich im Norden, also das nordgallische fränkische Kernland, die *Francia,* und Aquitanien separate Einheiten. An beiden Regionen hatte jeder König einen Anteil, vermutlich, weil Aquitanien gemeinsam gegen die Ostgoten behauptet werden sollte. In der *Francia* erhielt Theuderich den Osten nördlich der burgundischen Grenze einschließlich Reims, Châlons, Troyes, Sens und Auxerre. Im Westen schloss sich das Gebiet Chlothars an, der Chlodwigs mutmaßliches Ausgangsgebiet zwischen dem Kohlenwald und der Somme sowie Noyon, Soissons und Laon erhielt. Childebert gewann die Küstenländer von der Somme bis zur Bretagne mit den Städten Rouen, Paris und Le Mans. Südlich davon lag Chlodomers Gebiet mit Nantes, Tours und Orléans. Die Hauptstädte der vier Reichsteile lagen nahe beieinander: Reims (Theuderich), Orléans (Chlodomer), Paris (Childebert) und Soissons (Chlothar). In Aquitanien erhielt Theuderich den Osten mit der Auvergne, aber auch das zentral gelegene Limousin mit der Hauptstadt Limoges, dazu einige südlich angrenzende *civitates* (Rodez, Albi und Javols) – eine Reminiszenz an seinen Kriegszug von 508. Chlodomer erhielt den Norden Aquitaniens, sein gesamter Herrschaftsbereich mit Poitiers und Bourges bildete daher eine Einheit. Im Süden Aquitaniens lagen die Anteile Childeberts und Chlothars. Die beiden jüngsten Brüder mussten also eine empfindliche räumliche Trennung zwischen ihren fränkischen und ihren aquitanischen Gebieten akzeptieren.

Nach welchem Vorbild gingen die Brüder bei dieser Teilung «zu

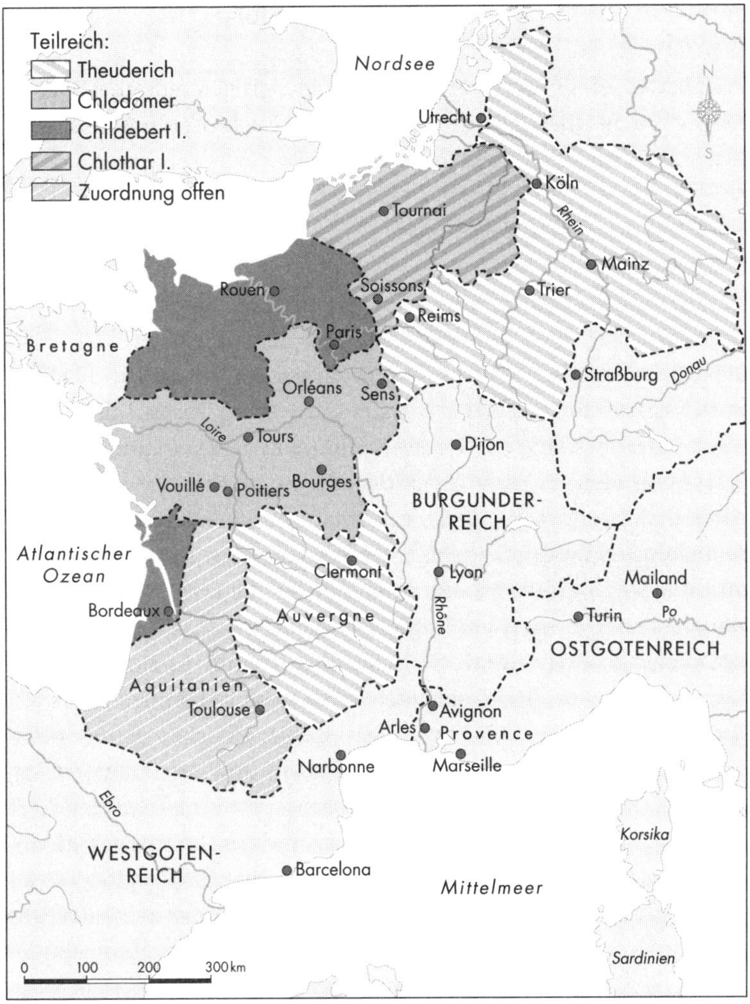

Die Reichsteilung von 511

gleichen Teilen» (lat. *aequa lancea*) vor? Ihr Vorgehen erinnerte die Forschung an eine Bestimmung der *Lex salica*, der zufolge Landbesitz (in einigen Handschriften spezifiziert als *terra salica*) allein unter die Brüder, gemeint sind wohl die Söhne des Erblassers, aufgeteilt werden sollte. Demnach hätten die Söhne Chlodwigs also gehandelt wie die Söhne eines fränkischen Bauern und das Reich ihres Vaters unter sich aufgeteilt. Freilich diente die Bestimmung der *Lex salica* vor allem dem Zweck, die Töchter vom Erbe auszuschließen, soweit es um Landbesitz ging. Darüber hinaus entspricht eine Erbteilung des Landbesitzes zu gleichen Teilen nicht nur dem fränkischen, sondern auch dem römischen und überhaupt dem allgemeinen Rechtsdenken dieser Epoche. Zudem sollte man klarer trennen. Es ging im Jahr 511 nicht um die Erb-, sondern um die Thronfolge. Diese wird in Monarchien zwar stets in Anlehnung, aber meist nicht unter voller Berücksichtigung des privaten Erbrechts geregelt. In der Regel folgt der älteste Sohn allein, mitunter wird aber auch die Herrscherwürde unter allen Söhnen geteilt, wie dies auch schon im römischen Reich zu beobachten war. Die Frage ist also, wann welches Prinzip angewandt wird. Bei der Lösung des Problems hilft ein Blick auf Thronwechsel im Frühmittelalter weiter, die mit dem Vorgang von 511 vergleichbar sind. Dabei zeigt sich, dass das Prinzip der Teilung niemals ganz unangefochten war, oft strebte ein Sohn nach einem größeren Anteil an der Macht als seine Brüder. Dabei kam letztlich wie bei allen politischen Entscheidungen im Frühmittelalter den Großen eines Reiches die entscheidende Rolle zu. Ohne ihre Unterstützung konnte kein Königssohn seinen Thronanspruch behaupten. Doch noch ein weiteres Handlungsmuster wird erkennbar: Bei Auseinandersetzungen um die Nachfolge ist fast immer eine klare Frontstellung zu erkennen, wenn ein König Söhne aus Verbindungen mit verschiedenen Frauen hinterließ – wie man sich leicht vorstellen kann, solidarisierten sich die Söhne der einen Mutter gegen die der anderen.

Genau diese konfliktträchtige Konstellation gehörte auch zum Erbe Chlodwigs: Von den Söhnen Chrodechildes lebten 511 noch Chlodomer, Childebert und Chlothar, während Theuderich aus einer früheren Verbindung des Königs mit einer *concubina* stammte. Auch wenn man nicht das Motiv der bösen Stiefmutter strapazieren will, darf man davon ausgehen, daß Chrodechildes Liebe vorzugsweise den eigenen Söhnen, weniger aber Theuderich galt, so dass es sie schwerlich freuen konnte, dass alles, was an Theuderich fiel, der Herrschaft ihrer eigenen Söhne entzogen war. Andererseits mag Theuderich, der seinem Vater schon als erfolgreicher Heerführer gedient hatte, seinen jüngeren und weniger verdienten Halbbrüdern – der älteste von ihnen, Chlodomer war damals um die 16 Jahre alt – vielleicht sogar überhaupt keinen Anteil gegönnt haben. Immerhin war er nicht nur militärisch und damit auch politisch erfahren, sondern er hatte bereits selbst einen «stattlichen und tüchtigen Sohn», der Gregors Formulierung zufolge vielleicht nur unwesentlich jünger als der älteste Halbbruder war. Und das dürfte in den Überlegungen vieler fränkischer Großen eine Rolle gespielt haben: Wer auf Theuderich setzte, der hielt es mit einem tatkräftigen Mann, der bereits für das Fortbestehen seiner Familie gesorgt hatte. Seine Halbbrüder waren diese Qualitätsbeweise noch schuldig. Für sie aber sprach die hohe Bedeutung, die ihre Mutter Chrodechilde zweifellos für Chlodwig gehabt hatte.

Man wird annehmen dürfen, dass die Königin schon zu Lebzeiten ihres Gemahls auf eine Lösung des vorhersehbaren Konflikts gedrängt hat. In diesem Zusammenhang verdient eine Quelle Beachtung, die von Gregors Darstellung abweicht. In der *Vita sancti Chlodovaldi* – der im 9. oder 10. Jahrhundert entstandenen Lebensbeschreibung eines Chlodwig-Enkels – heißt es, Chlodwig habe sein Reich seiner Gemahlin Chrodechilde mit den drei Söhnen Chlothar, Childebert und Chlodomer hinterlassen und unter diesen aufgeteilt. Eine Teilung durch den Vater ist indessen sonst nirgendwo bezeugt. Weshalb ist der Vitenschreiber, der sonst Gregor von Tours fast wörtlich folgte, ausgerechnet in diesem Punkt von ihm abgewichen? Die Frage muss unbeantwortet bleiben, doch auch wenn diese Quelle insgesamt als wertlos gilt, gibt ihr Bericht in der Einzelfrage, die für ihren Autor im Übrigen nicht weiter von Belang war – so dass er etwa um einer speziellen Argumentation willen hätte abweichen müssen – doch zu denken. In diesem Zusammenhang ist auch die Beobachtung der regionalen Verteilung der Bischöfe von Interesse, die am Konzil von Orléans teilgenommen haben: Der Osten, *grosso modo* Theuderichs Anteil, war nicht repräsentiert – weil Chlodwig ihn vielleicht schon zum König über diese Gebiete eingesetzt hatte? Ging es also bei Chlodwigs Tod tatsächlich nur noch um die Frage der Aufteilung des verbliebenen Gebiets unter seine jüngeren Söhne?

Sollte Chlodwig tatsächlich überhaupt keine Nachfolgeregelung getroffen haben, dann konnte der Konflikt eigentlich nur militärisch gelöst werden. Da aber im Süden Galliens immer noch Krieg herrschte, lag es nahe, einen politischen Kompromiss zu suchen. Theuderich als ältester, politisch-militärisch erfahrenster und damit fähigster Kandidat erhielt anscheinend den größten Reichsteil, der zudem im Osten lag und damit auch lange Außengrenzen aufwies, die es zu verteidigen galt. Seine Halbbrüder erhielten entsprechend kleinere Gebiete, wobei Chlodomer als der älteste unter den Chrodechilde-Söhnen wiederum besser gestellt war: Er erhielt einen geographisch geschlossenen Reichsteil und vor allem Paris, die letzte Residenz seines Vaters; mithin handelte es sich also keinesfalls um eine Teilung *aequa lancea*. Eine Gebietsteilung nur zwischen Theuderich und seinem ältesten Halbbruder Chlodomer hätte Chrodechilde nicht wollen können, denn hätte sie sich allein für ihren ältesten Sohn eingesetzt, wäre sie unweigerlich mit der Frage konfrontiert worden, weshalb man sich in der Herrschernachfolge dann nicht gleich und allein für den ältesten und fähigsten Königssohn – also Theuderich – entscheiden solle. Auch hätte sie vermutlich durch eine Bevorzugung Chlodomers ihre Anhängerschaft geschwächt, vielleicht gar zersplittert.[7]

Doch trotz dieser Teilung von 511 blieb das Frankenreich eine Gesamtheit. Die Forschung erklärt dies mit der innerfamiliären Solidarität der Merowinger, die im Erbrecht der *Lex salica* rechtlich verankert gewesen sei. Man mag an dieser Idealisierung füglich zweifeln, denn wenn es in der Familie der Merowinger eine Kontinuität im Sozialverhalten gab, dann im Hinblick auf die ständigen Auseinandersetzungen innerhalb dieser Dynastie, die auszuführen hier nicht der Ort ist. Brüderliche Solidarität sieht jedenfalls anders aus! Die Einheit des Reiches haben Chlodwigs Nachkommen nie in Frage gestellt, da letztlich jeder von ihnen mehr oder minder offen danach strebte, darin die Alleinherrschaft zu erringen. Schließlich sollte dies Chlothar, dem jüngsten der Söhne Chlodwigs, gelingen, nachdem er sukzessive die Nachfolge seiner drei älteren Brüder angetreten hatte und 558 alleiniger Frankenkönig geworden war. Nach seinem Tod wiederholten sich die Erbprobleme von 511 allerdings – Konsequenzen aus den Vorgängen hatte man auch ein halbes Jahrhundert nach Chlodwigs Tod nicht gezogen. Und wieder gab es vier Söhne aus zwei Verbindungen im Verhältnis drei zu eins – und der eine, Chilperich I., strebte nach einem größeren Anteil als seine Brüder, wenn nicht sogar nach der Alleinherrschaft. Mit vereinten Kräften konnte er in die Schranken verwiesen werden, und erneut wurde das Reich als Ergebnis eines Kompromisses unter alle vier geteilt.

Stationen im Nachleben Chlodwigs

Die Geschichte Chlodwigs war mit seinem Tod nicht zu Ende, in gewissem Sinne hatte sie sogar erst begonnen. Unser wichtigster Gewährsmann Gregor von Tours entwarf jenes Bild seines Helden, mit dem wir uns zwingend auseinandersetzen müssen, bereits mehrere Generationen nach dessen Tod. Auf der Grundlage von Gregors Werk haben dann zunächst die Autoren der sogenannten Fredegarchronik um die Mitte des 7. und des *Liber historiae Francorum* in der ersten Hälfte des 8. Jahrhunderts das Bild Chlodwigs weiter ausgestaltet. Aber auch die frühmittelalterliche Hagiographie rezipierte Gregors Berichte über den großen Merowinger und zeigte sich dabei vor allem an der sogenannten Bekehrungsschlacht interessiert, die freilich je nach Interessenlage an entscheidenden Stellen verändert wurde; nicht einmal der bloße Geschehensablauf blieb von diesen frommen Manipulationen verschont.

So berichtet Jonas von Bobbio um die Mitte des 7. Jahrhunderts in seiner Lebensbeschreibung des heiligen Vedast (Vaast), der zu Chlodwigs Zeit Bischof von Arras war, dass der Frankenkönig mit den Alemannen aneinandergeraten sei. So habe er sich entschlossen, den Rhein zu überschreiten. Als die Feinde sich ihm entgegenstellten, konnte er sie unter Anrufung des Gottes seiner christlichen Gemahlin Chrodechilde besiegen. Danach sei er nach Reims zurückgekehrt, um sich taufen zu lassen; in Toul habe Vedast sich ihm angeschlossen und unterwegs Wunder gewirkt. In Reims habe Remigius Vedast beauftragt, den König auf die Taufe vorzubereiten.[8] Obwohl dieser Bericht weitgehend auf Gregor von Tours zurückgeht, verleiht Jonas der Geschichte doch eine andere Perspektive und verändert seine Vorlage: Anders als bei Gregor fällt der Alemannenkönig nicht in der Schlacht, sondern unterwirft sich dem Sieger. Hinzu kommen genaue geographische Angaben; doch ob diese einen realen Hintergrund haben, erscheint durchaus zweifelhaft – oder sollte Jonas mehr als 100 Jahre nach dem Ereignis noch über andere, ansonsten verlorene unabhängige Quellen verfügt haben? Diese Frage zielt auf das Grundproblem solcher legendenhaften Berichte. Wenn schon gegenüber Gregors Angaben mehr oder minder berechtigte Zweifel bestehen, was ist dann von Berichten in Heiligenleben zu halten, die noch viel später entstanden sind?

Ein ähnliches Problem wirft die Vita des Bischofs Sollemnis auf, die in der heutigen Form um 800 entstanden ist, aber sicherlich auch ältere Traditionen enthält. Dort heißt es, Chlodwig sei von einem Feldzug gegen die Westgoten nach Chartres gekommen und habe daselbst dem Bischof Sollemnis gelobt, im Falle des Sieges sich und sein Volk taufen zu lassen. Als er tatsächlich siegreich zurückkehrte, wurde er zusammen mit 364 vornehmen Franken durch Sollemnis und Remigius von Reims getauft.[9] Könnte diese Geschichte die Spätdatierung der Taufe stützen, da doch der bekanntere von Chlodwigs Kriegen gegen die Westgoten erst 507 ausbrach? Die Aussagen der Vita selbst sprechen dagegen, denn darin heißt es, Sollemnis sei 30 Tage vor Chlodwigs Ankunft in Chartres zum Bischof erhoben worden und habe zwölf Jahre lang amtiert. Doch auf dem Konzil von Orléans 511 ist bereits sein Nachfolger Aventinus als Teilnehmer bezeugt. Mit anderen Worten: Sollemnis wurde spätestens 499 Bischof. Falls diese Geschichte überhaupt einen historischen Kern enthält, so stützt sie im Streit um die Datierung von Chlodwigs Taufe also eher die Position von Forschern, die für die Frühdatierung votieren. Je nachdem, welche Darstellungsinteressen ein Vitenschreiber verfolgte, brachte er den Frankenkönig also in unterschiedlicher Weise in Stellung. Aber in jedem Fall wollte er ‹seinem› Heiligen einen Anteil an Chlodwigs Bekehrung und Taufe zuschreiben.

Interessant ist die Frage, wie die Merowinger selbst auf Chlodwig rekurrierten. Um einer Antwort näher zu kommen, kann man die Namengebung unter Chlodwigs Nachkommen in den Blick nehmen. Man wird davon ausgehen können, dass Könige für ihre Söhne mit Vorbedacht bestimmte Namen gewählt haben, etwa um an einen herausragenden Vorfahren zu erinnern. Tatsächlich gingen die Merowinger auch allmählich von der Praxis der Namensvariation ab und bevorzugten eine solche Nachbenennung. Dabei überrascht nun der Befund, dass der Name ‹Chlodwig› unter dessen Enkeln gänzlich fehlt, seine Söhne also nicht auf ihn Bezug genommen haben. Dies ist gerade für seinen jüngsten Sohn Chlothar I. (511–561) erstaunlich, weil er vergleichsweise viele Söhne gehabt hat. Mehr noch: Von Chlodwigs vielen Urenkeln trug nur einer seinen Namen, und ausgerechnet dieser starb auch noch vor seinem Vater Chilperich I., gelangte also gar nicht zur Herrschaft. Erst sehr viel spätere Nachkommen trugen dann wieder diesen Namen: Chlodwig II. (639–657) sowie dessen angeblicher Enkel, der 676 kurz auf den Thron gehoben wurde, und ein echter Enkel, Chlodwig III. (691–695). Damals scheint aber sehr viel eher der eigene Großvater das Vorbild gewesen zu sein als der Gründer des fränkischen Großreichs. Danach erhielt erst ein Sohn Karls des Großen den ruhmreichen Namen wieder – obwohl dessen Vater Pippin 751 die Merowinger vom Thron gestoßen hatte. Als jedoch im Jahr 778 Karl Vater von Zwillingen wurde, nannte er diese Chlodwig und Chlothar (Ludwig und Lothar). Ein Grund dafür könnte sein, dass er die karolingischen Königsnamen ‹Pippin›, ‹Karl› und ‹Karlmann› bereits seinen älteren Söhnen gegeben hatte. Man hat aber auch an eine bewusste Anknüpfung an die Merowinger gedacht, weil Karl gerade in jenem Jahr bei Roncesvalles eine schwere Niederlage erlitten und auch gegen die heidnischen Sachsen in die Defensive geraten war. Da Chlodwig das Reich nach Süden und dessen Sohn Chlothar I. es nach Osten erweitert hatte, könnte Karl mit seiner Namenswahl vielleicht eine Art von Analogiezauber beschworen haben. Wie auch immer, ‹Chlodwig›, also ‹Ludwig›, war seither einer der prominentesten Königsnamen, und zwar nicht nur unter den Karolingern, sondern vor allem auch später unter den Kapetingern.

Unter dem westfränkischen König Karl dem Kahlen (843–877) erhielt aber auch der alte Reichsgründer Chlodwig selbst besondere Relevanz. Im Jahr 869 war Karl nach Metz gezogen, um sich dort zum König von Lothringen weihen zu lassen. Zuvor war sein Neffe Lothar II. (855–869) gestorben, ohne einen legitimen Sohn und Erben zu hinterlassen. Die Leitung der Feierlichkeiten lag in Händen des Erzbischofs Hinkmar von Reims, der sich schon vorher deutlich in die Tradition seines Vorgängers Remigius gestellt hatte. Während dieser Feierlichkeiten verwies der Erzbischof darauf, wie wichtig Reims für das fränkische Königtum sei. Dessen Begründer sei Chlodwig gewesen, der den gleichen Namen gehabt habe wie Karls Vater Ludwig der Fromme (814–840), der schon erwähnte Sohn Karls des Großen. Chlodwig sei einst vom heiligen Remigius von Reims nicht nur getauft, sondern auch zum König gesalbt worden! Und mehr noch: Er habe dazu ein vom Himmel gekommenes Salböl benutzt, dessen Reste sich wunderbarerweise noch immer in Reims befänden. Woher Hinkmar diese Information hatte, lässt sich nicht mehr feststellen, auch nicht, ob er Karl den Kahlen tatsächlich damit gesalbt hat; aber alt kann diese Tradition im Jahr 869 noch nicht gewesen sein, denn erst 751 war mit Pippin dem Jüngeren der erste Frankenkönig überhaupt gesalbt worden. Erst im Verlauf des 9. Jahrhunderts wurde die Salbung allmählich zum festen Bestandteil der Königserhebung. Es mag durchaus sein, dass Hinkmars Behauptung diese Entwicklung sogar erst befördert hat.

Ganz konsequent war Hinkmar freilich nicht: Er hat auch eine Lebensbeschreibung des Remigius verfasst, in der er natürlich ebenfalls die Taufe Chlodwigs beschrieben hat. Darin ist nun nicht mehr von der Königssalbung die Rede, sondern allein von der Taufsalbung. Allerdings vermehrt Hinkmar diese um ein weiteres wunderbares Element: Während der Zeremonie hätten sich derart viele Personen in der Kirche aufgehalten, dass Remigius die Ampulle mit dem Chrisam nicht entgegennehmen konnte. Plötzlich sei eine Taube vom Himmel geflogen und habe dem Bischof eine Ampulle mit Salböl überbracht. Auch wenn an dieser Stelle nicht von einer Königsweihe die Rede ist, so wurde diese Verbindung doch bald hergestellt. Hinkmar hatte dank seiner Autorität als einflussreichster westfränkischer Bischof seiner Zeit für die Verbreitung einer Tradition gesorgt, die für die Geschichte des französischen Königtums entscheidend werden sollte: die Königsweihe in Reims einschließlich der Salbung mit dem himmlischen Öl, mit dem schon Chlodwig gesalbt worden sein soll. Diese Legende verschaffte Reims spätestens seit der Regierung Ludwigs VI. (1108–1137) die Auszeichnung, Krönungsort der französischen Könige zu sein. Schon im 13. Jahrhundert spottete der französische Dichter Richier, andere Könige müssten ihr Öl für die Königssalbung in der Apotheke kaufen, nicht so der König von Frankreich: Sein Salböl komme von Gott und sei einst dem Bischof Remigius von Reims anlässlich der Taufe Chlodwigs übergeben worden. Es werde niemals zur Neige gehen und so lange bestehen wie das Christentum selbst. Die Salbung mit diesem heiligen Öl machte dank ihrer reinigenden Wirkung aus dem König eine besondere Person, der man seit dem 11. Jahrhundert sogar übernatürliche Kräfte zusprach: die Fähigkeit, Skrofeln, ein Halsgeschwür, durch bloßes Handauflegen heilen zu können.

Chlodwig selbst blieb in der späteren Historiographie vor allem der machtvolle Krieger. Auch im Hochmittelalter wurden in erster Linie

Taufe Chlodwigs. Die Taube bringt die heilige Ampulle.
Französische Buchmalerei von 1375. BNF, Ms. Français 2813, fol. 12v.

seine militärischen Erfolge gefeiert. Dies gilt etwa für Aimoin von Fleury († nach 1008) oder die *Grandes Chroniques de France*. Dank dieser Darstellungen blieben seine Erfolge in der Erinnerung lebendig und wurden im Laufe der Zeit mit dem wichtigsten Symbol der französischen Monarchie verbunden, den *fleurs-de-lis*, den Lilien, die das königliche Wappen zierten. Die Lilien waren seit dem frühen 11. Jahrhundert allmählich zum Symbol der französischen Könige aus der Familie der Kapetinger geworden, die 987 den Karolingern auf den Thron gefolgt waren. Seit Ludwig VIII. (1223–1226), der schon als Thronfolger einen blauen Schild mit Lilien aus Gold führte, hatten sich die Lilien als königliches Wappensymbol durchgesetzt, das von sämtlichen Prinzen von Geblüt, also königlichen Abkömmlingen in direkter männlicher Linie, geführt wurde. Unter Karl V. (1364–1380), der die bis dahin zahlreichen Lilien aus Verehrung für die Dreifaltigkeit für den eigenen Wappenschild auf drei reduzierte, wurde dann zum ersten Mal eine Verbindung mit Chlodwig hergestellt. Der königliche Hofliterat Raoul de Presles, der eine französische Übersetzung von Augustinus' *Civitas Dei* angefertigt hatte, verfasste dazu auch ein Vorwort, in dem er eine Legende aufgriff, die um 1350 in dem Prämonstratenserkloster Joyenval in der Diözese Chartres entstanden war.

Ihr zufolge lebten einst in Frankreich zwei heidnische Könige, Chlodwig und Conflat, die unablässig Krieg gegeneinander führten. Als es wieder einmal so weit war, wollte Chlodwig sich zum Kampf rüsten und stellte dabei fest, dass seine Waffen plötzlich drei goldene Lilien auf blauem Grund zeigten und nicht die üblichen Halbmonde. Diese wurden im Spätmittelalter als typisch heidnisches Symbol interpretiert, weil sie das religiöse Zeichen der Sarazenen waren. Chlodwig gab die Waffen zurück und verlangte neue, insgesamt vier Mal, aber immer zeigten sie das neue Emblem. So rüstete Chlodwig sich schließlich unter dem Zeichen der Lilien zum Kampf. Hinter dem geheimnisvollen Geschehen stand der Legende zufolge die Königin Chlothilde (Chrodechilde). Sie war bereits Christin und besuchte öfters einen Einsiedler im Tal von Joyenval, um gemeinsam mit ihm zu beten, so auch kurz vor dem bevorstehenden neuerlichen Kampf Chlodwigs mit Conflat. Da erschien dem Eremiten ein Engel, der einen blauen, mit goldenen Lilien verzierten Schild hielt, und verkündete, unter diesem Wappen würde Chlodwig siegen. Deshalb veranlasste die Königin die entsprechende Veränderung des königlichen Waffenschmucks, und tatsächlich besiegte Chlodwig seinen Feind. Danach berichtete Chlothilde ihm über die Himmelserscheinung, und er trat zum Christentum über. Im Stundenbuch des Herzogs von Bedford ist diese Geschichte eindrücklich im Bild festgehalten (siehe Umschlagbild).

Die Grundzüge dieser Legende reichen möglicherweise sogar weiter zurück. Aber unter Karl V. wurde sie zusammen mit anderen, vor allem der Legende vom himmlischen Krönungsöl, zu einem französischen Königsmythos kombiniert, der die Gottunmittelbarkeit des französischen Königtums betonte. Dieser Anspruch diente der inneren Stabilisierung Frankreichs angesichts vielfältiger Herausforderungen. So galt es, die neue Dynastie der Valois gegenüber den Ansprüchen der englischen Könige auf den französischen Thron zu stärken, die zum Hundertjährigen Krieg geführt hatten. Zudem bestand der französische König gegenüber Papst und Kaiser auf grundsätzlicher Ebenbürtigkeit. Dafür eignete sich der Verweis auf Chlodwig, der als erster ‹französischer König› reklamiert wurde, besonders gut. Er verdankte seine Siege und sein Christentum unmittelbar Gott, was auf seine Nachfolger abstrahlte. Die französische Monarchie war daher gewissermaßen von Gott selbst eingesetzt worden und brauchte somit hinter keiner anderen Macht zurückzustehen, nicht einmal hinter dem Papsttum oder dem Kaisertum, das die Deutschen für sich beanspruchten. Laut Raoul de Presles kämpfte Chlodwig übrigens gegen einen König, der bei ihm Caudat heißt. Dieser war Sarazene und ein Feind des Glaubens, der mit einem Heer aus Alemannien das Frankenreich bedrohte. Zur Zeit Raouls wurden die Franken ganz selbstverständlich mit den Franzosen, die Alemannen aber mit den Deutschen gleichgesetzt, so wie sie noch heute auf Französisch *les Allemands* heißen. Die Franzosen hatten demnach schon unter Chlodwig die Deutschen besiegt. Caudat war zudem ‹nur› König und nicht Kaiser, was hilfreich bei der Zurückweisung der Ansprüche des deutschen Herrschers war, sich als Kaiser allen Königen übergeordnet zu sehen.

Die Bedeutung der Lilien als Wappensymbol der französischen Könige war so groß, dass sie auch bei der Interpretation des 1653 in Tournai entdeckten Childerichgrabes im Vordergrund stehen sollten, genauer bei der Interpretation der bienenförmigen Anhänger. Bereits Jean-Jacques Chiflet ging auf sie ausführlich ein, interpretierte sie aber als Wappentier der Merowinger. Damit wurde der Anspruch der französischen Monarchie zurückgewiesen, wegen des Lilienwappens in ungebrochener Kontinuität zu Chlodwig zu stehen. Vielmehr seien die Lilien laut Chiflet sozusagen auf den Kopf gestellte Bienen, also nur ein missverstandenes Symbol. Im Zuge des habsburgisch-bourbonischen Gegensatzes wandte er sich mithin gegen den französischen Königsmythos im Allgemeinen und besonders gegen Ludwig XIV., der seiner Meinung nach keinesfalls ein direkter Nachfolger der Merowinger war. Die französische Seite deutete die Bienen dagegen als grob stilisierte Lilien und suchte damit, am hohen Alter und am Vorrang der französischen Monarchie festzuhalten. Ludwig XIV. rechtfertigte auch seine gen Osten gerichtete Expansionspolitik in der zweiten Hälfte des 17. Jahrhunderts mit Ansprüchen, die er aus der Ausdehnung des Frankenreiches in merowingischer und karolingischer Zeit herleitete. Die Bienen entwickelten sich immerhin in der politischen Publizistik zur Alternative zu den Lilien, weshalb Napoleon I. 1804 seinen Krönungsmantel mit Bienen verzieren ließ, um seine Distanz zu den gestürzten Bourbonen deutlich zu machen. Im Übrigen galt der gesamte französische Königsmythos den Anhängern der Revolution als lächerlicher Aberglaube. Die Restauration von 1814/15 rehabilitierte kurzzeitig die Lilien und die gesamte Tradition bis zum endgültigen Sturz der Bourbonen 1830.

Die Bedeutung Chlodwigs blieb von den ideologischen Auseinandersetzungen in Frankreich im Gefolge der Revolution unberührt. Sowohl die republikanisch-napoleonische als auch die klerikal-monarchistische Seite beriefen sich auf ihn: Für die einen war er der erste christliche König des französischen Königreichs, für die anderen der Begründer des französischen Staates, in jedem Fall also der *premier roi de France*. Noch heute weiß in Frankreich sozusagen jedes Kind über Chlodwig Bescheid und kennt die Berichte Gregors von Tours über ihn, aber natürlich auch die späteren Legenden. Seine Bekehrung im Gefolge des Sieges über die Alemannen wurde daher in Frankreich mit einigem Pomp gefeiert, sowohl 1896 als auch 1996. Vor 15 Jahren wurde beispielsweise eine große deutsch-französische Ausstellung organisiert, die allerdings unter dem Vorzeichen neuer Forschungsergebnisse stand, denen zufolge die Zeit Chlodwigs ihre Bedeutung weniger aus kriegerischen Auseinandersetzungen als vielmehr aus der allmählichen Annäherung der fränkischen und der römischen Kultur gewinnt. Doch jenseits all dessen bleibt das eigentliche, wirkmächtige Erbe Chlodwigs seine Entscheidung, das Christentum, und zwar in Form der katholischen Glaubenslehre, anzunehmen. So erklärt es sich auch, dass Papst Johannes Paul II. zum 1500. Jubiläum der Taufe Chlodwigs durch den heiligen Remigius nach Frankreich gekommen ist – womit er, wie bereits in der Einleitung zu lesen war, heftige politische Reaktionen in die eine wie die andere Richtung auslöste. Diese überschäumenden Reaktionen auf einen Akt religiöser Erinnerungspflege blieben aber völlig unverständlich, wäre Chlodwig nicht durch seinen Schritt, wie immer man ihn in der Rückschau bewerten mag, zu einem der bedeutenden Gründerväter Europas geworden.

Anmerkungen

Einleitung

1 DER SPIEGEL 28/1996 (SPIEGEL online, http://www.spiegel.de/spiegel/print/d-8946901.html, zuletzt abgerufen am 7. November 2010).

2 BRÜHL, Deutschland – Frankreich.

3 HAMPE, Herrschergestalten, S. 23.

4 GEARY, Merowinger, S. 7.

5 WALLACE-HADRILL, The long-haired kings, S. 163 f.; das Zitat im Zitat: Gregor II, 12, S. 62.

6 Gregor V, praef., S. 193 (die Übersetzung nach BUCHNER, Gregor, S. 277 f., auch alle folgenden ohne weitere Verweise, da sie dort über die Angabe von Buch und Kapitel leicht aufzufinden sind; die hier verwandten Übersetzungen richten sich grundsätzlich nach der Ausgabe Buchners, aber sie wurden sprachlich etwas geglättet, wobei zu tiefe Einschnitte in den Text vermieden wurden; auch die Namensformen wurden stillschweigend vereinheitlicht).

7 Vgl. HALSALL, Childeric's grave.

8 Gregor II, 27, S. 71.

9 Für Gregors Glaubwürdigkeit im dargelegten Sinne plädierte mit überzeugenden Argumenten vor allem LEVISON, Zur Geschichte; sein Ansatz wurde weitergeführt von HAUCK, Randkultur, S. 20 ff.; zustimmend auch SPENCER, Dating; kritisch dagegen WOOD, Gregory; SHANZER, Dating.

10 LEVISON, Zur Geschichte, S. 208 f.

11 Zusammenstellung der Quellen bei LEVISON, Zur Geschichte, S. 212 f.

1. Die Franken und das römische Reich

1 Sulpicius Alexander = Gregor II, 9, S. 55.

2 NONN, Franken, S. 29.

3 SEEBOLD, Franken, S. 49.

4 Historia Augusta, Vita Gallieni 7, 1.

5 Zosimos I, 68, 1.

6 Panegyricus Latinus VIII (IV), 18, 3 (Übers.: Germanen in der Völkerwanderung 1, S. 143).

7 Panegyricus Latinus X (II), 10, 3 (Übers.: Germanen in der Völkerwanderung 1, S. 157).

8 Panegyricus Latinus XI (III), 5, 4 (Übers.: Germanen in der Völkerwanderung 1, S. 156 Anm. 145).

9 BLECKMANN, Germanen, S. 177.

10 Panegyricus Latinus VIII (V), 8, 4 (Übers.: Germanen in der Völkerwanderung 1, S. 161).

11 Eutropius 10, 3, 2 (Übers.: Germanen in der Völkerwanderung 1, S. 175).
12 Panegyricus Latinus VI (VII), 11, 5.
13 Vegetius I, 28, 6.
14 Ammianus Marcellinus XXI, 10, 8; vgl. auch XXI, 12, 25.
15 Sokrates II, 13, 4 (Übers.: Germanen in der Völkerwanderung 1, S. 191).
16 Julian, Oratio I, 34 D (Übers.: Germanen in der Völkerwanderung 1, S. 195).
17 Zonaras XIII, 8, 17.
18 Ammianus Marcellinus XV, 5, 31.
19 Julian, Epistula ad senatum populumque Atheniensium 279 A–B (Übers.: Germanen in der Völkerwanderung 1, S. 263).
20 Ammianus Marcellinus XVI, 3, 2 (Übers.: Germanen in der Völkerwanderung 1, S. 225).
21 Ammianus Marcellinus XVII, 2, 2 (Übers.: Germanen in der Völkerwanderung 1, S. 279).
22 Ammianus Marcellinus XVII, 8, 3 (Übers.: Germanen in der Völkerwanderung 1, S. 281).
23 Zosimos III, 6, 2; dort werden die Kouaden als Angreifer genannt, die NONN, Franken, S. 25 f., mit den Chamaven identifiziert.
24 Ammianus Marcellinus XVII, 8, 3 (Übers.: Germanen in der Völkerwanderung 1, S. 281).
25 Ammianus Marcellinus XVII, 8, 4 (Übers.: Germanen in der Völkerwanderung 1, S. 281).
26 WIRTH, Deditizier, S. 59 f.
27 POHL, Germanen, S. 99.
28 Eunapios, fragm. 8 (Übers.: Griechische und lateinische Quellen 4, S. 253).
29 Zosimos III, 8, 1 (Übers.: Germanen in der Völkerwanderung 1, S. 311).
30 Zosimos III, 7, 2 (Übers.: Germanen in der Völkerwanderung 1, S. 295).
31 Zosimos III, 7, 5 (Übers.: Germanen in der Völkerwanderung 1, S. 295).
32 Ammianus Marcellinus XX, 10, 2 (Übers.: Germanen in der Völkerwanderung 1, S. 305).
33 Julian, Epistula ad senatum populumque Atheniensium 280 B–C (Übers.: Germanen in der Völkerwanderung 1, S. 265, hier leicht abgewandelt).
34 Ammianus Marcellinus XVII, 8, 3 (Übers.: Germanen in der Völkerwanderung 1, S. 281): (…) *Francos, eos videlicet quos consuetudo Salios appellavit.*
35 Eunapios, fragm. 18 (Übers.: Griechische und lateinische Quellen 4, S. 253).
36 Zosimos III, 6, 2.
37 Claudius Claudianus, De consulatu Stilichonis I, v. 220–227 (Übers.: Germanen in der Völkerwanderung 2, S. 215).
38 Sidonius Apollinaris, carm. 7, v. 237.
39 Einhard c. 29, S. 33.
40 Zu den Datierungsvorschlägen vgl. SPRINGER, *Riparii*, S. 224 f.
41 WAGNER, Stammesname, S. 39; zustimmend HAUBRICHS, Namenbrauch, S. 61; Herrn Kollegen Haubrichs danke ich zudem für eine entsprechende briefliche Auskunft.
42 SPRINGER, Volk, S. 77 f.; jüngst wurde das Wort ‹sali› anders gedeutet: Nach GRAHN-HOEK, *Salii*, S. 61, bezieht es sich auf das in Niedergermanien verbreitete Einraumhaus, die Salier wären demnach «Leute, die sich mit ihren sali auf Reichsboden niedergelassen haben». Gerade angesichts der weiten Verbreitung dieser Häuser sind sie kaum einer bestimmten Gruppe zuzuord-

nen, weshalb Springers Annahme eines Missverständnisses durchaus auch bei dieser Deutung zutreffen könnte.

43 EWIG, Franken am Rhein, S. 116.

44 Gregor II, 9, S. 58; Sidonius Apollinaris, carm. 5, v. 212.

45 Im Nachwort zur 4. Auflage hat er dies ein Stück weit eingeräumt, Ewig, Merowinger, S. 233.

46 Vgl. WIRTH, Deditizier, S. 71.

47 Ammianus Marcellinus XXVIII, 2, 1 (Übers.: Germanen in der Völkerwanderung 1, S. 335).

48 Vgl. WOLFRAM, Goten, S. 140 f.; GIESE, Goten, S. 26 f.; KAMPERS, Geschichte, S. 92 ff.

49 POHL, Völkerwanderung, S. 51, auf der Grundlage der Spezialuntersuchung von SCHARF, Foederati, insbes. S. 8 ff.; vgl. auch HALSALL, Barbarian Migrations, S. 180 ff.

50 Ammianus Marcellinus XXXI, 10, 6; Nannienus wird in der Literatur z. T. auch als Franke bezeichnet, so etwa GEUENICH, Alemannen, S. 63, 156, aber ein Beleg in den Quellen ist mir nicht bekannt, vgl. Prosopography 1, S. 615 f.

51 Ammianus Marcellinus XXX, 3, 7.

52 Ammianus Marcellinus XXX, 10, 1 ff.

53 Sulpicius Alexander = Gregor II, 9, S. 53 f.

54 Vgl. oben, S. 24.

55 Paulinus 30 (Übers.: Griechische und lateinische Quellen 4, S. 295).

56 Sulpicius Alexander = Gregor II, 9, S. 54 f.

57 DIESNER, Buccellariertum, S. 323, SCHMITT, Buccellarii, S. 154 Anm. 68.

58 SEECK, Art. ‹Bucellarii›, in: Paulys Realencyclopädie III, 1, Sp. 934 ff.

59 BEHRENDS, Art. ‹Buccellarius›, in: Reallexikon 4, S. 28–31; LANDOLT – TIMPE – STEUER, Art. ‹Gefolgschaft› in: Reallexikon 10, S. 533–554.

60 Codex Theodosianus VII, 1, 10.

61 Zosimos IV, 53, 3.

62 Sulpicius Alexander = Gregor II, 9, S. 55.

2. Gallien und das Ende des weströmischen Reiches

1 Claudius Claudianus, De consulatu Stilichonis I, v. 220–227 (Übers.: Germanen in der Völkerwanderung 2, S. 215).

2 Claudius Claudianus, De consulatu Stilichonis I, v. 245 (Übers.: Germanen in der Völkerwanderung 2, S. 217).

3 Orosius VII, 40, 3.

4 Hieronymus, ep. 123, 15, 2–4 (Übers.: Germanen in der Völkerwanderung 2, S. 273).

5 Frigeridus = Gregor II, 9, S. 55 f.; vgl. WYNN, Frigeridus; CASTRITIUS, Vandalen, S. 52.

6 Zosimos VI, 5, 2 f. (Übers.: Germanen in der Völkerwanderung 2, S. 367).

7 Jordanes c. 31 (161).

8 Hydatius 69 (Übers.: Germanen in der Völkerwanderung 2, S. 397).

9 Gregor II, 9, S. 57 f.

10 Prosper Tiro 1298 (Übers.: Germanen in der Völkerwanderung 2, S. 457).

11 Hydatius 98.

12 Salvian VI, 39 f. (Übers.: Griechische und lateinische Quellen 4, S. 315 f.).
13 Sidonius Apollinaris, carm. 5, v. 206–230 (Übers.: Griechische und lateinische Quellen 4, S. 367).
14 Merobaudes, pan. 2, v. 5 ff.
15 Priskos, fragm. 20,3 (Übers.: Germanen in der Völkerwanderung 2, S. 467).
16 Zum Folgenden vgl. STICKLER, Aëtius, S. 114 ff.
17 Vgl. STICKLER, Aëtius, S. 125 ff.
18 Vgl. FISCHER, Attila, S. 189 f.
19 Priskos, fragm. 20,1 (Übers.: Germanen in der Völkerwanderung 2, S. 467).
20 Jordanes c. 36 (184 f.).
21 Sidonius Apollinaris, carm. 7, v. 321–325 (Übers.: Germanen in der Völkerwanderung 2, S. 471).
22 Jordanes c. 36 (191) (Übers.: Germanen in der Völkerwanderung 2, S. 477).
23 SCHARF, Ripari und Olibriones?, S. 11.
24 Jordanes c. 38 (197) (Übers.: Germanen in der Völkerwanderung 2, S. 481, hier leicht verändert).
25 Gregor II, 7, S. 50.
26 Hydatius 154.
27 Sidonius Apollinaris, carm. 7, v. 372; vgl. ANTON, Trier im Übergang, S. 20 f.
28 Liber historiae Francorum c. 8, S. 250.
29 Sidonius Apollinaris, carm. 13, v. 30 f. (Übers.: Griechische und lateinische Quellen 4, S. 369).
30 Hydatius 228.
31 Sidonius Apollinaris, ep. 6, 6, 1; 7, 6, 4; vgl. WOLFRAM, Goten, S. 187 f.; für einen formellen Bruch des *foedus* etwa SCHARF, Foederati, S. 43.
32 Jordanes c. 45 (Übers.: Geschichtsschreiber der deutschen Vorzeit 5, S. 78).
33 Sidonius Apollinaris, ep. 1, 7.
34 Chronica Gallica 649, S. 664.
35 WOOD, Kingdoms, S. 18.
36 Ennodius, Vita Epifani 79 ff., S. 94 f., das Zitat 88, S. 95.

3. Die frühen Frankenkönige im Dunkel der Überlieferung

1 Gregor II, 9, S. 52.
2 Gregor II, 9, S. 52.
3 Gregor II, 9, S. 54.
4 Gregor II, 9, S. 55, zitiert oben, S. 24.
5 Gregor II, 9, S. 55, vgl. oben, S. 70.
6 Gregor II, 9, S. 56, vgl. oben, S. 77.
7 Gregor II, 9, S. 57 f.
8 Dagegen nimmt GRAHN-HOEK, Thüringerreich, S. 27, eine Vielzahl von Quellen – teils mündlich, teils schriftlich – an; sie übersieht allerdings, wie sehr Gregor diese Informationen von den Zitaten aus den römischen Geschichtswerken absetzt, die zudem sehr ausführlich ausfallen, während er die Herkunft der Franken aus Pannonien und ihre Wanderung sehr allgemein gehalten hat und wo immer möglich wieder auf schriftliche Quellen wie etwa die Konsullisten zurückkommt.
9 WAGNER, Herkunft der Franken.
10 GRAHN-HOEK, Thüringerreich, S. 21.

11 GRAHN-HOEK, Stamm und Reich.
12 Liber historiae Francorum c. 5, S. 245; zu *Dispargum*/Duisburg vgl. BECHERT, *Asciburgium* und *Dispargum*; MILZ, Neue Erkenntnisse, S. 16 ff.
13 Fredegar II, 6, S. 46; zur fränkischen Trojasage bei Fredegar vgl. PLASSMANN, Origo gentis, S. 147 ff.
14 Fredegar III, 2, S. 93.
15 Vgl. EWIG, Trojamythos, S. 8.
16 Liber historiae Francorum c. 1, S. 242; zu dieser Version der Trojasage vgl. PLASSMANN, Origo gentis, S. 174 ff.
17 Liber historiae Francorum c. 2, S. 243.
18 Liber historiae Francorum c. 4, S. 244.
19 Jonas, Vita Columbani c. 28, S. 217 f.
20 Fredegar III, 9, S. 95 (Übers.: Quellen zur Geschichte des 7. und 8. Jahrhunderts, S. 89 f.).
21 ZÖLLNER, Geschichte, S. 29 Anm. 2, unter Verweis auf ältere Arbeiten.
22 HAUCK, Lebensnormen.
23 Vgl. KÖLZER, Die letzten Merowingerkönige, S. 35 f., die ältere Diskussion zusammenfassend.
24 Vgl. unten, S. 142.
25 DIESENBERGER, Hair; DIESENBERGER – REIMITZ, Vergangenheit, S. 232 ff.
26 LE JAN, Sakralität, S. 84.
27 Gregor II, 9, S. 58; die hier zitierte Stelle steht unmittelbar vor der Feststellung, Merowech sei aus Chlodios Stamm entsprungen, vgl. oben, S. 106.
28 Vgl. oben, S. 84 f.
29 Vgl. oben, S. 86.
30 Fredegar III, 11, S. 95.
31 Liber historiae Francorum c. 5, S. 246.
32 Liber historiae Francorum c. 5 (Zusatz), S. 246.
33 Vgl. unten, S. 142 f.
34 Sidonius Apollinaris, ep. 4, 17, 1 f. (Übers.: Griechische und lateinische Quellen 4, S. 377).
35 Gregor II, 9, S. 58, vgl. oben, S. 119.
36 Der Liber historiae Francorum c. 9, S. 251, gibt ihm eine Regierungszeit von 24 Jahren.
37 Gregor II, 18, S. 65.
38 Gregor II, 12, S. 61 f.
39 Vgl. JARNUT, Gregor.
40 Vgl. JAMES, Franks, S. 68.
41 Vgl. oben, S. 120.
42 Gregor II, 18, S. 65.
43 Gregor II, 19, S. 65.
44 Vita Genovefae c. 26, S. 226.
45 HEINZELMANN – POULIN, Les vies anciennes, S. 100 f., 111.
46 Vita Genovefae c. 35, S. 229 f.
47 Sidonius Apollinaris, ep. 8, 9, 5 (Übers.: Griechische und lateinische Quellen 4, S. 377 f.).
48 Sidonius Apollinaris, ep. 8, 3, 3 (Übers.: Griechische und lateinische Quellen 4, S. 377).
49 Cassiodor III, 3 (Übers.: KAMPERS, Thüringer, S. 274).

50 Sidonius Apollinaris, ep. 4, 8, 5; vgl. WOLFRAM, Goten, S. 206 f., der allerdings an eine suebische Abkunft denkt.
51 Vgl. HALSALL, Childeric's grave, S. 127 f., dessen Gesamtinterpretation wir uns aber nicht anschließen.
52 Zum Grab vgl. BÖHNER, Art. ‹Childerich von Tournai III. Archäologisches›, in: Reallexikon 4, S. 441–460; PÉRIN – KAZANSKI, Grab; MÜLLER-WILLE, Zwei religiöse Welten.
53 Vgl. WAGNER, Bedeutung, S. 3 ff.
54 Zu den Hintergründen vgl. WAGNER, Bedeutung, S. 19 ff.
55 Oder zu seinem Schwertgurt, so der jüngste Interpretationsvorschlag, vgl. QUAST, Childerichs Schwertgurt.
56 QUAST, Zepter.
57 Vita Severini c. 19, S. 30.
58 PÉRIN – KAZANSKI, Grab, S. 178, 180.
59 Vgl. BÖHME, Söldner, S. 92 f.
60 Sidonius Apollinaris, carm. 5, v. 238–253 (Übers.: Griechische und lateinische Quellen 4, S. 367 f.).
61 Sidonius Apollinaris, carm. 12 (Übers.: Griechische und lateinische Quellen 4, S. 371).
62 Sidonius Apollinaris, ep. 4, 20 (Übers.: Griechische und lateinische Quellen 4, S. 373, hier leicht verändert).

4. Die Anfänge Chlodwigs

1 Gregor II, 27, S. 71; vgl. auch Gregor II, 18, S. 65, oben, S. 127.
2 Candidus, fragm. 1, 86 ff., S. 468.
3 Vgl. KAISER, Untersuchungen, S. 140 f.
4 Gregor II, 27, S. 71.
5 Gregor II, 27, S. 71 f.
6 WOLFRAM, Goten, S. 195 f.
7 Liber historiae Francorum c. 14, S. 260 (Eroberungen), c. 12, S. 257 (Soissons als Chlodwigs Sitz, vgl. auch schon Fredegar III, 18, S. 100), c. 9, S. 251 (Schatz).
8 Epistolae austrasicae 2, S. 113 (Übers.: ZÖLLNER, Geschichte, S. 45f.).
9 Epistolae austrasicae 2, S. 113 (Übers.: ZÖLLNER, Geschichte, S. 45).
10 Vgl. Gregor II, 42, S. 93: Chararichs Bruder Rignomer wurde auf Chlodwigs Befehl in Le Mans getötet, was als Indiz gelten kann, dass er die Stadt kontrollierte.
11 FRIED, Schleier, S. 337.
12 Prokop V (I), 12 (Übers.: Geschichtsschreiber der deutschen Vorzeit 7, S. 37 f.); vgl. FRIED, Le passé; DERS., Schleier, S. 335–344.
13 Prokop V (I), 12 (Übers.: Geschichtsschreiber der deutschen Vorzeit 7, S. 38).
14 Gregor II, 27, S. 72 f.
15 Gregor II, 27, S. 73.
16 Vgl. oben, S. 108.
17 Gregor III, 7, S. 103 f.
18 Vita Eptadii c. 8 f., S. 489 f.; vgl. ROUCHE, Clovis, S. 209 ff.; KAISER, Burgunder, S. 59 f.
19 Jordanes c. 57 (Übers.: Geschichtsschreiber der deutschen Vorzeit 5, S. 99).

20 Anonymus Valesianus 63; eine Datierung der Hochzeit auf 498 hat BEDNAŘÍKOVÁ, Audofleda, vorgeschlagen, die in Audofleda auch tatsächlich eine Tochter Chlodwigs sieht; allerdings ist ihr die Forschung nicht gefolgt, vgl. GOLTZ, Barbar, S. 221 Anm. 159.
21 Gregor III, 31, S. 126.
22 Gregor II, 28, S. 74.
23 Vgl. WERNER, Ursprünge, S. 338 f.; EWIG, Namengebung, S. 49 f.
24 FAVROD, Histoire, S. 148 ff.
25 WOOD, Assimilation, S. 225.
26 Gregor II, 28, S. 73 f.
27 Avitus, ep. 5, S. 32 f.
28 Fredegar III, 18 f., S. 99 ff.
29 Liber historiae Francorum c. 12 f., S. 254 ff.
30 Liber historiae Francorum c. 13, S. 258 f.

5. Die Taufe Chlodwigs

1 Vita Wulframni c. 9, S. 668.
2 Gregor II, 29, S. 74.
3 Gregor II, 29, S. 74 f.
4 Gregor II, 30, S. 75 f.
5 VON DEN STEINEN, Übergang, S. 426 f.
6 Gregor II, 31, S. 76 f.
7 Vgl. ALTHOFF, *Colloquium familiare*.
8 Gregor II, 31, S. 77.
9 Vgl. WOOD, Gregory, S. 251.
10 VON DEN STEINEN, Übergang, S. 443.
11 Fredegar III, 21, S. 101; Jonas, Vita Vedasti c. 3, S. 408.
12 Gregor II, 31, S. 77 f.
13 Epistolae austrasicae 8, S. 122.
14 Avitus, ep. 46, S. 75 (Übers.: VON DEN STEINEN, Übergang, S. 480 f.).
15 Der Verweis: Avitus, Homiliae 31, S. 152.
16 Avitus, ep. 46, S. 75 (Übers.: VON DEN STEINEN, Übergang, S. 481).
17 Beda I, 15, S. 50.
18 Avitus, ep. 46, S. 75 (Übers.: VON DEN STEINEN, Übergang, S. 482).
19 Avitus, ep. 46, S. 75 f. (Übers.: VON DEN STEINEN, Übergang, S. 482 f.).
20 Avitus, ep. 46, S. 76 (Übers.: VON DEN STEINEN, Übergang, S. 483 f.).
21 FRIED, Schleier, S. 338.
22 Vgl. oben, S. 18.
23 Vgl. oben, S. 21.

6. Chlodwig als Eroberer – Fehlversuche und Erfolge

1 Continuatio Prosperi Havniensis, S. 331: *p. c. Viatoris v. c. consulis. Alaricus ann. XII regni sui [S]antones obtinuit.*
2 Continuatio Prosperi Havniensis, S. 331: *Paulino v. c. consule. Ann. XIIII Alarici Franci Burdigalam obtinuerunt et a potestate Gothorum in possessionem sui redegerunt capto Suatrio Gothorum duce.*
3 Gregor II, 32, S. 78.

4 Gregor II, 32, S. 78 f.
5 Gregor II, 32, S. 80.
6 Gregor II, 33, S. 80 f.
7 Gregor II, 35, S. 84.
8 Fredegar II, 58, S. 82.
9 Gregor II, 33, S. 81.
10 Cassiodor II, 41 (Übers.: AUSBÜTTEL, Theoderich, S. 118 f.).
11 Cassiodor III, 1 (Übers.: KAMPERS, Thüringer, S. 270 f.).
12 Cassiodor III, 2 (Übers.: KAMPERS, Thüringer, S. 272 f.).
13 Cassiodor III, 3 (Übers.: KAMPERS, Thüringer, S. 274).
14 Cassiodor III, 4 (Übers.: KAMPERS, Thüringer, S. 271 f.).
15 Capitularia I, Nr. 1, S. 1 f. (Übers.: KAISER, Die Franken: Roms Erben, S. 90 f.).
16 Gregor II, 37, S. 85.
17 Gregor II, 37, S. 85 f.
18 Gregor II, 37, S. 86.
19 Gregor II, 37, S. 87 f.
20 Venantius Fortunatus 21, S. 9.
21 Gregor II, 37, S. 88.
22 Prokop V (I), 12, S. 68 f.
23 Vita Eptadii c. 12, S. 190.
24 Vita Eptadii c. 13, S. 191.

7. Chlodwig als *primus rex Francorum* Herrschaft auf römischen und fränkischen Grundlagen

1 Gregor II, 38, S. 88 f.
2 CASTRITIUS, Chlodwig.
3 Codex Justinianus XII 3, 3; vgl. DEMANDT, Spätantike, S. 284.
4 Prokop VII (III), 33, 4.
5 Cassiodor I, 1, 3; vgl. KOHLHAS-MÜLLER, Rechtsstellung, S. 156 f.
6 PATZOLD, Sozialstruktur.
7 Concilia 1, Nr. 1, S. 2 (Übers.: KAISER, Die Franken: Roms Erben, S. 94).
8 Gregor II, 40, S. 89 f.
9 Gregor II, 40, S. 90 f.
10 Gregor II, 41, S. 91 f.
11 Gregor II, 42, S. 92.
12 UBL, Inzestverbot, S. 141.
13 Gregor II, 42, S. 92 f.
14 Gregor II, 42, S. 93.
15 Pactus legis salicae, S. 2 f. (Übers.: ECKHARDT, Gesetze 1, S. 13).

8. Chlodwigs Tod – von der *imitatio imperii* zur Begründung des französischen Königtums

1 Liber historiae Francorum c. 17, S. 267.
2 Liber pontificalis, Vita Hormisdae c. 10, S. 271.
3 Gregor IV, 1, S. 135.
4 Unbestimmt noch KRÜGER, Königsgrabkirchen, S. 48: «in jenem geheiligten Bereich in der Nähe des Altares, der in manchen Kirchen zur Zeit Gregors

von Tours durch einen Vorhang abgeteilt war»; deutlicher WEIDEMANN, Kulturgeschichte, S. 131.

5 Diese befindet sich heute unter der Nachbarkirche Saint-Etiénne-du-Mont, vgl. dazu PÉRIN, Undiscovered grave; MÜLLER-WILLE, Königtum, S. 212; anders ANGENENDT, *In porticu*, S. 76.

6 Gregor III, 1, S. 97.

7 Gegen EWIG, Merowinger, S. 33, der aus der Berücksichtigung aller Söhne Chrodechildes auf die Anwendung der Vorschrift der *Lex salica* schließt; vgl. auch ERKENS, *Divisio legitima*, S. 440.

8 Jonas, Vita Vedastis c. 2 f., S. 310 f.

9 Vita Sollemnis c. 9, S. 319.

Bild- und Kartennachweis

S. 16: MGH SS rer. Merov. I, S. XXXVIII.

S. 49, 139: Franken. Wegbereiter Europas. Vor 1500 Jahren: König Chlodwig und seine Erben 2, S. 912, S. 757.

S. 135, 188, 279: akg-images, Berlin.

S. 137, 163: WOLFRAM, Die 101 wichtigsten Fragen: Germanen, S. 90, Abb. 21; S. 130, Abb. 30.

S. 195: Giraudon / The Bridgeman Art Library.

S. 261: Stadtbibliothek Trier.

Sämtliche Karten wurden von Peter Palm, Berlin, gefertigt.

Es ist dem Verlag C.H. Beck nicht in allen Fällen gelungen, die Inhaber der Bildrechte ausfindig zu machen; der Verlag ist jedoch selbstverständlich bereit, berechtige Ansprüche abzugelten.

DANKSAGUNG

In den Zeiten der modernen Universität ist es kein leichtes Unterfangen, neben den üblichen Verpflichtungen eines Hochschullehrers eine Monographie zu schreiben. Ohne vielfache Unterstützung wäre das nicht möglich gewesen. Ich danke daher allen meinen Mitarbeiterinnen und Mitarbeitern, die sich in den letzten Wochen und Monaten auf diese Aufgabe konzentriert haben. Nennen möchte ich vor allem Frau Linda Dohmen, M. Phil., bei der ich die Betreuung des gesamten Unternehmens in den besten Händen wusste. Frau PD Dr. Alheydis Plassmann hat den Text seit ihrer Rückkehr nach Bonn ebenfalls kritisch begleitet und die Registererstellung maßgeblich betreut, um die sich auch Frau Martha Wilczynski, M. A., und Frau Inga Mehlert-Garms verdient gemacht haben. Herr Daniel Colmenero López, M. A., hat die Bibliographie immer wieder auf den neuesten Stand gebracht. Auch Frau Yvonne Breuer, M. A., Herr Achim Fischelmanns, M. A., sowie Frau Katharina Gahbler und Frau Anja-Lisa Schroll haben bei der Lösung der verschiedensten Probleme sehr geholfen. Sicher sind noch einige Fehler stehengeblieben, die allein mir selbst zuzurechnen sind. Redaktion und Druckvorbereitung wurden von Herrn Dr. Stefan von der Lahr und Frau Andrea Morgan kompetent und umsichtig betreut. Ihnen allen gilt mein herzlicher Dank. Das Buch sei meiner Frau Claudia gewidmet, die mich in den vergangenen Monaten wohl nicht ganz freiwillig mit Chlodwig geteilt und den Text abschließend noch einmal gelesen und wo nötig verbessert hat.

Bonn, im Dezember 2010
Matthias Becher

Die frühen Merowinger bis zu Chlodwigs Söhnen

- Chlodio
  - ⋯ Merowech † 457/58
    - Childerich I. † 482 ∞ Basina
      - Chlodwig † 511 ∞ 1. N.N. 2. Chrodechilde
        - 1. Theuderich I. † 533
        - 2. Ingomer † 497
        - 2. Chlodomer † 524
        - 2. Childebert I. † 558
        - 2. Chlothar I. † 561
        - 2. Chlodechilde † 531
      - Albofledis
      - Lantechild
      - Audofleda ∞ Theoderich d. Gr.

Die Westgotenkönige

Alarich I., Kg. ca. 392–410
∞ N.N., Schwester Kg. Athaulfs (420 –415)

Tochter
∞ ? Theoderid
Kg. 418–451

- Thorismund
  Kg. 451–453
- Theoderich
  Kg. 453–466
- Frederich
  Mitkg. Theoderichs
  –463
- Eurich
  Kg. 466–484
  ∞ Ragnahild
- 2 weitere Söhne
- Tochter
  ∞ Hunerich
  vandal. Kg.ssohn
- Tochter
  ∞ Rechiar Suebenkg.

Alarich II.
Kg. 484–507
∞ 1. N.N. [Konkubinat(e)]
∞ 2. Thiudigotho, Tochter Theoderichs d. Gr.

- Gesalach (aus 1.)
  Kg. 507–511
- Amalrich (aus 2.)
  Kg. 526–531

Die Burgunderkönige

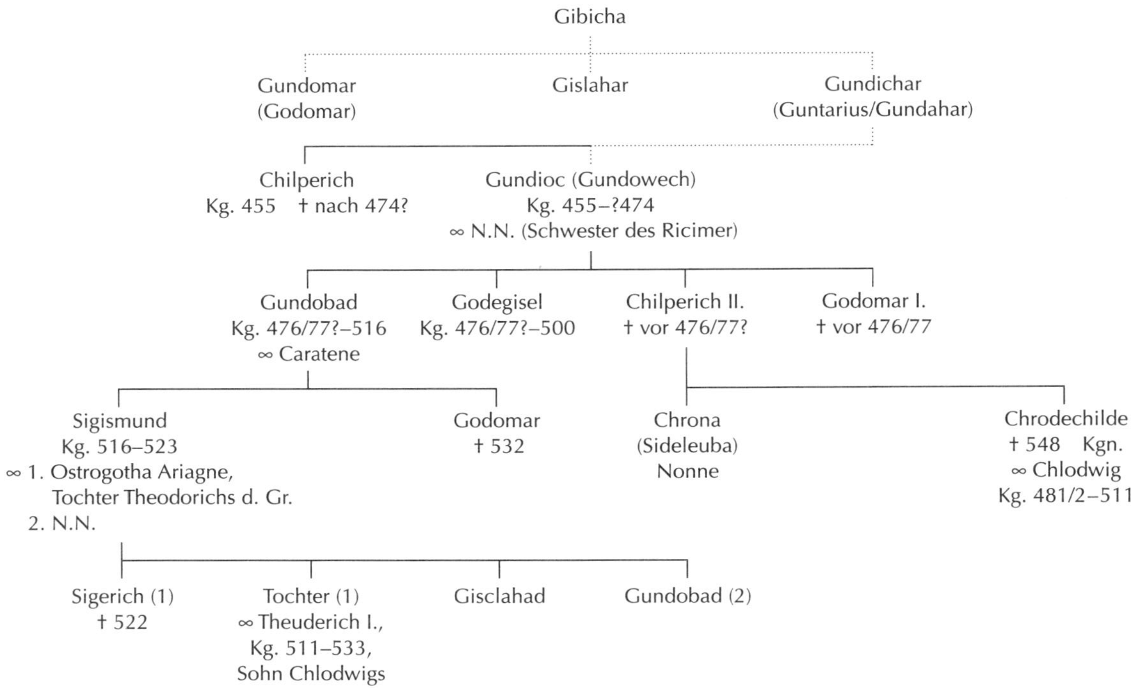

Die Ostgotenkönige

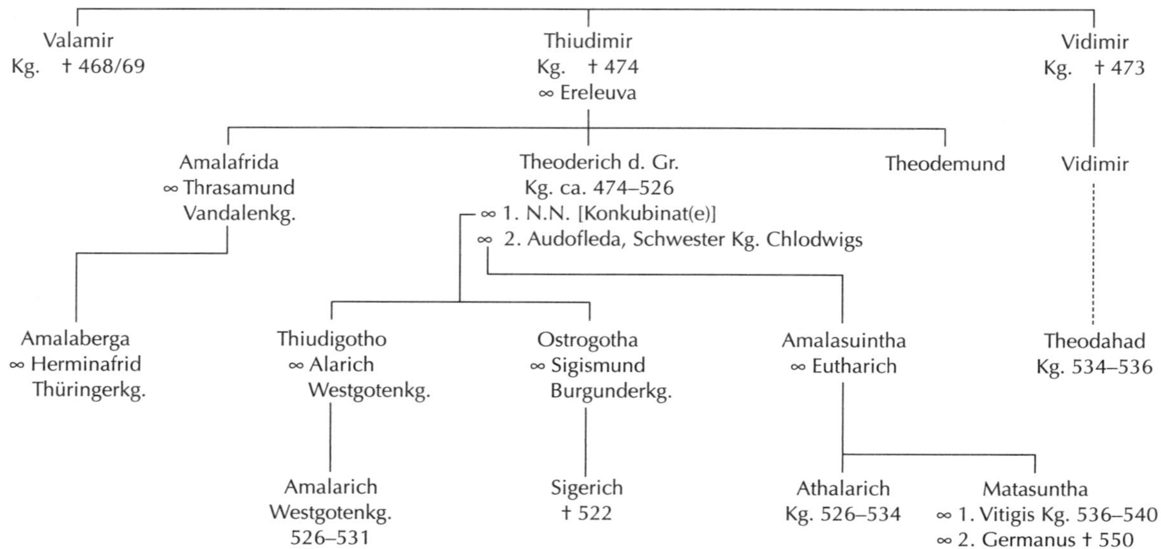

BIBLIOGRAPHIE

Abkürzungsverzeichnis

MGH	Monumenta Germaniae Historica
AA	Auctores Antiquissimi
Capit	Capitularia
Conc	Concilia
DD	Diplomata
Epp	Epistolae (in Quart)
LL	Leges (in Folio)
LL nat Germ	Leges nationum Germanicarum
SS	Scriptores (in Folio)
SS rer Germ	Scriptores rerum Germanicarum in usum scholarum
SS rer Merov	Scriptores rerum Merovingicarum
N. S.	Nova Series

Lexika

Handwörterbuch zur deutschen Rechtsgeschichte, hg. von Albert CORDES u. a., 5 Bde., Berlin 1971–1998 (2. Auflage: bisher 2 Bde., Berlin 2004–2010).

Lexikon des Mittelalters, 9 Bde., München – Zürich 1980–1998.

Der Neue Pauly. Enzyklopädie der Antike, 16 Bde., Stuttgart u. a. 1996–2003.

Paulys Realencyclopädie der classischen Altertumswissenschaft. Neue Bearbeitung, 66 Halbbände, 15 Supplementbände, Stuttgart 1893–1980.

Reallexikon der Germanischen Altertumskunde, hg. von Johannes HOOPS, 2. Auflage hg. von Heinrich BECK, 37 Bde., Berlin – New York 1973–2008.

Theologische Realenzyklopädie, 36 Bde., Berlin – New York 1977–2004.

Quellen

Ammianus Marcellinus, Res gestae, ed. John C. ROLFE (The Loeb Classical Library), 3 Bde., London 1963–1964.

Anonymus Valesianus = Excerpta Valesiana, ed. Ingemar KÖNIG, Aus der Zeit Theoderichs des Großen. Einleitung, Text, Übersetzung und Kommentar einer anonymen Quelle, Darmstadt 1997.

Avitus von Vienne, Opera quae supersunt, ed. Rudolf PEIPER (MGH AA 6,2), Berlin 1883 (ND 1985).

Avitus von Vienne, Letters and Selected Prose, ed. Danuta SHANZER – Ian N. WOOD, Liverpool 2002.

Beda Venerabilis, Historia ecclesiastica gentis Anglorum, ed. Bertram COLGRAVE – Roger A. B. MYNORS (Oxford Medieval Texts), Oxford 1969; übers. von Günther SPITZBART, 2 Teile (Texte zur Forschung 34), Darmstadt 1982.

Caesarius von Arles, Life, Testament, Letters, ed. William E. KLINGSHIRN (Translated Texts for Historians 19), Liverpool 1994.
Candidus, siehe Fragmentary Classicising Historians, Bd. 2 (siehe dort), S. 464–473.
Les canons des conciles mérovingiens (VIe-VIIe siècles), ed. Jean GAUDEMET – Brigitte BASDEVANT, Paris 1989.
Capitularia regum Francorum 1, ed. Alfred BORETIUS (MGH Capit 1), Hannover 1883.
Cassiodor, Variae, ed. Theodor MOMMSEN (MGH AA 12), Berlin 1894.
Chronica Gallica, ed. Theodor MOMMSEN, in: MGH AA 9, Berlin 1892, S. 615–666.
Claudianus, Carmina, ed. John B. HALL (Bibliotheca scriptorum Graecorum et Romanorum Teubneriana), Leipzig 1985.
Codex Justinianus = Corpus Iuris Civilis, ed. Theodor MOMMSEN – Paul KRÜGER, Hildesheim 1988.
Codex Theodosianus. Cum constitutionibus Sirmondianis et leges novellae ad Theodosianum pertinentes, ed. Theodor MOMMSEN, Berlin ^{3}1962.
Concilia aevi Merovingici, ed. Friedrich MAASSEN (MGH Conc 1), Hannover 1883.
Concilia Galliae a. 314 – a. 506, ed. Charles MUNIER (Corpus Christianorum Series Latina 148), Turnhout 1963.
Einhard, Vita Caroli magni, ed. Oswald HOLGER-EGGER (MGH SS rer Germ [25]), Hannover ^{6}1911; übers. von Reinhold RAU (Freiherr vom Stein-Gedächtnisausgabe 5), Darmstadt 1955, S. 157–211.
Ennodius, Panegyricus, ed. Christian ROHR (MGH Studien und Texte 12), Hannover 1995.
Ennodius, Vita Epifani, ed. Friedrich VOGEL, in: MGH AA 7, Berlin 1885, S. 84–109.
Epistolae austrasicae, ed. Wilhelm GUNDLACH, in: MGH Epp 3, Hannover 1883, S. 110–153.
Eugippius, Vita Severini, ed. Theodor MOMMSEN (MGH SS rer Germ [26]), Berlin 1898.
Eunapios, siehe Fragmentary Classicising Historians, Bd. 2 (siehe dort), S. 2–150.
Eutropius, Breviarium ab urbe condita, ed. Hans DROYSEN (MGH AA 2), Berlin 1879.
The Fragmentary Classicising Historians of the Later Roman Empire: Eunapius, Olympiodorus, Priscus, and Malchus, hg. von Roger C. BLOCKLEY, 2 Bde. (Arca, Classical and Medieval Texts, Papers and Monographs 10), Liverpool 1981–1983.
Fredegar = Chronicarum quae dicuntur Fredegarii scholastici cum continuationibus, ed. Bruno KRUSCH, in: MGH SS rer Merov 2, Hannover 1888, S. 1–193; übers. von Andreas KUSTERNIG – Herbert HAUPT (Freiherr vom Stein-Gedächtnisausgabe 4a), Darmstadt 1982, S. 1–325.
Die Germanen in der Völkerwanderung, ed. u. übers. von Hans Werner GOETZ – Steffen PATZOLD – Karl-Wilhelm WELWEI, 2 Teilbände (Freiherr vom Stein-Gedächtnisausgabe 1b), Darmstadt 2006.
Gregor von Tours, Historiarum libri decem, ed. Bruno KRUSCH – Wilhelm LEVISON (MGH SS rer Merov 1,1), Hannover ^{2}1951; übers. von Rudolf BUCHNER, 2 Teile (Freiherr vom Stein-Gedächtnisausgabe 2–3), Darmstadt 1974 u. 1977.

Griechische und lateinische Quellen zur Frühgeschichte Mitteleuropas bis zur Mitte des 1. Jahrtausends u.Z., Bd. 4: Von Ammianus Marcellinus bis Zosimus (4. und 5. Jh. u. Z.), hg. von Joachim HERRMANN (Schriften und Quellen der Alten Welt 37), Berlin 1992.

Hinkmar von Reims, Vita Remigii episcopi Remensis, ed. Bruno KRUSCH, in: MGH SS rer Merov 3, Hannover 1896, S. 239–349.

Historia Augusta = Scriptores Historiae Augustae. Vitae Caesarum, ed. Ernst HOHL, 2 Bde., Leipzig 1968–1971.

Hydatius, Continuatio Chronicorum Hieronymianorum, ed. Theodor MOMMSEN, in: MGH AA 11, Berlin 1894, S. 1–36.

Jonas von Bobbio, Vita Columbani, ed. Bruno KRUSCH, in: MGH SS rer Germ [37], Hannover 1905, S. 1–294; übers. von Herbert HAUPT (Freiherr vom Stein-Gedächtnisausgabe 4), Darmstadt 1982, S. 393–497.

Jonas von Bobbio, Vita Vedasti, ed. Bruno KRUSCH, in: MGH SS rer Germ [37], Hannover 1905, S. 295–320.

Jordanes, Getica, ed. Theodor MOMMSEN, in: MGH AA 5,1, Berlin 1882, S. 53–138.

Julian = Julien, Œuvres complètes, Bd. 1,1, ed. Joseph BIDEZ, Paris 1932.

Leges Burgundionum, ed. Ludwig Rudolf VON SALIS (MGH LL nat Germ 2,1), Hannover 1892.

Lex Ribuaria, ed. Franz BEYERLE – Rudolf BUCHNER (MGH LL nat Germ 3,2), Hannover 1954.

Lex Salica, ed. Karl August ECKHARDT (MGH LL nat Germ 4,2), Hannover 1964. Siehe auch Pactus legis Salicae.

Liber historiae Francorum, ed. Bruno KRUSCH, in: MGH SS rer Merov 2, Hannover 1888, S. 238–328; übers. von Herbert HAUPT (Freiherr vom Stein-Gedächtnisausgabe 4a), Darmstadt 1982, S. 329–379.

Liber pontificalis, ed. Louis DUCHESNE, 3 Bde., Paris 1877 (ND 1955–1957).

Marius von Avenches, Chronica, ed. Theodor MOMMSEN, in: MGH AA 11, Berlin 1894, S. 225–239.

Merobaudes, Reliquiae, ed. Friedrich VOLLMER, in: MGH AA 14, Berlin 1905, S. 1–20.

Notitia dignitatum. Accedunt notitia urbis Constantinopolitanae et laterculi provinciarum, ed. Otto SEECK, Berlin 1876.

Orosius, Historiarum aduersum paganos libri VII, ed. Carl ZANGEMEISTER (Corpus Scriptorum Ecclesiasticorum Latinorum 5), Wien 1882.

Pactus legis Salicae, ed. Karl August ECKHARDT (Die Gesetze des Merowingerreiches 481–714, Bd. 1), Göttingen u. a. 1955.

Panegyrici latini, ed. Roger A. B. MYNORS (Scriptorium classicorum Bibliotheca Oxoniensis), Oxford 1964.

Paulinus von Mailand, Vita s. Ambrosii, ed. Michele PELLEGRINO (Verba seniorum N. S. 1), Rom 1961.

Priskos, siehe Fragmentary Classicising Historians, Bd. 2 (siehe dort), S. 222–400.

Prokop, Bellum Gothicum, ed. Jacob HAURY, neu bearb. von Gerhard WIRTH (Bibliotheca Scriptorum Graecorum et Romanorum Teubneriana), Leipzig 1963; übers. von David COSTE (Geschichtsschreiber der deutschen Vorzeit 7), Leipzig ^{3}1922.

Prokop, Bellum Gothicum, ed. u. übers. von Henry Bronson DEWING (The Loeb Classical Library), Cambridge (Mass.) – London 2000 (ND von 1910).

Prokop, Bellum Gothicum, ed. u. übers. von Otto VEH (Prokopios von Caesarea: Werke 2: Gotenkriege), München 1966.
Prosper Tiro von Aquitanien, Epitoma Chronicon, ed. Theodor MOMMSEN, in: MGH AA 9, Berlin 1892, S. 341–499.
Prosperi Continuatio Havniensis, ed. Theodor MOMMSEN, in: MGH AA 9, Berlin 1892, S. 266–339.
Salvian, De gubernatione Dei, ed. Georges LAGARRIGUE (Sources Chrétiennes 220), Paris 1975.
Sidonius Apollinaris, Epistulae et Carmina, ed. Christian LÜTJOHANN (MGH AA 8), Berlin 1887.
Sidonius Apollinaris, Carmina, ed. André LOYEN, Paris 1960.
Sokrates, Historia ecclesiastica, ed. Jacques-Paul MIGNE, in: Patrologia Graeca 67, Paris 1864, Sp. 29–342.
Die Urkunden der Merowinger, ed. Theo KÖLZER (MGH DD Merov), 2 Teile, Hannover 2001.
Vegetius, Epitoma rei militaris. Abriß des Militärwesens, ed. u. übers. von Friedhelm L. MÜLLER, Stuttgart 1997.
Venantius Fortunatus, Liber de virtutibus sancti Hilarii, ed. Bruno KRUSCH (MGH AA 4,2), Berlin 1885.
Vita Caesarii, ed. Bruno KRUSCH, in: MGH SS rer Merov 3, Hannover 1886, S. 433–501.
Vita S. Chlodovaldi, ed. Bruno KRUSCH, in: MGH SS rer Merov 2, Hannover 1888 (ND 1984), S. 349–357.
Vita S. Chrothildis, ed. Bruno KRUSCH, in: MGH SS rer Merov 2, Hannover 1888 (ND 1984), S. 341–348.
Vita Eptadii, ed. Bruno KRUSCH, in: MGH SS rer Merov 3, Hannover 1896, S. 184–194.
Vita Genovefae, ed. Bruno KRUSCH, in: MGH SS rer Merov 3, Hannover 1896, S. 204–238.
Vita Sollemnis, ed. Wilhelm LEVISON, in: MGH SS rer Merov 7, Hannover – Leipzig 1920, S. 303–321.
Vita Wulframni, ed. Wilhelm LEVISON, in: MGH SS rer Merov 5, Hannover – Leipzig 1910, S. 657–673.
Zosimos, Historia nova, ed. Ludwig MENDELSSOHN, Leipzig 1887 (ND 1963).

Literatur

After Rome's Fall. Narrators and Sources of Early Medieval History. Essays presented to Walter Goffart, hg. von A. C. MURRAY, Toronto u. a. 1998.
Akkulturation. Probleme einer germanisch-romanischen Kultursynthese in Spätantike und frühem Mittelalter, hg. von Dieter HÄGERMANN – Wolfgang HAUBRICHS – Jörg JARNUT (Reallexikon der Germanischen Altertumskunde – Ergänzungsbände 41), Berlin – New York 2004.
Gerd ALTHOFF, *Colloquium familiare – colloquium secretum – colloquium publicum.* Beratung im politischen Leben des früheren Mittelalters, in: Frühmittelalterliche Studien 24, 1990, S. 145–167.
Thomas ANDERSON, Roman Military Colonies in Gaul: Salian Ethnogenesis and the Forgotten Meaning of Pactus Legis Salicae 59,5, in: Early Medieval Europe 4, 1995, S. 129–144.

Arnold ANGENENDT, *In porticu ecclesiae sepultus*. Ein Beispiel von himmlisch-irdischer Spiegelung, in: Iconologia sacra. Mythos, Bildkunst und Dichtung in der Religions- und Sozialgeschichte Alteuropas. Festschrift für Karl Hauck zum 75. Geburtstag, hg. von Hagen KELLER – Nikolaus STAUBACH (Arbeiten zur Frühmittelalterforschung 23), Berlin – New York 1994, S. 68–80.

Arnold ANGENENDT, Das Frühmittelalter. Die abendländische Christenheit von 400 bis 900, Stuttgart u. a. 32001.

Hans Hubert ANTON, Trier im Übergang von der römischen zur fränkischen Herrschaft, in: Francia 12, 1984, S. 1–52.

Hans Hubert ANTON, Troja-Herkunft, origo gentis und frühe Verfaßtheit der Franken in der gallisch-fränkischen Tradition des 5. bis 8. Jahrhunderts, in: Mitteilungen des Instituts für österreichische Geschichtsforschung 108, 2000, S. 1–30.

Frank M. AUSBÜTTEL, Die Verwaltung des römischen Kaiserreiches. Von der Herrschaft des Augustus bis zum Untergang des Weströmischen Reiches, Darmstadt 1998.

Frank M. AUSBÜTTEL, Theoderich der Große (Gestalten der Antike), Darmstadt 2003.

Frank M. AUSBÜTTEL, Germanische Herrscher. Von Arminius bis Theoderich, Darmstadt 2007.

Bernard S. BACHRACH, A History of the Alans in the West. From their First Appearance in the Sources of Classical Antiquity through the Early Middle Ages, Minneapolis 1973.

Timothy D. BARNES, The Franci before Diocletian, in: Historiae Augustae Colloquium Genevense, hg. von Giorgio BONAMENTE – François PASCHOUD (Historiae Augustae Colloquia N. S. 2), Bari 1994, S. 11–18.

Susanne BAUMGART, Die Bischofsherrschaft im Gallien des 5. Jahrhunderts. Eine Untersuchung zu den Gründen und Anfängen weltlicher Herrschaft der Kirche (Münchener Arbeiten zur Alten Geschichte 8), München 1995.

Colette BEAUNE, Naissance de la Nation France, Paris 1985; erweiterte und überarbeitete englische Übersetzung: The Birth of an Ideology: Myths and Symbols of Nation in Late-Medieval France, Berkeley 1991.

Tilmann BECHERT, *Asciburgium* und *Dispargum*. Das Ruhrmündungsgebiet zwischen Spätantike und Frühmittelalter, in: Kontinuität und Diskontinuität. Germania inferior am Beginn und am Ende der römischen Herrschaft, hg. von Thomas GRÜNEWALD – Sandra SEIBEL (Reallexikon der Germanischen Altertumskunde – Ergänzungsbände 35), Berlin – New York 2003, S. 1–11.

Jarmila BEDNAŘÍKOVÁ, Audofleda, Theoderich der Große und Chlodwig, in: Sborník Prací Filosofické Fak 45,1, 1996, S. 87–103.

Fritz BEISEL, Studien zu den fränkisch-römischen Beziehungen. Von ihren Anfängen bis zum Ausgang des 6. Jahrhunderts (Wissenschaftliche Schriften, Reihe 9, Geschichtswissenschaftliche Beiträge 105), Idstein 1987.

Guido BERNDT, Die Heiratspolitik der hasdingischen Herrscher-Dynastie. Ein Beitrag zur Geschichte des nordafrikanischen Vandalenreiches, in: Mitteilungen des Vereins für Geschichte an der Universität Paderborn (jetzt: Paderborner Historische Mitteilungen) 15, 2002, S. 145–154.

Guido BERNDT, Alt- oder neumodisch? Bemerkungen zu ausgewählten Portraitsiegeln der Spätantike und des Frühmittelalters, in: Dunkle Jahrhunderte in Mitteleuropa? Tagungsbeiträge der AG Spätantike und Frühmittelalter 1 und 2, hg. von Orsolya HEINRICH-TAMASKA – Niklot KROHN – Sebastian RISTOW (Studien zu Spätantike und Frühmittelalter 1), Hamburg 2009, S. 45–72.

Anne BERNET, Clotilde, épouse de Clovis, Paris 2006.

Bruno BLECKMANN, Die Alamannen im 3. Jahrhundert: Althistorische Bemerkungen zur Ersterwähnung und Ethnogenese, in: Museum helveticum 59, 2002, S. 145–171.

Bruno BLECKMANN, Der Barbareneinfall von 406 und die Erhebung des Usurpators Constantinus III. Zu einem chronologischen Problem des frühen fünften Jahrhunderts, in: Orbis Antiquus. Studia in honorem Ioannis Pisonis, hg. von Ligia RUSCU u. a. (Bibliotheca musei Napocensis 21), Cluj-Napoca 2004, S. 41–44.

Bruno BLECKMANN, Attila, Aetius und das «Ende Roms». Der Kollaps des Weströmischen Reiches, in: Sie schufen Europa (siehe dort), S. 93–110.

Bruno BLECKMANN, Die Germanen: Von Ariovist zu den Wikingern, München 2009.

Waltraut BLEIBER, Das Frankenreich der Merowinger, Wien u. a. 1988.

Marc BLOCH, Les rois thaumaturges, Paris 1924; deutsche Ausgabe: Die wundertätigen Könige. Mit einem Vorwort von Jacques LE GOFF, übersetzt von Claudia MÄRTL, München 1998.

Roger C. BLOCKLEY, Foreign Policy. Formation and Conduct from Diocletian to Anastasius, Leeds 1992.

Jean-Pierre BODMER, Der Krieger der Merowingerzeit und seine Welt. Eine Studie über Kriegertum als menschliche Existenz im Frühmittelalter, Zürich 1957.

Horst Wolfgang BÖHME, Der Frankenkönig Childerich zwischen Attila und Aëtius. Zu den Goldgriffspathen der Merowingerzeit, in: Festschrift für Otto-Herman Frey zum 65. Geburtstag, hg. von C. DOBIAT (Marburger Studien zur Vor- und Frühgeschichte 16), Marburg 1994, S. 69–110.

Horst Wolfgang BÖHME, Söldner und Siedler im spätantiken Nordgallien, in: Franken – Wegbereiter Europas (siehe dort), Bd. 1, S. 81–101.

Willem Jan DE BOONE, De Franken: van hun eerste optreden tot de dood van Childerik, Amsterdam 1954.

Georges BORDONOVE, Clovis et les Mérovingiens (481–511, père de Clotaire Ier), Paris 2009.

Michael BORGOLTE, Migrationen als transkulturelle Verflechtungen im mittelalterlichen Europa. Ein neuer Pflug für alte Forschungsfelder, in: Historische Zeitschrift 289, 2009, S. 261–285.

Pascale BOURGAIN, Le poème sur Clovis attribué à Saint Remi, in: Francia 31, 2004, S. 141–149.

Pascale BOURGAIN – Martin HEINZELMANN, Courbe-toi, fier Sicambre, adore ce que tu as brûlé. À propos Grégoire de Tours, Hist. II.31, in: Bibliothèque de l'École des chartes 154, 1996, S. 591–606.

Sebastian BRATHER, Memoria und Repräsentation. Frühmittelalterliche Bestattungen zwischen Erinnerung und Erwartung, in: Historia archaeologica (siehe dort), S. 247–284.

Adriaan H. B. BREUKELAAR, Christliche Herrscherlegitimation. Das Darstellungsinteresse bei Gregor von Tours, Hist. II 9, in: Zeitschrift für Kirchengeschichte 98, 1987, S. 321–337.

Adriaan H. B. BREUKELAAR, Historiography and Episcopal Authority in Sixth-Century Gaul. The Histories of Gregory of Tours Interpreted in their Historical Context (Forschungen zur Kirchen- und Dogmengeschichte 57), Göttingen 1994.

Carlrichard BRÜHL, Deutschland – Frankreich. Die Geburt zweier Völker, Köln u. a. ²1995.

Die Burgunder. Ethnogenese und Assimilation eines Volkes. Dokumentation des 6. wissenschaftlichen Symposiums, veranstaltet von der Nibelungenliedgesellschaft Worms e. V. und der Stadt Worms vom 21. bis 24. September 2006, hg. von Volker GALLÉ (Schriftenreihe der Nibelungenliedgesellschaft Worms e. V. 5), Worms 2008.

Max BURCKHARDT, Die Briefsammlung des Bischofs Avitus von Vienne (Abhandlungen zur mittleren und neueren Geschichte 81), Berlin 1938.

Averil CAMERON, Procopius and the Sixth Century, Berkeley 1985.

Claude CAROZZI, Le Clovis de Grégoire de Tours, in: Le Moyen Âge 98, 1992, S. 169–185.

Helmut CASTRITIUS, Zur Sozialgeschichte der Heermeister des Westreichs nach der Mitte des 5. Jahrhunderts n. Chr., in: Ancient Society 3, 1972, S. 233–243.

Helmut CASTRITIUS, Zur Sozialgeschichte der Heermeister des Westreichs. Einheitliche Rekrutierungsmuster und Rivalitäten im spätrömischen Militäradel, in: Mitteilungen des Instituts für österreichische Geschichtsforschung 92, 1984, S. 1–33.

Helmut CASTRITIUS, Die Vandalen. Etappen einer Spurensuche, Stuttgart 2007.

Helmut CASTRITIUS, Die Völkerlawine der Silvesternacht 405 oder 406 und die Gründung des Wormser Burgunderreichs, in: Burgunder. Ethnogenese und Assimilation eines Volkes (siehe dort), S. 31–47.

Helmut CASTRITIUS, Überlegungen zu Herkunft und Ethnogenese der Franken, in: Historia archaeologica (siehe dort), S. 217–224.

Helmut CASTRITIUS, Chlodwig und der Tag von Tours im Jahre 508, in: Völker, Reiche und Namen (siehe dort), S. 113–120.

Jean Jacques CHIFLET, Anastasis Childerici I. Francorum regis, sive thesaurus sepulchralis Tornaci Nerviorum effossus & commentario illustratus, Antwerpen 1655.

Dietrich CLAUDE, Universale und partikulare Züge in der Politik Theoderichs, in: Francia 6, 1978, S. 19–58.

Chlodwig und die «Schlacht bei Zülpich». Geschichte und Mythos 496–1996. Begleitbuch zur Ausstellung in Zülpich, 30.08.-26.10.1996, hg. von Dieter GEUENICH – Thomas GRÜNEWALD – Reinhold WEITZ (Geschichte im Kreis Euskirchen), Euskirchen 1996.

Clovis: histoire et mémoire. Actes du Colloque International d'Histoire de Reims. 19.–25.09.1996, hg. von Michel ROUCHE, 2 Bde., Paris 1997.

Miriam CZOCK, Wo gesündigt wird, kann der Sieg nicht gewonnen werden – Plünderung von Kirchen im Krieg in den Werken Gregors von Tours (538–594), in: Blicke auf das Mittelalter. Aspekte von Lebenswelt, Herrschaft, Religion und Rezeption. Festschrift Hanna Vollrath zum 65. Geburtstag, hg. von Bodo GUNDELACH – Ralf MOLKENTHIN, Witten 2004, S. 13–23.

Miriam CZOCK, Der Grabräuber als Exilant. Eine neue Interpretation von Lex Salica 55,4 zum Grabfrevel, in: Inszenierungen des Todes: Hinrichtungen – Martyrium – Leichenschändung, hg. von Linda-Maria GÜNTHER – Michael OBERWEIS, Bochum u. a. 2006, S. 73–81.

William M. DALY, Clovis: How Barbaric, How Pagan?, in: Speculum 69, 1994, S. 619–664.

Alexander DEMANDT, Die Anfänge der Staatenbildung bei den Germanen, in: Historische Zeitschrift 230, 1980, S. 265–291.

Alexander DEMANDT, Der spätrömische Militäradel, in: Chiron 10, 1980, S. 609–637.

Alexander DEMANDT, Die Spätantike. Römische Geschichte von Diocletian bis Justinian 284–565 n. Chr. (HdA III 6), München [2]2007.

Maximilian DIESENBERGER, Hair, Sacrality and Symbolic Capital in the Frankish Kingdoms, in: The Construction of Communities. Texts, Resources, Artefacts, hg. von Richard CORRADINI – Maximilian DIESENBERGER – Helmut REIMITZ (The Transformation of the Roman World 12), Leiden – New York 2003, S. 173–212.

Maximilian DIESENBERGER – Helmut REIMITZ, Zwischen Vergangenheit und Zukunft. Momente des Königtums in der merowingischen Historiographie, in: Das frühmittelalterliche Königtum. Ideelle und religiöse Grundlagen, hg. von Franz-Reiner ERKENS (Reallexikon der Germanischen Altertumskunde – Ergänzungsbände 49), Berlin – New York 2005, S. 214–269.

Hans-Joachim DIESNER, Das Buccellariertum von Stilicho und Sarus bis auf Aetius (454/455), in: Klio 54, 1972, S. 321–350.

Hans DITTEN, Zu Prokops Nachrichten über die deutschen Stämme, in: Byzantinoslavica 36, 1975, S. 1–24.

John F. DRINKWATER, The Bacaudae of Fifth-Century Gaul, in: Fifth-Century Gaul (siehe dort), S. 208–217.

John F. DRINKWATER, The Germanic Threat on the Rhine Frontier: A Romano-Gallic Artefact, in: Shifting Frontiers in Late Antiquity, hg. von Ralph W. MATHISEN – Hagith S. SIVAN, Aldershot 1996, S. 20–30.

John F. DRINKWATER, The Alamanni and Rome. 213–496 (Caracalla to Clovis), Oxford 2007.

Gaston DUCHET-SUCHAUX – Patrick PÉRIN, Clovis et les Mérovingiens: vers 250–751 (La France au fil de ses rois), Paris 2002.

Bonnie EFFROS, Caring for Body and Soul: Burial and the Afterlife in the Merovingian World, University Park, PA 2002.

Bonnie EFFROS, Merovingian Mortuary Archaeology and the Making of the Early Middle Ages (The Transformation of the Classical Heritage 35), Berkeley u. a. 2003.

Wilhelm ENSSLIN, Nochmals zu der Ehrung Chlodowechs durch Kaiser Anastasius, in: Historisches Jahrbuch 56, 1936, S. 499–507.

Wilhelm ENSSLIN, Theoderich der Große, München [2]1959.

Franz-Reiner ERKENS, Herrschersakralität im Mittelalter. Von den Anfängen bis zum Investiturstreit, Stuttgart 2006.

Andrea ESMYOL, Geliebte oder Ehefrau? Konkubinen im frühen Mittelalter (Beihefte zum Archiv für Kulturgeschichte 52), Köln u. a. 2002.

Britta EVERSCHOR, Die Beziehungen zwischen Römern und Barbaren auf der Grundlage der Briefliteratur des 4. und 5. Jahrhunderts (Habelts Dissertationsdrucke. Reihe Alte Geschichte 50), Bonn 2007.

Eugen EWIG, Die Namengebung bei den ältesten Frankenkönigen und im merowingischen Königshaus. Mit genealogischen Karten und Notizen, in: Francia 18, 1991, S. 21–69, wieder in: DERS., Spätantikes und Fränkisches Gallien, Bd. 3 (siehe dort), S. 163–211.

Eugen EWIG, Trojamythos und fränkische Frühgeschichte, in: Franken und die Alemannen (siehe dort), S. 1–30.

Eugen EWIG, Die Merowinger und das Frankenreich (Kohlhammer Urban-Taschenbücher 392), Stuttgart - Berlin - Köln [5]2006.

Eugen EWIG, Spätantikes und Fränkisches Gallien. Gesammelte Schriften, 3 Bde., Bd. 1 und 2 (1952–1973), hg. von Hartmut ATSMA (Beihefte der Francia 3/1 und 3/2), München 1976 und 1979, Bd. 3 (1974–2007), hg. von Matthias BECHER - Theo KÖLZER - Ulrich NONN (Beihefte der Francia 3/3), Ostfildern 2009.

Eugen EWIG, Die Franken am Rhein. Bemerkungen zu: Hans Kuhn, Das Rheinland in den germanischen Wanderungsbewegungen, in: Aspekte der Nationenbildung im Mittelalter. Ergebnisse der Marburger Rundgespräche 1972–1975, hg. von Helmut BEUMANN - Werner SCHRÖDER (Nationes 1), Sigmaringen 1978, S. 109–126; wieder in: DERS., Spätantikes und Fränkisches Gallien, Bd. 3 (siehe dort), S. 103–120.

Eugen EWIG, Die Franken und Rom (3.-5. Jahrhundert). Versuch einer Übersicht, in: Rheinische Vierteljahrsblätter 71, 2007, S. 1–42; wieder in: DERS., Spätantikes und Fränkisches Gallien, Bd. 3 (siehe dort), S. 121–162.

Steven FANNING, Emperors and Empires in Fifth-Century Gaul, in: Fifth-Century Gaul (siehe dort), S. 288–297.

Justin FAVROD, Histoire politique du royaume burgonde (443–534) (Bibliothèque historique vaudoise 113), Lausanne 1997.

Hubert FEHR, Germanen und Romanen im Merowingerreich. Frühgeschichtliche Archäologie zwischen Wissenschaft und Zeitgeschehen (Reallexikon der Germanischen Altertumskunde - Ergänzungsbände 68), Berlin - New York 2010.

Fifth-Century Gaul. A Crisis of Identity?, hg. von John F. DRINKWATER - Hugh ELTON, Cambridge 1992.

Andreas FISCHER, Attila, die Franken und die Schlacht auf den Katalaunischen Feldern, in: Hunnen zwischen Asien und Europa. Aktuelle Forschungen zur Geschichte und Kultur der Hunnen, hg. von Heike EXTERNBRINK u. a. (Beiträge zur Ur- und Frühgeschichte Mitteleuropas 50), Speyer 2008, S. 185–194.

Egon FLAIG, Für eine Konzeptionalisierung der Usurpation im spätrömischen Reich, in: Usurpationen in der Spätantike (siehe dort), S. 15–34.

Egon FLAIG, Wie im Westen des Imperium ein neues politisches System entstand, in: Macht des Königs (siehe dort), S. 1–13.

Die Franken und die Alemannen bis zur «Schlacht bei Zülpich» (496/97), hg. von Dieter GEUENICH (Reallexikon der Germanischen Altertumskunde - Ergänzungsbände 19), Berlin u. a. 1998.

Die Franken - Wegbereiter Europas. Vor 1500 Jahren: König Chlodwig und seine Erben, hg. von Alfried WIECZOREK, 2 Bde., Mainz 1996.

Franks and Alamanni in the Merovingian Period, hg. von Ian N. WOOD, Woodbridge 1998.

Johannes FRIED, Le passé à la merci de l'oralité et du souvenir: Le baptême de Clovis et la vie de Benoît de Nursie, in: Les tendances actuelles de l'historie du Moyen-Âge en France et en Allemagne, hg. von Jean Claude SCHMIDT – Otto Gerhard OEXLE, Paris 2002, S. 71–104.

Johannes FRIED, Der Schleier der Erinnerung. Grundzüge einer historischen Memorik, München 2004.

Raimund FRIEDL, Der Konkubinat im kaiserzeitlichen Rom. Von Augustus bis Septimius Severus (Historia – Einzelschriften 98), Stuttgart 1996.

Die Frühzeit der Thüringer. Archäologie, Sprache, Geschichte, hg. von Helmut CASTRITIUS – Dieter GEUENICH – Matthias WERNER (Reallexikon der Germanischen Altertumskunde – Ergänzungsbände 63), Berlin – New York 2009.

David FRYE, Aegidius, Childeric, Odovacer and Paul, in: Nottingham Medieval Studies 36, 1992, S. 1–14.

Julian FÜHRER, Gregor von Tours. Christliche und pagane Tradition, in: Es hat sich viel ereignet, Gutes wie Böses. Lateinische Geschichtsschreibung der Spät- und Nachantike, hg. Gabriele THOME – Jens HOLZHAUSEN (Beiträge zur Altertumskunde 141), München – Leipzig 2001, S. 105–126.

Patrick J. GEARY, Before France and Germany. The Creation and Transformation of the Merovingian World, New York – Oxford 1988; deutsche Ausgabe: Die Merowinger. Europa vor Karl dem Großen, München 1996.

Patrick J. GEARY, Europäische Völker im frühen Mittelalter. Zur Legende vom Werden der Nationen (Fischer: Europäische Geschichte 60111), Frankfurt am Main 2002.

Dieter GEUENICH, Chlodwig. Versuch einer Biographie, in: Chlodwig und die «Schlacht bei Zülpich» (siehe dort), S. 48–54.

Dieter GEUENICH, Geschichte der Alemannen (Kohlhammer Urban Taschenbücher 575), Stuttgart u. a. ²2005.

Wolfgang GIESE, Die Goten (Kohlhammer Urban Taschenbücher 597), Stuttgart 2004.

Ivan GOBRY, Le baptême de Clovis 495, Paris 2008.

Hans-Werner GOETZ, Europa im frühen Mittelalter. 500–1050, Stuttgart 2003.

Hans-Werner GOETZ, Die germanisch-romanische (Kultur-)Synthese in der Wahrnehmung der merowingischen Geschichtsschreibung, in: Akkulturation (siehe dort), S. 547–570.

Walter GOFFART, The Narrators of Barbarian History (A. D. 550–800). Jordanes, Gregory of Tours, Bede, and Paul the Deacon, Princeton 1988.

Walter GOFFART, From Historiae to Historia Francorum and back again. Aspects of the Textual History of Gregory of Tours, in: DERS., Rome's Fall and After, London 1989, S. 255–274.

Walter GOFFART, What's Wrong with the Map of the Barbarian Invasions?, in: Minorities and Barbarians in Medieval Life and Thought, hg. von Susan RIDYARD – Robert BENSON (Sewanee Medieval Studies 7), Sewanee TN, 1996, S. 159–177.

Andreas GOLTZ, Franken und Alamannen zur Zeit der Tetrarchie. Überlegungen zu ihrer Ersterwähnung und Ethnogenese vor dem Hintergrund tetrarchischer Herrschaftsstrukturen, in: Diokletian und die Tetrarchie. Aspekte einer Zeitenwende, hg. von Alexander DEMANDT – Andreas GOLTZ – Heinrich SCHLANGE-SCHÖNINGEN (Millennium-Studien 1), Berlin – New York 2004, S. 95–114.

Andreas GOLTZ, Barbar – König – Tyrann. Das Bild Theoderichs des Großen in der Überlieferung des 5. bis 9. Jahrhunderts (Millenium-Studien zu Kultur und Geschichte des ersten Jahrtausends n. Chr. 12), Berlin 2008.

Heike GRAHN-HOEK, Gab es vor 531 ein linksrheinisches Thüringerreich?, in: Zeitschrift des Vereins für Thüringische Geschichte 55, 2001, S. 15–56.

Heike GRAHN-HOEK, Stamm und Reich der frühen Thüringer nach den Schriftquellen, in: Zeitschrift des Vereins für Thüringische Geschichte 56, 2002, S. 7–90.

Heike GRAHN-HOEK, *Gundulfus subregulus* – eine genealogische Brücke zwischen Merowingern und Karolingern?, in: Deutsches Archiv für Erforschung des Mittelalters 59, 2003, S. 1–47.

Heike GRAHN-HOEK, *Salii – Franci ipsi – (gentes) qui et Franci*. Zur Ethnogenese der Franken und den Anfängen der fränkischen Südwestbewegung bis zum Ende des 4. Jhs., in: Rheinische Vierteljahrsblätter 69, 2005, S. 1–69.

Fiona K. HAARER, Anastasius I. Politics and Empire in the Late Roman World, Leeds 2006.

Hans HAGN, Illegitimität und Thronfolge. Zur Thronfolgeproblematik illegitimer Merowinger, Karolinger und Ottonen (Politik im Mittelalter 5), Neuried 2006.

Guy HALSALL, Childeric's Grave, Clovis' Succession, and the Origins of the Merovingian Kingdom, in: Society and Culture in Late Antique Gaul. Revisiting the Sources, hg. von Ralph W. MATHISEN – Danuta SHANZER, Aldershot u. a. 2001, S. 116–133.

Guy HALSALL, Barbarian Migrations and the Roman West. 376–568, Cambridge 2007.

Karl HAMPE, Herrschergestalten des deutschen Mittelalters, Leipzig 1927 (ND 1987).

Handbuch der europäischen Geschichte, hg. von Theodor SCHIEDER, Bd. 1: Europa im Wandel von der Antike zum Mittelalter, hg. von Theodor SCHIEFFER, Stuttgart 1976.

Martina HARTMANN, Aufbruch ins Mittelalter. Die Zeit der Merowinger, Darmstadt 2003.

Martina HARTMANN, Gregor von Tours und arianische Königinnen oder: Hatte Chlodwig I. zwei oder drei Schwestern?, in: Mitteilungen des Instituts für österreichische Geschichtsforschung 116, 2008, S. 130–137.

Martina HARTMANN, Die Königin im frühen Mittelalter, Stuttgart 2009.

Gönna HARTMANN-PETERSEN, Genovefa von Paris – Person, Verehrung und Rezeption einer Heiligen des Frankenreiches. Eine paradigmatische Studie zur Heiligenverehrung im Frühmittelalter (Kieler Theologische Reihe 4), Hamburg 2007.

Wolfgang HAUBRICHS, Namenbrauch und Mythos-Konstruktion. Die Onomastik der Lex-Salica-Prologe, in: Nomen et Fraternitas. Festschrift für Dieter Geuenich zum 65. Geburtstag, hg. von Uwe LUDWIG – Thomas SCHILP, Berlin u. a. 2008, S. 53–77.

Karl HAUCK, Lebensnormen und Kultmythen in germanischen Stammes- und Herrschergenealogien, in: Saeculum 6, 1955, S. 186–223.
Karl HAUCK, Von einer spätantiken Randkultur zum karolingischen Europa, in: Frühmittelalterliche Studien 1, 1967, S. 3–93.
Peter J. HEATHER, Theoderic, King of the Goths, in: Early Medieval Europe 4, 1995, S. 145–173.
Peter J. HEATHER, The Fall of the Roman Empire, London u. a. 2005; deutsche Ausgabe: Der Untergang des römischen Weltreichs, Stuttgart [2]2008.
Peter J. HEATHER, Empires and Barbarians. Migration and Development in the First Millennium, London 2009.
Martin HEINZELMANN, Gallische Prosopographie 260–527, in: Francia 10, 1982, S. 531–718.
Martin HEINZELMANN, Zum Stand der Genovefa-Forschung, in: Deutsches Archiv für Erforschung des Mittelalters 41, 1985, S. 532–548.
Martin HEINZELMANN – Jean-Claude POULIN, Les vies anciennes de sainte Geneviève de Paris. Etudes critiques, Paris – Genf 1986.
Martin HEINZELMANN, Bischof und Herrschaft vom spätantiken Gallien bis zu den karolingischen Hausmeiern. Die institutionellen Grundlagen, in: Herrschaft und Kirche. Beiträge zur Entstehung und Wirkungsweise episkopaler und monastischer Organisationsformen, hg. von Friedrich PRINZ (Monographien zur Geschichte des Mittelalters 33), Stuttgart 1988, S. 23–82.
Martin HEINZELMANN, Hagiographischer und historischer Diskurs bei Gregor von Tours?, in: Aevum inter utrumque. Mélanges offerts à Gabriel Sanders, hg. von Marc VAN UYTFANGHE – Roland DEMEULENAERE, Steenbrugge 1991, S. 237–258.
Martin HEINZELMANN, Gregor von Tours (538–594). «Zehn Bücher Geschichte». Historiographie und Gesellschaftskonzept im 6. Jahrhundert, Darmstadt 1994.
Martin HEINZELMANN, Die Franken und die fränkische Geschichtsschreibung in der Perspektive der Historiographie Gregors von Tours, in: Historiographie im frühen Mittelalter, hg. von Anton SCHARER – Georg SCHEIBELREITER (Veröffentlichungen des Instituts für österreichische Geschichtsforschung 32), Wien – München 1994, S. 326–344.
Martin HEINZELMANN, Clovis dans le discours hagiographique du VIe au IXe siècle, in: Bibliothèque de l'École des Chartes 154, 1996, S. 87–112.
Martin HEINZELMANN, Heresy in Book I and II of Gregory of Tours' *Historiae*, in: After Rome's Fall (siehe dort), S. 67–82.
Yitzhak HEN, Clovis, Gregory of Tours, and pro-Merovingian Propaganda, in: Revue belge de philologie et d'histoire 71, 1993, S. 271–276.
Yitzhak HEN, Culture and Religion in Merovingian Gaul, A. D. 481–751 (Cultures, Beliefs and Traditions: Medieval and Early Modern Peoples 1), New York 1995.
Dirk HENNING, Periclitans res publica. Kaisertum und Eliten in der Krise des Weströmischen Reiches 454/5–493 n. Chr., Stuttgart 1999.
Bernard HENRAT, La production des armes franques de Clovis à Charlemagne, in: Quaestiones Medii Aevi Novae (= Arms and Armour) 11, 2006, S. 23–36.
Jean HEUCLIN, Le concile d'Orléans de 511, un premier concordat?, in: Clovis: histoire et mémoire (siehe dort), Bd. 1, S. 435–450.
Historia archaeologica. Festschrift für Heiko Steuer zum 70. Geburtstag, hg.

von Sebastian BRATHER (Reallexikon der Germanischen Altertumskunde – Ergänzungsbände 70), Berlin – New York 2009.

Dietrich HOFFMANN, Edowech und Decimius Rusticus, in: Arculiana. Festschrift für Johannes Bögli, hg. von Franz E. KÖNIG, Genf 1995, S. 559–568.

Edward JAMES, The Franks (Peoples of Europe), Oxford 1988.

Edward JAMES, Gregory of Tours and the Franks, in: After Rome's Fall (siehe dort), S. 51–66.

Edward JAMES, Gregory of Tours and «Arianism», in: The Power of Religion in Late Antiquity, hg. von Andrew CAIN – Noel LENSKI, Farnham 2009, S. 327–338.

Jörg JARNUT, Gregor von Tours, Frankengeschichte II, 12: Franci Egidium sibi regem adsciscunt. Faktum oder Sage?, in: Ethnogenese und Überlieferung. Angewandte Methoden der Frühmittelalterforschung, hg. von Karl BRUNNER – Brigitte MERTA (Veröffentlichungen des Instituts für österreichische Geschichtsforschung 31), München 1994, S. 129–134.

Bernhard JUSSEN, Über ‹Bischofsherrschaften› und die Prozeduren politisch-sozialer Umordnung in Gallien zwischen ‹Antike› und ‹Mittelalter›, in: Historische Zeitschrift 260, 1995, S. 673–718.

Bernhard JUSSEN, Chlodwig und die Eigentümlichkeiten Galliens. Ein *warlord* im rechten Augenblick, in: Sie schufen Europa (siehe dort), S. 141–155.

Mathias KÄLBLE, Ethnogenese und Herzogtum. Thüringen im Frankenreich (6.–9. Jahrhundert), in: Frühzeit der Thüringer (siehe dort), S. 329–413.

Reinhold KAISER, Untersuchungen zur Geschichte der Civitas und Diözese Soissons in römischer und merowingischer Zeit (Rheinisches Archiv 89), Bonn 1973.

Reinhold KAISER, Steuer und Zoll in der Merowingerzeit, in: Francia 7, 1979, S. 1–18.

Reinhold KAISER, Bistumsgründungen im Merowingerreich im 6. Jahrhundert, in: Beiträge zur Geschichte des Regnum Francorum. Referate beim Wissenschaftlichen Colloquium zum 75. Geburtstag von Eugen Ewig am 28. Mai 1988, hg. von Rudolf SCHIEFFER (Beihefte der Francia 22), Sigmaringen 1990, S. 9–35.

Reinhold KAISER, Die Franken: Roms Erben und Wegbereiter Europas?, Idstein 1997.

Reinhold KAISER, Die Burgunder (Kohlhammer Urban Taschenbücher 586), Stuttgart 2004.

Reinhold KAISER, Das römische Erbe und das Merowingerreich (Enzyklopädie deutscher Geschichte 26), München [3]2004.

Reinhold KAISER, Franken und Merowinger im Spiegel der hochmittelalterlichen Universalchronistik in Frankreich, in: Wirtschaft – Gesellschaft – Mentalitäten im Mittelalter. Festschrift für Rolf Sprandel zum 75. Geburtstag, hg. von Hans-Peter BAUM – Rainer LENG – Joachim SCHNEIDER (Beiträge zur Wirtschafts- und Sozialgeschichte 107), Stuttgart 2006, S. 541–562.

Reinhold KAISER, Zur Problematik einer Quellensammlung zur Geschichte der Burgunder, in: Burgunder. Ethnogenese und Assimilation eines Volkes (siehe dort), S. 49–81.

Christina KAKRIDI, Cassiodors *Variae*. Literatur und Politik im ostgotischen Italien (Beiträge zur Altertumskunde 223), München – Leipzig 2005.

Anthony KALDELLIS, Procopius of Caesarea. Tyranny, History, and Philosophy at the End of Antiquity, Philadelphia 2004.

Gerd KAMPERS, Geschichte der Westgoten, Paderborn 2008.

Gerd KAMPERS, Die Thüringer und die Goten, in: Frühzeit der Thüringer (siehe dort), S. 265–278.

Brigitte KASTEN, Königssöhne und Königsherrschaft. Untersuchungen zur Teilhabe am Reich in der Merowinger- und Karolingerzeit (MGH Schriften 44), Hannover 1997.

Frank-Michael KAUFMANN, Studien zu Sidonius Apollinaris (Europäische Hochschulschriften Reihe 3, Geschichte und ihre Hilfswissenschaften 681), Frankfurt am Main 1995.

Hagen KELLER, Strukturveränderungen in der westgermanischen Welt am Vorabend der fränkischen Großreichsbildung. Fragen, Suchbilder, Hypothesen, in: Franken und die Alemannen (siehe dort), S. 581–607.

Theo KÖLZER, Die letzten Merowingerkönige: rois fainéants?, in: Der Dynastiewechsel von 751. Vorgeschichte, Legitimationsstrategien und Erinnerung, hg. von Matthias BECHER – Jörg JARNUT, Münster 2004, S. 33–60.

Daniel KÖNIG, Bekehrungsmotive. Untersuchungen zum Christianisierungsprozess im römischen Westreich und seinen romanisch-germanischen Nachfolgestaaten (Historische Studien 493), Husum 2008.

Ingemar KÖNIG, Die Herrschaftsbestätigung Theoderichs des Großen durch die Goten im Jahre 493. Ein spätantikes Rechtsproblem, in: E fontibus haurire. Festschrift für Heinrich Chantraine, hg. von Rosmarie GÜNTHER – Stefan REBENICH, Paderborn u. a. 1994, S. 147–161.

Dorothee KOHLHAS-MÜLLER, Untersuchungen zur Rechtsstellung Theoderichs des Großen (Rechtshistorische Reihe 119), Frankfurt am Main 1995.

Mario KRAMP, Zülpich – Reims – Paris. Die Chlodwiglegende, der Remigiuskult und die Herausbildung des französischen Königsmythos, in: Chlodwig und die «Schlacht bei Zülpich» (siehe dort), S. 87–113.

Karl Heinrich KRÜGER, Königsgrabkirchen der Franken, Angelsachsen, und Langobarden bis zur Mitte des 8. Jahrhunderts. Ein historischer Katalog (Münstersche Mittelalter-Schriften 4), München 1971.

Bruno KRUSCH, Die erste deutsche Kaiserkrönung in Tours, Weihnachten 508 (Sitzungsberichte der Preußischen Akademie der Wissenschaften, philosophisch-historische Klasse 9), Berlin 1933.

Bruno KRUSCH, Die Auferstehung des Königs Chlodwig, in: Sitzungsberichte der Preußischen Akademie der Wissenschaften 1937, S. 109–114.

Godefroid KURTH, Clovis, le fondateur, Tours 1896 (ND 2000).

Godefroid KURTH, Études Franques, Bd. 1, Paris – Brüssel 1919.

Michèle LAFOREST, Clovis, un roi de légend, Paris 1996.

Régine LE JAN, Die Sakralität der Merowinger oder: Mehrdeutigkeiten der Geschichtsschreibung, in: Staat im frühen Mittelalter, hg. von Stuart AIRLIE – Walter POHL – Helmut REIMITZ (Denkschriften der philosophisch-historischen Klasse der österreichischen Akademie der Wissenschaften 334, Forschungen zur Geschichte des Mittelalters 11), Wien 2006, S. 73–92.

Hartmut LEPPIN, Die Kirchenväter und ihre Zeit, München [2]2006.

Léon LEVILLAIN, La crise des années 507–508 et les rivalités d'influence en Gaule de 508 à 514, in: Mélanges offerts à Nicolas Iorga par ses amis de France et des pays de langue française, Paris 1933, S. 537–567.

Wilhelm LEVISON, Zur Geschichte des Frankenkönigs Chlodowech, in: Bonner Jahrbücher 103, 1898, S. 42–67.

Johann Wilhelm LOEBELL, Gregor von Tours und seine Zeit, vornehmlich aus seinen Werken geschildert. Ein Beitrag zur Geschichte der Entstehung und ersten Entwickelung romanisch-germanischer Verhältnisse, Leipzig [2]1869.

Anne LOMBARD-JOURDAN, Fleur-de-lis et oriflamme: signes céleste du royaume de France, Paris 1991.

Uwe LUDWIG, Chlodwig, die Franzosen und die Deutschen. Beobachtungen zum Nachleben eines Frankenkönigs, in: Frankreich-Jahrbuch 1997, S. 241–261.

Sabine MACCORMACK, Art and Ceremony in Late Antiquity, Berkeley – Los Angeles – London 1981.

Penny MACGEORGE, Late Roman Warlords, Oxford 2002.

Die Macht des Königs. Herrschaft in Europa vom Frühmittelalter bis in die Neuzeit, hg. von Bernhard JUSSEN, München 2005.

Elisabeth MAGNOU-NORTIER, Remarques sur la genèse du Pactus Legis Salicae et sur le privilège d'immunité (IVe–VIIe siècles), in: Clovis: histoire et mémoire (siehe dort), Bd. 1, S. 495–537.

Jochen MARTIN, Das Kaisertum in der Spätantike, in: Usurpationen in der Spätantike (siehe dort), S. 47–62.

Ralph W. MATHISEN, Resistance and Reconciliation. Majorian and the Gallic Aristocracy After the Fall of Avitus, in: Francia 7, 1979, S. 597–627.

Ralph W. MATHISEN, Epistolography, Literary Circles and Family Ties in Late Roman Gaul, in: Transactions of the American Philological Association 111, 1981, S. 95–109.

Ralph W. MATHISEN, Roman Aristocrats in Barbarian Gaul. Strategies for Survival in an Age of Transition, Austin 1993.

Ralph W. MATHISEN – Hagith SIVAN, Forging a new Identity. The Kingdom of Toulouse and the Frontiers of Visigothic Aquitania (418–507), in: The Visigoths. Studies in Culture and Society, hg. von Alberto FERREIRO, Leiden 1999, S. 1–62.

Ralph W. MATHISEN, Provinciales, Gentiles, and Marriages between Romans and Barbarians in the Late Roman Empire, in: Journal of Roman Studies 99, 2009, S. 140–155.

Michael MCCORMICK, Clovis at Tours, Byzantine Public Ritual and the Origins of Medieval Ruler Symbolism, in: Das Reich und die Barbaren, hg. von Evangelos K. CHRYSOS – Andreas SCHWARCZ (Veröffentlichungen des Instituts für österreichische Geschichtsforschung 29), Wien u. a. 1989, S. 155–180.

Mischa MEIER, Anastasios I. Die Entstehung des Byzantinischen Reiches, Stuttgart 2009.

Mischa MEIER – Steffen PATZOLD, August 410 – Ein Kampf um Rom, Stuttgart 2010.

Thomas MEIER, Die Archäologie des mittelalterlichen Königsgrabes im christlichen Europa (Mittelalter-Forschungen 8), Stuttgart 2002.

Joseph MILZ, Neue Erkenntnisse zur Geschichte Duisburgs (Duisburger Forschungen 55), Duisburg 2008.
Theodor MOMMSEN, Ostgotische Studien, in: DERS., Gesammelte Schriften, Bd. 6, hg. von Otto HIRSCHFELD, Berlin 1910, S. 362–484.
John MOORHEAD, Clovis' Motives for Becoming a Catholic Christian, in: Journal of Religious History 13, 1985, S. 329–339.
Michael MÜLLER-WILLE, Zwei religiöse Welten: Bestattungen der fränkischen Könige Childerich und Chlodwig (Abhandlungen der Akademie Wissenschaften und Literatur; Geistes- und sozialwissenschaftliche Klasse), Stuttgart 1998.
Steven MUHLBERGER, The Fifth-Century Chroniclers. Prosper, Hydatius, and the Gallic Chronicler of 452, Leeds 1990.
Renée MUSSOT-GOULARD, Clovis (Que sais-je? 3237), Paris 1997.

Hermann NEHLSEN, Aktualität und Effektivität der ältesten germanischen Rechtsaufzeichnungen, in: Recht und Schrift im Mittelalter, hg. von Peter CLASSEN (Vorträge und Forschungen 23), Sigmaringen 1977, S. 449–502.
Herbert NESSELHAUF, Die spätrömische Verwaltung der gallisch-germanischen Länder, Berlin 1938.
Burkhard NEUNHEUSER, Taufe und Firmung (Handbuch der Dogmengeschichte 4,2), Freiburg 1956.
The New Cambridge Medieval History. Bd. 2: c. 500 – c. 700, hg. von Paul FOURACRE, Cambridge 1998.
Cordula NOLTE, *Conversio* und *Christianitas*. Frauen in der Christianisierung vom 5. bis 8. Jahrhundert (Monographien zur Geschichte des Mittelalters 41), Stuttgart 1995.
Ulrich NONN, Zur Verwaltungsorganisation in der nördlichen Galloromania, in: Franken und die Alemannen (siehe dort), S. 82–94.
Ulrich NONN, Die Franken (Kohlhammer Urban-Taschenbücher 579), Stuttgart 2010.

Sabine PANZRAM, Eurich und seine Nachfolger, in: Sie schufen Europa (siehe dort), S. 124–140.
Michel PASTOUREAU, Une histoire symbolique du Moyen Âge occidental, Paris 2004.
Steffen PATZOLD, Zur Sozialstruktur des Episkopats und zur Ausbildung bischöflicher Herrschaft in Gallien zwischen Spätantike und Frühmittelalter, in: Völker, Reiche und Namen (siehe dort), S. 121–140.
Patrick PÉRIN, Clovis et la naissance de la France (L'histoire de la France), Sogemo 1990.
Patrick PÉRIN, The Undiscovered Grave of King Clovis, in: The Age of Sutton Hoo. The Seventh Century in North-Western Europe, hg. von Martin Oswald Hugh CARVER, Woodbridge 1992, S. 255–264.
Patrick PÉRIN – Michel KAZANSKI, Das Grab Childerichs I., in: Franken – Wegbereiter Europas (siehe dort), Bd. 1, S. 173–182.
Eve PICARD, Germanisches Sakralkönigtum? Quellenkritische Studien zur Germania des Tacitus und zur altnordischen Überlieferung (Skandinavistische Arbeiten 12), Heidelberg 1991.
Alheydis PLASSMANN, Origo gentis. Identitäts- und Legitimitätsstiftung in

früh- und hochmittelalterlichen Herkunftserzählungen (Orbis mediaevalis 7), Berlin 2006.

Walter POHL, Die Völkerwanderung. Eroberung und Integration, Stuttgart 2002.

Jean-Pierre POLY, La corde au cou. Les Francs, la France et la loi salique, in: Genèse de l'état moderne en Méditerranée. Approches historiques et anthropologiques des practiques et des représentations. Actes des Tables rondes Paris 24.–26. September 1987 – 18.–19. März 1988, hg. von Henri BRESC u. a. (Collection de l'École Française de Rome 168), Rom 1993, S. 287–320.

Jean-Pierre POLY, Le premier roi des Francs. La loi salique et le pouvoir royal à la fin de l'Empire, in: Auctoritas. Mélanges offerts à Olivier Guillot, hg. von Giles CONSTABLE – Michel ROUCHE, Paris 2006, S. 97–128.

Odette PONTAL, Die Synoden im Merowingerreich (Konziliengeschichte. Reihe A, Darstellungen), Paderborn u. a. 1986.

Friedrich PRINZ, Europäische Grundlagen deutscher Geschichte. 4.–8. Jahrhundert, in: Gebhardt. Handbuch der deutschen Geschichte 1, Stuttgart [10]2004, S. 147–616.

The Prosopography of the Later Roman Empire, Bd. 1: A. D. 260–395 – Bd. 2: A. D. 395–527 – Bd. 3a: A. D. 527 (Abandanes-Iyad ibn Ghanm) – Bd. 3b: 527–641 (Kaladji-Zudius), hg. von Arnold Hugh Martin JONES – John Robe MARTINDALE – Jon MORRIS, Cambridge 1971–1992.

Jan PROSTKO-PROSTYNSKI, Die gotische Politik des byzantinischen Reiches zur Zeit Anastasios I. (491–518), in: Eos 80, 1992, S. 331–335.

Jan PROSTKO-PROSTYNSKI, Utraeque res publicae. The Emperor Anastasius I's Gothic Policy (491–518), Posen 1994.

Dieter QUAST, Childerichs Schwertgurt. Ein neuer Rekonstruktionsvorschlag, in: Archäologisches Korrespondenzblatt 33, 2003, S. 597–614.

Dieter QUAST, Ein spätantikes Zepter aus dem Childerichgrab, in: Archäologisches Korrespondenzblatt 40, 2010, S. 285–296.

Elaine M. RAGLAND, Fear, Loathing, and Deadly Rivalry in the Frankish Polygamous Royal Family, in: Fear and its Representations in the Middle Ages and Renaissance, hg. von Anne SCOTT – Cynthia KOSSO (Arizona Studies in the Middle Ages and Renaissance 6), Tempe – Ariz 2002, S. 125–136.

Regna and gentes. The Relationship between Late Antique and Early Medieval Peoples and Kingdoms in the Transformation of the Roman World, hg. von Hans-Werner GOETZ u. a. (The Transformation of the Roman World 13), Leiden – Boston 2003.

Heli ROOSENS, Laeti, Foederati und andere spätrömische Bevölkerungsniederschläge im belgischen Raum, in: Die Kunde, Neue Folge 18, 1967, S. 89–109.

Jean M. ROPARS, La défense de l'Armorique dans les dernières années de l'Empire romain d'Occident. A travers une nouvelle interprétation d'un texte de Grégoire de Tours, in: Annales de Bretagne et des Pays de l'Ouest 100, 1993, S. 3–17.

Michel ROUCHE, Clovis: suivi de vingt et un documents traduits et commentés, Paris 1996.

J. H. ROWE, Notes on the *Clovis* Miniature and the Bedford Portrait in the Bedford Book of Hours, in: Journal of the British Archaeological Association, Third Series 25, 1962, S. 56–65.

Benet SALWAY, The Nature and Genesis of the Peutinger Map, in: Imago Mundi 57, 2005, S. 119–135.

Knut SCHÄFERDIEK, Die Kirche in den Reichen der Westgoten und Suewen bis zur Errichtung der westgotischen katholischen Staatskirche (Arbeiten zur Kirchengeschichte 39), Berlin 1967.

Knut SCHÄFERDIEK, Ein neues Bild der Geschichte Chlodwigs?, in: Zeitschrift für Kirchengeschichte 84, 1973, S. 270–277.

Knut SCHÄFERDIEK, Remigius von Reims. Kirchenmann einer Umbruchszeit, in: Zeitschrift für Kirchengeschichte 94, 1983, S. 256–278.

Knut SCHÄFERDIEK, *Francia rhinensis* und rheinische Kirche. Randbemerkungen zur frühen fränkischen Geschichte, in: Standfester Glaube. Festschrift für Johann Friedrich Gerhard Goeters, hg. von Heiner FAULENBACH (Schriftenreihe des Vereins für Rheinische Kirchengeschichte 100), Köln 1991, S. 1–20.

Knut SCHÄFERDIEK, Chlodwigs Religionswechsel. Bedingungen, Ablauf und Bewegkräfte, in: Patristica et oecumenica. Festschrift für Wolfgang A. Bienert zum 65. Geburtstag, hg. von Peter GEMEINHARDT, Marburg 2004, S. 105–121.

Ralf SCHARF, Ripari und Olibriones? Zwei Teilnehmer an der Schlacht auf den Katalaunischen Feldern, in: Mitteilungen des Instituts für österreichische Geschichtsforschung 107, 1999, S. 1–11.

Ralf SCHARF, Foederati. Von der völkerrechtlichen Kategorie zur byzantinischen Truppengattung (Tyche. Beiträge zur alten Geschichte, Papyrologie und Epigraphik, Supplementband 4), Wien 2001.

Michael SCHMAUDER, Die Oberschichtgräber und Verwahrfunde Südosteuropas und das Childerichgrab von Tournai. Anmerkungen zu den spätantiken Randkulturen, in: Acta Praehistorica et Archaeologica 30, 1998, S. 55–68.

Ludwig SCHMIDT, Das Ende der Römerherrschaft in Gallien (Chlodowech und Syagrius), in: Historisches Jahrbuch 48, 1928, S. 611–618.

Oliver SCHMITT, Die Buccellarii. Eine Studie zum militärischen Gefolgschaftswesen in der Spätantike, in: Tyche. Beiträge zur alten Geschichte, Papyrologie und Epigraphik 9, 1994, S. 147–174.

Reinhard SCHNEIDER, Königswahl und Königserhebung im Frühmittelalter. Untersuchungen zur Herrschaftsnachfolge bei den Langobarden und Merowingern (Monographien zur Geschichte des Mittelalters 3), Stuttgart 1972.

Reinhard SCHNEIDER, Das Frankenreich (Oldenbourg Grundriss der Geschichte 5), München ^{4}2001.

Moritz SCHÖNFELD, Wörterbuch der altgermanischen Personen- und Völkernamen, Heidelberg 1911.

Sebastian SCHOLZ, Das Grab in der Kirche. Zu seinen theologischen und rechtlichen Grundlagen in Spätantike und Frühmittelalter, in: Zeitschrift der Savigny-Stiftung für Rechtsgeschichte. Kanonistische Abteilung 84, 1998, S. 270–306.

Raimund SCHULZ, Die Entwicklung des römischen Völkerrechts im 4. und 5. Jahrhundert n. Chr. (Hermes-Einzelschriften 61), Stuttgart 1995.
Hans K. SCHULZE, Vom Reich der Franken zum Land der Deutschen. Merowinger und Karolinger (Siedler Deutsche Geschichte 2), Berlin 1987 (ND 1998).
Andreas SCHWARCZ, Die Restitutio Galliarum des Theoderich, in: Teoderico il Grande e i Goti d'Italia. Atti del XIII Congresso internazionale di studi sull'Alto Medioevo. Milano 2–6 novembre 1992, Bd. 2, Spoleto 1993, S. 787–798.
Andreas SCHWARCZ, Senatorische Heerführer im Westgotenreich im 5. Jh., in: La noblesse romaine et les chefs barbares du IIIe au VIIe siècle, hg. von Françoise VALLET – Michel KAZANSKI (Mémoires publiées par l'Association Française d'Archéologie Mérovingienne 9), Condé-sur-Noireau 1995, S. 49–54.
Elmar SEEBOLD, Wann und wo sind die Franken vom Himmel gefallen?, in: Beiträge zur deutschen Sprache und Literatur 122, 2000, S. 40–56.
Elmar SEEBOLD, Zur Entstehung der Lex Salica, in: Beiträge zur Geschichte der deutschen Sprache und Literatur 129, 2007, S. 387–401.
Christian SETTIPANI, Les Ancêtres de Charlemagne, Paris 1989.
Danuta SHANZER, Dating the Baptism of Clovis. The Bishop of Vienne vs. the Bishop of Tours, in: Early Medieval Europe 7, 1998, S. 29–57.
Danuta SHANZER, Two Clocks and a Wedding: Theodoric's Diplomatic Relations with the Burgundians, in: Romanobarbarica 14, 1998, S. 225–258.
Harald SIEMS, La vie économique des Francs d'après la *lex salica*, in: Clovis: histoire et mémoire (siehe dort), Bd. 1, S. 607–629.
Sie schufen Europa. Historische Portraits von Konstantin bis Karl dem Großen, hg. von Mischa MEIER, München 2007.
Regine SONNTAG, Studien zur Bewertung von Zahlenangaben in der Geschichtsschreibung des früheren Mittelalters. Die Decem Libri Historiarum Gregors von Tours und die Chronica Reginos von Prüm (Münchener Historische Studien, Abteilung mittelalterliche Geschichte 4), Kallmünz – Oberpfalz 1989.
Mark SPENCER, Dating the Baptism of Clovis. 1886–1993, in: Early Medieval Europe 3, 1994, S. 97–116.
Matthias SPRINGER, Haben die Germanen das weströmische Reich erobert?, in: Klio 64, 1982, S. 179–187.
Matthias SPRINGER, Gibt es ein Volk der Salier?, in: Nomen et gens. Zur historischen Aussagekraft frühmittelalterlicher Personennamen, hg. von Dieter GEUENICH – Wolfgang HAUBRICHS – Jörg JARNUT (Reallexikon der Germanischen Altertumskunde – Ergänzungsbände 16), Berlin – New York 1997, S. 58–83.
Matthias SPRINGER, *Riparii* – Ribuarier – Rheinfranken nebst einigen Bemerkungen zum Geographen von Ravenna, in: Franken und die Alemannen (siehe dort), S. 200–269.
Franz STAAB, Die Chlodwig-Dichtung des Remigius von Reims, in: Scripturus Vitam. Lateinische Biographie von der Antike bis in die Gegenwart. Festgabe für Walter Berschin zum 65. Geburtstag, hg. von Dorothea WALZ, Heidelberg 2002, S. 681–698.
Nikolaus STAUBACH, Germanisches Königtum und lateinische Literatur vom fünften bis zum siebten Jahrhundert. Bemerkungen zum Buch von Marc

Reydellet, La royauté dans la littérature Latine de Sidoine Apollinaire à Isidore de Séville, in: Frühmittelalterliche Studien 17, 1983, S. 1–54.

Simon STEIN, Lex und Capitula. Eine kritische Studie, in: Mitteilungen des Instituts für österreichische Geschichtsforschung 41, 1926, S. 289–301.

Wolfram VON DEN STEINEN, Chlodwigs Übergang zum Christentum. Eine quellenkritische Studie, in: Mitteilungen des österreichischen Instituts für Geschichtsforschung – Ergänzungsbände 12, 1932, S. 417–501; Separatdruck: Darmstadt ³1969.

Heiko STEUER, Die Franken in Köln. Aus der Kölner Stadtgeschichte, Köln 1980.

Timo STICKLER, Aëtius. Gestaltungsspielräume eines Heermeisters im ausgehenden Weströmischen Reich (Vestigia 54), München 2002.

Timo STICKLER, Die Hunnen, München 2007.

Pascal STOFFEL, Über die Staatspost, die Ochsengespanne und die requirierten Ochsengespanne. Eine Darstellung des römischen Postwesens auf Grund der Gesetze des Codex Theodosianus und des Codex Iustinianus (Europäische Hochschulschriften, Reihe 3: Geschichte und ihre Hilfswissenschaften 595), Bern u. a. 1994.

Karl F. STROHEKER, Eurich. König der Westgoten, Stuttgart 1937.

Karl F. STROHEKER, Zur Rolle der Heermeister fränkischer Abstammung im späten vierten Jahrhundert, in: DERS., Germanentum und Spätantike, Zürich 1965, S. 9–29.

Georges TESSIER, Le Baptême de Clovis, Paris 1964.

Laurent THEIS, Clovis. De l'histoire au mythe, Brüssel 1996.

Felix THÜRLEMANN, Der historische Diskurs bei Gregor von Tours. Topoi und Wirklichkeit (Geist und Werk der Zeiten. Arbeiten aus dem Historischen Seminar der Universität Zürich 39), Bern – Frankfurt am Main 1974.

Danny TROM, Frankreich – Die gespaltene Erinnerung, in: Mythen der Nationen. Ein europäisches Panorama. Eine Ausstellung des Deutschen Historischen Museums. Begleitband zur Ausstellung vom 20. März 1998 bis 9. Juni 1998, hg. von Monika FLACKE, München – Berlin 1998, S. 129–151.

Karl UBL, Inzestverbot und Gesetzgebung. Die Konstruktion eines Verbrechens (300–1100) (Millennium-Studien 20), Berlin – New York 2008.

Karl UBL, L'origine contestée de la loi salique. Une mise au point, in: Revue de l'Institut français d'histoire en Allemagne 1, 2009, S. 208–234.

Uwe UFFELMANN, Das frühe Frankenreich 482–687. Anfänge der abendländischen Geschichte, Neuried 2008.

Usurpationen in der Spätantike, hg. von François PASCHOUD – Joachim SZIDAT (Historia Einzelschriften 111), Stuttgart 1997.

Völker, Reiche und Namen im frühen Mittelalter, hg. von Matthias BECHER – Stefanie DICK (MittelalterStudien 22), München 2010.

Jan DE VRIES, Das Königtum bei den Germanen, in: Saeculum 7, 1956, S. 289–309.

Manfred WAAS, Germanen im römischen Dienst im 4. Jahrhundert nach Christus, Bonn 1965.

Fritz WAGNER, Die politische Bedeutung des Childerich-Grabfundes von 1653. Vorgetragen am 7. Mai 1971 (Bayerische Akademie der Wissenschaften,

Philosophisch-Historische Klasse, Sitzungsberichte, Jahrgang 1973, Heft 2), München 1973.

Norbert WAGNER, Zu einigen Personennamen aus Quellen zur gotischen Geschichte, in: Würzburger Prosastudien II. Untersuchungen zur Literatur und Sprache des Mittelalters. Kurt Ruh zum 60. Geburtstag, hg. von Peter KERSTING, München 1975, S. 19–33.

Norbert WAGNER, Zur Herkunft der Franken aus Pannonien, in: Frühmittelalterliche Studien 11, 1977, S. 218–228.

Norbert WAGNER, Der Stammesname der Salier und die ‹westgermanische› Konsonantengemination, in: Zeitschrift für Deutsches Altertum und Literatur 118, 1989, S. 34–42.

John Michael WALLACE-HADRILL, The Long-Haired Kings and Other Studies in Frankish History, London 1962 (ND 1989).

Bryan WARD-PERKINS, The Fall of Rome and the End of Civilization, Oxford u. a. 2005; deutsche Ausgabe: Der Untergang des Römischen Reiches und das Ende der Zivilisation, Stuttgart 2007.

Wilhelm WATTENBACH – Wilhelm LEVISON, Deutschlands Geschichtsquellen im Mittelalter. Vorzeit und Karolinger. 1. Heft: Die Vorzeit von den Anfängen bis zur Herrschaft der Karolinger, Weimar 1952.

Ines WEBER, Ein Gesetz für Männer und Frauen. Die frühmittelalterliche Ehe zwischen Religion, Gesellschaft und Kultur, 2 Bde. (Mittelalter-Forschungen 24), Ostfildern 2008.

Margarete WEIDEMANN, Kulturgeschichte der Merowingerzeit nach den Werken Gregors von Tours, 2 Bde. (Römisch-Germanisches Zentralmuseum. Monographien 3), Bonn – Mainz 1982.

Margarete WEIDEMANN, Die kirchliche Organisation der Provinzen Belgica und Germania vom 4. bis zum 7. Jahrhundert, in: Willibrord, zijn wereld en zijn werk. Voordrachten gehouden tijdens het Willibrordcongres Nijmegen, 28–30 September 1989, hg. von Petty BANGE – Anton Gerard WEILER (Middeleeuwse Studies 6), Nijmegen 1990, S. 286–316.

Rolf WEISS, Chlodwigs Taufe, Reims 508. Versuch einer neuen Chronologie für die Regierungszeit des ersten christlichen Frankenkönigs unter Berücksichtigung der politischen und kirchlich-dogmatischen Probleme seiner Zeit (Geist und Werk der Zeiten 29), Bern – Frankfurt am Main 1971.

Reinhard WENSKUS, Stammesbildung und Verfassung. Das Werden der frühmittelalterlichen gentes, Köln u. a. 1961.

Joachim WERNER, Childerichs Pferde, in: Germanische Religionsgeschichte, hg. von Heinrich BECK – Detlev ELLMERS – Kurt SCHIER (Reallexikon der Germanischen Altertumskunde – Ergänzungsbände 5), Berlin – New York 1992, S. 145–161.

Karl Ferdinand WERNER, Die Ursprünge Frankreichs bis zum Jahr 1000 (Geschichte Frankreichs 1), Stuttgart 1989.

Karl Ferdinand WERNER, Conquête franque de la Gaule. Itinéraires historiographiques d'une erreur, in: Bibliothèque de l'École des Chartes 154, 1996, S. 7–45.

Marc WIDDOWSON, Merovingian Partitions: A Genealogical Charter?, in: Early Medieval Europe 17, 2009, S. 1–22.

Gerhard WIRTH, Deditizier, Soldaten und Römer. ‹Besatzungspolitik› im Vorfeld der Völkerwanderung, in: Bonner Jahrbücher 197, 1997, S. 57–90.

Gerhard WIRTH, Attila. Das Hunnenreich und Europa, Stuttgart 1999.
Herwig WOLFRAM, Die 101 wichtigsten Fragen. Germanen, München 2008.
Herwig WOLFRAM, Geschichte der Goten. Von den Anfängen bis zur Mitte des 6. Jahrhunderts. Entwurf einer historischen Ethnographie, München [5]2009.
Ian N. WOOD, Kings, Kingdoms and Consent, in: Early Medieval Kingship, hg. von Peter H. SAWYER – Ian N. WOOD, Leeds 1977, S. 6–29.
Ian N. WOOD, Gregory of Tours and Clovis, in: Revue Belge de Philologie et d'Histoire 63, 1985, S. 249–272.
Ian N. WOOD, Administration, Law and Culture in Merovingian Gaul, in: The Uses of Literacy in Early Mediaeval Europe, hg. von Rosamond MCKITTERICK, Cambridge 1990, S. 63–81.
Ian N. WOOD, The Merovingian Kingdoms, 450–751, London u. a. 1993.
Ian N. WOOD, Gregory of Tours, Oxford 1994.
Ian N. WOOD, Defining the Franks: Frankish Origins in Early Medieval Historiography, in: From Roman Provinces to Medieval Kingdoms, hg. von Thomas F. X. NOBLE (Rewriting Histories), London – New York 2006, S. 110–119.
Ian N. WOOD, Assimilation von Romanen und Burgundern im Rhône-Raum, in: Burgunder. Ethnogenese und Assimilation eines Volkes (siehe dort), S. 215–236.
The World of Gregory of Tours, hg. von Kathleen MITCHELL – Ian N. WOOD (Cultures, beliefs and traditions. Medieval and early modern peoples 8), Leiden 2002.
Phillip WYNN, Frigeridus, the British Tyrants and the Early Fifth Century Barbarian Invasions of Gaul and Spain, in: Athenaeum 85, 1997, S. 69–117.
Phillip WYNN, Wars and Warriors in Gregory of Tours' Histories I-IV, in: Francia 28, 2001, S. 1–35.

Erich ZÖLLNER, Geschichte der Franken bis zur Mitte des sechsten Jahrhunderts. Auf der Grundlage des Werkes von Ludwig SCHMIDT, unter Mitwirkung von Joachim WERNER, München 1970.

REGISTER

Nicht aufgenommen wurden ‹Chlodwig›, ‹Franken› und ‹Gallien› bzw. ‹Gallier›.

Personen

Orte und Völker

DAS MITTELALTER BEI C.H.BECK

Matthias Becher
Karl der Große
5., aktualisierte Auflage. 2007. 128 Seiten mit einer Abbildung, 2 Stammbäumen und einer Karte. Paperback
C.H.Beck Wissen in der Beck'schen Reihe Band 2120

Helmut Birkhan
Magie im Mittelalter
2010. 205 Seiten mit 16 Abbildungen im Text. Paperback
Beck'sche Reihe Band 1901

Knut Görich
Die Staufer
Herrscher und Reich
3., aktualisierte Auflage. 2011. 128 Seiten mit 2 Karten. Paperback
C.H.Beck Wissen in der Beck'schen Reihe Band 2393

Hagen Keller
Die Ottonen
4., aktualisierte Auflage. 2009. 128 Seiten. Mit 2 Stammbäumen und einer Karte. Paperback
C.H.Beck Wissen in der Beck'schen Reihe Band 2146

Johannes Laudage
Die Salier
Das erste deutsche Königshaus
2., durchgesehene Auflage. 2007. 128 Seiten mit 9 Abbildungen, einer Karte und einer Stammtafel. Paperback
C.H.Beck Wissen in der Beck'schen Reihe Band 2397

Marcus Popplow
Technik im Mittelalter
2010. 128 Seiten mit 17 Abbildungen. Paperback
C.H.Beck Wissen in der Beck'schen Reihe Band 2482